Inhalt

Teil 2
Das Reich Gottes: Konsequenzen für uns heute..157

Vorwort von
Dr. Heinrich Christian Rust

„Worum geht es hier eigentlich, Leute?" Keith Warrington hat wieder einmal sehr interessiert zugehört, doch nun streift er durch sein Haar, als wollte er die Gedanken allesamt aus dem Kopf ziehen, und dann kommt sie, genau diese Frage. „Worum geht es hier eigentlich, Leute?"

Wie oft habe ich Keith in den vielen Sitzungen, Treffen und Gesprächsrunden, bei unterschiedlichen Gremien, auf Tagungen und Konferenzen in den letzten drei Jahrzehnten genau so erlebt! Immer wenn wir uns in Nebenstraßen des Reiches Gottes verlieren wollten, brachte er uns wieder zurück zu den weiterführenden und auch zielführenden Fragestellungen. Manchmal sprangen seine Gedanken hin und her, oft kamen die deutschen Worte nicht so klar aus seinem Mund, wie er sie in seinem Herzen und den Gedanken schon geordnet hatte. Und immer wieder spürte ich, wie dieser gebürtige Neuseeländer sich zunehmend mit unserer deutschsprachigen Kultur und geistlichen Landschaft identifizierte und uns in einer seelsorgerlichen und geradezu apostolischen Weise in unserem Land und im Volk Gottes diente.

Das vorliegende Buch vermittelt uns etwas von der Grundsätzlichkeit seiner Fragestellungen, aber auch von der brillanten Praxisorientierung und seelsorgerlichen Ausrichtung seiner kämpferisch vorgetragenen Überzeugungen. Der Autor gibt uns im einleitenden Vorwort selber einen Einblick, wie die ganzheitliche Sicht von Gottes Königsherrschaft zunehmend klarere Konturen im Denken und in der Praxis bei ihm gewonnen haben. Das Evangelium war für ihn niemals nur Privatangelegenheit, sondern schon als junger Leiter von *Jugend mit einer Mission* in Deutschland war er davon beseelt, hier einen ganzheitlichen Ansatz zu erfassen und weiterzugeben. Es ging ihm schon damals um eine Reich-Gottes-Berufung, die er jedoch noch nicht in diesem klaren Dreiklang formulierte, wie er es in dem vorliegenden, visionär geschriebenen Buch tut: Die Reich-Gottes-Berufung erfasst die Dimension der umfassenden Liebe zu Gott und Menschen, die verantwortliche Mitgestaltung in der Welt und schließlich auch die Weitergabe der guten Nachricht im Sinn der Evangelisation. Keith Warrington wird nicht müde, diesen Dreiklang der umfassenden Bestimmung der Christen anzumahnen und dafür zu ermutigen: „Ich betone immer wieder, dass alle drei Elemente dieser Berufung zusammengehören und unter Jesus als dem Herrn ganzheitlich ausgelebt werden müssen. Das bezieht sich auf Einzelne ebenso wie auf die Kirche insgesamt."

Das große Thema „Reich Gottes" wird von ihm nunmehr in der gewohnten Art auch recht grundsätzlich aufgenommen. Mit unverbrauchter Frische des Denkens und zuweilen unreflektiert wirkender Konzentration trägt er schon in den ersten neun Kapiteln seiner Ausführungen eine Fülle von Fragestellungen und Aspekten zusammen, die womöglich viele Christen in diesem Zusammenhang noch niemals in dieser Form gedacht haben. Wie wäre es wohl weitergegangen im Paradies, wenn es den Sündenfall nicht gegeben hätte? Welche ursprünglichen Gedanken hat Gott gehabt, wenn es um seine Königsherrschaft auf der Erde geht? Welche Schritte hat er unternommen, um die Menschheit in eine neue Gemeinschaft im Reich Gottes zu führen? Was hat die Apostel in der Anfangszeit der Gemeinde Jesu geleitet und welche Strukturen haben sie für die zukünftige Ausweitung der Gottesherrschaft gelegt?

Keith Warrington zieht hier große heilsgeschichtliche Linien, die sicher für viel Gesprächsstoff sorgen werden. Er selber möchte damit „biblische Grundbegriffe des Reiches Gottes verstehen und erklären und gleichzeitig eine biblische Perspektive eröffnen, wie dieses Reich unter uns zu unserer Zeit wirken und sich ausgestalten will."

Um die Fragen der Umsetzung in der Gegenwart und der Konsequenzen für die Christen heute geht es im zweiten Teil des Buches. Keith Warrington nimmt die Berufung des Einzelnen und der Gemeinde hier Kapitel für Kapitel unter die Lupe. Die Ausbreitung des Evangeliums von Jesus Christus ist niemals nur als eine Art „Privaterlösung" anzusehen, sondern es geht darum, dass die Werte des Reiches Gottes sich in allen Bereichen des Lebens (Familie, Arbeitswelt, Wissenschaft und Kultur, Industrie, Technik u. a.) auswirken. Hierzu gibt er auch praktische Tipps, wie die Lebensbereiche anhand von sechs Schritten bedacht werden können. Ungeachtet der großen kirchengeschichtlichen Entwürfe eines Augustinus (De Civitate Dei/Der Gottesstaat) oder eines Martin Luther (Zwei-Reiche-Lehre), lenkt der Verfasser die Aufmerksamkeit des Lesers auf einige prägende Gestalten der jüngeren Kirchengeschichte (J. Wesley, D. L. Moody, Ch. Finney u. a.).

Dieser kleine Ausflug in die historischen Resonanzräume gegenwärtiger evangelikaler Gemeinden lädt ein, hier noch weiter zu forschen. Die klassische Aufnahme der Reich-Gottes-Thematik in der ökumenischen Theologie lässt der Autor unberücksichtigt, da diese im evangelikal-charismatisch geprägten Flügel der Christenheit kaum Einfluss genommen hat.

Sein Plädoyer für eine ganzheitliche und zugleich auch evangelikal geprägte Reich-Gottes-Ethik wird dann in den Kapiteln 14–21 anschaulich vermittelt. Abraham Kuypers Lehre von den „Domänen" dient dem Autor als Vorlage, jene Grundstrukturen einer Gesellschaft zu beschreiben, in denen es zu einer Umsetzung des Reiches Gottes kommen soll. Das fängt bei der Einzelperson an, es geht um die gesellschaftlichen Räume der Stadt, der Region, der Nation und schließlich der ganzen Welt. Zentral ist dabei die Gemeinde Jesu, die für Keith Warrington als Leib Christi in dieser Welt wie ein „multikulturelles Netzwerk der Gemeinschaft des Volkes Gottes" gesehen wird. Er nimmt die von Howard Snyder (Die Gemeinschaft des Gottesvolkes. Reich Gottes und Gemeinde Jesu, 1979) entwickelte Sicht von Gemeinde auf und schlägt hierzu konkrete Strukturen für ein solches Gemeindenetzwerk vor (Dienstgruppen, vernetzte Zusammenarbeit, monatliche größere Treffen, Leitungsstrukturen). Zudem betont er die hohe Bedeutung der Dimension von Kraftwirkungen und den Einsatz von Charismen im Reich Gottes. Auch der Blick auf die praktische Dimension von Evangelisation darf hier nicht fehlen. Im 20. Kapitel gibt es hierzu sehr konkrete und kompakte Hilfestellungen. Der Ausblick auf den neuen Himmel und die neue Erde, wie wir es in der Johannesoffenbarung lesen, eröffnet im letzten Kapitel des Buches eine heilsgeschichtliche Zuordnung der gegenwärtigen apokalyptisch anmaßenden Ereignisse. Diese werden als „Geburtswehen" des Reiches Gottes gedeutet, sie spornen geradezu an, mutig und entschlossen voranzugehen. An dieser Stelle weigert sich der Autor, spekulative Aussagen über die Zuordnung einzelner Aussagen des letzten Buches der Bibel zu machen. Er schreibt: „Offenbart ist uns das, was in unsere Verantwortung fällt: die auf dem Weg zum Ende dieser Zeit vor uns liegenden Entwicklungen."

Spätestens an dieser Stelle des Buches habe ich ihn wieder vor Augen, wie er sich durch sein Haar streift und sagen will: „Worum geht es hier eigentlich, Leute!" Man spürt dem engagierten Autor ab, wie er um einen neuen Aufbruch in den oft festgefahrenen evangelikal und charismatisch geprägten Gemeinden, Gemeinschaften und Werken ringt. Immer wieder wird der Leser durch Beispiele aus der Praxis direkt angesprochen oder auch zu einer Umsetzung aufgefordert.

Ich freue mich über dieses visionär geschriebene Buch von Keith Warrington, da er damit sicher zu einer angeregten Diskussion im Land beitragen wird, einer Diskussion um die Zukunft der Gemeinde Jesu, einer Diskussion um die Zukunft des Reiches Gottes.

Dr. Heinrich Christian Rust

Vorwort

Mit dem Thema *Reich Gottes* befasste ich mich 1975 zum ersten Mal. Wir lebten und arbeiteten damals seit zweieinhalb Jahren in unserer „Jugend mit einer Mission"-Gemeinschaft im Schloss Hurlach in Bayern. Es waren gute Zeiten, und wir erlebten mehr und mehr, wie der Heilige Geist wirkte und unsere Evangelisation und Ausbildung in Deutschland effektiver wurden. Aber immer wieder gerieten wir in dieselben internen Konflikte. Wir hatten Dienst- und Einsatzmitarbeiter: die Lehrer, Evangelisten, Schul- und Dienstteamleiter. Außerdem gab es unterstützende Kräfte: Köche, Gärtner, Sekretärinnen, Buchhalter, Grafiker, Automechaniker, Mitarbeiter für die Gästebetreuung und Hausmeister. Zwischen diesen beiden Gruppen kam es immer wieder zu Spannungen, zu Missverständnissen und Verletzungen. Zum Teil lag das einfach an den Kommunikationswegen, aber es gab auch noch eine tiefere Ursache. Wir hatten eine „Zweiklassengesellschaft" entwickelt, in der manche Leute die „wichtigen" Sachen machten und andere sie dabei „nur" unterstützten. Wert und Bedeutung unserer Arbeit wurden einer Hierarchie unterworfen, und die Unterstützer fühlten sich benachteiligt. Gleichzeitig gab es unter uns junge Familien mit Babys und kleinen Kindern und wir mussten unser gemeinsames Leben gestalten, ohne wirklich dafür vorbereitet zu sein. Wir wussten nicht, wie wir Dienst und Lebensstil miteinander in Einklang bringen konnten. Ohne dass uns das bewusst war, hatten wir uns in die klassische Situation eines Dualismus hineinmanövriert, der zwischen *geistlich* und *säkular* unterschied. Damals verstanden wir nichts davon – wir wussten noch nicht einmal wirklich, was das Wort Dualismus bedeutete.

Glücklicherweise hatten wir fähige Leiter, die uns einen sehr guten Start ermöglichten. Als Don und Deyon Stephens die Arbeit nach zwei Jahren an David und Carol Boyd übergaben, formten diese aus uns eine beziehungsorientierte Gruppe von etwa sechzig Leuten. Inmitten der Arbeit lernten wir auf unsere Beziehungen zu achten und bei Bedarf Missverständnisse und Spannungen untereinander direkt zu klären. Das geschah häufig in

Zeiten, wenn der Heilige Geist ganz offensichtlich unter uns wirkte, und die Versöhnung war echt. Aber die Probleme wiederholten sich, und wir begannen zu vermuten, dass irgendetwas mit unserem grundsätzlichen Ansatz nicht stimmte.

Zur gleichen Zeit waren wir mit Jüngerschaftsschulung und Evangelisation viel in Jugendgruppen und Gemeinden unterwegs. Hier begegneten wir oft aufrichtigen Menschen, die Gott liebten, es aber auch nicht schafften, ihren Glauben mit ihrem Lebensstil in Einklang zu bringen. Manchmal wurden familiäre Probleme offensichtlich, zuweilen trafen wir auf ganze Gemeinden, in denen die Botschaft zwar richtig zu sein schien, der Lebensstil der Gemeindeglieder aber enttäuschte. Mich belastete das nicht allzu sehr, weil ich nach Einsatzende ja wieder wegfuhr. Aber dann meldeten sich dieselben Probleme in unserer eigenen Gemeinschaft, und nun konnte ich ihnen nicht mehr entkommen.

Ich begann mich zu fragen: „Wozu wollen wir die Menschen in Deutschland überhaupt bekehren?" Natürlich versuchten wir, sie in eine persönliche Beziehung zu Jesus, zu einer Lebensübergabe an ihn zu führen. Das geschah auch, und die jungen Christen veränderten sich wirklich. Aber wie sollten sie dann leben? Sollten sie die gleichen Probleme bekommen wie wir in unserer Gemeinschaft und andere Christen in ihren Gemeinden? In Neuseeland waren mir solche Schwierigkeiten auch schon begegnet, doch ich war ja ausgewandert mit der Berufung, Gott „vollzeitlich" in Europa zu dienen! Jetzt wohnte ich hier – und dieser vollzeitliche Dienst hatte große Ähnlichkeit mit dem ganz normalen Leben. Die Wirklichkeit hatte mich eingeholt, und ich saß zum ersten Mal in einer Sackgasse fest.

Dann machten meine Frau Marion und ich 1975 unseren ersten Heimatbesuch in Neuseeland. Ich hatte Abstand und Zeit, und so fragte ich Gott: „Herr, was versuchst du in unserer Lebenszeit hier auf der Erde zu erreichen? Was ist dein Ziel?" Bis zu diesem Zeitpunkt hatte ich auf eine solche Frage die Antwort immer schon parat gehabt: Errettung! Jesus ist gekommen, um für die Sünden der Welt zu sterben und den Weg zurück zum Vater zu öffnen. Unser Ziel ist es, ihn zu lieben, als seine Jünger zu leben und uns aktiv für Evangelisation einzusetzen und andere Menschen zu Jesus, ihrem Herrn und Retter zu führen. Mit diesem Verständnis hatten ich und wir alle gelebt und gearbeitet, aber wir waren an Grenzen gestoßen. Jetzt stellte ich Gott diese Frage zum ersten Mal, ohne selbst schon die Antwort zu wissen.

So fing ich an zu beten und die Bibel zu lesen. Ich begann mit dem Leben und dem Dienst Jesu, um so viel wie möglich herauszufinden. Im dritten Kapitel des Matthäusevangeliums stieß ich auf Johannes den Täufer und

dann auf Jesus mit der Botschaft vom Reich des Himmels. Dieses Thema
führt Jesus durch das ganze Evangelium hindurch weiter. Das war mir bis
dahin noch nie aufgefallen. Ich hatte nicht erkannt, dass Jesus mit dieser
einen Botschaft gekommen war und sie landauf, landab verkündet hatte.
Sogar die Gleichnisse sind darauf ausgerichtet, dieses eine Thema zu ver-
anschaulichen. Markus stellt es ähnlich dar, und Lukas betont es dann in
seinem Bericht ebenso stark wie Matthäus. Johannes geht diesem Thema
nicht nach, aber in der Apostelgeschichte wird es als ein recht zentraler
Punkt wieder aufgegriffen.

Damals kannte ich den Herrn seit etwa dreizehn Jahren persönlich, ohne
je eine Predigt über das Reich Gottes gehört zu haben. Ich hatte diesen
Ausdruck als eine Art Überschrift für Gott und das Universum oder für den
geistlichen Dienst aufgefasst. Aber Jesus hatte das Reich Gottes inhaltlich
klar und mit Überzeugung verkündet, und ich fragte mich, warum wir es
denn dann nicht in gleicher Weise taten? Wenigstens war ich einer neuen
Entdeckung auf der Spur und ich machte mich daran zu lernen, was dieser
Ausdruck bedeutet und um was es sich bei diesem Reich überhaupt handelt.
Ich spürte der Lehre Jesu und dann der Lehre der Apostel nach, überall
dort, wo sie das Reich Gottes zum Thema gemacht hatten. Ich betete und
arbeitete mich durch die Bibel und stellte viele Fragen. Was ich entdeckte,
veränderte mein Leben. Ein neues Paradigma tat sich mir auf, anders als
das, was ich gelernt hatte. Natürlich behielt es Errettung und Evangelisation
unbedingt bei, stellte diese aber in einen breiteren Lebenszusammenhang.
Es gab mir eine Grundlage, auf der ich das ganze Leben als eine Einheit
sehen konnte. So bekam ich eine Antwort für unsere Gemeinschaft zu Hause
in Deutschland und auch für die Gemeinden.

Bei unserer Rückkehr erzählten wir David und Carol und den anderen
davon, und sie konnten unsere Gedankengänge nachvollziehen. Als wir in
Schloss Hurlach entsprechend lehrten, kam es zu Veränderungen. Uns wurde
klar, dass wir als eine Gemeinschaft des Gottesreichs das ausleben sollten,
was wir Deutschland und den Nationen im Rahmen unserer „Jugend mit
einer Mission"-Berufung vermitteln wollten. Wir lernten, jeden Bereich
unseres Lebens für Gott und auch für uns selbst als wichtig anzusehen.
Das wertete alle Lebensbereiche auf, weil nun alles „geistlich" war. Den
Begriff *Unterstützung* und unsere „Zweiklassengesellschaft" schafften wir
ab. Jetzt sahen wir unsere Schulen und Einsatzteams gewissermaßen als
Exportagenturen, die das Leben Gottes, das wir gemeinsam unter Jesus als
König entdeckten, nach außen trugen. Unsere Evangelisation wurde weit-
reichender und stärker. Viele Faktoren kamen zusammen, die in den dann

folgenden sieben, acht Jahren zu einer Zeit großen Segens führten und es uns möglich machten, Menschen und Gemeinden in West- und Ostdeutschland sowie in der Schweiz und Österreich an vielen Stellen zu beeinflussen. Es entwickelte sich eine Dynamik des Heiligen Geistes. Unsere Entdeckung des Reiches Gottes war neben vielen anderen ein Element dieses Segens.

Im Laufe der dreißig Jahre, die seit diesen Anfängen vergangen sind, hatte ich Gelegenheit, mein Verständnis des Reiches Gottes und seiner Auswirkungen für uns heute weiterzuentwickeln. Vor etwa fünf Jahren empfand ich, es könne an der Zeit sein, darüber ein Buch zu schreiben. Der Arbeitsaufwand neben meiner normalen Tätigkeit war jedoch beträchtlich, und es dauerte länger als geplant. Dennoch bin ich zuversichtlich, dass dieses Buch einen hilfreichen Beitrag zum Entdecken des Reiches Gottes und seiner Bedeutung darstellt. Dieses Verständnis hat Auswirkungen auf alle Bereiche unseres persönlichen, familiären und gesellschaftlichen Lebens, das macht es sehr spannend.

Ich vermute, ich habe richtig empfunden. Zurzeit kommen viele Bücher über das Reich Gottes und verwandte Themen heraus. Das ist wunderbar. Ich glaube, Gott lässt sein Volk das Reich Gottes wiederentdecken. In Bezug auf unsere Berufung wird sich in der Folge unser Verständnis und Verhalten verändern. Wir werden den Werken der Apostel und Propheten neue Beachtung schenken. Das ermöglicht uns einen ganzheitlichen Ansatz für Evangelisation, Seelsorge, gesellschaftliche Verantwortung, Kunst, Mission, Wunder und Familienleben, mit aktiven, aber auch mit ruhigen und spielerischen Zeiten.

Mein Hintergrund und der der Gemeinden, in die ich mich schwerpunktmäßig einbringe, ist evangelikal, charismatisch – sowohl landeskirchlich als auch freikirchlich –, deshalb richte ich mich natürlich an diese Christen. In Europa entdeckte ich auch in anderen kirchlichen Traditionen große Reichtümer. Ich habe Freunde und Bekannte in den verschiedenen Konfessionen und hoffe, dass viele der Beobachtungen in diesem Buch ihnen und ihren Kollegen Hilfe und Herausforderung sein werden.

Ich schreibe erstens für junge Männer und Frauen, die auf der Suche nach dem Ruf Gottes für ihr Leben sind. Ich hoffe, dass dieses Buch ihnen helfen wird, klare Grundlagen in ihrer Hingabe an Jesus als ihren Gott und König zu legen und unter seiner Führung ihr Leben aufzubauen. Mein Wunsch ist es, ihnen eine Vision und eine Perspektive für bestimmte Bereiche der Gesellschaft zu geben, sowohl in ihrer eigenen Nation als auch vielleicht in einer anderen, in die Gott sie führen mag.

Für Christen, die in Familie und Beruf Verantwortung tragen, gebe ich zweitens Orientierung im Blick auf das Reich Gottes und die Gesellschaft. Alle Lebens- und Arbeitsbereiche gehören zur geistlichen Berufung Gottes. So leite ich zum Beispiel dazu an, berufliche Ziele in Partnerschaft mit dem Heiligen Geist zu realisieren. Dazu stelle ich Leitlinien zur praktischen Unterstützung bei der Bildung von Hilfsgruppen und Netzwerken vor und mache auch Vorschläge, wie Menschen, die eine Berufung zu gesellschaftlichem Engagement haben, von ihrer Gemeinde unterstützt werden können.

Drittens schreibe ich für Leiter im Leib Christi, u. a. für apostolische Leiter. Als logische Konsequenz aus einem Verständnis des Reich-Gottes-Auftrages erschließen sich uns die Rolle und das Wirken der Apostel heute. Ich gehe auf die apostolische Vision ein und umreiße, wie das Volk Gottes aufgebaut werden kann, um die Gläubigen dort, wo sie leben und arbeiten, für den Dienst freizusetzen.

Und viertens: Evangelikale, charismatische und pfingstliche Gemeinden sehe ich an einem Scheidepunkt, anscheinend sind sie dort schon seit vier oder fünf Jahren. Ideen und Programme aus der jüngeren Vergangenheit funktionieren offensichtlich nicht mehr so gut. Manche verlassen die Gemeinden, weniger aus Protest als vielmehr aufgrund von Erschöpfung. Sie vermissen eine tragfähige Verbindung zwischen der Gemeinde und ihrem konkreten Alltag: Familie, Beruf, finanziellen und zeitlichen Herausforderungen. Sie können nicht ständig in zwei Welten leben. Nicht wenige von ihnen waren einmal engagierte Pioniere, aber irgendwie ist ihnen der Elan abhandengekommen.

Das macht mich betroffen, weil ich mit vielen dieser Gemeinden und ihren hingegebenen Pastoren und Leitern seit Jahren zusammenarbeite. Ich bewundere sie und bin sehr dankbar für die guten Dinge, die Gott in diese Gemeinden gelegt hat. Bedeutet diese gegenwärtige schwierige Phase nun aber, dass sich die hoffnungsvolle und systematische Entwicklung des geistlichen Lebens der letzten dreißig Jahre irgendwo eingependelt oder verirrt hat? Mittlerweile habe ich die Hoffnung, dass das *nicht* der Fall ist, **vielmehr sehe ich uns in einer neuen und umfassenderen Entwicklung und Veränderung. Mir scheint, dass der Heilige Geist jetzt dabei ist, seine Gemeinde von der Ausrichtung auf die eigene Errettung und Jüngerschaft hin zu einer Gemeinschaft von Reich-Gottes-Bürgern zu entwickeln, die ganzheitlich in ihrer Welt leben und arbeiten. Das wird einen weitreichenden Paradigmenwechsel erfordern.** Diesen Punkt betone ich mit Nachdruck. Unter anderem gebe ich einen Rückblick auf unsere jüngere Geschichte und einen Ausblick auf biblische Richtlinien und Vorschläge, in welche Richtung es von hier aus gehen kann.

Der erste Teil des Buches zeigt eine biblische Perspektive des Reiches Gottes auf. Ich bin überzeugt, dass wir Christen in allen Zweigen der Gesellschaft, einschließlich der Gemeinde, auf einer biblischen Grundlage handeln müssen, die uns Vision und Richtlinien für die Praxis gibt.

Teil 2 geht auf Auswirkungen ein, die sich für uns heute ergeben. Bestimmte Themen werden analysiert und Anregungen für Lösungen und Umsetzung angeboten. In Kapitel 10 beginne ich damit, die Konsequenzen für unser heutiges Denken und Handeln darzustellen. Mit ihnen befasst sich das Buch im zweiten Teil ausführlicher, erklärt Hintergründe und Sachverhalte und vermittelt ebenfalls Anregungen für Lösungen und Umsetzung.

Ein so umfassendes Thema wie das Reich Gottes kann in diesem Buch letztlich nur angerissen werden. Aber ich hoffe, dass es allen Leserinnen und Lesern auf dem Weg in die Zukunft mit Gott wichtige und hilfreiche Anstöße gibt.

Keith Warrington
Altensteig, im März 2011

Übrigens beziehe ich mich immer sowohl auf Männer als auch auf Frauen, obwohl ich um der besseren Lesbarkeit willen auch da nur eine grammatische Form verwende, wo es streng genommen eine männliche und eine weibliche gibt. (*„Bei der Verfolgung von Einbrecherinnen und Einbrechern befragen Polizistinnen und Polizisten Bürgerinnen und Bürger."* ...)

Teil 1

Das Reich Gottes: eine biblische Perspektive

1

Vision:
Die Wiederherstellung
der Schöpfung

Er hat uns seinen Plan wissen lassen …
Unter ihm, Christus, dem Oberhaupt des ganzen
Universums, soll alles vereint werden – das, was im
Himmel, und das, was auf der Erde ist.
(Epheser 1,9–10; NGÜ)

Für uns als Christen ist es grundlegend wichtig, ein gesundes Identitätsbewusstsein, eine klare Vision und ein wohlbegründetes Verständnis unserer Berufung zu haben. Diese Themen wurden von Petrus und Paulus in den Briefen an ihre Gemeinden immer wieder betont. Sie vermittelten die nötige historische und theologische Perspektive und gaben den Gläubigen damals eine Basis für das Verständnis ihrer Verantwortung und Autorität, sodass sie in Partnerschaft mit Gott zusammenarbeiten konnten. Das trug wesentlich zu ihrer erfolgreichen Entwicklung bei.

Paulus in Ephesus

Das beste Beispiel ist wohl der Brief des Paulus an die Christen in Ephesus. Drei Jahre lang arbeitete er in der Stadt Ephesus – länger als irgendwo anders, den Berichten zufolge. Zudem steht das Ende seines öffentlichen Dienstes kurz bevor. In vielerlei Hinsicht kann seine Arbeit dort als Modell für apostolisches Wirken gelten.

In Ephesus lehrte, predigte und debattierte Paulus, wobei das Reich Gottes sein Leitthema war. So wird es uns in Kapitel 19 und 20 der Apostelgeschichte berichtet. Er *„unterwies sie täglich im Lehrsaal des Tyrannus"* und in den Wohnhäusern, ermahnte alle, umzukehren und Jesus als dem König zu gehorchen. Paulus lehrte die Gläubigen, entsprechend praktisch zu leben. Sein Wirken geschah in großer Kraft; viele Menschen wurden durch seine Hände geheilt, selbst durch das Auflegen seiner Schweiß- oder Taschentücher. Nach drei Jahren gingen die Geschäfte der Kunsthandwerker, die Gegenstände für den Götzenkult herstellten, so schlecht, dass sie einen Aufstand anzettelten und Paulus aus der Stadt fliehen musste.

Persönliche Grüße wie in seinen anderen Schreiben finden wir im Epheserbrief nicht. Paulus befasst sich nicht mit irgendwelchen Problemen, sondern konzentriert sich hier darauf, seine Hauptlehre zusammenzufassen. In der ersten Hälfte wiederholt er seine Vision, in der zweiten Hälfte geht er auf die praktische Umsetzung ein. Das zeigt deutlich, was ihm wichtig ist. Wir wissen nicht genau, was er in jenen drei Jahren in Ephesus alles gelehrt hat, aber hier liegt uns wenigstens seine eigene kurze Zusammenfassung vor.

So wiederholt Paulus am Anfang seines Briefs an die Epheser, welches Erbe der Gläubige in Christus erlangt hat. Dabei richtet er den Blick auf Gottes Planung vor Grundlegung der Welt. *„In Christus"*, oder unter Christus, sollen die Gläubigen dieses gewaltige Erbe antreten. Paulus betont hier nicht nur den wunderbaren Inhalt dieses Erbes, das nun allen Gläubigen gilt, sondern auch die historische Tiefe. Einer der inhaltlichen Punkte, die Paulus zusammenfasst, ist, dass Gott uns jetzt seinen großen Plan für alle Zeiten offenbart hat.

Gottes Absicht nach Epheser 1,9–10

Epheser 1,10 formuliert folgendermaßen: „ *... damit der Heilsplan in der Erfüllung der Zeiten ausgeführt wird: in Christus als dem Haupt alles zusammenzufassen, was im Himmel und was auf Erden ist, in ihm"* (NeueLuther Bibel).

In einem Satz wiederholt Paulus dieses langfristige Ziel, das Gott gesetzt und jetzt dem Menschen offenbart hat. **Es ist Gottes Absicht, alles im Himmel und auf Erden zusammenzufassen, zu vereinen. Dies wird er in Christus vollbringen, unter Christus als dem Haupt.**

Eine gewaltige Aussage! Alle Dinge zu vereinen, zusammenzufassen, zusammenzuziehen heißt: Das, was nicht zusammen, sondern getrennt, nicht in Ordnung ist usw., was aber zusammengehört, wird zusammengefügt. Hier liegt die Betonung auf: überwinden, wiederherstellen, reparieren, etwas so zurechtbringen, wie es sein sollte.

„Alles, was im Himmel und auf Erden ist", wird zusammengefasst. Wenn Paulus von „Himmel und Erde" spricht, meint er die ganze Schöpfung, den Kosmos. Er sieht Himmel und Erde, das geistliche Universum und das materielle Universum, als *eine* Schöpfung und eine Realität. Die zwei Bereiche gehören zusammen, stehen in engster und immerwährender Wechselbeziehung zueinander. *„Alles, was im Himmel und auf Erden ist"* – das heißt, Gott arbeitet daran, seine gesamte Schöpfung wiederherzustellen. Alle Aspekte werden wiederhergestellt werden, alles, was sich abgetrennt und falsch entwickelt hat, im Himmel wie auf Erden und in ihrer Wechselbeziehung.

Das heißt also, dass beide Bereiche nicht so sind, wie sie sein sollten. Die Erde wurde vollkommen geschaffen, in Gottes Augen war sie „gut". Aber sie ist der Zerstörung zum Opfer gefallen. Das wissen wir und wir brauchen nicht lange nachzudenken, bis wir nennen können, was der Wiederherstellung bedarf – schwieriger ist es, etwas unverändert Vollkommenes zu finden. Im selben Satz sagt Paulus, dass es auch im Himmel Dinge gibt, die der Wiederherstellung bedürfen. Das überrascht uns zunächst, denn wir meinen, als Gottes „Hauptquartier" müsse der Himmel doch perfekt sein. Allerdings wissen wir, dass die Rebellion gegen Gottes Herrschaft im Himmel begann und dass in Teilen des Geistbereichs bis zum heutigen Tag böse geistliche Mächte herrschen. Es besteht ein dauernder Konflikt zwischen Gut und Böse, der sich im geistlichen Bereich und auf der Erde abspielt, und diese stehen miteinander in einer Wechselbeziehung.

Gott ist dabei, Rebellion, Zerstörung und Tod in seiner gesamten Schöpfung zu überwinden und alle Dinge wieder in den Stand zu setzen, wie sie sein sollten. Wir freuen uns auf eine neue, eine erneuerte Welt – Himmel und Erde.

Das alles geschieht „in Christus, unter Christus als dem Haupt". Gott wirkt nicht durch pädagogische oder politische Verbesserungsprogramme. Er hat eine Autorität aufgerichtet: Christus! Unter ihm als dem Haupt, in ihm werden alle Dinge zusammengefügt werden. Durch das Kreuz Christi ist der Grund gelegt für die Wiederherstellung, das Wiedervereinigen „aller Dinge".

„Denn Gott wollte mit seiner ganzen Fülle in ihm wohnen, um durch ihn alles zu versöhnen. Alles im Himmel und auf Erden wollte er zu Christus führen, der Friede gestiftet hat am Kreuz durch sein Blut" (Kolosser 1,19–20).

Die Kraft des Sühnopfers reicht für alle Dinge im Himmel und auf Erden. Auf diesen Sühnetod folgten die nächsten Maßnahmen:

„Er hat sie (seine Macht) an Christus erwiesen, den er von den Toten auferweckt und im Himmel auf den Platz zu seiner Rechten erhoben hat, hoch über alle Fürsten und Gewalten, Mächte und Herrschaften und über jeden Namen, der nicht nur in dieser Welt, sondern auch in der zukünftigen genannt wird. Alles hat er ihm zu Füßen gelegt und ihn, der als Haupt alles überragt, über die Gemeinde gesetzt" (Epheser 1,20–22).

Gemeinsam haben Gott Vater, Sohn und Heiliger Geist Himmel und Erde erschaffen. Jesus, der Sohn, kam als Erlöser, und jetzt ist er (wieder) erhöht zur Rechten des Vaters. Das geschah bei der Himmelfahrt Christi, wie von den Aposteln bezeugt und in Apostelgeschichte 1,1–11 beschrieben. Der Vater hat ihm alle Dinge unter die Füße gelegt. Jesus hat jetzt die Exekutivherrschaft über alle Dinge, alle Autoritäten, im Himmel und auf Erden. So bekleidet er die Position der letzten Autorität (neben dem Vater). Er ist der Meister des Universums und hat die Aufgabe, alle Dinge im Himmel und auf Erden zusammenzubringen. Dies ist sein übergeordnetes und eigentliches Ziel. Daran arbeitet er in diesem Moment.

„Bei der Erfüllung der Zeiten" wird das Ziel erreicht sein. Auf diesen Höhepunkt hin wirkt Christus. Die Wiederherstellung geschieht stufen- und etappenweise. Das braucht Zeit, es wird aber vollendet werden.

Gottes Absicht nach 1. Korinther 15,24–28

In 1. Korinther 15, 24–28 äußert Paulus dieselben Gedanken:

Danach kommt das Ende, wenn er jede Macht, Gewalt und Kraft vernichtet hat und seine Herrschaft Gott, dem Vater, übergibt. Denn er muss herrschen, bis Gott ihm alle Feinde unter die Füße gelegt hat. Der letzte Feind, der entmachtet wird, ist der Tod. Sonst hätte er ihm nicht alles zu Füßen gelegt. Wenn es aber heißt, alles sei unterworfen, ist offenbar der ausgenommen, der ihm alles unterwirft. Wenn ihm dann alles unterworfen ist, wird auch er, der Sohn, sich dem unterwerfen, der ihm alles unterworfen hat, damit Gott herrscht über alles und in allem.

Der Kontext dieses Abschnitts ist die Auferweckung von den Toten. Christus ist schon von den Toten auferstanden. **Er ist die erste Frucht der Wiederherstellung, der neuen Schöpfung und die Basis für unsere zukünftige Hoffnung.** Wenn er wiederkommt, werden alle, die zu ihm gehören, auch auferweckt werden. Paulus fährt mit dem oben stehenden kurzen Überblick über das finale Szenario fort. Meine Zusammenfassung dieser Verse lautet folgendermaßen:

Der Vater hat Christus alles untergeordnet, hat ihn zum Herrscher über Himmel und Erde gemacht. Er regiert, bis er alle Feinde unter seine Füße gelegt haben wird. Jesus hat die Aufgabe, alle Reiche, Autoritäten und Mächte, die sich gegen die Herrschaft Gottes stellen, zu zerstören, abzuschaffen, auszuschalten. Er wird weiter regieren, bis dies geschehen ist. Das bedeutet, dass seine Herrschaft jetzt im Himmel nicht ruhig und leicht ist. Er arbeitet daran, das Böse in geistlichen und natürlichen Bereichen zu überwinden.

Der letzte zu überwindende Feind wird der Tod sein. Das Wort „letzte" deutet eine Reihenfolge an. Nicht alle Feinde werden sofort oder gleichzeitig überwunden. Jesus nimmt sie sich nacheinander oder in Gruppen vor. Der letzte Feind, der Tod, wird durch eine finale Auferstehung zerstört. Wenn alles zu Ende ist, übergibt der Sohn Gott dem Vater das Reich, er selbst bleibt dem Vater untertan. Das Reich, das er dem Vater übergibt, zurückgibt, ist frei von Rebellion und Bösem. Es wird eine wiederhergestellte Schöpfung sein, die sowohl den Himmel als auch die Erde umschließt.

Wir fragen uns vielleicht, warum dieses Überwinden der Feinde Gottes so kompliziert sein muss und so lange dauert. Führen wir uns jedoch vor Augen, was dafür nötig ist, dann fangen wir vielleicht an zu verstehen. Wenn es nur der Gewalt bedürfte, wäre die Sache längst ausgestanden. Der letzte Feind, der Tod, wird einfach so zerstört werden, dass auf Gottes Befehl hin die Posaune erschallt und die Toten auferstehen – das heißt, dass Gewalt zur Anwendung kommt. Das ist der leichtere Teil. Die größere Schwierigkeit besteht darin, selbstsüchtige Menschen von ihrem Egoismus und ihrer Verantwortlichkeit zu überzeugen. Doppelt schwer ist es, wenn sie unter dem Einfluss täuschender Geister stehen. Das ist nicht mit Gewalt zu erreichen, sondern nur durch Wahrheit, Gerechtigkeit und Liebe. Es erfordert moralisches Vorbild und Überzeugung und auch geistliche Auseinandersetzung und lässt sich letztlich nicht steuern.

Gott geht so vor, dass er alle zum Gehorsam zurückruft; denen, die positiv reagieren, gibt er ihr Erbe wieder. Dann können sie sich gemäß ihren Möglichkeiten gemeinsam mit Gott für diese Wiederherstellung einsetzen. Und so wirken Gruppen von Menschen und Engeln gemeinsam mit Gott an diesem Projekt. (Andere Menschen und Engel arbeiten gegen ihn.) Es ist eine bei der Erschaffung des Menschen eingesetzte Partnerschaft, in der jeder einen eigenen Verantwortungsbereich und Autorität hat. Nicht alles hängt von Gott ab.

Manchmal sind große Fortschritte gemacht worden, zu anderen Zeiten haben ihn Generationen von Menschen enttäuscht und den Prozess zurückgeworfen. Gott wirkt, bis ein bestimmter Punkt in der Entwicklung erreicht ist, und dann kann er alles zum Abschluss bringen. So weit sind wir noch nicht. Die Entfaltung dieser menschlichen und biblischen Geschichte, an der auch wir beteiligt sind, ist in gewaltigem Maß dramatisch.

Weitere biblische Hinweise

Die beiden oben zitierten Textabschnitte porträtieren Gottes großes Ziel wunderbar und dennoch kurz und bündig. Es gibt andere Schriftstellen, die sich auf Christus zur Rechten des Vaters beziehen, wie er darauf wartet, sein Reich zu empfangen, aber sie sind nicht so auf dieses Thema fokussiert.

Darum hat ihn Gott über alle erhöht und ihm den Namen verliehen, der größer ist als alle Namen, damit alle im Himmel, auf der Erde und unter der Erde ihre Knie beugen vor dem Namen Jesu und jeder Mund bekennt: „Jesus Christus ist der Herr" – zur Ehre Gottes, des Vaters (Philipper 2,9–11).

Dieser aber hat nur ein einziges Opfer für die Sünden dargebracht und sich dann für immer zur Rechten Gottes gesetzt; seitdem wartet er, bis seine Feinde ihm als Schemel unter die Füße gelegt werden (Hebräer 10,12–13).

Der letzte Teil dieses Textes ist ein Zitat aus Psalm 110. Er ist ein prophetischer Hinweis auf diese Dinge, die in Jesus erfüllt sind.

Die Schlusskapitel der Offenbarung stellen uns die letzten Szenen des Kampfes mit den Feinden Gottes und die Wiederherstellung der Schöpfung vor Augen: große Schlachten mit Satan, seinen Engeln und den ungerechten Nationen und darauf folgende konfliktreiche Phasen. Am Ende werden ein neuer Himmel und eine neue Erde geschaffen, und die Heiligen werden den Vater und das Lamm sehen und für immer mit ihnen leben und regieren. Das ist Gottes letztendliche Absicht.

Dies sind wunderbare und wichtige Gedanken. Sie geben uns die biblische Grundlage für unser Verständnis der Geschichte, der Zukunft und unserer Hoffnung. Sie sind nicht kompliziert oder schwer verständlich. Wie schon gesagt, die Apostel lehrten diese Themen als Grundlage in allen ihren Gemeinden. Damit hatten die frühen Christen eine Orientierung für ihr Leben und ihre Arbeit, und das war ein Grund für ihren Erfolg. Tatsächlich sind diese Themen so fundamental, dass Petrus sie zum Beispiel in seine Predigt auf dem Tempelberg in Jerusalem aufnahm, nachdem er den lahmen Bettler am Tor geheilt hatte. Seine Zuhörer glaubten an Gott, aber sie kannten Jesus nicht, deshalb war es eine evangelistische Botschaft:

Also kehrt um und tut Buße, damit eure Sünden getilgt werden und der Herr Zeiten des Aufatmens kommen lässt und Jesus sendet als den für euch bestimmten Messias. Ihn muss freilich der Himmel aufnehmen bis zu den Zeiten der Wiederherstellung von allem, die Gott von jeher durch den Mund seiner heiligen Propheten verkündet hat (Apostelgeschichte 3,19–21).

Aus dem Grund können wir auch heute von Evangelisten erwarten, dass sie diese Themen aufgreifen.

Bedeutung für uns heute: zurück zum Anfang

Nun, da diese Absicht Gottes, die den ersten Aposteln so wichtig war, in den Fokus gerückt wurde, will ich sie aufschlüsseln und darlegen, was nach meiner Auffassung dahintersteckt und was das für uns heute bedeutet.

Das Zusammenbringen, das Wiederherstellen der ganzen Schöpfung ist angestrebtes Ziel. Gehen wir deshalb zurück an den Punkt, wo alles noch in guter Ordnung war. Wenn wir dort etwas von Gottes ursprünglichem Plan sehen können, wird es uns helfen zu erkennen, was kaputtgegangen ist und wiederhergestellt werden muss. Vielleicht werden wir nicht alles sehen, aber es ist ein guter Ausgangspunkt. Gehen wir also zurück zum Garten.

Vieles wird Ihnen bekannt sein; verfolgen Sie bitte trotzdem die Geschichte über die nächsten Kapitel. Sie legt nämlich den Grund für das Kommen des Messias und des Gottesreichs, und das ist zentrales Thema in diesem Buch. Wir befassen uns hier nur mit den Elementen, die für das Verständnis von Hintergrund und Zweck dieses Reiches relevant sind.

2

Vision:
Gottes Absichten
bei der Schöpfung

Wir sind zur Teilhabe am Leben des dreieinigen Gottes geschaffen, für Beziehung und Herrschaft.

Da Gott aber gut, wahrhaftig, demütig, mächtig ist und sein Wort uns zum Leben und zur Größe führt, ist Rebellion Stolz und Zerstörung. Sie ist auch unklug. Und sie ist böse.

Geschaffen zur Teilhabe am
Leben des dreieinigen Gottes

Gott schuf das geistliche und das materielle Universum. Er schuf die Engel, er schuf uns Menschen als ewige Geist-Personen nach seinem Bild. Wir Menschen sind Geist, Seele, Leib. So können wir in der geistlichen sowie in der materiellen Welt Realitäten wahrnehmen und uns entsprechend verhalten. Die Fähigkeit zur Eigenwahrnehmung wurde uns mitgegeben, Identitätssinn, die Sehnsucht nach Bedeutung, eine intuitive Wahrnehmung von Liebe, Freundschaft, Wahrheit, Gerechtigkeit und Schönheit. Kinder zeigen diese Impulse automatisch. Wir sind in der Lage, originelle Ideen zu entwickeln, sie kreativ umzusetzen, wir können verantwortlich handeln und Entscheidungen treffen.

Der Vater, der Sohn und der Heilige Geist schenken uns unser Sein, damit wir an dem herrlichen Leben teilhaben, das sie seit jeher miteinander genießen. Aus Liebe wurden wir geschaffen – das ist ein Geschenk –, um unseren Schöpfer zu kennen und zu lieben, die Freude und Bedeutung des Lebens in jeder Dimension wahrnehmen zu können und den Menschen unserer Umgebung, für die das Gleiche gilt, zu helfen und uns von ihnen helfen zu lassen. Aus Liebe und für Liebe wurden wir geschaffen. Wir sind nicht unabhängig. Wir sollen unseren Platz in der Schönheit und dem Spektrum der Schöpfung einnehmen und gemäß der Grundhaltung und dem Gesetz Gottes leben: nämlich lieben.

Über allem anderen sollen wir unseren dreieinigen Gott lieben, ja, ihn kennen, da er das Zentrum der Wirklichkeit und unserer Existenz ist. Er kann uns lieben, uns das Leben lehren und uns Weisheit und Kraft geben, wie es kein menschliches Wesen vermag.

Unsere Eltern, unsere Familie, unsere Nachbarn, Fremde – alle Menschen, Tiere und die ganze Natur sollen wir lieben. Liebe ist eine Willensentscheidung: zum äußersten Wohl anderer alles zu tun, was einem möglich ist. Deshalb gibt uns Gott das Gebot zu lieben. Wir sind verantwortlich vor dem Gott, der uns gemacht hat, und ebenso voreinander und vor uns selbst. Unser Gewissen bestätigt oder verdammt uns, ohne dass wir etwas dazu tun müssten. Das sind Wesenszüge ewiger Geist-Personen.

Geschaffen für Beziehung

Ein zentrales Element unserer Schöpfungsbestimmung ist die Fähigkeit, in Beziehung zu leben. Für Beziehung und Freundschaft sind wir geschaffen: **mit Gott, miteinander und mit der Schöpfung.** Abends kommt Gott in den Garten, um mit Adam und Eva zu reden. Das ist der Anfang der Freundschaft zwischen Gott und ihnen.

Später erklärt Gott im ersten und zweiten Gebot: *„Darum sollst du den Herrn, deinen Gott, lieben mit ganzem Herzen, mit ganzer Seele und mit ganzer Kraft. Du sollst deinen Nächsten lieben wie dich selbst."*

Geschaffen für Verantwortung und Autorität

Ein zentrales Element unserer Anteilnahme am Leben Gottes ist, dass wir für seine Welt Verantwortung tragen.

Gott schuf also den Menschen als sein Abbild; als Abbild Gottes schuf er ihn. Als Mann und Frau schuf er sie. Gott segnete sie und Gott sprach zu ihnen: Seid fruchtbar und vermehrt euch, bevölkert die

Erde, unterwerft sie euch und herrscht über die Fische des Meeres, über die Vögel des Himmels und über alle Tiere, die sich auf dem Land regen (1. Mose 1,27–28).

Der Mensch bekommt die Verantwortung und Autorität übertragen, über die irdische Schöpfung zu herrschen. Die hebräischen Wörter für „unterwerfen" und „herrschen" sind starke Ausdrücke, die uns zu aktivem, entschiedenem Handeln aufrufen. Es geht also nicht um Passivität, darum, Dinge nur im Blick zu halten oder den Status quo zu bewahren, sondern um ein aktives Sichkümmern und Initiative-Ergreifen. Dieser Befehl wird für Noah nach der Sintflut neu bestätigt und von David in Psalm 8 thematisiert. Weil uns Verantwortung übertragen ist, werden wir Rechenschaft ablegen müssen – sonst wäre die Verantwortung gar nicht real.

In unserer Zeit wecken die Wörter „herrschen" oder „Herrschaft" oft negative Assoziationen, z. B. mit Tyrannei, Egoismus und Ausbeutung. Das meinte Gott natürlich nicht, als er damals den Menschen beauftragte, über die Erde zu herrschen. Solche Assoziationen spiegeln wider, was wir inzwischen weitgehend mit unserer Autorisierung angefangen haben. Gottes Absicht war Herrschaft *auf seine Weise* – mit der Haltung eines Dieners oder eines guten Vaters, d. h. in Liebe, Gerechtigkeit und mit Kreativität, zum Wohl aller.

Ich möchte die Wörter „herrschen" bzw. „Herrschaft" nicht einfach aufgeben, denn sie enthalten sowohl die Aspekte von Autorisierung und Autorität als auch den der damit zusammenhängenden Verantwortung, es sind somit wichtige Begriffe. Im Allgemeinen fühlen wir uns mit der Vorstellung von „Verantwortung" ganz wohl, „Autorität" aber macht uns leider nervös. Mit Blick auf diese kulturelle Empfindlichkeit werde ich die Wörter „herrschen" oder „Herrschaft" nur gezielt beibehalten und häufig mit „Verantwortung übernehmen" oder „die Erde verantwortlich gestalten" oder ähnlichen Ausdrücken nuancieren.

Wie wir wissen, sollten die Menschen im Garten Eden anfangen, diese Herrschaft über die Erde auszuüben. Ihre Aufgabe war es, den Garten zu bebauen und zu erhalten. Selbst im Paradies brauchte der Garten den Gärtner, der ihn gestalten und pflegen musste. An dieser Stelle der Bibel wird der Begriff „Arbeit" eingeführt. Den Garten zu kultivieren erforderte Anstrengung. Das ist Teil der Funktion „die Erde beherrschen". Arbeit ist also keine Strafe! Gott arbeitete, und wir sollen auch arbeiten. Der älteste Beruf der Welt ist Gärtner. Nach der Rebellion gegen Gott veränderte sich ihre Natur, sie wurde schwierig, wurde zur Mühsal – aber eigentlich ist Arbeit etwas Göttliches.

Die Vision am Anfang

Ausgehend von unserer Schöpfungsbestimmung stelle ich mir vor, wie sich die Vision für die Zukunft der Menschheit und der Erde in dieser Phase darstellt: Die Welt ist im Zustand der Vollkommenheit, und alle Menschen – also beide – lieben Gott. Niemand muss zur Umkehr gerufen werden: Adam und Eva sollen viele Kinder und Kindeskinder haben, bis die Erde bevölkert ist. Mit Erziehung haben sie zwar keine Erfahrung, doch sollen sie anfangen und beim Tun lernen. Nun ist es für Kinder nicht unbedingt günstig, wenn ihre Eltern allzu viel herumexperimentieren müssen. Aber Adam und Eva sind gesunde Persönlichkeiten, sodass sie ganz selbstverständlich in der Lage sind, ihren Kindern Identität, Selbstbewusstsein, Leben in Beziehungen und Verantwortung beizubringen. Das sind die wichtigen Dinge. Sie treffen sich mit Gott in der Kühle des Abends, können ihn also zu allen möglichen Dingen um Rat bitten.

Aufgrund dieses Wachstums hat Gott nach und nach immer mehr Leute im Garten, und er kann es einrichten, dass er sich mit ihnen allen trifft, einzeln und in Gruppen. Ist die Siedlung auf eine bestimmte Größe angewachsen, beginnen sich Veränderungen in der Dynamik von Autorität, Entscheidungsfindung, Delegation, Arbeitsteilung, Kommunikation etc. zu zeigen. In einer weitere Wachstumsphase setzt die nächste Veränderung ein; mittlerweile leben mehrere Generationen zusammen.

Allein durch Wachstum und Zeit vollzieht sich der Wandel von Familie zu Gemeinschaft. Da gilt es „Spielregeln" zu kennen. Eine solche Gemeinschaft ist anders zu führen als eine Kernfamilie. Jetzt kommen wir also quasi zur Lokalregierung! Die Menschen haben Gott vieles zu fragen, wenn er auf seinen täglichen Besuchen vorbeikommt. Es ist ihm eine Freude zu sehen, wie seine Kinder wachsen und wie sie nach und nach unter seiner Führung lernen, für ihre Rolle auf der Erde Verantwortung zu übernehmen.

Wer etwa musikalisch begabt ist, wird singen und auf einfachen Instrumenten improvisieren. – Wir können nur darüber spekulieren, doch so etwa müsste es sich entwickelt haben. Musik kommt von Gott, und sie ist in uns angelegt. Sie gehört bereits zur von Gott geschaffenen Ordnung, und ihre Entdeckung und Entfaltung kann nur eine Frage der Zeit gewesen sein.

Dasselbe gilt für Technik. Will man Entwicklung im Garten und ganz allgemein auf der Erde, braucht man Werkzeug. Besonders die, die in diesem Bereich begabt sind, denken sich Neues aus und experimentieren. Zuerst wird das richtige Material gesucht. Anfangs ist es schwierig, denn die Hilfsmittel fehlen noch, doch mit der Zeit macht man Fortschritte. Die Erfindung des Rades und der Transportmöglichkeiten, die Nutzbarmachung von Feuer, die Entdeckung von Metallen, die Entwicklung von Papier, Schrift, Architektur – all das ist in der Schöpfung angelegt. Diese Entwicklungen sind nur eine Frage der Zeit.

Der Mensch trägt die Fähigkeit zur schöpferischen Tätigkeit in sich, weil er nach Gottes Bild gestaltet ist. Es gehört auch zu unserem Auftrag, über die Erde zu herrschen und Verantwortung für sie zu übernehmen. Gott will, dass wir diese Dinge entdecken und unter seiner Führung entwickeln. Technik ist nur dann schlecht, wenn sie außerhalb der göttlichen Richtlinien von Ethik und Verantwortung angewendet wird oder wenn Dinge erfunden werden, die von Anfang an außerhalb von Gottes Gesetz sind. Dann wird Technik zu einem Werkzeug für das Böse. Aber sie ist eben genau das: ein Werkzeug, und sie soll zum Guten eingesetzt werden.

Nach einer gewissen Zeit werden die Pioniertypen unter den Menschen in der Siedlung wissen wollen, was hinter den Bergen liegt. Sie starten also eine Expedition, um auf Entdeckungsreise zu gehen, und gründen eine neue Siedlung. Diese Art Bewegung verbreitet sich weiter. Wir wissen sicher, dass es das ist, was Gott wollte. Er sagte: „Füllt die Erde und macht sie euch untertan."

So können wir uns alle Lebensaspekte der Menschen damals vorstellen. Wies ihre Hoffnung für die Zukunft damals, ganz am Anfang, in diese Richtung? Darüber machen wir uns normalerweise keine Gedanken. Der Sündenfall des Menschen kam so bald, dass wir uns auf ihn konzentrieren und nicht darüber nachdenken, wie es hätte sein können. Meine Vorstellung habe ich kurz umrissen. Es hätte gut sein sollen, Wachstum, Fortschritt und Entwicklung eingeschlossen!

Die Bibel beginnt mit einem Garten und endet mit der Stadt Gottes, die vom Himmel herabkommt. Wie wir diese prophetische Metapher der Stadt Gottes auch interpretieren, sie steht gewiss für die Gemeinschaft der Heiligen, die am Ende unserer gegenwärtigen Geschichte mit Gott zusammenleben. Die Bibel beginnt mit zwei Menschen und endet mit Milliarden. Sie beginnt ohne Technik und endet mit einer Großstadt. Sie beginnt einfach und endet komplex. Dieses Verständnis von Wachstum und Fortschritt ist in die biblische Geschichte eingebaut. Im letzten Kapitel lesen wir, dass *„die Knechte Gottes und das Lamm sein Angesicht sehen werden, und sein Name wird auf ihrer Stirn geschrieben sein ... und sie sollen in alle Ewigkeit regieren".*

Dieses zweifache Schöpfungsziel für die Menschheit – Beziehung und Herrschaft – bleibt durchgängig bestehen.

Gottes Herrschaft

Diese glückliche Vision baut auf der Prämisse auf, dass Gott unser Vater und rechtmäßiger Herrscher ist. Die Bibel offenbart Gott von Anfang an als Herrscher, ohne zu erklären, welche Basis dem zugrunde liegt – wahrscheinlich die Tatsache, dass er der Schöpfer und Erhalter aller Dinge ist und dass das Universum ihn in dieser Funktion braucht. In dem Fall hat ein beständig liebender und guter Gott die Pflicht, alles zu regieren. Gott hat gezeigt, dass er diese Verantwortung auch dann wahrnimmt, wenn es ihn sehr viel kostet.

Im Verlauf der biblischen Geschichte beginnen wir Gottes Herz und seine Haltung als Herrscher zu sehen, seine entschiedene Verpflichtung zu Gerechtigkeit und Liebe. Gott ist nicht parteiisch und auch nicht willkürlich. Seine Gesetze sind so gestaltet, dass sie uns zu Leben und Segen leiten. Oft lesen wir sinngemäß: „Verhaltet euch in der und der Weise, dann werdet ihr leben." Das ist nicht ein Gott, der aus Machthunger heraus handelt. Er ist wirklich ein Vater, der alles ihm Mögliche tut, um seine Kinder in die Fülle des Lebens zu führen.

Eine beständige Freundschaft mit Gott gründet also darauf, dass wir seine Herrschaft über uns akzeptieren, und zwar freudig und zustimmend und mit der Haltung, diese liebevolle Regie als notwendig und richtig zu erachten. Das geschaffene Universum, Himmel und Erde, braucht diese Herrschaft.

Wir können seinem Gutsein, seinem Charakter vertrauen. Auf der Basis dieses Vertrauens sollen wir ihn lieben – aktiv, mit Verstand und Leidenschaft. Seine Gesetze gründen in der Realität und dienen zu unserem Besten, um uns zur Größe zu führen. Wir sollten unsere glückliche Lage preisen – unter der weisen und liebevollen Leitung Gottes zu sein, in der Gemeinschaft der Menschen, ausgestattet mit Verantwortung und Autorität für unsere Welt. Unter Gottes Leitung ist Raum sowohl für individuelles Abenteuer als auch für allgemeine Fürsorge.

In unserer modernen westlichen Gesellschaft wurde uns z. B. durch die Ideologien der Studentenrevolution von 1968 beigebracht, Autorität zu misstrauen, sie sogar zurückzuweisen und unsere persönliche Unabhängigkeit zu stärken. Verpflichtungen gehen wir sehr zurückhaltend ein. Wo Autorität missbraucht wurde, ist Misstrauen eine natürliche Reaktion. Wenn wir aber nur misstrauen, bleiben wir allein, ohne Schutz, Bestätigung oder Hilfe. Wir sollen wissen und verstehen, wie wir unseren Platz in einer Gemeinschaft einnehmen, um unseren Beitrag zu leisten und die Hilfe und Liebe zu empfangen, die wir uns selbst nicht geben können.

Normalerweise müssten wir diese Dinge ganz natürlich in unserer Familie lernen, von Mutter und Vater, Großeltern, Tanten und Onkeln und durch den Umgang mit Geschwistern. Das ist in intakten Familien mit guten Eltern auch der Fall. Jemand, dessen familiärer Hintergrund problematisch ist, wird es schwerer finden, Gott als liebendem Vater oder auch nur menschlichen Autoritäten zu vertrauen. Wir müssen uns bewusst machen, wie intelligent und segensreich es ist, unseren Platz unter guter Leitung, sowohl von Gott als auch von den dafür zuständigen Mitmenschen, einzunehmen. Wir sollen auch lernen, andere anzuleiten.

Ich sehe es so: Gott setzte den Baum der Erkenntnis von Gut und Böse deshalb in den Garten, um den Menschen gerade diese Schöpfungsordnung deutlich zu machen. Der Baum stellte für sie keine zusätzliche Versuchung über das hinaus dar, was sie auch sonst im Alltag zu bewältigen hatten, er führte ihnen einfach nur vor Augen, was Gott über Leben und Schöpfung und die Zuständigkeiten des Menschen mitteilen wollte.

Dann gebot Gott, der Herr, dem Menschen: Von allen Bäumen des Gartens darfst du essen, doch vom Baum der Erkenntnis von Gut und Böse darfst du nicht essen; denn sobald du davon isst, wirst du sterben (1. Mose 2,16–17).

Offensichtlich steht der Baum zunächst für Gottes Recht, festzulegen, was gut und was böse ist. Hier definiert Gott seine Rolle als der, der über uns bestimmt und unsere Grenzen festlegt. Wir sind auf seine moralische Leitung angewiesen. Er ist der Schöpfer und Erhalter von allem, auch des Menschen. Als derjenige, der alles erdacht und erschaffen hat, weiß er, was nötig und richtig ist, damit es harmonisch zusammenwirkt. Mit seinem Wissen, seiner Weisheit und Güte ist er – als Einziger – in der Lage, das ganze Bild zu erfassen und alles zum Wohle des Ganzen zu führen, entsprechend handelt er auch. Dies bildet die Grundlage für seine Gesetze und seine Funktion als Richter und Herrscher. Es bedeutet auch, dass der Mensch nicht selber in dieser Weise leiten kann.

Der Baum steht außerdem für eine Einschränkung unserer Befugnisse. Erde und Garten waren dem Menschen anvertraut worden, nur dieser Teil nicht. Dies ist ein erster Hinweis darauf, dass Gott sich das Recht vorbehält, direkt, ohne menschliches Zutun, auf der Erde zu agieren. **Es bedeutet, dass wir nicht die gesamte Autorität über die Erde ausüben, sondern eine Haushalterschaft, in Verantwortung gegenüber Gott, dem Eigentümer, mit weitreichender, aber nicht unbeschränkter Zuständigkeit.** Meiner Meinung nach bestätigt der weitere biblische Befund diese Ansicht. Der Schlüssel zur Partnerschaft mit Gott und miteinander, bezogen auf die Herrschaft über die Schöpfung und ihr Funktionieren, liegt darin, die Autorisierung und den dazugehörigen Verantwortungsbereich jedes Akteurs anzuerkennen.

Als Herrscher muss Gott alle ethisch begabten Wesen zur Verantwortung ziehen. Das ist ein Grund für das Endgericht, in dem wir alle für unsere Lebensführung und unsere Entscheidungen Rechenschaft ablegen müssen. Jesus lehrt, dass wir für unsere Worte, für unser Tun und Lassen und für die Motive unseres Herzens zur Verantwortung gezogen werden: Das Leben ist kein Spiel, unsere Entscheidungen und Handlungen haben in diesem und im jenseitigen Leben Konsequenzen.

Nicht jedes Urteil ist für das Jüngste Gericht reserviert. Wir alle ernten, was wir jetzt, im täglichen Leben, säen, und so können uns Wahrheit und Wirklichkeit mit den praktischen Konsequenzen immer wieder einholen. Ferner greift Gott aktiv als Richter und Herrscher ein, indem er an jeder einzelnen Generation wirkt. Er wirkt so, dass Gutes so weit wie möglich gefördert und das Böse reduziert wird. Er segnet Einzelne, Familien und Nationen und richtet andere. Das wird er auch in Zukunft tun, und zwar ohne Ansehen der Person und entschlossen, die Gerechtigkeit aufrechtzuerhalten.

Die Rebellion

Die Versuchung beginnt mit Zweifel an Gottes Charakter: der Unterstellung, Gott wäre nicht gut, Gott würde die Menschen in der ihnen zustehenden Größe und Freiheit begrenzen! Sie könnten Erkenntnis haben und wie Gott sein. Die Versuchung ist ein Appell an Stolz und Gesetzlosigkeit, an den Wunsch, sich von Begrenzungen zu befreien. Kommt uns das nicht irgendwie bekannt vor? Dann die Lüge: „Keineswegs werdet ihr sterben!" – eine direkte Umkehrung dessen, was Gott gesagt hatte. Auch in unserer Zeit ist das zu hören. Bleibt diese Aussage stehen, dann wird alles hinterfragt, besonders Gottes Wesen. Dabei handelt es sich nicht um unvoreingenommenes, ehrliches Fragen nach Gott und seinen Wegen. Nein, hier fängt man an, wider besseres Wissen Lügen über Gott zu glauben.

Wenn wir einmal damit begonnen haben, Gott zu richten, ist die Dynamik des Stolzes bereits angestoßen. Dann dauert es nicht mehr lang, bis wir Gottes Grenzen missachten und der Behauptung „Ihr werdet sein wie Gott" glauben. Zwar erwarten wir nicht, bis zum Letzten wie Gott zu werden, mit allen seinen mächtigen Fähigkeiten. Aber wir gehen doch davon aus, dass wir Gut und Böse erkennen und dann selbst entscheiden können, was gut, was weniger gut und was schlecht ist – wenigstens so weit es uns selbst betrifft. Damit lehnen wir es ab, Gott über uns herrschen zu lassen, und setzen uns selbst als Herrscher über uns ein. Nun auf uns selbst gestellt, erklären wir unsere Unabhängigkeit, entziehen uns der Ordnung Gottes für Schutz und Leben und schlagen unseren eigenen Weg ein.

Das hat nicht nur auf Gott und uns selbst Auswirkungen, sondern auf unsere gesamte Lebenssphäre, auch unsere Mitmenschen. Es überschreitet unsere Fähigkeiten und damit Gottes Grenze. Die von ihm verfügten Limitierungen sind nicht willkürlich, sondern definieren die Schöpfungsordnung. Wir lehnen sie ab, weil wir nach unseren eigenen Wünschen handeln wollen. Stolz ist das Motiv.

Wenn Gott böse, willkürlich, selbstsüchtig, ja, schwach wäre, dann wäre ein Aufbegehren gegen sein Wort edel und Rebellion unsere Pflicht. Da er aber gut, wahrhaftig, demütig, mächtig ist und sein Wort uns zum Leben und zur Größe führt, ist Rebellion Stolz und Zerstörung. Sie ist auch unklug. Und sie ist böse.

Als Menschen unserer Zeit stehen und leben wir vor Gott. Wenn die individuelle Ablehnung von Gottes Herrschaft und das Aufrichten einer Eigenherrschaft gegen Gott aus den genannten Gründen damals für böse erklärt wurde, dann ist es auch heute böse. Wir müssen untersuchen, wo wir stehen. Die Geschichte der ersten Menschen wird also schnell auch zu unserer Geschichte. Grundprinzipien des Lebens bleiben durch alle Generationen hindurch gleich.

Die Konsequenzen der Rebellion

Gott betrachtet Sünde als böse, als bewusste Rebellion. Adam und Eva verlieren ihre Unschuld unmittelbar. Sie werden des Gartens verwiesen und kommen unter den uns bekannten Fluch. Sie haben keinen Zugang mehr zum Baum des Lebens, sodass ihr Körper sich nicht mehr verjüngen kann und unter das Urteil des Todes fällt: harte Konsequenzen, die die Schwere des Vergehens reflektieren.

Die Sünde der ersten Menschen wirkt sich weithin aus: Ihre Kinder werden in eine verfluchte Welt geboren und stehen von Anfang an unter dem Fluch des Todes. Und das nicht durch eigenes Fehlverhalten! Die Natur selbst, die Domäne der menschlichen Rechtsprechung, kommt unter einen Fluch. Hier sehen wir zum ersten Mal das Leiden von Unschuldigen. Es zeigt, wie sich unsere Taten nicht nur auf uns selbst auswirken, sondern auch auf andere, in diesem Fall auf viele andere!

Jetzt lernt die Menschheit Sünde als eine Lebenswirklichkeit kennen.
Bislang war sie nur eine Möglichkeit. Jede Generation wird nun im echten
Kampf mit der Versuchung und Macht der Sünde leben müssen. Gott sagt
zu Kain: *„Nicht wahr, wenn du recht tust, darfst du aufblicken; wenn du
nicht recht tust, lauert an der Tür die Sünde als Dämon. Auf dich hat er es
abgesehen, doch du werde Herr über ihn!"* (1. Mose 4,6–7).

Adam und Eva haben ihre erste Erfahrung mit Sünde gemacht. Weil
sie das spüren, verstecken sie sich vor Gott. Das ist nur die Spitze des Eisbergs. Sie sind vor Gott wirklich schuldig geworden. Das gibt Satan, dem
Verkläger, das Recht, sie vor Gott anzuklagen. Er ist selber schuldig, was
aber seinem Recht, uns wegen unserer Schuld anzuklagen, keinen Abbruch
tut. Wie ein roter Faden zieht sich das durch die ganze Bibel.

Der Auftrag, Verantwortung für die Erde zu tragen, wird nach der Rebellion nicht zurückgenommen. Noch heute leben wir mit dieser Autorisierung.
Nachfolgende Generationen beginnen die Erde zu gestalten, je nach Stärke
und Vermögen ihrer jeweiligen Gemeinschaft. Wir lesen, wie die Nachkommen Kains Viehhaltung, Musik und Metallschmiedekunst erfinden.
Das geschieht jetzt unter erschwerten Bedingungen und ist vielfach von
Stolz und Rebellion motiviert. Beim Turmbau zu Babel erleben wir später,
dass die Menschen sich geschlossen gegen Gott auflehnen. Andererseits
nutzt Noah die Technik seiner Zeit für den Bau der Arche. Die Baupläne
kommen von Gott. Hier sehen wir, wie Kreativität sowohl zum Guten wie
zum Bösen genutzt werden kann.

In den folgenden acht Punkten möchte ich die Konsequenzen der Rebellion zusammenfassen. Die Liste ist wahrscheinlich nicht vollständig,
aber sie zeigt wichtige Bereiche, die eine zerstörerische und falsche Entwicklung genommen haben.

1. Eine Haltung der Rebellion und der Eigensucht
Die Menschen beginnen Gottes Leitung gewohnheitsmäßig abzu-
lehnen und ihre eigene Alternative zu etablieren, entweder individua-
listisch: „Ich bin meine eigene Autorität. Ich werde mein eigenes Leben
bestimmen", oder als Gruppe, indem sie eine bestimmende Ideologie
übernehmen oder sich einer anderen geistlichen Macht zuwenden – oder
beides. Das führt zu einer grundsätzlich eigensüchtigen Haltung: „Ich
bin meine eigene letzte Autorität; *mein* Leben, *mein* Glück stehen im
Mittelpunkt." Gruppenselbstsucht entsteht: „Wir sind die Bestimmenden,
unsere Interessen stehen an erster Stelle." Das ist tiefer Stolz und führt
ironischerweise schnell zur Selbstgerechtigkeit. Gott hat es jetzt mit einem

Planeten voller eigensüchtiger Menschen zu tun, die diesen Umstand keinesfalls ändern wollen, und wenn sie sich gegenseitig kaputtmachen, geben sie oft sogar dafür Gott die Schuld.

2. Schuld

Wenn wir uns entscheiden zu rebellieren, kommen wir unter Gottes Gericht. Wir spüren es in unserem Gewissen und es ist eine Tatsache: Wir sind vor Gott schuldig geworden. Das ist ernster, als uns zunächst bewusst ist. Beim Jüngsten Gericht muss Gott die Gerechten bestätigen und die Schuldigen verdammen, unabhängig von seiner Liebe auch für diese. Er ist verpflichtet, bei Wahrheit und Gerechtigkeit zu bleiben. Dieses Jüngste Gericht wird furchtbar sein. Wie Jesus und die Schreiber des Neuen Testaments offenbaren, werden die Schuldigen fortgeschickt werden, um ewig ohne Gott zu leben, in Gesellschaft der rebellischen Engel.

3. Verlust der Beziehung

Wie gesagt, wir sind für Freundschaft geschaffen – mit Gott, unseren Mitmenschen, uns selbst, mit der Schöpfung. Jetzt, wo wir uns dem Egoismus zugewandt haben, sind diese Beziehungen belastet, besonders unsere Beziehung mit Gott. Wir lehnen seine Herrschaft ab und sind schuldig vor ihm. Das ist nicht nur Theorie; wir fühlen und wir leben es. Auf dieser Basis gibt es keine entspannte Freundschaft mit Gott und keine Liebe zu ihm; dafür müssten wir bereit sein, uns mit der Wurzel zu befassen und unsere Grundeinstellung zu ändern.

Adam und Eva verlieren nicht jeglichen Kontakt mit Gott. Er spricht weiter zu ihnen, aber jetzt ist es ganz anders. Ihr Sohn Abel wendet sich Gott wieder zu und wird von ihm angenommen, Adam und Eva vielleicht auch. Kains Opfer wird abgelehnt, aber Gott spricht ermutigend und aufbauend zu ihm, auf dass er sich ändere. Die geistliche Fähigkeit, von Gott zu hören, ist ihnen also nicht grundsätzlich genommen, wiewohl sie jetzt beeinträchtigt ist. Die Bibel sagt, Gott rufe alle Menschen in jeder Generation – doch die meisten wollen nicht hören.

Beziehungen zwischen Menschen sind kompliziert geworden. Wir haben alle möglichen Mechanismen von Stolz, Imagepflege, Manipulation und Selbstschutz entwickelt und wir müssen aufpassen, wem wir vertrauen. Dabei hätte es offen, respektvoll und einfach, sprich: liebevoll sein sollen.

4. Negative Charakterentwicklung

Wenn wir erst einmal gegen Gott rebellieren und von ihm getrennt sind, entdecken wir, dass Sünde in sich schon eine Macht darstellt. Wir verfallen negativen Gewohnheiten und Gebundenheiten und wissen nicht, wie wir wieder davon loskommen sollen. Möglicherweise führt das zu zwanghaftem Verhalten, bei dem wir noch nicht einmal wissen, warum wir bestimmte Dinge tun und wie wir damit aufhören können. So geht es dann immer weiter, und die Zeit arbeitet gegen uns. Paulus beschreibt genau diese Dynamik in Römer 7. Stellvertretend für die ganze Menschheit ruft er aus: *„Ich elender Mensch! Wer wird mich retten von diesem Leibe des Todes?"* (Römer 7,24).

5. Krankheit und Tod

Wir sind vom Baum des Lebens getrennt und wissen, dass Sterben unvermeidlich ist. Der Verlust geliebter Menschen durch den Tod ist ein tiefer Schmerz, es ist die endgültige Trennung, die große Tragödie, die so nicht vorgesehen war!

Als eine Folge der Degeneration entstanden alle Arten von Krankheiten und physischen Deformierungen. Wir wissen, welche Schwierigkeiten und welches Leid sie verursachen – manche sind der Tod auf Raten, manche sind von dämonischen Mächten verursacht.

6. Verlust der Autorität über die Natur

Wie wir wissen, wurden wir als verantwortliche Haushalter über die Erde eingesetzt. Wir sollten diese Haushalterschaft als Gottes Partner ausüben, mit seiner Weisheit und Macht im Rücken. Mit der Rebellion lehnte der Mensch nicht nur Gottes Herrschaft über ihn und die Beziehung mit ihm ab, er brach auch mit dem System des partnerschaftlichen, verantwortlichen Herrschens über die Erde. Dadurch verlor er die Beteiligung an Gottes Vollmacht.

Dennoch sind wir trotz der Rebellion noch immer beauftragt, über die Natur zu herrschen. Dieses Mandat wurde nicht zurückgenommen. Aber die Bedingungen sind erschwert: Die Natur hat jetzt einen rebellischen Meister, der versucht, die Welt ohne Gott und gegen ihn zu regieren. Nicht zuletzt deshalb ist die Natur Zerstörung und Leiden unterworfen. Das ist wahrscheinlich ein Hauptgrund für Naturkatastrophen, die durch unser Verhalten nur noch verschlimmert werden. Paulus schreibt in Römer 8,19–23, dass die ganze Schöpfung der Vergänglichkeit unterworfen ist, dass sie seufzt und sehnsüchtig auf Erlösung wartet.

7. Verlust der Autorität über Satan

Nun haben wir uns der Rebellion gegen Gott angeschlossen, initiiert von Satan, mit einer Anzahl der Engel in seinem Gefolge. Auch wenn wir nicht bewusst mit Satan im Bund sein wollen, treibt uns doch dasselbe Motiv an, nämlich Stolz, und wir unterliegen demselben Schuldspruch.

Jetzt ist Satan in der Lage, uns vor Gott wegen unserer Schuld anzuklagen und Gerechtigkeit zu verlangen. Ungeachtet seiner eigenen Schuld müssen seine Vorwürfe gegen uns angehört werden, wenn sie gültig sind. Einer seiner Namen ist „der Verkläger".

Außerdem hat Satan jetzt Zugang zu dem Bereich, für den wir zuständig sind. In wessen Namen wollten wir ihm Einhalt gebieten? Gottes Beistand haben wir nicht mehr, nur noch unsere eigene, natürliche Autorität. Satan kann als ein Tyrann in unsere Domäne einbrechen und anfangen, die Macht zu übernehmen. Es läuft zwar nicht alles nach seinen Wünschen, weil immer auch Gott beteiligt ist, aber die Bibel erkennt Satan für den Bereich unserer menschlichen Zuständigkeit als „Fürst dieser Welt" an, als „Fürst der Mächte in der Luft". Er und seine bösen Engel sind aktiv, sie blenden uns Menschen, verführen und versklaven uns unter ihre geistliche Herrschaft. Sie steuern die Menschheit und die ganze Erde in die Opposition zu Gott.

8. Entstehung einer verdrehten Kultur

Von Generation zu Generation haben wir die Erde weiter entwickelt. Wir haben Zivilisationen und Kulturen kommen und gehen sehen. Bereiche wie Familienleben, Landwirtschaft, Handel, Städtebau, Regierung, Künste und Musik, Kommunikation, Polizei und Militär haben wir auf unterschiedliche Weisen ausgestaltet. Bis heute können wir in diesen Bereichen unserer Gesellschaft und in unserer Kultur negative wie auch förderliche Elemente erkennen. Die Frage nach Gerechtigkeit oder Bosheit ist folglich nicht nur von Entscheidungen abhängig, die wir heute als Individuen treffen, sondern es gibt auch ein kollektives kulturelles Verständnis und eine Dynamik von Gut und Böse, welche vielfach in unserer Geschichte und unseren Traditionen verankert und Bestandteil unserer Institutionen sind.

Die Bibel berichtet immer wieder über solche Entwicklungen und die Kämpfe zwischen Gut und Böse in einigen dieser Zivilisationen, besonders im Volk Israel. Zudem gewinnen wir einigen Einblick in Ägypten, Assyrien, Babylon und die griechisch-römische Welt des Neuen Testaments. Viele dieser Entwicklungen sind beeinträchtigt von Bösem und haben in Institutionen und Strukturen zu Bösem geführt. Es gab aber auch positive Beiträge: Während Babylon inzwischen als Sinnbild für die böse Stadt unter Gottes Urteil steht, gilt Jerusalem als seine Stadt.

Diese acht Punkte zeigen, dass die Konsequenzen unserer Rebellion viel weitreichender sind als der persönliche Verlust der Beziehung mit Gott. In unserer Rebellion herrschen wir über die Erde, und zwar auf unsere Weise! Das ist ein kollektiver Aufstand gegen Gott, motiviert und gesteuert von bösen Engelsgewalten, die Zugang zu uns und Autorität über uns haben, solange wir an unserer Rebellion festhalten. Wir entwickeln Gesellschaftssysteme, denen Tyrannei und Ungerechtigkeit eigen sind, was das Leid aller Menschen und der Natur selbst vermehrt. Tod und Krankheit wuchern in dieser Umgebung.

Die Wirkung auf Gott

Hatte unsere Rebellion auch auf Gott selbst eine Auswirkung? Normalerweise nehmen wir uns nicht die Zeit, darüber nachzudenken, weil wir uns in erster Linie nur damit befassen, was sie uns eingebracht hat. Das ist typisch, wir Menschen beschäftigen uns fast immer mit uns selbst.

Wir halten selten inne, um zu überlegen, wie es Gott ergehen mag.

Immer wieder kommt in der Schrift etwas von Gottes Gefühlen und seinem Standpunkt durch, zum Beispiel in dem ergreifenden Moment in 1. Mose 6,5–6:

Der Herr sah, dass auf der Erde die Schlechtigkeit des Menschen zunahm und dass alles Sinnen und Trachten seines Herzens immer nur böse war. Da reute es den Herrn, auf der Erde den Menschen gemacht zu haben, und es tat seinem Herzen weh.

Wir staunen, und vielleicht wirft es unsere Theologie über den Haufen, wenn wir lesen, dass Gott solch ein Bedauern empfinden konnte. Das muss einer der Tiefpunkte in der Geschichte gewesen sein; in Gottes und in unserer Geschichte.

Ein andermal veranlasste Gott den Propheten Hosea, eine untreue Frau zu heiraten, damit er etwas von dem Schmerz erlebte, den Gott wegen der Treulosigkeit seiner Braut, Israel, fühlte. In Psalm 81,12–17 wird aus Gottes Sicht tief bedauert, dass es in Israel ganz anders ist, als es sein könnte.

Auf ähnliche Weise weint Jesus über Jerusalem und klagt:

Jerusalem, Jerusalem ... Wie oft wollte ich deine Kinder um mich sammeln, so wie eine Henne ihre Küken unter ihre Flügel nimmt; aber ihr habt nicht gewollt. Darum wird euer Haus von Gott verlassen. Und ich sage euch: Von jetzt an werdet ihr mich nicht mehr sehen, bis ihr ruft: Gesegnet sei er, der kommt im Namen des Herrn! (Matthäus 23,37)

Hier sehen wir nicht nur, wie Gottes Pläne zurückgewiesen werden, sondern wie er leidet, weil er die katastrophalen Resultate sehen kann. Er weiß, wie es hätte sein können, wenn die Menschen nur richtig reagiert hätten. Unsere Rebellion wirkt sich nicht nur auf uns und unsere Umgebung aus, sie hat auch Auswirkungen auf den Himmel und auf Gott selbst!

3

Geschichte:
Die Wiederherstellung 1
Adam bis Mose

Am Anfang des Wiederherstellungsprozesses steht die Abwendung Einzelner und ganzer Gruppierungen von dieser Rebellion und ihre Unterordnung unter Gottes rechtmäßige und liebevolle Herrschaft.

Wiederherstellung: Umfang dieser Aufgabe

Angesichts all dieser Rebellion, Komplexität und dieses Verlustes ist Gottes Ziel jetzt die Wiederherstellung aller Dinge! Die im vorigen Kapitel aufgeführten Konsequenzen der Rebellion machen deutlich, wie böse Sünde ist. Sie zeigen das gewaltige Ausmaß dessen, was falsch gelaufen ist und was zurückgewonnen werden muss. Aber die Bibel macht klar: Gottes Ziel ist die Wiederherstellung aller Dinge, im Himmel und auf Erden. Diese Wiederherstellung wird so weitreichend sein, wie es in einem großartigen alten Kirchenlied heißt – „so weit der Fluch reicht" (Isaac Watts „*Joy to the World*", deutsch: „*Freue dich, Welt*"). Sie ist zu umfassend, als dass wir sie auch nur annähernd begreifen könnten. Das kann nur Gott.

Dabei geht es um einzelne Menschen und um alle Aspekte unseres gemeinsamen Lebens. Es geht um die Wiederherstellung von Gehorsam, Beziehungen und göttlicher Autorität, um die Erde auf seine, auf Gottes Art zu regieren. Es geht um die Wiederherstellung unserer Autorität über Satan und das Ausschalten all dessen, was das Böse bewirkt. Es umfasst sowohl die geistliche als auch die materielle Welt, Himmel und Erde.

Der Akt der Schöpfung umfasst auch Gottes Selbstverpflichtung, seine Schöpfung zu erhalten, über sie zu regieren und, wo erforderlich, für sie zu sorgen. Doch weit darüber hinaus hat sich Gott eine Verpflichtung auferlegt. Schon vor Erschaffung des materiellen Universums hat Gott einen Plan zur Erlösung und Wiederherstellung erdacht und beschlossen.

Wie 1. Petrus 1,19–21 sagt, *sind wir erlöst ... mit dem kostbaren Blut Christi, des Lammes ohne Fehl und Makel. Er war schon vor der Erschaffung der Welt dazu ausersehen, und euretwegen ist er am Ende der Zeiten erschienen. Durch ihn seid ihr zum Glauben an Gott gekommen ..."*

In Epheser 1–3 beschreibt Paulus unterschiedliche Aspekte des Erbes der Erlösung in Christus, vor Grundlegung der Welt erdacht.

Allein durch Gottes Gnade

Wir können Gott danken, dass er seiner Schöpfung und uns zugewandt und bereit ist, uns nachzugehen und diese Erlösung und Wiederherstellung zu bewirken. Dabei schuldet er uns nicht das Mindeste. Tatsächlich ist er in keiner Weise verpflichtet, uns hinterherzulaufen und uns eine zweite Chance zu geben. Wir sind die Schuldner, nicht er. Wir haben dieses Chaos angerichtet. Er könnte uns einfach darin belassen, ohne dass der Gerechtigkeit in irgendeiner Weise Abbruch getan würde. Seine Motivation geht weit über Gerechtigkeit und Verantwortung hinaus. Sie ist Liebe und Gnade. Er hat diese Aufgabe übernommen und sie kostet ihn sehr viel. Zum Glück für uns alle ist er entschlossen, sie auszuführen. Das ist unser Trost und die Basis für unsere Zukunftshoffnung.

Und tatsächlich: Als der Herr infolge der Rebellion den Fluch aussprach, schloss dies schon die bekannte Verfluchung der Schlange mit ein.

Feindschaft setze ich zwischen dich und die Frau, zwischen deinen Nachwuchs und ihren Nachwuchs. Er trifft dich am Kopf und du triffst ihn an der Ferse (1. Mose 3,15).

Dies ist nicht nur eine Aussage über den Generationen andauernden Konflikt zwischen Mensch und Satan, es ist der erste prophetische Hinweis auf Christus, den Nachkommen der Frau, der kommen würde, um die Macht Satans zu zerschlagen. Sofort nach der ersten Sünde drückt Gott seine Absicht aus, den Bösen zu überwinden. Dass er schon vor der Rebellion die Bereitschaft zur Erlösung hatte, ist in der Geschichte und in der Schrift eindeutig verankert.

Der Ausgangspunkt aller Wiederherstellung

Wie wird Gott das zustande bringen? Wo hat er angefangen, welche Mittel setzt er ein, wie sieht sein Plan aus?

Am Anfang des Wiederherstellungsprozesses steht die Abwendung Einzelner und ganzer Gruppierungen von dieser Rebellion und ihre Unterordnung unter Gottes rechtmäßige und liebevolle Herrschaft.

Das ist Punkt eins auf der Liste der Konsequenzen der Rebellion, wie sie im vorigen Kapitel aufgeführt wurden, und es ist das Herzstück des Ganzen. Wenn Menschen darauf eingehen, dann kann Gott anfangen, auch die anderen Bereiche aufzuarbeiten. Verweigern sie sich, dann bleibt nur eine Verhärtung ihrer Position und des Urteils über sie. Gottes Engagement für die Wiederherstellung aller Dinge bedeutet nicht, dass alle Menschen eines Tages mit Gott versöhnt werden. Die Freiheit der Entscheidung bleibt, und die Bibel spricht wiederholt über das Jüngste Gericht und die endgültige Trennung von Gerechten und Ungerechten.

Wie kann Gott rebellische Menschen zu der Einsicht bringen, dass sie im Unrecht sind – dass sie das zugeben, sich ändern wollen und darum bitten, wieder unter seine Leitung kommen zu dürfen? Dazu müssen sie bereit sein zuzuhören, zu verstehen und sich zu demütigen. Dies ist genau die entgegengesetzte Haltung zu Rebellion und Stolz. Was kann einen solchen Wandel zustande bringen?

Er lässt sich nicht mit Gewalt, sondern nur durch Überzeugung und Überführung des Herzens herbeiführen. Alles, was Gott oder irgendjemand tun kann, ist, in Heiligkeit, Liebe, Demut und Kraft die Wahrheit zu bringen, als eine Aufforderung an Verstand, Gewissen und Herz. Der Heilige Geist selbst wirkt und überzeugt Menschen. Er fügt auch die Umstände, um in existenziellen Krisen zu Entscheidungen zu führen. Letztlich aber bleibt es eine Sache des freien Willens.

Dieser freie Wille gehört zu unserer Identität als Wesen, die nach Gottes Bild geschaffen sind, und das wird er nicht ändern. Damit gibt es keine Garantie dafür, wie jemand sich entscheiden wird. Gott bringt starke Einflüsse zum Tragen, oft über eine lange Zeit und mit großer Geduld, aber er zwingt nicht. Wie eine Person, eine Gruppe reagiert, liegt ganz an ihr selbst.

Die klassischen biblischen Begriffe für dieses Umkehren und Unterordnen sind „Buße tun und glauben". Gott geht mit denen, die seiner Aufforderung nachkommen. Daraus folgt aber auch, dass es eine Trennung zwischen Gerechten und Ungerechten geben wird. Sie nimmt ihren Anfang in diesem Leben und ist am Jüngsten Gericht endgültig. So kann die vollständige Wiederherstellung also nur mit und an denen weitergeführt werden, die auf Gottes Ruf eingehen.

Das wirkt wie eine starke Einschränkung von Anfang an, und dieser Eindruck täuscht nicht. Natürlich bleibt die ganze Welt Gottes Domäne, und er wirkt mit allen – den Gerechten und den Ungerechten – in allen Bereichen des Lebens und bleibt allen in Liebe hingegeben. *In ihm leben, weben und sind wir alle.* Gemäß Kolosser 1,15–17 ist Jesus Herr der ganzen Schöpfung und hält alles zusammen. So wirkt Gott überall schöpferisch. Darin achtet er natürlich seine eigenen Rahmenbedingungen der von ihm geschaffenen Ordnung. Und das bedeutet auch, dass Einzelne in ihrer Rebellion gegen ihn fortfahren und ihren Autoritätsbereich nutzen können, um ihm entgegenzuwirken.

Es heißt weiterhin: Während Gott direkt mit den gerechten Engeln und Menschen zusammenarbeitet, um seine Pläne weiterzuführen, arbeiten Satan und seine Dämonen mit den ungerechten Menschen zusammen, um sich ihnen entgegenzustellen. Kann Gott sein Ziel dennoch erreichen, angesichts dieser Opposition gegen Gott und der zu ihm gehörenden Menschen, die üblicherweise in der Minderheit sind? In der Bibel wird durchgängig über diese Dynamik berichtet: Gott, wie er mit einem „*treuen Rest*" wirkt. Die Bibel zeigt, dass er erfolgreich sein wird. Sehen wir uns an, was er bis jetzt erreicht hat.

Aus meiner Sicht beschreibt die Bibel drei Entwicklungsphasen bis hin in unsere Zeit.

Die erste Phase: Von Adam bis Mose. Die Berufung von Einzelnen und Familien.

Die zweite Phase: Von Mose bis Jesus. Israel unter dem mosaischen Bund.

Die dritte Phase: Von Jesus bis jetzt und bis er wiederkommt. Das Reich Gottes (Teil 1).

Die erste historische Phase: Von Adam bis Mose. Die Berufung von Einzelnen und Familien.

Gott spricht weiter mit Adam und Eva. Man kann es nicht mit Sicherheit sagen, aber sie scheinen Gott weiterhin zu ehren. Ihr Sohn Abel wendet sich dem Herrn zu und wird von ihm angenommen – im Gegensatz zu Kain, der sich nach einer Zeit der Entscheidungsfindung gegen die Wahrheit und gegen Gott kehrt und seinen Bruder ermordet. Es gibt ein langes Gespräch zwischen Kain und Gott, in dem Gott sein Gericht über ihn ausspricht. Die Nachfahren von Kain werden aufgeführt, und dann die von Set, dem jüngeren Sohn von Adam und Eva. Bestimmte Namen werden genannt, doch geboren werden viel mehr als diese. Mit Beginn der Abstammungslinie von Set, so sagt die Bibel, beginnen die Menschen, den Namen des Herrn anzurufen.

Mitten im zunehmenden Bösen setzt also eine hoffnungsvolle Entwicklung ein, als besonders aus dieser Familie Einzelne beginnen, Gott zu suchen. Unter ihnen ragt Henoch hervor, von dem die Bibel berichtet: *„Henoch war seinen Weg mit Gott gegangen, dann war er nicht mehr da; denn Gott hatte ihn aufgenommen"* (1. Mose 5,24).

Ein späterer Nachkomme dieser Linie ist Noah. Inzwischen hat aber das Böse so überhandgenommen, dass es Gott inzwischen reut, mit alldem überhaupt angefangen zu haben! Von allen Menschen auf der Erde kann der Herr nur einen gerechten Mann finden, Noah. Wenn es je eine Zeit gab, wo die Mehrheit der Menschen falsch lag, dann damals. Wenn es je den Fall gab, dass Gott mit einem treuen Überrest wirkte, dann damals. Indem er mit Gott zusammenarbeitet, kann Noah seine Familie und die Tiere und die Vögel der Schöpfung durch das Gericht Gottes hindurchbringen und einen neuen Anfang machen.

Bei ihrem Neuanfang wird ihnen derselbe Auftrag gegeben wie Adam und Eva:

Seid fruchtbar, vermehrt euch und bevölkert die Erde! Furcht und Schrecken vor euch soll sich auf alle Tiere der Erde legen, auf alle Vögel des Himmels, auf alles, was sich auf der Erde regt, und auf alle Fische des Meeres; euch sind sie übergeben (1. Mose 9,1–2).

Bei diesem neuen Anfang schließt Gott einen Bund mit Noah, in dem er verheißt, die Erde nie mehr mit einer Sintflut zu zerstören.

Dann werden weitere Generationen aufgelistet. Dabei tauchen manche bekannte Namen auf, aus deren Nachfahren ganze Völker werden. Schließlich kommen wir zu **Abraham**, einem „Freund Gottes", der berufen ist, in ein unbekanntes Land zu pilgern, das Gott ihm und seinen Nachfahren geben will. Sie sollen eine besondere Nation sein, gegründet von Gott und abgesondert als sein Volk von Dienern, um alle Völker zu segnen. Diese Verheißungen werden in einem Bund zwischen Gott und Abraham festgemacht. Weitere Verheißungen empfängt Abraham von Gott, deren Erfüllung sich über vierhundert Jahre hinziehen sollen. Abraham legt durch prophetische Handlungen Grundlagen für die Zukunft, er führt Krieg, seine Familie wächst und er erlangt Wohlstand. Durch Glauben bekommt er seinen Sohn Isaak, obwohl seine Frau Sara schon lange nicht mehr fruchtbar ist.

Er begegnet **Melchisedek,** dem König von Salem und Priester Gottes, und zahlt ihm einen Zehnten von seiner Kriegsbeute. Auf Melchisedek, der wie aus dem Nichts in der biblischen Geschichte auftaucht, kommt der Hebräerbrief wieder zurück. Er ist ein Mann von hoher Autorität und von Gott sehr geschätzt, was Abraham erkennt. Melchisedek repräsentiert die unbekannte Zahl von Menschen in dieser Zeitspanne, die sich Gott wieder zugewandt haben und aufgrund einer wiederhergestellten Beziehung zu ihm von Neuem zu göttlicher Autorität und Format herangewachsen sind.

Noch andere gottesfürchtige Menschen dieser Phase werden uns vorgestellt: Isaak, Jakob, Josef, Moses Eltern, Mose, Aaron, Miriam. Wahrscheinlich kann auch Hiob dieser Zeit zugerechnet werden. Sie alle, einschließlich Abel, Henoch, Noah, Abraham, sind die herausragenden Gestalten dieser Periode. Sie alle tun Buße und kehren um, um Gott zu lieben und ihm zu dienen. Sie werden aufs Neue in die Freundschaft mit Gott aufgenommen.

Wie löst sich das Problem ihrer Schuld? Wie kann Gott gerecht bleiben und sie zugleich von ihren Sünden freisprechen? In Bezug auf Abraham erfahren wir es. Er ist gerechtfertigt durch Glauben! So argumentiert Paulus ausdrücklich in seinem Brief an die Römer. Aufgrund seines Glaubens, als er noch nicht beschnitten ist, wird Abraham für gerecht erklärt und so zum Vater aller, die durch Glauben gerechtfertigt werden, sowohl der Unbeschnittenen als auch der Beschnittenen. Alle diese Menschen bringen Tieropfer dar. Doch die Befreiung von ihrer Sündenschuld erwarten sie nicht nur vom Blut der Tiere: Sie blicken auf Gott und gründen ihre Hoffnung allein auf seine Gnade.

So wie ihre Beziehung mit Gott wiederhergestellt wird, so auch ihre Autorität, Verantwortung für die Erde zu übernehmen. Wie in einer Fallstudie sehen wir einige tatsächlich in ihrer göttlichen Autorität wachsen; Abraham, Jakob, Josef, Mose, Hiob. Ihre Geschichten sind faszinierend. Sie geben uns heute Lektionen an die Hand, wie Gott willige Menschen dazu erzieht, ihn kennenzulernen und seine Werke zu tun. Jeder lebt zu einer anderen Zeit und ist mit einer anderen Aufgabe betraut. Viele leisten einen großen Beitrag zu dem sich entfaltenden Plan Gottes, auch wenn er ihnen zu ihrer Zeit noch verborgen ist. Meistens beginnen sie klein und unsicher, machen Fehler, wachsen aber in ihrer Partnerschaft mit Gott und in ihrer Vollmacht.

Der Herr lässt **Josef** träumen, dass er eines Tages regieren wird, sogar über seinen Vater und seine Brüder. Anfangs wird ihm Schmerz zugefügt. Er wird ungerecht behandelt, aber er reagiert und handelt richtig in der Schule Gottes. Auf dem Weg gewinnt er geistliche Autorität und Weisheit sowie die Fähigkeit, Träume zu deuten. Innerhalb nur eines Tages wird er vom Gefangenen zum Premierminister Ägyptens befördert und regiert in seiner Generation.

Mose beginnt in seiner eigenen Kraft, muss fliehen und ist als Hirte vierzig Jahre lang in der Schule Gottes. Als Gott ihm erscheint und ihn beauftragt, die Israeliten aus Ägypten zu befreien, sehen wir, wie er Schritt für Schritt in seiner Aufgabe wächst. Er lernt, auf den Herrn zu hören und zu tun, was Gott ihm sagt. Ein Ergebnis ist, dass er gewaltige Wunder in Ägypten vollführt und später sogar dem Roten Meer befiehlt sich zu teilen und wieder zu schließen! Hier übt der Mensch in sehr hohem Maße in Partnerschaft mit Gott Vollmacht über die Natur aus. Mose sollte danach noch jahrelang viele solcher Taten vollbringen.

Wir lesen also von Menschen, die ihre gottgegebene Autorität, über die Erde zu regieren, zurückgewinnen: Hier zeigen sich erste Anfänge der Wiederherstellung des ursprünglichen Schöpfungsplanes.

Hiob bietet an dieser Stelle eine wichtige Fallstudie. Er wird als ein tadelloser Mann vorgestellt – rechtschaffen, redlich, gottesfürchtig und alles Böse meidend. Wir lesen von seiner Familie und seinem unablässigen priesterlichen Wirken für seine erwachsenen Kinder. Wir erfahren von der enormen Größe seines Besitzes und seinem großen Reichtum. Er ist ein klassisches Beispiel der These dieses Kapitels und dieses Buches, jemand, der Gott wieder liebt, ehrt und ihm dient. Deshalb erhebt ihn der Herr in göttliche Autorität, zur Herrschaft über seinen Teil der Erde. So wird Hiob zum größten Unternehmer und Gutsbesitzer im Osten.

In den bekannten Anfangskapiteln erscheint Satan im himmlischen Rat und fordert Gott auf, Hiob zu prüfen. Jeglicher göttlicher Schutz und alle seine Segnungen sollen ihm genommen werden, um festzustellen, ob Hiob Gott dennoch weiterhin lieben und ehren würde.

Im zweiten Schritt soll sein Körper dem Wirken Satans ausgesetzt werden, der Hiob nun mit Krankheit schlagen darf – nur um zu sehen, ob Hiob auch dann an der Liebe zu Gott festhält. Hier geht es um Liebe zu Gott mitten im Leiden, wenn man Gottes Schutz gar nicht mehr erlebt und am Leben irre zu werden droht: Liebe zu Gott um seiner selbst willen. Wir wissen, wie die Geschichte weitergeht und endet.

Ein wichtiger Punkt darin ist die Aussage Satans in Hiob 1,10: *„Bist du es nicht, der ihn, sein Haus und all das Seine ringsum beschützt?"* In der geistlichen Welt ist Hiob von Gott beschirmt. Satan hat keine Möglichkeit, Hiobs Besitz in irgendeiner Weise anzutasten! Unter diesem göttlichen Schutz blüht und gedeiht alles. Sünde würde wahrscheinlich eine Bresche in diese Hecke schlagen, aber solange Hiob rechtschaffen, redlich und gottesfürchtig handelt und das Böse meidet, bleibt er beschirmt. Deshalb schützt Hiob auch seine Kinder so sorgfältig, indem er priesterlich für sie eintritt.

Hiobs Geschichte handelt nicht nur von der Wiederherstellung der Beziehung zu Gott und der Autorität, über die Erde zu herrschen, sondern auch von der Wiederherstellung der Autorität eines Menschen über Satan! Hier sehen wir einen Bereich auf der Erde, der Satan verwehrt ist. Auf Hiob hat er nur aufgrund einer Sondererlaubnis Gottes Zugriff, die ihm aus einem bestimmten Grund gegeben wird. Nach dem Ende der Prüfung wird der Schutz wieder neu eingerichtet und Hiobs Besitz wieder gesegnet – doppelt so sehr wie vorher. Hiob hat Gott zum Freund gewonnen und die Autorität erlangt, in allen Bereichen seines Lebens zu regieren, und das schließt auch Vollmacht über Satan ein. Diese Geschichte ist ein bemerkenswertes Beispiel von Wiederherstellung, vom Wiedererlangen unseres Schöpfungserbes.

Im Buch Hiob wird der Vorhang vor der geistlichen Welt mehr als sonst zurückgezogen, damit wir sehen, was dort vor sich geht. All die oben angeführten Beispiele, auch, wo es nicht ausdrücklich gezeigt wird, schließen das Wiedererlangen von Autorität über Satan und die dämonischen Mächte ein. **Unsere Autorität kommt vom Thron Gottes und erstreckt sich auf alle Gebiete der geistlichen und der materiellen Welt.**

So sehen wir: Schon in dieser ersten Phase von Adam bis Mose konnten Männer und Frauen Gottes Schöpfungserbe wiedererlangen. Es war beschränkt, aber es war ein guter Anfang. Allerdings erst ein Anfang. Gott hatte noch Größeres vor.

4

Geschichte:
Die Wiederherstellung 2
Mose bis Jesus –
Israel unter dem mosaischen Bund

„Jetzt aber, wenn ihr auf meine Stimme hört und
meinen Bund haltet, werdet ihr unter allen Völkern
mein besonderes Eigentum sein. Mir gehört die ganze
Erde, ihr aber sollt mir als ein Reich von Priestern
und als ein heiliges Volk gehören."
(2. Mose 19,5–6)

Als Gott in die nächste Etappe seines Wiederherstellungsplanes eintritt, nämlich mit der Gründung der auserwählten Nation Israel im Nahen Osten unter Mose und Josua, wirkt er parallel dazu in allen Völkern weiter wie bisher: Er ruft Einzelne und Familien zu sich, zur Umkehr und unter seine Leitung, wie er es unter allen Nationen bis zum heutigen Tag tut.

Israel, Identität und Berufung

Der Stammvater Israels sind Abraham, Isaak und Jakob. Vierhundert dreißig Jahre nach Abraham beruft Gott **Mose**, die Israeliten aus der Sklaverei in Ägypten herauszuführen, mit ihnen eine Nation zu gründen und sie nach Kanaan zu leiten, in das Land, das ihnen verheißen ist. Sie verlassen Ägypten mit sechshunderttausend Mann, was auf eine Gesamtbevölkerung von über zwei Millionen schließen lässt. Der direkte Weg nach Kanaan ist nicht weit, aber Gott hat anscheinend nicht vor, sie umgehend dorthin zu führen. Obwohl sie die Nachkommen Abrahams, Isaaks und Jakobs sind, mit einer hohen Berufung, haben sie sich mittlerweile daran gewöhnt, wie Sklaven zu denken.

Nach drei Monaten lagern sie am Berg Sinai und bleiben dort ein Jahr lang. Gott hat ein großes Programm für sie. Sie müssen jetzt zu einem Volk geformt werden, heranwachsen und für sich selbst Verantwortung übernehmen, mit der ganzen dazugehörigen Infrastruktur.

Als Erstes gibt Gott ihnen Identität und Berufung.

Ihr habt gesehen, was ich den Ägyptern angetan habe, wie ich euch auf Adlerflügeln getragen und hierher zu mir gebracht habe. Jetzt aber, wenn ihr auf meine Stimme hört und meinen Bund haltet, werdet ihr unter allen Völkern mein besonderes Eigentum sein. Mir gehört die ganze Erde, ihr aber sollt mir als ein Reich von Priestern und als ein heiliges Volk gehören (2. Mose 19,4–6).

Solch eine Berufung ist ein hohes Privileg. Auf die positive Reaktion des Volkes hin handelt der Herr. In den Kapiteln 2. Mose 19 bis 24 lesen wir über eine Reihe atemberaubender Begegnungen, in denen Gott sich dem Volk und seinen Anführern offenbart. Er kommt herab mit Feuer, in Macht auf den Gipfel des Berges, und das Volk hört seine Stimme. Sie können diese herrliche Gegenwart nicht ertragen. **Er kommt, damit es ihnen möglich wird zu verstehen, wer er ist, ihn zu fürchten, seiner Stimme zu gehorchen und allen anderen Göttern abzuschwören.** Die Schrift berichtet von keiner anderen so ausgedehnten, gewaltigen, kollektiven Gottesoffenbarung an das Volk.

Israel, der mosaische Bund, Gesetzgebung, Infrastruktur

Die Israeliten treten in einen Bund mit dem Herrn ein: sein erwähltes Volk zu sein, ihn zu lieben und seiner Berufung zu folgen. Das ist der mosaische oder Sinai-Bund. Gott gibt ihnen sein Gesetz, beginnend mit den Zehn Geboten, einer Zusammenfassung, die jeder Mensch an den Fingern abzählen kann. In den ersten drei Geboten geht es um ihre unmittelbare Beziehung zu Gott, die übrigen übertragen dies in ihr gemeinsames Leben.

Nach und nach gibt er ihnen ein vollständiges Zivil- und Strafgesetz. Das Zivilrecht deckt alle Lebensbereiche ab: Heirat und Familie, Sexualität,

Kindererziehung, Hygiene und Grundlagen der Gesundheitsfürsorge, Hausbau, Landwirtschaft, Besitztum einschließlich Verkauf und Vermietung, Handel, Wirtschaft, soziale Gerechtigkeit (besonders für Witwen, Waisen, Ausländer, Sklaven), Militärdienst.

Gott richtet den Priesterstand ein und erlässt Vorschriften für das Priestergeschlecht, die Leviten. Er gibt Mose detaillierte Pläne für die transportable Stiftshütte, basierend auf den himmlischen Realitäten. Sie ist die offizielle Begegnungsstätte für den Gott des Himmels und sein auserwähltes Volk und der zentrale Punkt im Lager der Israeliten. Am Tag der Einweihung ist die Gegenwart Gottes in der Stiftshütte so überwältigend, dass selbst die Priester nicht eintreten können.

Die Leviten sollen dem Volk Gottes Gebote, sein Gesetz und seine Wege beibringen und ihm helfen, Gott im Alltag zu lieben und ihm zu dienen. Sie sollen die Menschen anleiten, wie sie in der Stiftshütte zur Sühnung ihrer Sünden oder als Dank und Lob Opfer bringen. Sie haben den Auftrag, vor Gott im Gebet für die anderen einzutreten. Die Anweisungen für den Priesterdienst sind detailliert und streng, denn sie müssen in allen Aspekten der Heiligkeit Gottes Rechnung tragen.

Dann stellt der Herr Israel für den Krieg auf. Die Männer im kampffähigen Alter werden in den Stammesgruppen gemustert und für die Schlacht organisiert. Rund um die Stiftshütte werden ihnen ihre Lagerplätze zugewiesen. Wenn sich die Wolke erhebt und es Zeit ist zu marschieren, bewegt sich jeder Stamm gemäß seiner Stellung in der Linie.

Nach einem guten Jahr sind sie bereit zu gehen, trotz der Rebellion und des Unglaubens, die sie weiterhin aufweisen. Sie sind als ein Volk der Verheißung zum Berg Sinai gekommen, aber ungeordnet, selbstbezogen, ohne Ausrichtung auf das, was Gott vorhat. Der Herr hat ihnen ihre Identität und ihre hohe Berufung gegeben. Er hat einen Bund mit ihnen geschlossen, sie als ein Volk konstituiert und sie mit Gesetz und Struktur ausgestattet. Jetzt sind sie ausgerüstet zu leben, um ihr Erbe zu kämpfen und Gottes Berufung zu erfüllen.

Beständig werden sie ermahnt: *„Gehorcht meinem Wort, haltet meine Gesetze, damit es euch gut geht. Wenn ihr den Herrn liebt und ihm gehorcht, werdet ihr Vollmacht haben und gesegnet sein. Ihr werdet Gewinner sein. Wenn ihr nicht gehorcht, werdet ihr Verlierer sein."*

Zukünftiger Erfolg ist also von ihrer Beziehung zu Gott abhängig, nicht von ihrer Organisation, so nötig diese auch ist.

Und so bewegen sie sich vom Berg Sinai zum verheißenen Land. Diese erste Generation versagt prompt und Gott muss seinen Plan ändern und kann erst die nächste Generation in das Land bringen, die es mit Großtaten des Glaubens einnimmt. Nun ist Gottes Volk angekommen. Es ist ein strategischer Ort an der Schnittstelle von Asien, Afrika und Europa. Sie sind so positioniert, dass sie Gottes Segnungen genießen und die Nationen segnen können.

Israels Berufung, näher angeschaut

Sie sind Gottes auserwähltes Volk, ein Volk, das ihm gehört, ein heiliges Volk und eine königliche Priesterschaft. Das sehen wir in 2. Mose 19,6. Die ganze Nation wird auserkoren, Priester zu sein. Der Kontext ist: *„Mir gehört die ganze Erde."* Gott beruft sie mit allen anderen Nationen im Blick. Es geht nicht nur um ihr nationales Glück.

Ihre Berufung hat mindestens die folgenden drei Dimensionen:

1. Gott lieben, anbeten und ihm dienen

Dies ist der erste und höchste Teil der Berufung zu Priestern. Sie sind herausgenommen aus der Vielzahl der Völker, um ihn anzubeten, auf ihn zu warten und zu tun, was immer er will. Die nationalen Feiertage sollen diesem Zweck dienen. Sie sollen die Menschen zusammenbringen, um Gott zu begegnen. Es gibt unterschiedliche Ausrichtungen und Themen für die Feste, und das stellt den Israeliten Gott in verschiedenen Lebenszusammenhängen vor Augen. Sie bekommen Anweisungen dafür, wie sie ihn in ihrem Alltag zu Hause ehren sollen. Alles ist im ersten Gebot zusammengefasst: *„Du sollst den Herrn, deinen Gott, lieben mit ganzem Herzen, mit ganzer Seele und mit ganzer Kraft."*

2. Ihr Land gemeinsam unter Gott regieren

Alle Gesetze Gottes leiten sie an, wie sie Gott direkt dienen, den Umgang miteinander gestalten und wie sie ihr Land regieren und entwickeln sollen. **Er will, dass sie gesund, widerstandsfähig, verantwortlich und gemäß seinen Werten im Leben erfolgreich sind. Er will, dass sie die göttliche Autorität wiedererlangen, über ihren Teil der Welt zu regieren.** Oft sagt Gott: *„Haltet meine Gebote, damit es euch gut geht."* Tatsächlich werden in den bekannten Kapiteln über Segen und Fluch in 5. Mose 27 bis 30 die Konsequenzen von Gehorsam und Ungehorsam gegenüber Gottes Gesetz nebeneinander dargestellt. Das eine führt zu großem Erfolg und Wohlergehen, das andere zu großem Versagen.

Die Begründung liegt vermutlich vor allem darin, dass die Gesetze Gottes die „Gebrauchsanweisungen" des Schöpfers für das gemeinsame Leben und den Umgang mit der Schöpfung selbst sind. Diese Anweisungen einzuhalten führt zum Erfolg im Leben, sie zu ignorieren unausweichlich zum Misserfolg. Dem liegt weitgehend das Prinzip von Ursache und Wirkung zugrunde, folglich rät die Klugheit zum Gehorsam.

Natürlich wirkt Gott über diese Gesetzmäßigkeiten hinaus und außerhalb davon. Er greift aktiv ein, um gerechte Menschen mit Segen und einem zukünftigen Erbe zu fördern und sich den Ungerechten entgegenzustellen. In manchen Fällen verkürzt er das Leben böser Menschen und schneidet die Linie ihrer Nachfahren ab. Entsprechend verfährt er auch mit ganzen Nationen.

Manche der Verheißungen, die Israel für seinen Gehorsam bekommt, sind gewaltig. Das Wetter werde ihnen zu Diensten sein; Regen und Sonne, wie sie es für ihre Ernten brauchen. Sie würden keine der Krankheiten bekommen, unter denen sie in Ägypten gelitten haben. Bei Mensch und Tier werde es keine Fehlgeburten geben. Welche Regierung kann das heute einem Volk versprechen? So geht es auch hier um eine Wiederherstellung der Autorität, auf hohem Niveau verantwortlich über die Erde zu regieren. Diesmal bezieht es sich auf eine ganze Nation und nicht nur auf ein Individuum und seine Familie.

3. Andere Nationen segnen

Die Stiftshütte, ebenso wie später der Tempel, sind als ein Gebetshaus für alle Völker gedacht. Das ist von Anfang an Gottes Absicht. **Die Israeliten sollen Gott kennen und den Weg für andere Nationen öffnen, sodass auch diese ihn finden können.**

Am Beispiel der Israeliten werden andere Menschen beobachten können, wie gut es ihnen unter Gottes Herrschaft geht, und manche werden diesen Gott kennenlernen wollen.

Sie sollen anderen Nationen dienen, so wie Gott sie führt. Von den Propheten, z. B. von Elia, Elisa, Jesaja, lesen wir häufig, dass sie Gottes Wort auch anderen Völkern mitteilen. Manchmal salben sie zukünftige Könige dieser Nationen, entsprechend den Absichten Gottes. Jona ist der Prophet, der nach Ninive gesandt wird, zunächst nicht gehen will, sich dann aber besinnt und die Stadt vor dem Gericht Gottes rettet.

Sie sollen den Messias hervorbringen, der Gottes Reich unter den Völkern aufrichten wird.

Gottes Absichten mit Israel in dieser Phase

Dies ist alles Teil des langfristigen Plans, Himmel und Erde wiederherzustellen. Nun hat Gott mit der Etablierung von Israel als Nation ein zusätzliches Zentrum des Lichts und der Offenbarung seiner selbst auf Erden geschaffen. Israel soll eine Nation sein, die sich als ganzes Volk festlegt, Gott zu lieben und ihm zu gehorchen. Jetzt handelt es sich nicht mehr nur um Einzelne und Familiengruppen mit dieser Hingabe, sondern um eine Nation. Darum geht es in ihrem Bund mit Gott. Es ist die Wiederherstellung auf einer neuen Ebene.

Das Opfersystem der Stiftshütte gibt ihnen die Möglichkeit, sich immer ihrer Schuld und ihren Sünden stellen zu können und gereinigt zu werden. Wie bei ihrem Vater Abraham soll es auch bei ihnen so sein, dass sie durch Glauben gerechtfertigt werden und nicht durch das mechanische Darbringen von Opfern, die jedoch in dieser Phase erforderlich sind.

Das Gesetz Gottes und die Priester sind dazu da, das Volk in die Fülle des Lebens zu führen mit dem Ziel, die einst von Gott zugedachte Autorität wiederzuerlangen, um seinen Teil der Welt, die eigene Nation, zu regieren. Die Israeliten sollen Beziehungen untereinander neu aufbauen, in ihrer Gesellschaft Autorität und Ordnung wiedergewinnen und über Krankheit und die Natur herrschen. Diese wiederhergestellte Autorisierung verleiht ihnen auch Vollmacht gegenüber ihren Feinden. Das alles gehört zu ihrer Berufung, Gottes heiliges Volk zu sein, eine königliche Priesterschaft. Vollmacht gilt es auf Gottes Weise auszuüben: als Haushalter und nicht als Despoten. Sie sollen auch den Blick von sich selbst abwenden und den benachbarten Nationen geben, was sie selber von Gott empfangen haben.

Zunächst hat Gott damit einen Brückenkopf in die Welt, in den Nahen Osten, gesetzt.

In dieser Nation kann er nicht nur seine Schöpfungsabsichten und -standards wiederherstellen, sondern selbst in ihrer Mitte wohnen! Die Gegenwart Gottes unter ihnen soll das sein, was Israel auszeichnet. Sie ist ein Ziel in sich.

Darüber hinaus kann dieses Volk mit ihm zusammenarbeiten und seine eigene Wiederherstellung anderen Völkern vermitteln, sodass das Ganze expandiert.

Auswertung

Wie erfolgreich ist Israel bei der Umsetzung von Gottes Absichten? Wir kennen die Geschichte. In den Generationen, in denen sie den Herrn lieben und ihm gehorchen, genießen sie Gerechtigkeit, Autorität und Wohlergehen in ihrem nationalen Leben. Oft hängt es von den Persönlichkeiten ab, die dem Volk vorstehen und Maßstäbe setzen. In den Zeiten, wo sie Gott verlassen, wenden sie sich anderen Göttern zu, werden gottlos, unmoralisch, verlieren Autorität und geraten unter die Knechtschaft anderer Völker. Es ist immer ein Auf und Ab; die Worte Gottes in den Kapiteln 5. Mose 27 bis 30 erfüllen sich exakt.

Der positive Höhepunkt wird unter der Regierung von König David erreicht. David ist ein Mann nach Gottes Herzen, der Israel zur Größe aufbaut. Salomo erbt den Segen seines Vaters, und unter seiner Friedensherrschaft ist Israel für seinen Wohlstand und seine Pracht bekannt. Von nah und fern kommen angesehene Persönlichkeiten, um den König zu sehen und den Gott Israels zu ehren. Salomo fängt gut an. Doch auf Dauer folgt er Gott nicht so, wie sein Vater es getan hat. So beginnt mit ihm der nächste Zyklus des Niedergangs.

Die Geschichte Israels schenkt uns eine Vielzahl wunderbarer Biografien von Menschen, die Gott liebten und ihm dienten: Josua und Kaleb, die Richter, die Propheten, bestimmte Könige und ihre Frauen und Familien. Es gibt viele kleinere, weniger bedeutende Menschen, die zu Schlüsselzeiten auftreten, um Gottes Werke zu tun. Diese sind uns, die wir aus den anderen Nationen kommen, Beispiel und Inspiration und wir lernen von ihnen.

Der Tiefpunkt in Israels Geschichte ist die Wegführung Judas nach Babylon. Immer wieder haben ihre Propheten gewarnt, sie müssten sich Gott wieder zuwenden und gewisse Praktiken ändern. Schließlich ist das Maß voll, und Gott macht dem ein Ende. Mit diesem Exil ist das ganze Projekt Israel so gut wie gescheitert. Das ist eine Katastrophe, ein furchtbarer Verlust, besonders, wenn wir es, und sei es auch nur ein wenig, von Gottes Standpunkt aus betrachten. Alle seine Pläne, die Nationen zu segnen – gescheitert. Gescheitert, weil er die Menschen, mit einigen Ausnahmen, einfach nicht dazu bekommen konnte, auf seine Weise zu handeln.

Und doch ist es nicht verloren, denn erstaunlicherweise gibt Gott nicht auf. In 5. Mose 30 steht, dass er sogar in der Verbannung die wiederherstellen werde, die sich ihm dort wieder zuwenden. Gott findet einige treue Helden im Exil. Über mehrere Generationen hin arbeitet er mit ihnen, um einen kleinen Rest nach Jerusalem und Judäa zurückzubringen und wieder neu anzufangen.

Im Verlauf dieses Auf und Ab empfangen Propheten Worte vom
Heiligen Geist über den, der kommen soll. Er soll Immanuel sein,
Gott mit uns, der Messias, der Gesandte und Gesalbte, der das Reich
seines Vaters David wiederherstellt. Er wird die Herrschaft Gottes bis
zu den Enden der Erde bringen. Gott wirkt in Israel, um das Volk auf
die nächste Phase in seinem Erlösungs- und Wiederherstellungsplan
vorzubereiten.

5

Geschichte:
Die Wiederherstellung 3
Das Kommen des Messias und des Gottesreichs

Zur Zeit jener Könige wird aber der Gott des Himmels ein Reich errichten, das in Ewigkeit nicht untergeht.
(Daniel 2,44)

Von da an begann Jesus zu verkünden: Kehrt um! Denn das Himmelreich ist nahe.
(Matthäus 4,17)

Der Messias und das Reich Gottes werden vorhergesagt

Im Folgenden sind die offensichtlichen und zentralen Prophezeiungen über den Messias und das kommende Reich Gottes aufgeführt:

Denn uns ist ein Kind geboren, ein Sohn ist uns geschenkt. Die Herrschaft liegt auf seiner Schulter; man nennt ihn: Wunderbarer Ratgeber, Starker Gott, Vater in Ewigkeit, Fürst des Friedens. Seine Herrschaft ist groß und der Friede hat kein Ende. Auf dem Thron

Davids herrscht er über sein Reich; er festigt und stützt es durch Recht und Gerechtigkeit, jetzt und für alle Zeiten. Der leidenschaftliche Eifer des Herrn der Heere wird das vollbringen (Jesaja 9,5–6).

Jesaja prophezeit: Dieses Kind, das geboren werden wird, wird die Namen Gottes tragen. Es wird nicht einfach nur ein Prophet oder ein Heiliger sein, sondern der Sohn Gottes selbst, der zu uns herabkommt. Er wird zum Herrschen geboren, Regieren ist seine Bestimmung und seine Berufung. Er sitzt auf dem Thron seines Vaters und sein Reich ist grenzenlos groß, in Gerechtigkeit wird es für die Ewigkeit aufgebaut werden. Sein Reich wird wachsen und kein Ende haben.

Aber du, Bethlehem-Efrata, so klein unter den Städten Judas, aus dir wird mir einer hervorgehen, der über Israel herrschen soll. Sein Ursprung liegt in ferner Vorzeit, in längst vergangenen Tagen. ... Er wird auftreten und ihr Hirt sein in der Kraft des Herrn, im hohen Namen Jahwes, seines Gottes. Sie werden in Sicherheit leben; denn nun reicht seine Macht bis an die Grenzen der Erde. Und er wird der Friede sein (Micha 5,1–4).

Diese Prophetie ist berühmt, weil darin der Geburtsort des Messias genau benannt wird. Das Eigentliche ist jedoch nicht der Geburtsort, sondern die Person und die Mission des Messias: Er ist göttlich, seine Ursprünge liegen in der Ewigkeit. Er wird kommen, um Herrscher über Israel zu sein. Seine Größe wird bis zu den Enden der Erde reichen.

Die beiden oben genannten Prophezeiungen kennen wir aus der Weihnachtsgeschichte, und das zu Recht. Beide verkünden, wozu Christus gekommen ist: um in Israel zu herrschen und dieses Reich in Ewigkeit und bis an die Enden der Erde auszudehnen. Alles geht darum, dass Gottes Herrschaft auf Erden in Kraft gesetzt wird.

Juble laut, Tochter Zion! Jauchze, Tochter Jerusalem! Sieh, dein König kommt zu dir. Er ist gerecht und hilft; er ist demütig und reitet auf einem Esel, auf einem Fohlen, dem Jungen einer Eselin. Ich vernichte die Streitwagen aus Efraim und die Rosse aus Jerusalem, vernichtet wird der Kriegsbogen. Er verkündet für die Völker den Frieden; seine Herrschaft reicht von Meer zu Meer und vom Eufrat bis an die Enden der Erde (Sacharja 9,9–10).

In diesem Fall ist es eine bekannte Prophetie über Jesu Einzug in Jerusalem. Sie handelt von dem König, aber diesmal nicht von seiner Geburt, sondern von seinem Kommen in Demut. Wieder wird das Ausmaß seiner Herrschaft verkündet; bis hin zu den Nationen, von Meer zu Meer und bis an die Enden der Erde.

Seht, das ist mein Knecht, den ich stütze; das ist mein Erwählter, an ihm finde ich Gefallen. Ich habe meinen Geist auf ihn gelegt, er bringt den Völkern das Recht. Er schreit nicht und lärmt nicht und lässt seine Stimme nicht auf der Straße erschallen. Das geknickte Rohr zerbricht er nicht und den glimmenden Docht löscht er nicht aus; ja, er bringt wirklich das Recht. Er wird nicht müde und bricht nicht zusammen, bis er auf der Erde das Recht begründet hat. Auf sein Gesetz warten die Inseln (Jesaja 42,1–4).

Wieder gilt die Aufmerksamkeit der Aufgabe des Dieners und ihrer Reichweite. Er wird das Recht zu den Nationen bringen. Er wird Gerechtigkeit auf der Erde aufrichten. Das bedeutet weltweite Herrschaft. In diesem Fall wird auch betont, wie er dabei vorgehen wird: fürsorglich, geduldig und treu und nicht mit öffentlichem Tumult oder politischem Aufruhr.

Doch aus dem Baumstumpf Isais wächst ein Reis hervor, ein junger Trieb aus seinen Wurzeln bringt Frucht. Der Geist des Herrn lässt sich nieder auf ihm: der Geist der Weisheit und der Einsicht, der Geist des Rates und der Stärke, der Geist der Erkenntnis und der Gottesfurcht. Er erfüllt ihn mit dem Geist der Gottesfurcht. Er richtet nicht nach dem Augenschein und nicht nur nach dem Hörensagen entscheidet er, sondern er richtet die Hilflosen gerecht und entscheidet für die Armen des Landes, wie es recht ist. Er schlägt den Gewalttätigen mit dem Stock seines Wortes und tötet den Schuldigen mit dem Hauch seines Mundes. Gerechtigkeit ist der Gürtel um seine Hüften, Treue der Gürtel um seinen Leib. Dann wohnt der Wolf beim Lamm, der Panther liegt beim Böcklein ... (Jesaja 11,1–6)

Einer wird kommen aus der Abstammungslinie des Isai, des Vaters von David. Sein Charakter und seine göttliche Salbung werden ebenso hervorgehoben wie seine Herrschaft. Er wird den Elenden Recht bringen und die Bösen schlagen. Außerdem beschreibt das Kapitel diese Friedensherrschaft, die eine Wiederherstellung der Natur mit sich bringen wird. Auch Israel wird wiederhergestellt werden. Es handelt sich um eine neue Ära, in der für Mensch und Tier eine ganz neue Lebensordnung gelten wird.

Dies sind nur einige der offensichtlichen Prophetien, die vom Kommen des Messias handeln und es beschreiben. Ich habe sie ausgewählt, weil sie kurz, einfach und anschaulich sind. Sie hatten die Aufgabe, die Israeliten auf das Kommen des Messias vorzubereiten. Es gibt dramatischere und ausführlichere Vorhersagen, die den Umfang und die endzeitlichen Entwicklungen seines Reiches beschreiben, z. B. Daniel 7 oder Sacharja 12 bis 14. Die sind aber so lang, dass sie gesondert behandelt werden müssten und das Ausmaß dieses Kapitels sprengen würden. Die hier erwähnten einfachen messianischen Prophetien vermitteln die Grundidee gut genug: **Gott plante, seinen Gesalbten zu senden, um sein Reich in allen Nationen aufzubauen und bis zu den Enden der Erde auszudehnen. Das ist eindeutig der Schwerpunkt.**

Noch dramatischer wird die Botschaft vom kommenden Reich Gottes in der Prophetie von Daniel 2 vermittelt.

Gott gibt Nebukadnezar, dem König von Babylon, dem mächtigsten Herrscher seiner Zeit, einen Traum. Diese Geschichte wird oft den Kindern im Kindergottesdienst erzählt. Sie gehört jedoch in die Arena der Politik; es ist eine Botschaft über die Weltherrschaft, an einen Weltherrscher gerichtet.

In seinem Traum sieht Nebukadnezar eine große Statue mit einem Haupt aus Gold, Brust und Armen aus Silber, Körper und Hüften aus Bronze und Beinen und Füßen aus Eisen. Der König sieht zu, wie ein Felsbrocken, der nicht von Menschenhand gehauen ist, die Füße des Standbildes zerschmettert. Alle Metalle werden zu Staub zermalmt und vom Winde verweht, sodass keine Spur von ihnen zurückbleibt. Der Stein aber wächst, bis er ein riesiger Berg wird, der die ganze Erde erfüllt.

Der Prophet Daniel legt den Traum aus. Die Metalle stehen für vier Reiche, die zeitlich aufeinanderfolgen. Das erste, das goldene, ist das babylonische Königreich. Die abnehmende Qualität der Metalle steht für die sich vermindernde innere Qualität jedes dieser Reiche. Trotz dieser geringeren Qualität wird jedes nachfolgende Reich das vorherige übernehmen. Zur Zeit des vierten Reiches kommt der Stein, der nicht von Menschenhand gehauen ist, und zerschmettert das Standbild. **Dieser Stein repräsentiert ein Königreich, das der Gott des Himmels zu jener Zeit auf Erden aufrichten wird. Dieses Reich wird nie zerstört werden, es wird keinem anderen Volk überlassen werden; es wird die anderen Reiche zermalmen, selbst aber ewig bestehen. Und es wird wachsen, bis es die Erde erfüllt.**

Die Prophetie macht klar, dass dieses Reich, das der Gott des Himmels zu jener Zeit auf Erden aufrichten wird, etwas Neues ist. Gott regiert bereits über die Erde. Doch hier wird eine neue Ordnung, ein Neu-Etablieren seiner Herrschaft auf Erden prophezeit. Seine Herrschaft auf der Erde wird eine unmittelbarere, effektivere Form annehmen.

Um diese Prophezeiungen vom Standpunkt der Israeliten damals zu verstehen, müssen wir uns in ihre Lage während des Exils und danach, als sie wieder im Land Israel waren, versetzen. Sie mühten sich sehr, den Tempel und danach die Stadtmauern von Jerusalem wieder aufzubauen. Das allein bedeutete schon über zwei bis drei Generationen harte Arbeit und Kampf gegen bedrohliche Feinde. Später wurde ihr Land von den Griechen besetzt, danach von den Römern, und sie kämpften für ihre Unabhängigkeit. Israel war nur ein blasser Schatten seines früheren Selbst, nur ein Rest war treu geblieben.

Und doch hielt eine Generation nach der anderen Ausschau nach Gottes Erlösung, dem Messias, der kommen sollte, um sie zu retten. Er würde das Reich seines Vaters David wiederherstellen und es bis zu den Enden der Erde ausdehnen. Er würde Israel auf ewig groß machen und die Nationen vom Berg Zion aus regieren. Dies war eine Hoffnung, die sie am Leben erhielt, sie war von vertrauenswürdigen Propheten ausgesprochen worden und in Gott gegründet. Diese Hoffnung war abhängig von Gottes Eingreifen und nicht von ihrer nationalen Stärke. So konnten sie hoffen – trotz einer über mehrere Generationen währenden nationalen Schwächephase.

Manches aus den Prophetien ergab für sie vermutlich keinen Sinn; z. B. Jesaja 42, wo es heißt, der Diener würde Gerechtigkeit aufrichten, ohne politisch zu handeln. Sicherlich muss für sie die Prophetie über den leidenden Knecht in Jesaja 52,13–53,12 ein Geheimnis geblieben sein:

Doch er wurde durchbohrt wegen unserer Verbrechen, wegen unserer Sünden zermalmt. Zu unserem Heil lag die Strafe auf ihm, durch seine Wunden sind wir geheilt. ... Doch der Herr fand Gefallen an seinem zerschlagenen Knecht, er rettete den, der sein Leben als Sühnopfer hingab. Er wird Nachkommen sehen und lange leben. Der Plan des Herrn wird durch ihn gelingen. Nachdem er so vieles ertrug, erblickt er das Licht. Er sättigt sich an Erkenntnis. Mein Knecht, der gerechte, macht die vielen gerecht; er lädt ihre Schuld auf sich.

Wer ist das: „mein Knecht, der gerechte"? Wer kann sein Leben als Sühnopfer geben und „die vielen gerecht machen"? Wer ist dazu imstande?

Diese Beschreibung passt überhaupt nicht zu dem Messias, der alle Völker regieren soll. Was konnten die Israeliten damals tun, außer es für eines der Geheimnisse Gottes zu halten, so wie wir es mit den biblischen Prophetien über unsere Zukunft tun, die wir oft auch nicht verstehen?

Das Reich Gottes kommt

Im Gegensatz zu den Israeliten jener Zeit haben wir heute den Vorteil, dass wir die Ereignisse im Rückblick sehen. Zum Beispiel Daniel 2: Das babylonische Königreich wurde von den Medern und Persern übernommen, dies geschah zu Daniels Lebzeiten und wird in seinem Buch berichtet. Unter Alexander dem Großen eroberten die Griechen das persische Reich, womit sich, wie in Daniel 8,4–8.20–21 vorhergesagt, Gottes Plan erfüllte. Das griechische Reich wurde von den Römern abgelöst: Nummer vier in dieser Abfolge. Und während dieser Periode sollte der Gott des Himmels sein Reich auf Erden gründen.

Tat er das? Ja …

Und wie?

Während der Herrschaft des römischen Kaisers Augustus wird der Engel Gabriel zur Jungfrau Maria in Nazareth gesandt. Er grüßt sie und kündigt an:

Du wirst ein Kind empfangen, einen Sohn wirst du gebären: dem sollst du den Namen Jesus geben. Er wird groß sein und Sohn des Höchsten genannt werden. Gott, der Herr, wird ihm den Thron seines Vaters David geben. Er wird über das Haus Jakob in Ewigkeit herrschen und seine Herrschaft wird kein Ende haben (Lukas 1,30–33).

Diese zwei Sätze enthalten fast alle Elemente der Prophetien über den Messias: seine göttliche Identität als Sohn Gottes und sein Mandat, in Ewigkeit zu herrschen.

Zum von Gott bestimmten Zeitpunkt wird dieser Sohn in Bethlehem für uns geboren. Ein Engel des Herrn verkündet Hirten in der Gegend, dass in jener Nacht „der Retter, der Messias, der Herr" geboren ist. Seine Titel sind „Messias", „Herr" und „Erlöser". Die Weisen aus dem Osten sehen sein Zeichen in den Sternen. Diese Männer stehen für die unbekannte Anzahl von Menschen außerhalb von Israel, die Gott kennengelernt haben und ihm dienen.

Immer noch sucht er in jeder Generation und in jedem Land nach Menschen, die bereit sind, Buße zu tun und umzukehren, ihn zu lieben und ihm zu dienen. Diese Weisen kommen, um den Einen zu ehren, den „neugeborenen König der Juden", wie sie es ausdrücken. Sie haben das Zeichen richtig gedeutet, er solle der König der Juden *und* der Völker sein. Diese Fremden haben mehr Offenbarung über die Ereignisse, sie verstehen besser, was Gott da gerade wirkt, als fast alle gelehrten Anführer in Israel.

König Herodes reagiert umgehend und lässt die neugeborenen Jungen in Bethlehem töten, aber Josef und Maria entkommen mit dem Baby Jesus. Kaum ist Jesus geboren, da brechen rings um ihn die Konflikte der Politik, Macht und Rücksichtslosigkeit aus. Das sollte uns nicht überraschen. **Er ist geboren, um seines Vaters Reich zu gründen mit der Absicht, die Weltherrschaft zu übernehmen. Die Opposition wird nicht einfach umfallen!**

Der Rest der Welt nimmt von diesen ersten Ereignissen kaum Notiz, erst knapp dreißig Jahre später merkt die Öffentlichkeit auf. Im 15. Jahr des Kaisers Tiberius kommt Johannes der Täufer in der Kraft des Heiligen Geistes und predigt: *„Kehrt um! Denn das Himmelreich ist nahe!"* Diese Botschaft hat vor ihm noch kein Prophet verkündet. Sie kann so übersetzt werden: „Das Reich der Himmel ist jetzt zu euch gekommen." Nachdem über Jahrhunderte hinweg das zukünftige Kommen des Reiches vorhergesagt worden ist, verkündet jetzt Johannes, ein wahrer Prophet: „Es ist gekommen, *es ist da!"* Sein ganzes Leben lang ist er auf diese Sendung, diesen Auftrag vorbereitet worden. Nun führt er ihn aus.

Die Leute reagieren sehr enthusiastisch. So lange haben sie gewartet! Bald beginnen sie Johannes zu fragen: „Bist du der Christus?" Angesichts ihrer Erwartung, die auf den Prophezeiungen gründet, ist es völlig logisch, dass sie das fragen. Johannes erwidert, er sei nicht der Messias, sondern gesandt, um diesem den Weg zu bereiten.

Etwa zur selben Zeit ist der Messias in der Wüste in einen intensiven geistlichen Kampf mit Satan verwickelt, dem Anführer der Rebellion von Engeln und Menschen gegen Gott. Die Versuchungen, mit denen Satan Jesus konfrontiert, beziehen sich auf den Einsatz (oder Missbrauch) der übernatürlichen Kraft und auf die Art und Weise, wie er die Herrschaft über alle Königreiche dieser Welt gewinnen wird. Im Blick auf Jesu Mission sind dies die Schlüsselthemen. Jesus gewinnt die Auseinandersetzung und hält sich treu daran, die Ziele des Vaters auf dessen Weise zu erreichen.

Er geht in der Kraft des Heiligen Geistes aus der Auseinandersetzung hervor und macht dort weiter, wo Johannes aufhört.

Seine Botschaft ist dieselbe: *„Tut Buße, denn das Himmelreich ist jetzt zu euch gekommen."* Dies ist die zentrale Botschaft Jesu.

Zunächst verkündet er sie in Galiläa und bald in allen Städten und Dörfern jener Gegend. Ja, er bringt diese Botschaft dem ganzen Land.

Systematisch lehrt und verkündet er dieses eine Thema während seines gesamten öffentlichen Wirkens. Er predigt es in den Synagogen, in Häusern, auf Feldern und Straßen. Er lehrt es im Tempel in Jerusalem.

Auf der Grundlage dieser Botschaft ruft er die Zuhörer immer wieder zu einer bestimmten Reaktion auf, zu Umkehr und Glauben (im Sinn von Folgen, Vertrauen, Gehorchen). Er lehrt in Gleichnissen und mit Illustrationen aus dem Alltag über das Reich Gottes. Fast alle seine Gleichnisse behandeln dieses eine Thema. Sie beginnen üblicherweise mit den Worten: „Das Reich Gottes ist wie …" Matthäus 13 ist eine Sammlung dieser Gleichnisse. Sie alle handeln von dem einen Thema.

Interessant und wichtig ist das Vaterunser-Gebet, das Jesus seinen Jüngern beibrachte. Es beginnt mit Gott und seinem Reich: *„Unser Vater im Himmel, geheiligt werde dein Name! Dein Reich komme!"*, und damit endet es auch: *„Denn dein ist das Reich …"*

Er sendet seine Jünger auf ihre erste Mission aus. Sie werden angewiesen zu predigen: *„Das Reich Gottes ist zu euch gekommen."* Sie sollen Jesu eigene Botschaft verbreiten. Später erklärt er, dass dieses Evangelium vom Reich Gottes allen Nationen auf der ganzen Welt verkündet wird – und dann wird das Ende kommen. Dies ist einer der entscheidenden Faktoren für den Zeitpunkt seiner Wiederkunft. Beachten Sie: Nach Matthäus ist es nicht „das Evangelium", das überall hingebracht werden muss, sondern „das Evangelium des Reichs" (in Markus 13,10 nur „das Evangelium").

Im Blick auf Jesu Mission kommt die Entdeckung nicht überraschend, dass er diese eine zentrale Botschaft brachte. Sie war zuallererst eine Erklärung, eine Proklamation: „Das Reich Gottes ist jetzt zu euch gekommen" – in sich bereits ein prophetischer Akt, der den geistlichen Bereich erschloss und die Herzen der Zuhörer öffnete, damit dieses Reich tatsächlich Eingang bei ihnen finden konnte. So bereitete Jesus den Weg für die Einführung des Gottesreichs auf der Erde. Was dieses Reich ist, wie es funktioniert und beschaffen ist und welchen Anteil wir daran haben, lehrte und erläuterte er danach, z. B. mit seinen Gleichnissen.

Bevor wir nun Jesu Dynamik und die Mittel, mit denen er dieses Reich einführte, näher betrachten, wollen wir erst einmal innehalten und überprüfen, ob wir verstehen, was er eigentlich über das Reich Gottes gelehrt hat.

Zu diesem Zweck sind sämtliche neutestamentlichen Schriftstellen, die den Begriff „Reich Gottes" oder „Reich der Himmel" enthalten, in einer Tabelle am Ende dieses Kapitels aufgelistet. Allein die Anzahl dieser Referenzstellen zeigt die zentrale Stellung des Themas in Jesu Dienst. Matthäus und Lukas bauen ihre Evangelien um dieses Thema herum auf. Matthäus verwendet den Begriff „Reich der Himmel", während alle anderen „Reich Gottes" sagen. Vergleicht man die Berichte, wird klar, dass diese beiden Ausdrücke dasselbe bedeuten. Auf das Reich Gottes wird in fast jedem Kapitel von Matthäus und Lukas Bezug genommen. Markus nennt es oft, bei Johannes hingegen kommt es nur dreimal vor. Das liegt daran, dass Johannes sein Evangelium ganz anders aufbaut.

Die Apostelgeschichte beginnt mit diesem Thema (Jesus redet nach seiner Auferstehung mit den Jüngern) und endet damit (Paulus in Rom). Philippus predigte das Reich Gottes in Samarien, Paulus in Ephesus. Es wird einige weitere Male erwähnt. Die Botschaft der Apostel war immer die Herrschaft Christi, selbst dann, wenn sie nicht spezifisch auf das Reich Gottes hinwiesen. Da dieses Thema für Jesus und später für die Apostel so zentral war, müssen wir ihre Botschaft verstehen!

Reich-Gottes-Schriftstellen aus dem Neuen Testament
Matthäus

3,2   Johannes der Täufer: Tut Buße, denn das Himmelreich ist nahe herbeigekommen!

4,17   Jesus: Tut Buße, denn das Himmelreich ist nahe herbeigekommen!

4,23   Und Jesus zog umher … und predigte das Evangelium von dem Reich und heilte alle Krankheiten …

5,3   Selig sind, die da geistlich arm sind, denn ihrer ist das Himmelreich.

5,10   Selig sind, die um der Gerechtigkeit willen verfolgt werden, denn ihrer ist das Himmelreich.

5,19   Wer nun eines von diesen kleinsten Geboten auflöst und lehrt die Leute so, der wird der Kleinste heißen im Himmelreich; wer es aber tut und lehrt, der wird groß heißen im Himmelreich.

6,10   Dein Reich komme!

6,13   Denn dein ist das Reich und die Kraft und die Herrlichkeit in Ewigkeit.

6,33   Trachtet zuerst nach dem Reich Gottes und nach seiner Gerechtigkeit, so wird euch das alles zufallen.

7,21   Es werden nicht alle, die zu mir sagen: Herr, Herr, in das Himmelreich kommen, sondern die den Willen tun meines Vaters im Himmel.

8,11   … Viele werden kommen von Osten und von Westen und mit Abraham und Isaak und Jakob im Himmelreich zu Tisch sitzen …

10,7   Geht aber und predigt und sprecht: Das Himmelreich ist nahe herbeigekommen.

11,11   … der größer ist als Johannes der Täufer; der aber der Kleinste ist im Himmelreich, ist größer als er.

12,28   Wenn ich aber die bösen Geister durch den Geist Gottes austreibe, so ist ja das Reich Gottes zu euch gekommen.

13   Gleichnisse des Himmelreichs: Der Sämann, Unkraut unter dem Weizen, Senfkorn und Sauerteig, Schatz im Acker und kostbare Perle, Fischnetz

16,19   Ich will dir die Schlüssel des Himmelreichs geben: Alles, was du auf Erden binden wirst, soll auch im Himmel gebunden sein …

16,28   Es stehen einige hier, die werden den Tod nicht schmecken, bis sie den Menschensohn kommen sehen in seinem Reich.

18,1ff   Wer ist doch der Größte im Himmelreich? …

18,23   Darum gleicht das Himmelreich einem König, der mit seinen Knechten abrechnen wollte.

19,12   … und wieder andere haben sich selbst zur Ehe unfähig gemacht um des Himmelreichs willen.

19,14   Lasset die Kinder und wehret ihnen nicht, zu mir zu kommen; denn solchen gehört das Himmelreich.

19,24   Es ist leichter, dass ein Kamel durch ein Nadelöhr gehe, als dass ein Reicher ins Reich Gottes komme.

20,1ff   Gleichnis der Arbeiter im Weinberg

20,21   … Lass diese meine beiden Söhne sitzen in deinem Reich einen zu deiner Rechten und den anderen zu deiner Linken.

21,31   … Die Zöllner und Huren kommen eher ins Reich Gottes als ihr.

21,43   Das Reich Gottes wird von euch genommen und einem Volk gegeben werden, das seine Früchte bringt.

22,1ff   Gleichnis der königlichen Hochzeit

23,13   Weh euch, Schriftgelehrte und Pharisäer, ihr Heuchler, die ihr das Himmelreich zuschließt vor den Menschen! …

24,14   Es wird gepredigt werden dies Evangelium vom Reich in der ganzen Welt zum Zeugnis für alle Völker …

25,1ff   Gleichnis von den klugen und törichten Jungfrauen

25,14ff   Gleichnis von den anvertrauten Zentnern

25,34   Da wird dann der König sagen zu denen zu seiner Rechten: … ererbt das Reich, das euch bereitet ist von Anbeginn der Welt.

26,29   Ich werde von nun an nicht mehr von diesem Gewächs des Weinstockes trinken bis an den Tag, an dem ich von Neuem davon trinken werde mit euch in meines Vaters Reich.

Markus

1,15   Die Zeit ist erfüllt, und das Reich Gottes ist herbeigekommen. Tut Buße und glaubt an das Evangelium!

4   Gleichnis vom Sämann, Wachsen der Saat, Senfkorn.

9,1   … Es stehen einige hier, die werden den Tod nicht schmecken, bis sie sehen das Reich Gottes kommen mit Kraft.

9,47   … Es ist besser für dich, dass du einäugig in das Reich Gottes gehst, als dass du zwei Augen hast und wirst in die Hölle geworfen.

10,14f   … Lasset die Kinder zu mir kommen und wehret ihnen nicht, denn solchen gehört das Reich Gottes. … Wer das Reich Gottes nicht empfängt wie ein Kind, der wird nicht hineinkommen.

10,23ff   … Wie schwer werden die Reichen in das Reich Gottes kommen … Liebe Kinder, wie schwer ist's, in das Reich Gottes zu kommen! Es ist leichter, dass ein Kamel durch ein Nadelöhr gehe, als dass ein Reicher ins Reich Gottes komme.

11,10   Gelobt sei das Reich unseres Vaters David, das da kommt! Hosianna in der Höhe!

12,34   … du bist nicht fern vom Reich Gottes.

14,25   … dass ich nicht mehr trinken werde vom Gewächs des Weinstocks bis an den Tag, an dem ich aufs Neue davon trinke im Reich Gottes.

15,26   … Der König der Juden *(basileus)*

15,43   … kam Joseph von Arimathäa …, der auch auf das Reich Gottes wartete, der wagte es und ging hinein zu Pilatus und bat um den Leichnam Jesu.

Lukas

1,33   … und er wird König sein über das Haus Jakob in Ewigkeit, und sein Reich wird kein Ende haben.

4,43   … Ich muss auch den anderen Städten das Evangelium predigen vom Reich Gottes, denn dazu bin ich gesandt.

6,20   Selig seid ihr Armen, denn das Reich Gottes ist euer.

7,28 … keiner größer ist als Johannes; der aber der Kleinste ist im Reich Gottes, der ist größer als er.

8,1 … und predigte und verkündete das Evangelium des Reiches Gottes und die Zwölf waren mit ihm.

8,10 … Euch ist's gegeben, die Geheimnisse des Reiches Gottes zu verstehen, den andern aber in Gleichnissen …

9,2 … und sandte sie aus, zu predigen das Reich Gottes und die Kranken zu heilen.

9,11 … Und er ließ sie zu sich und sprach zu ihnen vom Reich Gottes und machte gesund, die der Heilung bedurften.

9,27 … Einige von denen, die hier stehen, werden den Tod nicht schmecken, bis sie das Reich Gottes sehen.

9,60 Lass die Toten ihre Toten begraben; du aber geh hin und verkündige das Reich Gottes!

9,62 Wer seine Hand an den Pflug legt und sieht zurück, der ist nicht geschickt zum Reich Gottes.

10,9 … und heilt die Kranken, die dort sind, und sagt ihnen: Das Reich Gottes ist nahe zu euch gekommen.

10,11 Den Staub … schütteln wir ab auf euch. Doch sollt ihr wissen: Das Reich Gottes ist nahe herbeigekommen.

11,2 Vater! Dein Name werde geheiligt. Dein Reich komme!

11,20 Wenn ich aber durch Gottes Finger die bösen Geister austreibe, so ist ja das Reich Gottes zu euch gekommen.

12,31 Trachtet viel mehr nach seinem Reich, so wird euch dies alles zufallen.

13,18ff Gleichnis vom Senfkorn und Sauerteig

13,28f Da wird Heulen und Zähneklappern sein, wenn ihr sehen werdet Abraham, Isaak und Jakob und alle Propheten im Reich Gottes, euch aber hinausstoßen. Und es werden kommen …, die zu Tisch sitzen werden im Reich Gottes.

14,15 Als aber einer das hörte, der mit zu Tisch saß, sprach er zu Jesus: Selig ist, der das Brot isst im Reich Gottes!

16,16 … Von da an wird das Evangelium vom Reich Gottes gepredigt, und jedermann drängt sich mit Gewalt hinein.

17,20f   … Wann kommt das Reich Gottes? … Das Reich Gottes kommt nicht so, dass man's beobachten kann … Denn siehe, das Reich Gottes ist mitten unter euch.

18,16f   Aber Jesus rief sie zu sich und sprach: Lasset die Kinder zu mir kommen und wehret ihnen nicht, denn solchen gehört das Reich Gottes. Wahrlich, ich sage euch: Wer nicht das Reich Gottes annimmt wie ein Kind, der wird nicht hineinkommen.

18,24   Als aber Jesus sah, dass er traurig geworden war, sprach er: Wie schwer kommen die Reichen in das Reich Gottes! Denn es ist leichter, dass ein Kamel durch ein Nadelöhr gehe, als dass ein Reicher in das Reich Gottes komme.

18,29   Er aber sprach zu ihnen: Wahrlich, ich sage euch: Es ist niemand, der Haus oder Frau oder Brüder oder Eltern oder Kinder verlässt um des Reiches Gottes willen …

19,11f   … und sie meinten, das Reich Gottes werde sogleich offenbar werden. … Ein Fürst zog in ein fernes Land … (Gleichnis der anvertrauten Pfunde).

21,31   … wenn ihr seht, dass dies alles geschieht, so wisst, dass das Reich Gottes nahe ist.

22,16ff   Denn ich sage euch, dass ich es nicht mehr essen werde, bis es erfüllt wird im Reich Gottes … nicht trinken von dem Gewächs des Weinstockes, bis das Reich Gottes kommt.

22,29f   Ich will euch das Reich zueignen, wie mir's mein Vater zugeeignet hat, dass ihr essen und trinken sollt an meinem Tisch in meinem Reich …

23,42   Jesus, gedenke an mich, wenn du in dein Reich kommst!

23,51   … hatte ihren Rat und ihr Handeln nicht gebilligt. Er war aus Arimathäa … und wartete auf das Reich Gottes.

Johannes

3,3   Es sei denn, dass jemand von Neuem geboren werde, so kann er das Reich Gottes nicht sehen.

3,5   … Es sei denn, dass jemand von Neuem geboren werde, so kann er das Reich Gottes nicht sehen.

18,36   Mein Reich ist nicht von dieser Welt …

Apostelgeschichte

1,3   … und ließ sich sehen unter ihnen vierzig Tage lang und redete mit ihnen vom Reich Gottes.

1,6   … Herr, wirst du in dieser Zeit wieder aufrichten das Reich für Israel?

8,12   Als sie aber den Predigten des Philippus von dem Reich Gottes und von dem Namen Jesu Christi glaubten …

14,22   … Wir müssen durch viele Bedrängnisse in das Reich Gottes eingehen.

19,8   Er (Paulus) … predigte frei und offen drei Monate lang, lehrte und überzeugte sie von dem Reich Gottes.

20,25   … ihr alle, zu denen ich hingekommen bin und das Reich gepredigt habe.

28,23   … Da erklärte und bezeugte er (Paulus) ihnen das Reich Gottes und predigte ihnen von Jesus …

28,31   … predigte das Reich Gottes und lehrte von dem Herrn Jesus Christus mit allem Freimut ungehindert.

Römer

14,17   Denn das Reich Gottes ist nicht Essen und Trinken, sondern Gerechtigkeit und Friede und Freude in dem heiligen Geist.

1. Korinther

4,20   Denn das Reich Gottes steht nicht in Worten, sondern in Kraft.

6,9f   Oder wisst ihr nicht, dass die Ungerechten das Reich Gottes nicht ererben werden? (Gal. 5,21/Eph. 5,5)

15,24   … danach das Ende, wenn er das Reich Gott, dem Vater, übergeben wird …

15,50   … liebe Brüder, dass Fleisch und Blut das Reich Gottes nicht ererben können …

Kolosser

1,13   Und er hat uns errettet von der Macht der Finsternis und hat uns versetzt in das Reich seines lieben Sohnes.

4,11   … Von den Juden sind diese allein meine Mitarbeiter am Reich Gottes, und sie sind mir ein Trost geworden.

1. Thessalonicher

2,12   … euer Leben würdig des Gottes zu führen, der euch berufen hat zu seinem Reich und zu seiner Herrlichkeit.

2. Thessalonicher

1,5   … ein Anzeichen dafür, dass Gott recht richten wird und ihr gewürdigt werdet des Reiches Gottes, für das ihr auch leidet.

2. Timotheus

4,1   So ermahne ich dich inständig vor Gott und Christus Jesus, der da kommen wird zu richten ... und bei seiner Erscheinung und seinem Reich: Predige das Wort ...

4,18   Der Herr aber wird mich erlösen von allem Übel und mich retten in sein himmlisches Reich. ...

2. Petrus

1,11   ... und so wird euch reichlich gewährt werden der Eingang in das ewige Reich unseres Herrn und Heilands Jesus Christus.

Hebräer

1,8   ... Gott, dein Thron währt von Ewigkeit zu Ewigkeit, und das Zepter der Gerechtigkeit ist das Zepter deines Reiches.

12,28   Darum weil wir ein unerschütterliches Reich empfangen, lasst uns dankbar sein und so Gott dienen ...

Jakobus

2,5   ... Hat nicht Gott erwählt die Armen in der Welt, die im Glauben reich sind und Erben des Reiches, das er verheißen hat denen, die ihn lieb haben?

Offenbarung

1,6   ... und uns gemacht hat zu einem Königtum (griechisch *basileia*, kann übersetzt werden mit „Königsein", „Königtum", „Königsherrschaft", „Königreich" oder eben „Reich Gottes"), zu Priestern seinem Gott und Vater ... (Elberfelder)

1,9   Ich, Johannes, eurer Bruder und Mitgenosse an der Bedrängnis und am Reich und an der Geduld in Jesus ...

5,10   ... und hast sie unserem Gott zu einem Königtum und zu Priestern gemacht, und sie werden über die Erde herrschen (Elberfelder)

11,15   Es sind die Reiche der Welt unseres Herrn und seines Christus geworden ...

12,10   Nun ist das Heil und die Kraft und das Reich unseres Gottes geworden ...

(Alle Bibelzitate in dieser Aufstellung sind der Lutherbibel entnommen.)

6

Das Reich Gottes: Grundlagen

*Das Reich Gottes ist die Königsherrschaft Gottes.
Da Gott unser Herz und unsere Motive erkennt,
sieht er, wen er unter seiner Herrschaft
akzeptieren kann und wen nicht.
Seine Annahme ist eine persönliche Begegnung
mit dem König selbst.*

Definition

Das Reich Gottes war Jesu Mission und Botschaft. Bevor wir fortfahren, müssen wir die Bedeutung des Begriffs „Reich Gottes" klären. Im neutestamentlichen Griechisch ist es die „basileia tou theou". **Basileia bedeutet zunächst „Königreich": „Territorium, Staat, Volk oder Gemeinschaft, über welche ein König oder eine Königin regiert"** (nach *Collins Dictionary*). Es kann auch bedeuten **„königliche Macht, Königtum, Königsherrschaft", also das Recht, die Autorität, über ein Königreich zu herrschen.** Der Begriff *basileia* trägt zwei Aspekte in sich: einmal „Königsherrschaft", also das Recht und die Befähigung zur Regierung, und zum anderen den „geografischen" Aspekt, also die räumliche Ausdehnung eines Reiches.

Die Herrschaftsform

Auf politischer Ebene sind wir mit unterschiedlichen Herrschafts- oder Regierungsformen vertraut: Wir kennen die parlamentarische Demokratie, die Diktatur, Militärherrschaft, Stammesherrschaft, Monarchie, Theokratie und das Reich oder Imperium. In einer historischen, „klassischen" Monarchie, einem Königreich, ist die gesamte Macht, Legislative, Exekutive und Judikative, in einer Person vereint, nämlich in dem König. Die Gesetze werden nicht per Mehrheitsbeschluss in einem Parlament verabschiedet, sondern vom König erlassen, und zwar so, wie er es für richtig hält. Zudem befehligt er Polizei und Militär. Er ist die oberste Berufungsinstanz. Der König repräsentiert sein Volk nach außen und muss ihm eine kollektive Identität, Selbstbewusstsein, Kultur und Hoffnung vermitteln. Für einen Menschen wahrlich mehr als ein Vollzeitjob!

Im Reich Gottes ist Gott selbst der König. Der Ausdruck „Reich Gottes" bedeutet: „Herrschaft Gottes", „Regierung Gottes", „Königsherrschaft Gottes". Seine Regierungsform gleicht am ehesten einer Monarchie. Im griechischen Grundtext des Neuen Testaments wie auch in mehreren anderen Sprachen heißt es „das Königreich Gottes", im Deutschen wird der Begriff verkürzt zu „Reich Gottes".

Als Jesus dem Volk verkündete: „Das Reich Gottes ist zu euch gekommen", sagte er damit: „Gottes Regierung, Gottes Herrschaft ist zu euch gekommen." Das war keine Metapher oder Umschreibung für: „Die Gegenwart Gottes ist nahe" oder „Er möchte euch segnen." Es bezeichnete eine Tatsache. **Gottes Königreich kam jetzt auf neue Weise zu ihnen auf die Erde und brach dort ein, wo sie lebten. Jesus war der Botschafter dieses Königreiches und er hatte die Aufgabe, es unter ihnen zu begründen.** Darauf richtete er seine Strategie aus. Wesentlicher Bestandteil war die Predigt und Lehre über Gott und sein Königreich.

Was für ein König ist Gott? Er ist – als Einziger – befähigt, über uns zu regieren. Er ist allwissend, allgegenwärtig, ewig und allmächtig. Wie steht es um seinen Charakter, und was ist die Grundlage für seine Herrschaft? Diese wichtigen Themen wurden bereits in Kapitel 2 behandelt. Im Kern geht es dabei um die Frage: Ist Gott gut?

Dies ist die wichtigste Frage von allen. Es ist das tief bewegende Thema der Bibel. Als Jesus kommt, um das Reich zu bringen, haben die Juden bereits über 1500 Jahre mehr oder weniger unter Gottes Herrschaft gelebt und viel Offenbarung über seine Person und seinen Charakter bekommen. Sie haben eine gute Basis für eine Antwort auf diese Frage. Jesus widmet dem Thema viel Zeit: Er porträtiert Gott unter anderem als den liebenden Vater, den gerechten und guten König, den guten Hirten. Ausgehend von diesen Grundlagen – Wahrheit und Gottes Charakter –, ruft Jesus die Menschen zur Umkehr, dass sie sich dem Vater zuwenden und ein Leben des Gehorsams unter seiner Königsherrschaft beginnen.

Die Grenzen des Reiches Gottes

Jede menschliche Regierung bezieht sich auf ein bestimmtes Gebiet. Dies ist ihr Territorium oder Land und es ist durch seine Grenzen definiert. Wenn wir eines der heutigen Königreiche besuchen wollen – England, Dänemark, Spanien, Marokko, Saudi-Arabien, Nepal, Thailand oder Tonga –, dann wissen wir, wohin wir reisen müssen. Diese Reiche sind auf der Landkarte verzeichnet.

Wo ist das Territorium des Gottesreichs? Wo verlaufen seine Grenzen? An dieser Stelle gilt der Vergleich mit menschlichen Reichen nicht mehr, und wir kommen ins Schwimmen. Gibt es ein Gebiet, über welches Gott regiert? Vermutlich ist der Himmel ein solcher Ort, trotz der Rebellion, die dort stattgefunden hat und die in Teilen des Himmels immer noch wütet. Dort steht sein Thron, und die Einwohner des Himmels gehorchen Gott als ihrem König. Wie sieht es mit der Erde aus? Gibt es ein Land, ein Territorium namens „Reich Gottes" auf Erden? – Wir nehmen an, dass es in allen Ländern Menschen gibt, die versuchen, unter Gottes Herrschaft zu leben, nirgends aber eine Nation als Ganzes. Gibt es irgendeine Gegend auf der Erde, über die Gott regiert?

Auf kleinere Einheiten heruntergebrochen, fallen uns vielleicht bestimmte Möglichkeiten ein. Wenn eine Familie bewusst unter Gott leben will, dann könnten wir ihr Haus und Grundstück als Territorium des Gottesreichs betrachten. Dasselbe könnte für ein Geschäft, eine Schule, ein Fernsehstudio, einen Bauernhof oder für Kircheneigentum gelten. Christliche Gemeinschaften haben sich mit diesem Ziel gegründet; Klöster und Ordensgruppen bis hin zu landwirtschaftlichen Gemeinschaften von Mennoniten und Amischen.

Aber so ganz handfest ist diese Vorstellung dennoch nicht. Was passiert, wenn die Familie umzieht? Dann wäre ihr altes Haus nicht länger ihr Eigentum und unter Gottes Herrschaft, wahrscheinlich aber wohl das neue. Was geschieht, wenn sie aufhören, für Gott zu leben? Welchen Status hat das Haus dann? Wie steht es um die christlichen Gemeinschaften, die ein paar

Generationen überdauern, was zu der Situation führen kann, dass einige
der Mitglieder Gott lieben, andere aber nicht? Regiert er dort immer noch,
bzw. in welchem Maß? – Die Schwierigkeit liegt darin, dass man versucht,
das Reich Gottes in geografische Begriffe zu fassen.

Gibt es Grenzen für das Reich Gottes? Denken wir an das Gleichnis
vom Weizen und Unkraut (Lukas 13,36–43). Jesus erklärt, dass der Weizen die Söhne des Gottesreichs darstellt und das Unkraut die Söhne des
Bösen. Dies sind zwei grundlegend verschiedene Typen von Menschen.
Der Unterschied ist so entscheidend, dass beim Jüngsten Gericht die eine
Gruppe in die ewige Freude mit dem Vater geführt und die andere Gruppe
in den Feuersee verbannt wird.

**Zwischen diesen beiden Gruppen verläuft die Grenze des Rei-
ches Gottes. Es ist eine unverrückbare Grenze.** Diejenigen, die den
Vater lieben und ihm gehorchen, sind auf der einen Seite. Diejenigen,
die sich weigern, ihn zu lieben und ihm zu gehorchen, und die bereit
sind, die Werke des Bösen zu tun, stehen auf der anderen Seite. **Diese
Grenze richtet sich nicht nach geografischen, äußerlichen Ge-
sichtspunkten, sondern nach innerlichen.** Sie wird bestimmt durch
Herzensmotive, durch Willen und Verstand und die entsprechenden
Entscheidungen. Die Frage lautet: „Wen liebe ich, für wen lebe ich?
Wer ist mein König?"

Auch wenn diese Grenze nicht so sichtbar ist wie eine geografische,
so ist sie ebenso real und gültig! In Matthäus 24,40 lehrt Jesus über seine
Wiederkunft. Er wird plötzlich kommen. Zwei werden auf dem Feld sein,
einer wird genommen, der andere gelassen. Zwei Frauen werden an dem
Mühlstein mahlen, eine wird genommen, die andere zurückgelassen. Was
diese Menschen trennt, hat ganz offensichtlich nichts mit geografischen
Gegebenheiten zu tun – es heißt ja ausdrücklich, dass sie zur selben Zeit
am selben Ort dasselbe tun. **Was sie trennt, ist, wem sie dienen, die Ausrichtung ihres Lebens, die Liebe ihres Herzens.**

So ist die Grenze des Reiches Gottes festgelegt. Sie bezieht sich auf
Herzensmotive, auf Verstand und Willen eines Menschen. Sie markiert die
Herrschaft Gottes. Einige leben diesseits der Grenze unter Gottes Königsherrschaft, andere jenseits unter einer anderen Herrschaft. Es ist eine Grenze
des Willens, des Herzens und des Geistes.

Diese Grenze des Gottesreichs verläuft mitten durch unsere Länder,
Städte, Wohnviertel, Arbeitsstätten und selbst durch Familien.

Meint nicht, dass ich gekommen sei, Frieden auf die Erde zu bringen;
ich bin nicht gekommen, Frieden zu bringen, sondern das Schwert.
Denn ich bin gekommen, den Menschen zu entzweien mit seinem
Vater und die Tochter mit ihrer Mutter und die Schwiegertochter
mit ihrer Schwiegermutter; und des Menschen Feinde werden seine
eigenen Hausgenossen sein. Wer aber Vater oder Mutter mehr liebt
als mich, ist meiner nicht würdig; und wer Sohn oder Tochter mehr
liebt als mich, ist meiner nicht würdig; und wer nicht sein Kreuz auf-
nimmt und mir nachfolgt, ist meiner nicht würdig (Matthäus 10,34).

Dies bestimmt uns hier und jetzt. Wir müssen Gott suchen und ihn anflehen, dass er uns zeigt, wie wir in sein Reich überwechseln können. Jesus
lehrt dies als die höchste Priorität im Leben.

Das Wesen des Reiches Gottes

Die Grenzen des Gottesreichs sind die des Herzens und des Willens.
Wegen der gegenwärtigen Beschaffenheit des Reiches sind sie geistli-
cher und nicht geografischer Natur. Das wird auch im Gespräch zwischen
Jesus und Pontius Pilatus deutlich. Jesus war ihm mit der politisch motivier-
ten Anklage vorgeführt worden, sich als „König der Juden" bezeichnet zu
haben. Die jüdischen Hohepriester hatten dem Fall diese Wendung geben
müssen, um ihn unter Pilatus' Rechtsprechung fallen zu lassen.

Pilatus ging wieder in das Prätorium hinein, ließ Jesus rufen und
fragte ihn: Bist du der König der Juden? ... Jesus antwortete: Mein
Königtum ist nicht von dieser Welt. Wenn es von dieser Welt wäre,
würden meine Leute kämpfen, damit ich den Juden nicht ausgeliefert
würde. Aber mein Königtum ist nicht von hier. Pilatus sagte zu ihm:
Also bist du doch ein König? Jesus antwortete: Du sagst es, ich bin
ein König. Ich bin dazu geboren und dazu in die Welt gekommen,
dass ich für die Wahrheit Zeugnis ablege. Jeder, der aus der Wahr-
heit ist, hört auf meine Stimme (Johannes 18,33).

„Mein Königtum ist nicht von dieser Welt": Es hat seinen Ursprung nicht
hier und sein Regierungssitz ist nicht hier angesiedelt. Heißt das also, Jesu
Königtum wäre unkonkret, unergründlich, eine vergeistigte Vorstellung?
Nicht unbedingt. Es könnte auch heißen, dass es sich um ein reales und
konkretes Reich handelt, dessen Regierungszentrale, dessen Hauptquartier
woanders liegt. Das ist tatsächlich der Fall, das „Hauptquartier" ist ja im
Himmel. Es bedeutet auch, dass es nicht auf die üblichen Regeln eines
irdischen Reiches beschränkt ist, weil es nicht an die Erde gebunden ist.
Es kann durchaus ganz anders funktionieren.

Noch einmal Johannes 18,36:

Wenn mein Königtum von dieser Welt wäre, dann [würde es normal funktionieren] würden meine Leute kämpfen, damit ich den Juden nicht ausgeliefert würde.

Ein Satz von simpler Logik, er drückt eine Tatsache aus. Jedes geopolitische Reich, jede Regierung, ganz gleich welcher Art, muss ein Ordnungssystem haben, um das Gesetz nach innen durchzusetzen, zudem Militär, um, wo nötig, nach außen Krieg zu führen. Wird der König gefangen genommen, ist das Herz des Königreichs angegriffen: Entweder kämpfen die Bürger dann oder sie geben das Königreich auf. Im Fall von Jesu Gefangennahme würden sie normalerweise also kämpfen, aber da das Reich Gottes anders funktioniert, geschieht das nicht.

... ich bin ein König. Ich bin dazu geboren und dazu in die Welt gekommen, dass ich für die Wahrheit Zeugnis ablege. Jeder, der aus der Wahrheit ist, hört auf meine Stimme (Johannes 18,37).

Dies ist ein persönlicher Appell an Pilatus. Hier bricht der Himmel in seine Welt herein (wie übrigens auch durch den Traum seiner Frau) und bewegt ihn zu der Frage, ob es nicht etwas Größeres gebe als Rom und inmitten von Zweckpolitik und Staatsräson tatsächlich – *Wahrheit!* Leider reagiert Pilatus zynisch, entscheidet gemäß dem üblichen Opportunismus und verpasst seine Gelegenheit.

Es ist auch eine präzise Beschreibung dessen, worum es bei Jesus und seinem Reich geht. Er kam aus einer anderen Welt, vom Himmel, um die Wahrheit zu leben und zu verkünden. Männer und Frauen „der Wahrheit" (solche, die die Wahrheit grundsätzlich kennen und tun wollten, auch angesichts ihres eigenen Versagens, solche, die belehrbar waren), würden in ihrem Herzen auf eine Begegnung mit Jesus ansprechen und sich zu ihm hingezogen fühlen. Entsprechend ihrer Hingabe an ihn und an den Vater würde sein Reich zu wachsen beginnen und mit Wahrheit, Liebe und weiteren geistlichen Mitteln aufgebaut werden: ein geistliches Reich. Es war nicht unsichtbar, Jesus und seine Nachfolger waren da, jeder konnte sie sehen. Aber dies war keine für kurzfristige politische Ziele ausgebildete Gruppe. Sie wurden auf das Mandat des Himmels vorbereitet.

In dieser Begegnung stehen sich zwei Männer gegenüber, die die beiden Arten von Königreich repräsentieren. Der eine ist vom Kaiser beauftragt, die Herrschaft Roms in Israel aufrechtzuerhalten. Für die Ausführung dieses Auftrags steht ihm die nötige Infrastruktur zur Verfügung, einschließlich seiner militärischen und zivilen Verwaltung. Der andere ist der Apostel und Messias des hereinbrechenden Himmelreichs. Er ist von Gott dem Vater beauftragt, seine Königsherrschaft in dieser neuen Form auf die Erde zu bringen, und er beginnt in Israel unter dem jüdischen Volk.

Es ist wichtig, beider Wesen, Absicht und Vorgehensweise zu verstehen. Die Existenz politisch definierter Reiche ist legitim, die Bibel bestätigt sie. Es gibt viele Beispiele dafür, wie Gott direkt eingreift, wie er zu Machthabern spricht, die einen ab- und andere einsetzt. Gott wirkt persönlich beim Aufbau von Nationen und Reichen, er handelt durch sie und mitunter richtet er sie. Paulus erklärt, Gott habe die Menschheit in Nationen gegliedert und uns Grenzen und Zeiten zugeteilt (Apostelgeschichte 17,26): Gott selbst wirkt im geografischen und politischen Bereich. In Römer 13 lehrt Paulus, dass Gott Regierungen einsetzt, weshalb wir konstruktiv mit ihnen zusammenarbeiten sollen. Petrus bestätigt diese Aussage in 1. Petrus 2,12–18.

Das Reich Gottes steht der politischen Regierung also positiv gegenüber, ist aber selbst viel weiter gefasst. Es beginnt an anderer Stelle, nämlich im Herzen und mit der freien, moralischen Entscheidung jedes Einzelnen.

Von dort dehnt sich diese Herrschaft in alle Bereiche des Lebens und der Schöpfung aus. Das umfasst auch die Politik, geht aber weit darüber hinaus. Diese Königsherrschaft beansprucht den ersten Platz in unserem Leben, vor jeglicher Treue zu einer geopolitischen Regierung, unserer ethnischen Gruppe, Nation, sozialen Klasse. Sie steht sogar vor der Familie. Alle diese Loyalitäten sind wichtig, sie sind sehr wertvoll für uns und die Bibel bestätigt sie in ihrer Position und ihrem Wert. An erster Stelle aber steht die Treue gegenüber Gott und seiner Herrschaft. Dies ist die Lehre Jesu (Matthäus 10,34), und sie ist der Anspruch, den das Reich Gottes auf uns erhebt.

Also: Obwohl das Reich Gottes schwer fassbar zu sein scheint, da es ein Reich des Herzens, des Willens und des Geistes ist und noch kein geografisches und politisches, ist sein Anspruch auf unser Leben unmittelbar gegeben und stärker als jeder andere Anspruch.

Nachfolger, Kinder, Bürger

Folglich sind die Nachfolger des Königs (Gottes) diejenigen, die diese Regierung von Herzen annehmen, sich ihr unterstellen und die von ihm, dem Regierenden, angenommen werden. Jeder entscheidet für sich selbst, ob er sich unterordnen will. Gruppen können als Gruppen entscheiden („*Ich und mein Haus ... "*). Es ist eine Sache der freien, moralischen Entscheidung. Aber es handelt sich um zwei Parteien: den König und seine Nachfolger. Beide müssen dieser Abmachung zustimmen. Beiden wird ernsthafte Hingabe abverlangt. Da Gott unser Herz und unsere Motive erkennt, sieht er, wen er unter seiner Herrschaft akzeptieren kann und wen nicht. Klasse, Rasse oder Geschlecht spielen dabei keine Rolle.

Er wird alle akzeptieren, die ihn als Herrn anerkennen und unter seiner Herrschaft leben wollen. Das erste allgemeine Gebot dieser Herrschaft lautet:

Du sollst den Herrn, deinen Gott, lieben mit ganzem Herzen und ganzer Seele, mit all deiner Kraft und all deinen Gedanken, und: Deinen Nächsten sollst du lieben wie dich selbst (Lukas 10,17).

Gott allein ist in der Lage, solch ein moralisch begründetes Reich aufzubauen. Er ist in der Lage, die Motive des menschlichen Herzens zu unterscheiden. Er kann erkennen, wer die Bedingungen für die Aufnahme in sein Reich erfüllt und wer nicht. Gott behandelt alle Menschen gleich und will, dass jeder zu ihm und unter seine Königsherrschaft kommt. Er ruft jeden. Wir müssen es wollen und bereit sein, die Bedingungen zu erfüllen. Sollte ein Einzelner oder eine Gruppe noch nicht bereit sein, Gottes Bedingungen zu erfüllen, stellt er sie zurück. Dies geschieht oft mit der Ermutigung, weiter zu suchen.

Er ist in der Lage, jemanden, bei dem diese Bereitschaft erkennbar ist, zum Einlass in sein Reich und zur Gemeinschaft mit ihm zu führen. **Das ist eine persönliche Begegnung mit dem König. Es ist eine Umarmung der Liebe, Vergebung und Annahme und ein großes Privileg. Sobald er uns zu sich geholt hat, gehören wir zu ihm. Wir werden mehr als einfach nur Nachfolger; wir werden Kinder und Erben all dessen, was er ist und hat, und zudem Bürger seines Reiches. Gemeinsam mit anderen, die zu seinem Reich gehören, lernen wir immer mehr, wie sich ein Leben unter Gottes Herrschaft gestaltet, und entdecken seine Pläne für uns.**

In der gesamten Bibel und durch die Kirchengeschichte hindurch haben prophetische Stimmen die Menschen zurückgerufen zu dieser echten und praktischen Liebe zu Gott, in fast jeder Generation. Manchmal brachen dynamische Bewegungen auf, die geistliche Erneuerung und Reform bewirkten. Allerdings mussten auch diese nach mehreren Generationen wieder aufgerüttelt und zur Umkehr gerufen werden. Wir Menschen und unsere Strukturen sind wohl immer nur so gut wie unsere aktuelle Liebe zu Gott und zueinander.

Es scheint menschlich unmöglich zu sein, die Mittel und Strukturen zu schaffen, die das Reich Gottes fassen könnten. Wir brauchen sowohl kirchliche als auch zivile Strukturen, aber selbst unsere besten Versuche in diese Richtung sind nur Stückwerk. Dieses Reich wird vom Himmel her verwaltet und betrieben, und letztlich überblickt nur Gott, wer seine Bürger sind und wie sie ihr Leben führen und ihren Dienst versehen.

Gegenwart und Zukunft

Im vorigen Kapitel sahen wir, dass Jesus dort weitermacht, wo Johannes aufgehört hat, und verkündet: *„Das Reich Gottes ist nahe"* (Markus 1,15). Die meisten Übersetzungen sagen „ist nahe". Manche verwenden den Ausdruck „ist nahe zu euch gekommen". Wie nah ist „nah" oder „nah gekommen"? Ich verstehe es so, dass hier gesagt werden soll: *„Das Reich Gottes ist jetzt zu euch gekommen"*, bzw. *„Jetzt ist es hier."* Es gibt keinen Abstand, keine Entfernung, kein weiteres Warten.

Ferner lehrt Jesus viele Aspekte dieses Reiches, das er initiiert. Oft geht es darum, wie wir jetzt in diesem Reich leben sollen. Andere Aspekte aber handeln von zukünftigen Entwicklungen und einem zukünftigen Zeitalter des Reiches. Zur besseren Unterscheidung und als Verständnisgrundlage für die Zusammengehörigkeit dieser beiden Vorstellungen sind nachfolgend einige Schriftstellen zum jetzigen Reich und andere zu dem zukünftigen Reich aufgelistet.

a) Das Reich Gottes hier und jetzt

Matthäus 4,17, Markus 1,15, Lukas 10,9: *„ Von da an begann Jesus zu verkünden: Kehrt um! Denn das Himmelreich ist nahe!"* Das hatte ich bereits erwähnt. Es ist eine unverhüllte Proklamation, für diese Zeit völlig revolutionär: Das Reich, auf das man so lange gewartet hat, ist endlich gekommen.

Matthäus 12,28, Lukas 11,20: *„ Wenn ich aber die Dämonen durch den Geist Gottes austreibe, dann ist das Reich Gottes schon zu euch gekommen."* Die Pharisäer behaupten, Jesus wirke durch dämonische Macht. Er diskutiert mit ihnen, warum das gar nicht möglich sei. Die offensichtliche Schlussfolgerung ist: Er wirkt durch die Kraft Gottes. Und damit ist das Reich Gottes tatsächlich gekommen und jetzt unter ihnen.

Lukas 17,20–21: *„ ... antwortete er: Das Reich Gottes kommt nicht so, dass man es an äußeren Zeichen erkennen könnte. Man kann auch nicht sagen: Seht, hier ist es!, oder: Dort ist es! Denn: Das Reich Gottes ist schon mitten unter euch."* Die Pharisäer fragen, wann das Reich Gottes kommen werde. Sie denken an die Zukunft und erwarten göttliche Zeichen. Jesus bringt sie zur gegenwärtigen Realität zurück.

Kolosser 1,13: *„Er hat uns der Macht der Finsternis entrissen und aufgenommen in das Reich seines geliebten Sohnes."* Hier erwähnt Paulus kurz die Grunderfahrung aller Gläubigen: **Wir werden von Gott aus der Herrschaft Satans geholt und unter die Herrschaft Jesu gebracht. Das ist Erlösung. Es ist eine echte Erfahrung des Gottesreichs im Leben aller Gläubigen. Das ist das Reich, das jetzt wirkt.**

Siehe auch: Matthäus 3,2; 11,12; 16,19; 16,28 (Markus 9,1, Lukas 9,27), 1. Korinther 4,20, Offenbarung 1,6; 5,10.

b) Das Reich Gottes in der Zukunft

Matthäus 8,11–12, Lukas 13,28–29: *... viele werden von Osten und Westen kommen und mit Abraham und Isaak und Jakob im Himmelreich zu Tisch sitzen ...*

Hier geht es offensichtlich um ein zukünftiges Zeitalter.

Matthäus 25,31–34: *Wenn der Menschensohn in seiner Herrlichkeit kommt und alle Engel mit ihm, dann wird er sich auf den Thron seiner Herrlichkeit setzen. Und alle Völker werden vor ihm zusammengerufen werden und er wird sie voneinander scheiden ... Dann wird der König denen auf der rechten Seite sagen: Kommt her, die ihr von meinem Vater gesegnet seid, nehmt das Reich in Besitz, das seit der Erschaffung der Welt für euch bestimmt ist.*

Nach Jesu Wiederkunft kommt das Gericht, und die Gerechten werden in das Reich Gottes eingehen. Dies zeigt das Reich in einer zukünftigen Phase.

2. Timotheus 4,18: *Der Herr wird mich allem Bösen entreißen, er wird mich retten und in sein himmlisches Reich hineinretten. Ihm sei die Ehre in alle Ewigkeit. Amen.*

Paulus schreibt diese Sätze an seinem Lebensende, als er weiß, dass sein Tod kurz bevorsteht. Er sieht das Himmelreich als eine Hoffnung und als einen Platz, an den man nach dem Sterben gebracht wird. Dies ist noch ein weiterer Aspekt des Reiches. Siehe auch 2. Petrus 1,11, Apostelgeschichte 14,22.

Offenbarung 11,15: *Der siebte Engel blies seine Posaune. Da ertönten laute Stimmen im Himmel, die riefen: Nun gehört die Herrschaft über die Welt unserem Herrn und seinem Gesalbten; und sie werden herrschen in alle Ewigkeit.*

Das ist die Stunde, in der die Herrschaft Jesu die ganze Erde überneh-men wird, auch in politischer Hinsicht. Dies ist eines von Gottes Zielen für die Entwicklung seines Reiches, ein Ziel, für das wir auch im Vaterunser beten. Das ist Zukunft.

Siehe auch Matthäus 13,41–43 und 26,29 (Markus 14,25, Lukas 22,16–18), Lukas 21,31 und 22,30, 1. Korinther 15,24.50, Offenbarung 12,10.

Schon diese wenigen Schriftstellen stellen das grundsätzliche Konzept klar heraus:

Jesus führte das Reich Gottes auf Erden ein. Er wird wiederkommen, um dieses Zeitalter zu vollenden, um die Gerechten von den Ungerechten zu trennen und die Gerechten in ein herrliches, neues Zeitalter des Reiches zu führen. Dazu gehört dann auch Jesu unmittelbare Herrschaft über die neue Erde. Folglich ist das Reich schon hier und wirksam, es ist aber nicht vollendet.

Wachstum und Entwicklung

Nach der Prophetie in Daniel 2 soll das Reich Gottes kommen wie ein Fels, „nicht von Menschenhand geschlagen", der das letzte Reich zer-schmettern wird. Dann wird es wachsen, bis es ein riesiger Berg ist, der die Erde erfüllt.

Mindestens vier der Gleichnisse Jesu lehren, dass das Reich Gottes von kleinen Anfängen zu einem bedeutsamen und beeindruckenden Endstadium heranwächst. Zunächst das Gleichnis vom Senfkorn und das von der Frau, die Sauerteig unter ihr Mehl mischt (Matthäus 13,31.33): Das Senfkorn ist das kleinste aller Samenkörner. Jesus betont die geringe Größe am An-fang. Das Ende aber ist beeindruckend: „… *wenn es aber gewachsen ist, so ist es größer als die Kräuter und wird ein Baum, sodass die Vögel des Himmels kommen und in seinen Zweigen nisten.*" Die Menge Sauerteig ist, verglichen mit der Gesamtmenge des Teigs, gering. Aber er durchdringt den ganzen Laib, er geht überall hin und „durchwirkt" alles.

Dann ist da der Bauer, der sein Feld bestellt (Markus 4,26): ein weniger bekanntes Gleichnis, in dem es einfach nur um Wachstumsphasen geht. Der Bauer bringt seine Saat aus und beobachtet, wie sie über die Monate hinweg jeden Tag wächst. Wenn das Korn reif ist, holt er die Ernte ein. Die Botschaft handelt von einem kleinen Anfang und einem allmählichen Gedeihen: schrittweises, zielgerichtetes Wachstum auf einen Höhepunkt hin. Die Ernte ist dann plötzlich und radikal: Der Prozess ist abgeschlossen.

Das bekannte Gleichnis vom Unkraut unter dem Weizen (Matthäus 13,24–30) sagt Ähnliches sehr verständlich, weil hier Jesus selbst die Erklärung liefert:

Der Mann, der den guten Samen sät, ist der Menschensohn; der Acker ist die Welt; der gute Samen, das sind die Söhne des Reiches, das Unkraut sind die Söhne des Bösen; der Feind, der es gesät hat, ist der Teufel; die Ernte ist das Ende der Welt; die Arbeiter bei dieser Ernte sind die Engel. Wie nun das Unkraut aufgesammelt und im Feuer verbrannt wird, so wird es auch am Ende der Welt sein: Der Menschensohn wird seine Engel aussenden und sie werden aus seinem Reich alle zusammenholen, die andere verführt und Gottes Gesetz übertreten haben, und werden sie in den Ofen werfen, in dem das Feuer brennt. Dort werden sie heulen und mit den Zähnen knirschen. Dann werden die Gerechten im Reich ihres Vaters wie die Sonne leuchten. Wer Ohren hat, der höre!
(Matthäus 13,37–43)

An dieser Erklärung fällt auf, dass das Feld die Welt sein soll. All das spielt sich auf unserem Planeten ab. Jesus ist derjenige, der die Saat aussät – er beginnt, gründet das Reich Gottes auf Erden. Dann kommt die Wachstumsphase. Dieses Gleichnis betont, dass Gerechte und Ungerechte Seite an Seite wachsen. **Es gibt zwei geistliche Mächte, die um die Herzen der Menschen und um die Weltherrschaft wetteifern. So wird es bleiben bis zur Ernte, das heißt bis zur Wiederkunft Jesu, dem Ende dieses Zeitalters und dem Anfang des nächsten.**

Das Wachstum, das in der Daniel-Prophetie und in diesen Gleichnissen dargestellt wird, ist das Wachstum des Gottesreichs in seiner heutigen Phase, in diesem Zeitalter. Es beginnt klein und endet groß, effektiv und ausgereift. Es geht um unser Zeitalter, deshalb ist es wichtig, dass wir verstehen, was das bedeutet. Wahrscheinlich sagt es kein Vers so einfach wie Matthäus 24,14:

Aber dieses Evangelium vom Reich wird auf der ganzen Welt verkündet werden, damit alle Völker es hören; dann erst kommt das Ende.

Das ist eine der Hauptbedingungen, die bestimmen werden, wann Jesus zurückkommen kann. Dieses Evangelium vom Reich Gottes muss allen Völkern gepredigt werden. Der letzte Auftrag Jesu an seine Jünger lautet: *„Darum geht zu allen Völkern* (in alle Welt, geografisch, in alle ethnischen Gruppen und Nationalstaaten) *und macht alle Menschen zu meinen Jün-*

gern; tauft sie auf den Namen des Vaters und des Sohnes und des Heiligen Geistes und lehrt sie, alles zu befolgen, was ich euch geboten habe [bringt sie unter die Herrschaft Gottes und lehrt sie, das im Leben umzusetzen]" (Matthäus 28,18–20).

Dieses Evangelium muss jeder Volksgruppe und Nation der Erde gebracht werden. Dann muss es alle Heilung und Wiederherstellung bewirken, die unter ihnen möglich ist. Wenn das Reich sich in Bezug auf seine Ausdehnung und Qualität so weit entwickelt hat, dann kann Jesus wiederkommen und diese Phase zu einem Ende führen.

Die Wiederkunft Jesu und die Vollendung dieses Zeitalters

Während seiner Zeit auf der Erde lehrte Jesus ausdrücklich über seine Wiederkunft, über Gericht und Scheidung und das neue Zeitalter des Gottesreichs. Die Kapitel Matthäus 24, Markus 13 und Lukas 21 widmen sich diesem Thema. Es sind drei Darstellungen derselben Lehre. Die Gleichnisse vom Fischnetz (Matthäus 13,47) und von den zehn Jungfrauen (Matthäus 25,1) handeln ebenfalls davon.

Die Wiederkunft des Herrn Jesus wird dramatisch sein, ohrenbetäubend und für die ganze Menschheit sichtbar. Er wird mit Macht und in großer Herrlichkeit in den Wolken erscheinen. Das wird völlig anders sein als sein erstes Kommen in der Abgeschiedenheit eines kleinen galiläischen Dorfes. Beim ersten Mal kam er, um das Reich Gottes auf Erden zu gründen und um dieses Zeitalter zu beginnen. Er begab sich in unsere Umstände, unter unsere Schuld, unsere Unfreiheit und unseren Tod. Er wird wiederkommen, um diesen Zeitabschnitt des Reiches zu vollenden und den nächsten einzuführen. Dann wird er als unser König und Gott kommen, um über uns und die ganze Schöpfung zu regieren. Diese Vollendung wird triumphal und herrlich sein.

Jesus beschreibt sie uns in Matthäus 24,27 folgendermaßen:

Denn wie der Blitz bis zum Westen hin leuchtet, wenn er im Osten aufflammt, so wird es bei der Ankunft des Menschensohnes sein. ... Danach wird das Zeichen des Menschensohnes am Himmel erscheinen; dann werden alle Völker der Erde jammern und klagen und sie werden den Menschensohn mit großer Macht und Herrlichkeit auf den Wolken des Himmels kommen sehen. Er wird seine Engel

unter lautem Posaunenschall aussenden und sie werden die von ihm
Auserwählten aus allen vier Windrichtungen zusammenführen, von
einem Ende des Himmels bis zum andern.

In diesem Kapitel lehrt Jesus auch, dass zum Ende der Zeiten hin das
Böse auf der Erde viel stärker werden wird. Gesetzlosigkeit, falsche Propheten und Abfall werden herrschen. In diesem zukünftigen Abschnitt der
Entwicklung spitzt sich der große Konflikt zwischen dem Reich Gottes und
der Ungerechtigkeit zu. Selbst die Natur wird erschüttert. Sowohl der Weizen als auch das Unkraut sind dann reif; die Zeit zur Ernte ist gekommen!

Diese Ernte bringt Jesus ein, wenn er wiederkommt: Er richtet die Menschheit, trennt die Gerechten von den Ungerechten und führt beide Gruppen ihrer
letzten Bestimmung zu. Für die einen wird es ein Augenblick der Erfüllung
und großen Freude sein, für die anderen eine endgültige Tragödie.

Wenn der Menschensohn in seiner Herrlichkeit kommt und alle
Engel mit ihm, dann wird er sich auf den Thron seiner Herrlichkeit
setzen. Und alle Völker werden vor ihm zusammengerufen werden
und er wird sie voneinander scheiden, wie der Hirt die Schafe von
den Böcken scheidet. ... (Matthäus 25,31–46)

„Dann wird der König denen auf der rechten Seite sagen: Kommt her,
die ihr von meinem Vater gesegnet seid, nehmt das Reich in Besitz, das seit
der Erschaffung der Welt für euch bestimmt ist." Das ist das zukünftige
Zeitalter des Reiches Gottes; diese Menschen werden von ihm mit offenen
Armen empfangen und dürfen ihr herrliches Erbe antreten.

Dann wird er sich auch an die auf der linken Seite wenden und zu
ihnen sagen: Weg von mir, ihr Verfluchten, in das ewige Feuer, das
für den Teufel und seine Engel bestimmt ist!

Hier wird die Zukunft der Ungerechten beschrieben, eine ewige Existenz an einem Ort, der für die bereitet ist, die an ihrer Rebellion gegen
Gott festhalten.

Unsere Gesellschaft stellt sich entschieden gegen diese Lehre vom Leben
nach dem Tod und einem Jüngsten Gericht mit ewigen Konsequenzen. Diese
Lehre hat ihre Grundlagen im Alten Testament, aber erst durch Jesus und
das Evangelium vom Reich Gottes wird sie verständlich und klar. Der Rest
des Neuen Testamentes folgt dieser Linie und setzt einen klaren Standard.
Die Tatsache, dass diese Wahrheit in unserer Zeit nicht gewollt und nicht
geglaubt wird, hat keine Auswirkungen auf ihre Gültigkeit. Gott bestimmt,
was real und somit wahr ist, und nicht der Mensch.

Die ernüchternde Wirklichkeit ist, dass wir ernten werden, was wir säen. Unser Leben wird ewig weitergehen, mit entsprechend ewigen Konsequenzen. Die Grenze des Reiches Gottes, die unser Leben bestimmt, während wir in dieser Zeitphase auf der Erde leben, wird unser Leben auf Dauer bestimmen, nachdem wir vor Gott gestanden haben.

Der englische Autor C. S. Lewis drückt das folgendermaßen aus: **„Am Ende wird es nur zwei Gruppen von Menschen geben: Diejenigen, die jetzt zu Gott sagen: ‚Dein Wille geschehe', und diejenigen, zu denen Christus am Tage des Gerichts sagen wird: ‚Dein Wille geschehe'"** (C. S. Lewis, Die große Scheidung, Kapitel 9).

Zusammenfassung

- Der Begriff „Reich Gottes" bedeutet die Königsherrschaft oder Regierung Gottes.

- **Diese Regierung ist nicht politischer Natur, sondern bezieht sich auf Herz, Willen und Geist.** Sie gründet auf Gottes Initiative: Er beruft jeden Menschen, ihn zu lieben und die Wahrheit zu lieben. Das ist es, was wir unter einer Herzens-Regierung verstehen.

- **Sie ist auch geistlich. Sie wird vom Heiligen Geist vermittelt.** Er spricht zu uns, liebt, tröstet und überführt uns. Als geistliche Wesen sind wir in der Lage, ihn zu verstehen und auf ihn einzugehen, zudem leitet er uns in die Wahrheit.

- **Die Herrschaft Gottes erhebt den höchsten Anspruch auf unser Leben, vor jeder anderen Beziehung oder Verpflichtung.** Der Heilige Geist lehrt uns so zu leben und zu handeln, wie es der Vater möchte. Er lehrt uns die Werte, Pflichten und Rechte des Reiches Gottes.

- **Es besteht ein grundsätzlicher Unterschied zwischen Menschen, die sich Gott als König untergeordnet haben, und denen, die für sich oder für irgendeine andere Macht leben.** Diese Unterscheidung ist die Grenzlinie des Reiches Gottes.

- **Dieses Reich ist überall dort zu finden, wo Menschen bereit sind, sich vor dem Vater zu beugen, ihn zu lieben und ihm zu gehorchen.** Deshalb kann es in allen Volksgruppen, Nationen, politischen Systemen und Gesellschaftsgruppen Einzug halten.

- **Es kann alle Grenzen überschreiten und überall hingehen.** Es ist dynamischer als jedes politische Reich oder jede andere menschliche Organisation.

- **Das Reich Gottes ist sowohl gegenwärtig als auch zukünftig.** Jesus führte das Reich Gottes auf der Erde ein, als er hier lebte. Er bildete die Apostel aus, um es weiterzuentwickeln. Seit damals ist es gewachsen und hat nach und nach weitere Nationen erreicht.

- Menschen kommen in das Reich Gottes und erfahren seine Liebe und Macht. Sie lernen, auf Gottes Weise zu leben, in ihrem Umfeld Verantwortung zu übernehmen und anderen das Reich zu übermitteln. So breitet es sich auf der ganzen Erde aus.

- Dies ist das **Wachstum in Phasen**, um das es in dem Gleichnis in Markus 4,26 geht. **Dieses Wachstum muss sich fortsetzen, bis das Reich Gottes auf der Erde ganz zur Entfaltung gekommen ist.** Dabei geht es sowohl um eine geografische als auch um qualitative Verbreitung: Es muss in alle Nationen getragen werden und unter ihnen so viel Heilung und Wiederherstellung bewirken wie möglich.

Die Ernte aber vollzieht sich dann plötzlich! Jesus wird wiederkommen und die ganze Menschheit richten. Die Ungerechten wird er absondern und wegschicken, sie sind nun ewig von ihm getrennt. **Die Menschen aller Generationen, die ihn lieben, seine Heiligen, führt er in ein neues Zeitalter des Gottesreichs. Dort leben sie ewig mit ihm und miteinander in Freude und großer Herrlichkeit: Das ist das zukünftige Zeitalter des Gottesreichs.**

Folgendes ist zu beachten: Bis jetzt haben wir bei unserer Untersuchung des Reiches Gottes nur auf das zurückgegriffen, was Jesus selbst gelehrt hat. Der erste Teil dieses Buches entwickelt eine biblische Perspektive des Gottesreichs, indem er die Entwicklungen durch das Alte und das Neue Testament hindurch in chronologischer Reihenfolge nachvollzieht. Damit sind wir in der Lage, die Bedeutung dieses Themas zu erfassen, indem wir aus unserem persönlichen Lehr-System heraustreten und bewusst den Lernpfad der ersten Nachfolger Jesu einschlagen und Schritt für Schritt gehen.

Während der ersten Jahre hatten sie Jesus als Lehrer. Nach seiner Auferstehung ging er dieses Thema noch einmal mit ihnen durch, und dann legte er ihnen dar, was ihr Auftrag sein würde. Er versprach ihnen, dass an seiner Stelle der Heilige Geist kommen würde, und der würde sie im Verständnis weiterführen. *„Er wird euch in alle Wahrheit führen."* Folglich kann man in den Briefen der Apostel mehr über die Entwicklung des Gottesreichs, das Ende des Zeitalters, die Wiederkunft Jesu und das kommende Zeitalter finden. Manche dieser zukünftigen Ereignisse sehen wir in dramatischen und gleichzeitig prophetischen „Filmen" in der Offenbarung des Johannes.

7

Das Reich Gottes: Gründung

---

*Jesus erklärt nicht nur, dass dieses Reich
gekommen sei, und lehrt nicht nur darüber,
sondern er* bringt *es – er bringt es mit Vollmacht!*

Mittel, die Jesus zur Gründung des Gottesreichs einsetzte

Proklamation und Lehre

Wir haben gesehen, dass Jesus die Ankunft des Gottesreichs prophetisch verkündete. Diese Botschaft verbreitet er in ganz Israel. Daraufhin lehrt und erklärt er, was es grundsätzlich mit diesem Reich auf sich hat, sowie dessen Prinzipien. Das sind zwei der ersten Mittel, die er einsetzt, um das Reich Gottes auf die Erde zu bringen.

Allerdings ist dies nur Teil einer noch größeren Dynamik: **Als Messias und zukünftiger König verkörpert er dieses Reich tatsächlich in seiner eigenen Person. Der Himmel ist gekommen, um die Erde für ihren rechtmäßigen Herrscher zurückzuerobern, und Jesus ist der Messias, der das anführt.**

Daraus ergeben sich Reaktionen und Konfrontationen, wo auch immer er hinkommt: Der Herrscher des hereinbrechenden Königreichs hat sich aufgemacht, die Mächte der bösen, herrschenden Macht zu besiegen. Dämonen reagieren, und er treibt sie aus. Er heilt die Kranken und weckt Tote auf. Krankheit und Tod gehören, wie wir wissen, zu den Konsequenzen der Rebellion des Menschen, und Jesus macht sich auf, sie zu besiegen. Er erklärt nicht nur, dieses Reich sei gekommen, und lehrt nicht nur darüber, sondern er *bringt* es – er bringt es mit Vollmacht.

Geistlicher Kampf

Zunächst bricht Jesus in den Herrschaftsbereich der hohen, bösen, geistlichen Autoritäten ein. Unmittelbar nach seiner Taufe und seiner Erfüllung mit dem Heiligen Geist wird Jesus in die Wüste geführt, um dort vierzig Tage zu fasten und dem Satan, dem Herrscher des gesamten dämonischen Bereichs, entgegenzutreten. Dies ist eine Prüfung: Wie wird Jesus seine Macht einsetzen und auf welche Weise wird er die Herrschaft über alle Reiche der Welt gewinnen? Er besteht die Prüfung und Lukas berichtet die weitere Entwicklung: *„Jesus kehrte, erfüllt von der Kraft des Geistes, nach Galiläa zurück"* (Lukas 4,14).

Im weiteren Verlauf des öffentlichen Dienstes Jesu geschieht es oft, dass Dämonen auf ihn reagieren und er ihnen befiehlt, still zu sein und die Leute, die sie quälen, zu verlassen. Viele der Krankheiten, die er heilt, sind von Dämonen verursacht, und Jesus heilt die Krankheit entsprechend, indem er die Dämonen austreibt. Er wird über den See Genezaret geschickt, um einen Mann zu befreien, der von etwa zweitausend Dämonen besessen ist. Die erste Runde mit dem Anführer der bösen Mächte hat er gewonnen, und jetzt vertreibt er dessen Untergebene. Jesus erklärt den Pharisäern:

> *Wenn ich aber durch den Geist Gottes die Dämonen austreibe, so ist also das Reich Gottes zu euch gekommen* (Matthäus 12,28).

Jesus treibt nicht nur selber Dämonen aus, er befähigt auch seine Nachfolger dazu. Nach einer gewissen Ausbildung sendet er sie zu zweit aus, um das Evangelium des Reiches zu predigen, die Kranken zu heilen, Dämonen auszutreiben und Tote aufzuwecken. Lukas schreibt in Kapitel 10,17–19, dass die siebzig Jünger voll Freude zurückkehren und berichten: *„Herr, sogar die Dämonen gehorchen uns, wenn wir deinen Namen aussprechen."* Da sagt er zu ihnen: *„Ich sah den Satan 5*und wird entsprechend unterschiedlich gedeutet. Auf jeden Fall aber ist klar: Jesus freut sich über die Entwicklung, dass Menschen ihre Autorität über den Teufel wieder zurückgewinnen. Diese Vollmacht bezieht sich nicht nur auf persönliche Standfestigkeit, sondern sie befähigt, offensiv zu werden und Dämonen auszutreiben. Menschen nehmen also dem Teufel Territorium wieder ab. In diesem Zusammenhang freut sich Jesus über Satans Fall.

Dies ist eine neue Entwicklung, die Jesus auf der Erde einleitet. Im folgenden Vers 19 betont er die Bevollmächtigung der Jünger noch einmal: *„Seht, ich habe euch die Vollmacht gegeben, auf Schlangen und Skorpione zu treten und die ganze Macht des Feindes zu überwinden. Nichts wird euch schaden können."*

Die Auseinandersetzung mit Satan geht weiter. Gegen Ende sagt Jesus zu Petrus (Lukas 22,31): *„Simon, Simon, der Satan hat verlangt, dass er euch wie Weizen sieben darf. Ich aber habe für dich gebetet, dass dein Glaube nicht erlischt. Und wenn du dich wieder bekehrt hast, dann stärke deine Brüder."*

Das bedeutet, dass Jesus eine priesterliche Rolle wahrnimmt und sich um seine Jünger kümmert, sie auch vor dem Satan beschützt. In Johannes 17, seinem letzten großen überlieferten Gebet, gibt er dem Vater Rechenschaft darüber, wie er die beschützt und bewahrt hat, die ihm vom Vater anvertraut worden sind. Einer ist verloren, aber das hat die Schrift so vorhergesagt. Johannes berichtet, dass Satan in einem bestimmten Moment in Judas Iskariot fährt, woraufhin dieser sich dann aufmacht, Jesus zu verraten. Schließlich sagt Jesus in Gethsemane zu denen, die gekommen sind, um ihn festzunehmen: *„Aber das ist eure Stunde, jetzt hat die Finsternis die Macht"* (Lukas 22,53). Dies ist Satans Moment des Triumphs. Er wird ihm gewährt, damit er die Absichten Gottes tatsächlich erfüllt und sein eigenes Verderben herbeiführt.

Heilung und Wunder

Viel Zeit und Energie verwendet Jesus auf Krankenheilungen. Üblicherweise predigt und lehrt er und heilt die Kranken, oft durch Handauflegung. Dazu ordnet er die Heilung an oder proklamiert sie. Manchmal fordert er Kranke auf, Glaubenshandlungen zu vollziehen. Ich finde keinen Bericht, in dem er den Vater gebeten hätte, jemanden zu heilen. Er heilt direkt. Das ist Teil seiner Bevollmächtigung.

Fast alle Berichte ergeben in der Zusammenfassung: Jesus predigte das Reich Gottes, heilte die Kranken, trieb Dämonen aus. Er sandte seine Jünger aus, dasselbe zu tun. In allen Städten und Dörfern sollten sie nicht nur die Botschaft vom Reich Gottes predigen, sondern auch Kranke heilen, Dämonen austreiben, Tote auferwecken.

Das war das Standardprogramm des Gottesreichs. **Über Gottes Herr-schaft wurde nicht nur theoretisch gepredigt, sondern sie wurde direkt eingeführt – in die Städte und Dörfer, wo sich das Leben der Menschen abspielte.** Gottes Herrschaft wirkte sichtbar, so wie es in der Geschichte Israels, ja, der gesamten Weltgeschichte zuvor noch nie geschehen war. Das Reich Gottes war gekommen.

In dieser Phase verstanden die Jünger nicht sehr viel. Petrus war immer noch der Ungestüme, und Judas Iskariot war noch Teil der Gemeinschaft. Keiner von ihnen hatte die Taufe mit dem Heiligen Geist empfangen, die sich erst später am Pfingstfest ereignete. Alle verkündeten mit Erfolg die Botschaft vom Reich Gottes, heilten die Kranken, trieben Dämonen aus. Das muss bedeuten, dass die Kraft nicht auf ihrer Erkenntnis, ihrer Heilig-keit oder ihrem Wandel im Geist beruhte. Sie muss auf ihrem Auftraggeber, Jesus, gegründet gewesen sein, in dem „Reich-Gottes-Mandat" selbst und in ihrem Glauben.

In Matthäus 10,1 und in Lukas 9,1 lesen wir:

Dann rief er seine zwölf Jünger zu sich und gab ihnen die Vollmacht, die unreinen Geister auszutreiben und alle Krankheiten und Leiden zu heilen.

Die Vollmacht wird ihnen von Jesus erteilt, er bevollmächtigt sie. Durch dieselbe Autorität wirkt Jesus zahlreiche Wunder. Während es sich bei Dämonenaustreibung und vielen Fällen von Heilung um einen Kampf gegen die Werke des Teufels handelt, übt er mit Wundern Autorität über die Natur aus. Jesus wirkt Wunder, um den Nöten von Menschen zu begegnen, so hilft er z. B. einer Hochzeitsgesellschaft aus, indem er Wasser in Wein verwandelt, macht Menschenmengen mit ein paar Broten und Fischen satt. Manchmal hilft er, eine anstehende Aufgabe zu erledigen, etwa, als er über den See geht oder Petrus nach Münzen für die Tempelsteuer fischen lässt. Ab und zu dienen Wunder als Zeichen, z. B. der große Fischfang und die Auferweckung des Lazarus. Jesus verwendet viel Zeit darauf, seine Jünger zu lehren, ebensolche Dinge zu tun.

Aufruf zu Umkehr und Glauben

Im Anschluss an seine Predigt und Lehre ruft Jesus seine Zuhörer zu-nächst stets zur Umkehr auf. Traditionell steht in diesem Zusammenhang das Wort „Buße". Nach meiner Erfahrung ist heute vielen Menschen nicht mehr klar, was Buße bedeutet. Daher werde ich das Wort „Umkehr" ver-wenden, das meines Erachtens die Bedeutung von Buße am besten zum Ausdruck bringt.

Matthäus fasst es folgendermaßen zusammen (4,17):

Von da an begann Jesus zu verkünden: Kehrt um! Denn das Himmelreich ist nahe.

Jesus führt die Predigt Johannes' des Täufers fort, der dieselbe Botschaft verkündet und zu derselben Reaktion aufgerufen hat. Tatsächlich steht das Wirken des Johannes für einen Dienst, der zur Umkehr führt. Lukas schreibt über Johannes, er *„verkündigte dort überall Umkehr und Taufe zur Vergebung der Sünden"* (Lukas 3,3). In Ephesus beschreibt Paulus Johannes' Wirken genauso: als *Taufe der Umkehr* (Apostelgeschichte 19,4).

Jesus sagt von sich selbst: *„Ich bin gekommen, um die Sünder zur Umkehr zu rufen, nicht die Gerechten."* Im Gespräch über die Galiläer, die Pilatus umgebracht, und die, die der einstürzende Turm in Jerusalem erschlagen hat, kommentiert Jesus: *„... meint ihr, dass nur sie Schuld auf sich geladen hatten, alle anderen Einwohner von Jerusalem aber nicht? Nein, im Gegenteil: Ihr alle werdet genauso umkommen, wenn ihr euch nicht bekehrt"* (Lukas 13,2–5).

Wo Gott Wiederherstellung bewirken soll, muss zuerst eine Umkehr stattfinden. Normalerweise gilt das für den Einzelnen, es kann sich aber auch auf eine Gruppe beziehen, auf eine Stadt oder eine Nation. Im Alten Testament finden sich zahlreiche Beispiele von Propheten, die gesandt waren, Städte oder ganze Nationen zur Umkehr zu rufen. Jesus verurteilte bestimmte Städte, weil sie unter seinem Dienst nicht umgekehrt waren. Dieses Urteil richtete sich an alle Menschen der Stadt, nicht an den Einzelnen. Schließlich weinte Jesus über Jerusalem, weil die Stadt ihre Stunde der Heimsuchung nicht erkannt hatte.

Was bedeutet Umkehr? – Am Anfang steht die Erkenntnis, wo ich oder wir Gott widerstanden und entgegen seiner Herrschaft gelebt haben. Ich erkenne, was ich falsch mache: Das ist die Überführung von Sünde. Dann aber muss es tiefer gehen, Gott muss mir mein eigentliches, tiefes Lebensmotiv offenbaren. Für was lebe ich wirklich? Dabei handelt es sich immer um irgendeine Form von Selbstverwirklichung, die Wurzel meiner Selbstbestimmung und die Wurzel meiner Rebellion gegen Gott. Sie ist der Götze, dem ich diene. Angesichts dessen entscheide ich mich, umzukehren, dieser Selbstbestimmung zu widersagen und mich Gott und seiner Herrschaft unterzuordnen: Das ist Buße.

Normalerweise bitten wir Gott dann, er möge vergeben, wie wir gelebt haben, uns annehmen und einen neuen Anfang schenken. Nur durch Umkehr lässt sich die Rebellion des Menschen gegen Gott – worin alles Böse im Einzelnen und in der Welt wurzelt – behandeln. **Meine Umkehr muss so weit reichen wie meine Rebellion. Sie muss die tiefsten Motive meines Herzens und Willens berühren.**

Ein eindrucksvolles Beispiel dafür, was das praktisch bedeuten kann, ist der Fall des reichen jungen Mannes, der sich einen Weg durch die Menge bahnt und demütig fragt: *„ Was muss ich Gutes tun, um das ewige Leben zu gewinnen? "* (Markus 10,17). Jesus führt die Gebote auf, die dieser jüdische Mann kennt und allesamt befolgt. Jesus „sieht ihn an und gewinnt ihn lieb". Doch dann spricht er die zentrale Problematik im Leben dieses Mannes an: *„ Wenn du vollkommen sein willst, geh, verkauf deinen Besitz und gib das Geld den Armen; so wirst du einen bleibenden Schatz im Himmel haben; dann komm und folge mir nach. "* Der junge Mann ist konsterniert. Er überlegt, er kämpft mit der Entscheidung, dann wendet er sich ab.

Warum forderte Jesus ihn zum Verkauf seiner Güter auf? Die Antwort liegt auf der Hand: Jesus muss erkannt haben, dass das Leben dieses Mannes um seine Besitztümer kreiste. Auf sie baute er sein Leben auf, sie waren der Kern seiner Selbstbestimmung. Wenn er umkehren wollte, musste er genau dem entsagen und sich Gott zuwenden. Jesus bot ihm eine strukturierte weitere Vorgehensweise an – dies ist einer der wenigen Fälle, wo er jemanden individuell aufforderte, sich ihm anzuschließen. Der junge Mann wandte sich ab, verpasste Gott und damit sein Reich. Er wollte nicht umkehren.

Umkehr ist keine einfache Sache. Sie muss das Herz, das Eigentliche betreffen. Wenn der reiche Jüngling gehorcht hätte und all seinen Besitz verkauft und den Armen gegeben hätte, dann wäre das in seinem Fall keine Werkgerechtigkeit gewesen, sondern die Kapitulation. Es wäre Erlösung durch „Sterben" und Unterwerfung unter Jesus gewesen. Dieser Schritt hätte ihn vermutlich emotional zerrissen. – So kann es sein, wenn man Jesus sein Leben übergibt. Das gilt besonders für starke, erfolgsgewohnte Menschen, die alles aufgeben müssen, wofür sie gelebt haben. Aber keiner von uns kommt daran vorbei.

Nicht alle finden über solch eine dramatische Konfrontation zu Jesus. Es hängt von der einzelnen Person ab und davon, wie sie ihr Leben bis zu diesem Zeitpunkt aufgebaut hat. Die prinzipielle Notwendigkeit von Umkehr bleibt für uns alle allerdings gleich. Umkehr reicht tief hinein in unsere zentralen Motive und wirkt sich auf alle Bereiche unseres Lebens aus.

Lehre über das Leben im Reich Gottes

In Lukas 3 mahnt Johannes der Täufer die Menschen, Früchte der Umkehr hervorzubringen. Besonders warnt er die Juden, die sich auf ihre Abstammung und ihre religiösen Übungen verlassen, auf Beschneidung und Opfer: Jeder Baum, der nicht gute Frucht bringe, werde abgehauen. Die Leute bitten ihn, deutlicher zu werden, und er erklärt: *„ Wer zwei Gewänder hat, der gebe eines davon dem, der keines hat, und wer zu essen hat, der handle ebenso!"* Als die Zöllner ihn fragen, was das für sie bedeute, antwortet er ihnen: *„ Verlangt nicht mehr, als festgesetzt ist. "* Den Soldaten: *„ Misshandelt niemand, erpresst niemand, begnügt euch mit eurem Sold!"*

Das ist Umkehr: praktisch, im Alltag. Sie beginnt im Persönlichen und entwickelt dann gesellschaftliche Aspekte. Johannes steht in der Tradition der Propheten, die für Gott sprechen: *„Ich hasse eure Feste ..., sondern das Recht ströme wie Wasser, die Gerechtigkeit wie ein nie versiegender Bach!"* (Amos 5,21–24).

Während Lukas und Matthäus Jesu Botschaft mit *„Kehrt um! Denn das Himmelreich ist nahe"* zusammenfassen, ist sie bei Markus breiter angelegt. In Markus 1,14 heißt es: *„Nachdem man Johannes ins Gefängnis geworfen hatte, ging Jesus wieder nach Galiläa; er verkündete das Evangelium Gottes und sprach: ..."*

Die Zeit ist erfüllt, das Reich Gottes ist nahe. Kehrt um, und glaubt an das Evangelium!

Hier ruft Jesus seine Zuhörer zu einer zweifältigen Reaktion auf: a) umkehren und b) dem Evangelium glauben. Dem Evangelium glauben bedeutet: seiner Botschaft folgen, vertrauen, sie praktizieren. Es geht nicht nur um das Bekenntnis zur rechten Lehre, sondern darum, beständig der Botschaft gemäß zu leben: Gott in Liebe, Vertrauen und Gehorsam zu folgen. Daraus erwächst ein Lebensstil.

Jesu Lehre über ein Leben unter Gottes Herrschaft verdeutlicht die Bergpredigt am besten. Diese Rede wird vor einer großen Gruppe seiner Jünger sowie einer Menge anderer Leute gehalten. Wie wir wissen, handelt sie von Herzenshaltungen, Werten und dem Leben auf Gottes Art und Weise.

Wenn Jesus mit seinen Nachfolgern unterwegs ist, redet er über das Leben im Reich Gottes und lehrt sie darüber. Er spricht vor kleineren Gruppen und manchmal auch in ihren Häusern. Immer wieder einmal hat er Anlass, seine Jünger zu tadeln. Er bringt ihnen auch bei, wie ein Leben in Gemeinschaft geführt wird.

Schulung zukünftiger Leiter

Nach einer ganzen Nacht im Gebet ruft Jesus seine Nachfolger zu sich und wählt zwölf von ihnen aus, die den engeren Kreis um ihn bilden sollen. Diese nennt er „Apostel" – *Gesandte*. Zunächst sollen sie ihn begleiten und seinen Taten einfach nur zusehen. In einem nächsten Schritt leitet er sie dann an, es ihm gleichzutun. Seine Ausbildungsmethode ist schlicht: Sie leben mit ihm und lernen von ihm, dem lebenden Vorbild. Es ist für ihn harte Arbeit, sie dahin zu bekommen, dass sie Beziehungen aufbauen, offen sind, einander dienen und nicht immer nur überlegen, wer wohl der Größte wäre. Beten lernen sie ganz natürlich, indem sie ihn beobachten. Sie sehen, dass er viel Zeit im Gebet verbringt und aus dem Gebet heraus lebt, und bitten ihn: *„Lehre uns beten"*. Daraufhin bringt er ihnen das Vaterunser bei.

Jesus nimmt sie stets mit, wenn er öffentlich wirkt. Die Gleichnisse, die er vorher gelehrt hat, erklärt er ihnen später oft abseits der Menschenmenge im persönlichen Gespräch. Sie sehen seine Wunder, das ist für sie eine individuelle Glaubensschule. Bevor Jesus die Brote und Fische für die Menschenmenge vermehrt, fragt er seine Jünger, woher das Brot kommen solle. Natürlich rechnen sie nur mit den Ressourcen, die sie verstehen und über die sie verfügen, und stellen fest, sie könnten den Menschen unmöglich zu essen geben. Deshalb tut er es auf seine Weise, bezieht sie mit ein und hilft ihnen, eine neue Denkweise zu entwickeln.

So muss er immer und immer wieder vorgehen. Sie lernen von dem Feigenbaum, den er verflucht, von dem Blinden am Tempeltor, den er heilt, davon, wie er den Sturm stillt und auf dem Wasser geht. Alle Gespräche Jesu mit seinen Jüngern über diese Wunder finden in ganz privatem Rahmen statt.

Sie lernen, ihren apostolischen Dienst zu tun, indem sie zusehen, dann einbezogen werden und danach auf ihre eigenen, begrenzten Dienstreisen ausgesandt werden. Später schickt Jesus siebzig Nachfolger auf solch eine Mission, das heißt, die Gruppe der Leiter vergrößert sich. Zur Auferweckung von Jairus' Tochter nimmt Jesus nur den inneren Dreierkreis der Gruppe mit sich: Petrus, Jakobus und Johannes. Als Petrus später in Lydda, wie wir in der Apostelgeschichte lesen, Tabita vom Tod ins Leben ruft, geht er ähnlich vor.

Die Ausbildung zukünftiger Leiter ist von entscheidender Bedeutung bei der Einführung des Reiches Gottes. Jesus dient großen Menschenmengen von ehrlich Suchenden. Er hat Mitleid mit ihnen, doch vertraut er sich ihnen nicht an. Einmal wollen sie ihn unbedingt zum König machen, aber Jesus zieht sich von ihnen zurück. Er ist nur bereit, sich und den Auftrag des Vaters einer kleinen Gruppe bewährter und ausgebildeter Nachfolger anzuvertrauen. Die Prüfungen werden zum Ende hin immer intensiver. Dann trifft Judas Iskariot seine endgültige Entscheidung und wendet sich gegen Jesus, Petrus kommt an seine Grenzen, wie die meisten von ihnen. Erst als ihr Charakter auf diese Weise geprüft, neu geformt und sie demütig geworden sind, kann es richtig losgehen.

Einschränkung auf den Bereich der Bevollmächtigung

Jesus erwartet, dass dieses Evangelium des Reiches allen Völkern der Erde gebracht werden wird, aber er weiß, dass sich der Bereich, für den er bevollmächtigt ist, auf Israel beschränkt. Als die syrophönizische Frau ihn bittet, ihre Tochter von Dämonen zu befreien, antwortet er, er sei nur zu den verlorenen Schafen des Hauses Israel gesandt. Weil sie es so ersehnt und weil sie Glauben hat, empfängt sie trotzdem, worum sie bittet, und Jesus gibt es ihr gerne. Aber er sieht sich einer Einschränkung unterworfen, die sein Vater so bestimmt hat. Als er seine Jünger aussendet, setzt er ihnen zunächst dieselbe Grenze: *„Geht nicht zu den Heiden und betretet keine Stadt der Samariter, sondern geht zu den verlorenen Schafen des Hauses Israel"* (Matthäus 10,5–6).

Der Grund dafür muss gewesen sein, dass die Juden wie kein anderes Volk vorbereitet waren, den Messias zu empfangen. Den letzten Teil der Vorbereitung hatte Johannes der Täufer geleistet. So investiert Jesus zunächst in Israel, das er als Ausgangspunkt ansieht, von dem aus sich das Reich seines Vaters auf der Erde ausdehnen soll. Überall und beständig wirkt er in diesem Volk, bis er die Grundlage ausreichend gelegt hat, um dann ans Kreuz gehen zu können.

Nach seiner Auferstehung erweitert Jesus die Beauftragung seiner Apostel. Beginnend in Jerusalem und Judäa, sollen sie zunächst nach Samarien gehen und dann immer weiter – bis zu den Enden der Erde. Denn inzwischen hat Jesus das Fundament gelegt und die Voraussetzungen für eine weltweite Ausbreitung geschaffen. Aber während seines Erdenlebens ist sein Wirken auf das Volk Israel beschränkt.

Konfrontation des Bösen

Mit der Zeit findet eine Polarisierung um Jesus und seine Botschaft statt. Viele aus dem Volk glauben, er sei der Messias, und nehmen ihn an. Sie kehren um und folgen dem Evangelium, während die anderen anfangen Widerstand zu leisten. Die meisten Einflussreichen lehnen ihn von Anfang an ab. Damit festigen sie nur die Position, die sie schon gegenüber Johannes dem Täufer eingenommen haben.

Die Konfrontation, die sich zwischen Jesus und den jüdischen Oberen entwickelt, ist das zentrale Drama des Johannesevangeliums, das sich von Kapitel zu Kapitel zuspitzt. In keinem Punkt entschärft Jesus den Konflikt, außer dass er sich manchmal aus der Provinz Judäa zurückzieht, weil die Pharisäer und Schriftgelehrten ihn umzubringen versuchen.

Ein Mann mit einer verdorrten Hand soll in der Synagoge als Köder dienen. Die Obersten lauern Jesus auf, um zu sehen, ob er ihn wohl am Sabbat heilen wird. Das wäre Grund für eine Anklage. Weil Jesus ihre Gedanken kennt, lässt er den verkrüppelten Mann vortreten. Er bietet ihnen die Stirn: Eins der Evangelien sagt, Jesus blicke *„auf sie umher mit Zorn, betrübt über die Verhärtung ihres Herzens"* (Markus 3,5). Dann heilt er den Mann. Kochend vor Wut beraten die Pharisäer, wie sie Jesus loswerden könnten. Diesen Konflikt hätte er ganz einfach mit einer Verabredung für den nächsten Tag vermeiden können, doch damit wäre er vor ihrem System eingeknickt. Jesus verfährt genau entgegengesetzt: Er bringt das Problem auf die Hauptbühne und stellt sich seinen Widersachern mit offenem Visier entgegen.

Bei einigen Heilungen am Sabbat lässt er die Geheilten etwas tun, was als Arbeit interpretiert werden kann: „Nimm dein Bett und geh", „Gehe dich am Teich Siloah waschen." Jedes Mal fühlen sich die Pharisäer dadurch provoziert. Der Schlagabtausch wird heftiger. Sie beschuldigen ihn, vom Teufel besessen zu sein. Er bezeichnet sie als Kinder des Bösen. Seine letzten öffentlichen Gerichtsworte sind heftig: *„Ihr seid wie die Gräber, die außen weiß angestrichen sind ... Söhne der Prophetenmörder ... Ihr Nattern, ihr Schlangenbrut! Wie wollt ihr dem Strafgericht der Hölle entrinnen?"* (Matthäus 23,27–31). Und dann erweckt Jesus Lazarus von den Toten auf. Das ist der Gipfel! Der Hohepriester erklärt, Jesus müsse sterben.

Bei all dem weigert sich Jesus, in irgendeiner Form der boshaften Haltung der Pharisäer und ihrer Einschüchterung nachzugeben: Dass Gerechtigkeit dem Bösen weiche, ist durchaus nicht in seinem Sinn. So setzt er seinen messianischen Anspruch mit Nachdruck und unerbittlich durch, sodass sich die Spannung erhöht und eine Seite nachgeben muss. Er sagt zu seinen Jüngern: *„Wenn ich bei ihnen nicht die Werke vollbracht hätte, die kein anderer vollbracht hat, so hätten sie keine Sünde. Jetzt aber haben sie die Werke gesehen und doch hassen sie mich und meinen Vater. ... aber habt Mut: Ich habe die Welt besiegt"* (Johannes 15,24.16,33b).

Gebet und Leben im Heiligen Geist

Jesus beginnt seine Aufgabe mit vierzig Tagen Beten und Fasten. Oft schickt er die Menschenmenge weg, damit er beten kann, manchmal die ganze Nacht hindurch. Vor der Kreuzigung nimmt er seinen inneren Kreis von drei Jüngern mit sich auf den Berg, um zu beten, und wird vor ihnen verherrlicht. Der Schleier vor dem geistlichen Bereich lüftet sich. Mose und Elia erscheinen und sprechen mit Jesus über den Tod, der vor ihm liegt.

In seiner letzten Nacht verbringt Jesus drei Stunden im Gebet in Gethsemane. Während dieser Zeit macht er Todesqualen durch, er durchlebt innerlich das Grauen seiner bevorstehenden Kreuzigung.

In diesen drei Stunden ist er nicht souverän und Herr der Umstände. Er verspürt Angst und Entsetzen und bittet seine Freunde ausdrücklich, ihm zur Seite zu stehen. Nachdem er sich geistlich durchgekämpft und überwunden hat, ist Jesus wieder Herr der Lage. Er gewinnt die Autorität über die Ereignisse im geistlichen Bereich und setzt sie im materiellen Bereich mit Klarheit und Kraft um.

Wiederholt betont er, dass er nie auf eigene Initiative hin wirke, sondern nur so, wie er den Vater handeln sehe. Was er vom Vater hört, das ist es, was Jesus sagt und lehrt. Er lebt aus seiner Verbundenheit mit dem Vater. Er lebt im Heiligen Geist. Dies ist die Quelle seiner Heilungen und Wunder und die Quelle seiner Weisheit.

Vier endgültige, göttliche Mittel

Bis jetzt habe ich zehn Maßnahmen aufgeführt, die Jesus einsetzte, um das Reich Gottes auf Erden zu gründen. Drei Jahre lang arbeitete er daran als Messias und Apostel.

Diese selben Mittel sind auch uns heute verfügbar. Wir sehen, wie Jesus vorging, und können je nach Berufung und Kraft ebenso handeln. Das wird von uns erwartet, auch die Apostel folgten diesem Beispiel. **Jesus hat das Reich gegründet und wir sind gerufen, es zu fördern und zu erweitern.**

Als Jesus nach drei Jahren seines Wirkens erkennt, dass die Gründungsphase des Reiches Gottes weit genug fortgeschritten ist, kann er zum Höhepunkt seines Auftrags voranschreiten.

Die nun folgenden vier majestätischen Vorgänge sind allein Jesus, dem Sohn Gottes, in Partnerschaft mit Gott dem Vater und mit Gott dem Heiligen Geist, vorbehalten. Uns bleibt nur ehrfurchtsvolles Staunen, Dank und Anbetung.

Es handelt sich um:

1. Das Kreuz

Vor der Grundlegung der Welt schon gab es den Plan, dass Jesus sich selbst für die Sünden der Menschheit hingeben sollte. Jetzt ist der Zeitpunkt gekommen, Jesus geht ans Kreuz. Damit erfüllt er die messianische Prophetie aus Jesaja 53 und die Verkündigung Johannes' des Täufers: *„ Seht, das Lamm Gottes, das die Sünde der Welt hinwegnimmt"* (Johannes 1,29).

Das Passahlamm des jüdischen Festes und die täglichen Lamm-, Ziegen- und Stieropfer waren eine Illustration dafür, dass das Leben im Blut dieser Tiere war und dass diese Tiere die Stelle der schuldigen Menschen einnahmen. Sie konnten Sünden nur zudecken, die Opfer mussten immer und immer wieder neu gebracht werden. Doch sie verwiesen auf den Tag, an dem das Lamm Gottes geopfert werden würde, ein für alle Mal und für jegliche Sünde.

Seinem Freund Abraham hatte Gott geboten, zu einem bestimmten Berg zu gehen und dort Isaak, seinen Sohn der Verheißung, zu opfern. Abraham bewies, dass er dazu bereit war, und Gott hielt ihn in letzter Minute auf. Jetzt bereitet Gott seinen Sohn am selben Ort zum Opfer vor. Dieses Mal wird es kein Einlenken in letzter Minute geben.

Es ist eine gewaltige Demonstration der Liebe, Demut und Weisheit Gottes. So groß ist das Versöhnungsopfer, dass es für alle Völker, überall und zu allen Zeiten vor dem Gerichtshof des Himmels Gültigkeit hat. Es bezieht seine Kraft aus dem Wert und der Position des Geopferten. Seine Kreuzigung ist unumgänglich, nur dadurch kann Gott sein Recht und Gesetz aufrechterhalten und gleichzeitig, unter den rechten Voraussetzungen, Schuldigen vergeben. Die Schuldfrage, die sich aus der Rebellion des Menschen ergibt, stellt ein sehr schwieriges rechtliches Problem dar. Ihre Lösung kostet Gott alles.

Daher ist dieses Kreuz und dieser Name, Jesus, Sohn Gottes, der einzige Weg zum Vater. Nur dadurch können Menschen mit Gott versöhnt werden. Wir müssen umkehren und uns Gottes Herrschaft unterstellen, uns von unserer Rebellion abwenden. Auf dieser Basis ist Gott dann mehr als willens, allen, die zu ihm kommen, zu vergeben. Möglich ist das aber nur wegen des Versöhnungsopfers Jesu. Wir dürfen in Hoffnung und Glauben auf dieses Kreuz sehen und zum Vater rufen, dass er uns unsere Vergangenheit vergebe.

Das geschieht nicht automatisch, und es ist nicht billig. Nur wenn Gott in uns eine Herzenshaltung der Unterordnung und des Vertrauens erkennt, kann er uns tatsächlich vergeben. Die Basis für unsere Hoffnung ist Gottes Barmherzigkeit und Gnade und die Tatsache, dass das Kreuz Jesu Vergebung ermöglicht. Dies ist die Basis für Rechtfertigung durch Glauben.

Aus dem Grund predigten und lehrten die Apostel:

Und in keinem anderen ist das Heil zu finden. Denn es ist uns Menschen kein anderer Name unter dem Himmel gegeben, durch den wir gerettet werden sollen (Apostelgeschichte 4,12).

Denn: Einer ist Gott, Einer auch Mittler zwischen Gott und den Menschen: der Mensch Christus Jesus, der sich als Lösegeld hingegeben hat für alle, ein Zeugnis zur vorherbestimmten Zeit ... (1. Timotheus 2,5–6).

Gemäß Paulus in Kolosser 1,20 ist dieses Versöhnungswerk wirksam für die ganze Schöpfung, im Himmel und auf Erden. **Es ist der Eckstein des Reiches Gottes.**

Durch dieses Versöhnungswerk hat Jesus die Mächte und Gewalten der bösen Geister entwaffnet. Alle ihre Anklagen gegen uns können jetzt durch das Kreuz Christi für null und nichtig erklärt werden, und wir können wieder in unser ursprüngliches Erbe kommen, nämlich Kinder Gottes mit Autorität über Satan und böse Mächte zu sein. Sie sind öffentlich gefangen genommen und entwaffnet worden.

Durch sein Blut stiftet Jesus einen neuen Bund zwischen Gott und Mensch, der den alten Bund des mosaischen Gesetzes ablöst. Im Moment seines Todes zerreißt der Vorhang im Tempel, der das Allerheiligste abtrennt, von oben bis unten. Jetzt ist der Weg geöffnet für alle Nachfolger Jesu, an diesem Ort zu wohnen. Das bedeutet ein gewaltiges, neues Erbe, viel dynamischer als der Alte Bund.

Folglich können das levitische Priestertum und das Tempelsystem aufgelöst werden, welche in geistlicher, geografischer, ethnischer und kultureller Hinsicht begrenzt sind. Ein zentraler Tempel und die Priesterschaft einer einzigen, zentralen Nation, Israel, sind nicht länger nötig. Jetzt kann ihr Erbe – dieses neue, gewaltige Erbe – mit allen Völkern geteilt werden. Israel soll einen Ehrenplatz behalten, aber nun hat Gott den Grund gelegt, um aus allen Nationen ein auserwähltes Volk zu sammeln. Das war von Anfang an der Plan gewesen.

2. Die Auferstehung

Am dritten Tag erweckt der Vater Jesus von den Toten. Damit sind weitere Prophetien erfüllt und endgültig bewiesen, dass er der Messias ist, der Sohn Gottes. Er kehrt vom Totenreich zurück, bringt mit sich die Schlüssel des Todes und der Hölle und triumphiert auf diese Weise über sie. Vom Vater empfängt er seinen neuen, ewigen Auferstehungsleib.

Er erscheint seinen Jüngern und stellt unter Beweis, dass er lebendig ist, und zwar physisch, leibhaftig und nicht nur als Geist. Er hat die Macht, zu erscheinen und zu verschwinden, durch Mauern zu gehen. Dies war zwar ein physischer Körper, jedoch von anderer Beschaffenheit als vor seinem Tod. Wie Paulus in 1. Korinther 15 lehrt, ist Jesus in seinem Auferstehungsleib zurückgekehrt. Unsere natürlichen Leiber sind von der Erde, dieser neue Auferstehungsleib ist vom Himmel.

Ebenso wie Jesus von den Toten zurückgekommen ist, so hat er den Weg für die ganze Menschheit geöffnet, eines Tages von den Toten auferweckt zu werden. Alle, die wegen des ersten Menschen, Adam, zum Sterben verurteilt sind, werden durch den Sieg Jesu zu einem Leben für die Ewigkeit erweckt werden und ihren eigenen Auferstehungsleib bekommen. So ist Jesus die erste Frucht der Auferstehung von den Toten. Er ist der Vorläufer und der Grund, weshalb alle Menschen auf eine Wiederkunft von den Toten und ein Leben ohne weiteren Tod hoffen können.

Dieses Erbe eines neuen, unvergänglichen Körpers gilt für alle Menschen, die Gerechten wie die Ungerechten. Auf die Auferstehung der ganzen Menschheit wird das Jüngste Gericht folgen. Hier werden die Gerechten und die Ungerechten getrennt und jeweils dem Ort zugeführt, wo sie nun in Ewigkeit leben werden.

Jesus ist der Vorläufer nicht nur der Auferstehung und Wiederherstellung der Menschen, sondern der ganzen Schöpfung! Alles, Himmel und Erde, werden eines Tages neu gemacht werden. In dieser neuen Schöpfung sind Tod, Krankheit, Leiden ausgelöscht. Die Natur selbst ist von ihrem Leiden erlöst, wenn ihr Herr, der Mensch, sein endgültiges Erbe antritt (Römer 8). Alle Konsequenzen unserer Rebellion gegen Gott sind dann beseitigt! Für die Bürger seines Reiches wird es eine Zeit großer Freude sein.

3. Die Himmelfahrt

Nach seiner Auferstehung ist Jesus vierzig Tage lang mit seinen Jüngern zusammen. Für letzte Anweisungen nimmt er sie mit zum Ölberg und wird dort sichtbar, vor ihren Augen, in den Himmel aufgenommen. Zehn Tage später erklärt Petrus in seiner Ansprache an die Menge am Pfingsttag, dass Jesus *„durch die rechte Hand Gottes erhöht worden war"*. In Apostelgeschichte 5,31 spricht er zum Hohen Rat der Juden: *„Ihn hat Gott als Herrscher und Retter an seine rechte Seite erhoben, um Israel die Umkehr und Vergebung der Sünden zu schenken. "*

Die Apostel verstehen sehr bald, was bei Jesu Himmelfahrt geschehen ist. Ausgehend von Psalm 110 wissen sie, dass er wieder in den Himmel aufgefahren ist und zur Rechten des Vaters sitzt. „Zur Rechten des Vaters" bezeichnet eine Autoritätsstellung. In der oben genannten Schriftstelle nennt Petrus auch die Titel *Herrscher* und *Retter.* Das muss Jesus seine Jünger während dieser vierzig Tage gelehrt haben. In Matthäus 28,18 erklärt er: *„ Mir ist alle Macht gegeben im Himmel und auf der Erde. Darum geht in alle Welt ... "* Tatsächlich sagt er das auch vor den Hohepriestern, als sie ihn vor seiner Kreuzigung verhörten. Lukas 22,69: *„Von nun an wird der Menschensohn zur Rechten des allmächtigen Gottes sitzen. "*

Wir haben bereits gesehen, was Paulus über dieses Thema lehrt, besonders Epheser 1,20–22 und 1. Korinther 15,20–28. Jesus ist zur Rechten des Vaters erhöht und ihm ist Autorität über den ganzen Himmel und die Erde gegeben. Alle andere Mächte, Gewalten, Autoritätsstrukturen – Engel, satanische Mächte, Menschen – sind Jesus unterstellt. Wie wir wissen, wirkt er, um all jene Menschen, die bereit sind, zu Umkehr, Erlösung und Wiederherstellung zu führen. Sein Handeln hat zum Ziel, alle Rebellion zu überwinden und eines Tages dem Vater wieder eine Schöpfung zu präsentieren, in der es keine Ungerechtigkeit mehr gibt und in der alles neu gemacht ist.

Aus dieser Autoritätsposition heraus kann Jesus jetzt die gesamte operative Erweiterung des Reiches seines Vaters im Himmel und auf Erden anleiten. Indem er Jesus wieder in diese Position erhebt, vollendet der Vater die Grundlage für das Reich Gottes.

4. Die Ausgießung des Heiligen Geistes

Alle nötigen grundlegenden Elemente des Reiches Gottes sind nun vorhanden; die Jünger sollen nur noch darauf warten, dass der Heilige Geist auf sie ausgegossen wird. Dieses Reich Gottes wird direkt vom Himmel angeleitet und verwaltet. Der Heilige Geist ist der Ausführende unter Jesus und dem Vater. Wir lesen von seinem Wirken bei der Schöpfung und in unterschiedlichen Phasen des Alten Testaments. Die Israeliten erlebten oft, wie Einzelne für bestimmte Aufgaben oder Ämter gesalbt wurden, indem der Heilige Geist auf sie kam. In diesem neuen Bund, in diesem Reich, sollen alle derart durch den Heiligen Geist gesalbt werden. Auf dieser Grundlage funktioniert das Reich Gottes.

Johannes der Täufer äußerte sich mit seinem berühmten Bekenntnis
zu Jesus:

Ich taufe euch nur mit Wasser zur Umkehr. Der aber, der nach mir
kommt, ist stärker als ich ... Er wird euch mit dem Heiligen Geist
und mit Feuer taufen (Matthäus 3,11).

Dies ist eine Verheißung für alle Nachfolger Jesu, eine grundlegende
Erfahrung für jeden, der sich Jesus als Herrn unterwirft und mit dem dreieinigen Gott in Beziehung tritt.

Die Taufe im Heiligen Geist facht die Dynamik des Himmels in unserem Leben an, sie führt uns hinein in die geistliche Welt, damit wir dort
mitwirken. Der Geist kommt und nimmt Wohnung im Körper des Christen
und sucht innige Freundschaft mit ihm. Unser Leib wird zum Tempel des
Heiligen Geistes. Jetzt dürfen wir mit dem dreieinigen Gott in Beziehung
stehen und in Partnerschaft mit ihm arbeiten.

Als zu Pfingsten dann der Heilige Geist gegeben wird, proklamiert
Petrus diesen neuen Tag, indem er den Propheten Joel zitiert: „*Danach*
aber wird es geschehen", spricht Gott, „*dass ich meinen Geist ausgieße*
über alles Fleisch. Eure Söhne und Töchter werden Propheten sein, eure
Alten werden Träume haben und eure jungen Männer haben Visionen. ..."
(Joel 2,28 u. 3,1).

Er proklamiert einen neuen Tag und eine neue Dimension des Lebens
im Heiligen Geist.

Nun, da der Heilige Geist auf die ersten Christen ausgegossen und allen
nach ihnen verheißen ist, kann das Reich Gottes dynamisch wirken und in
allen Nationen und Kulturen Einzug halten!

8

Das Reich Gottes: Ausbreitung 1
Jerusalem bis Antiochien

Ihre Aufgabe war umfassend:
Sie riefen Menschen zu einer neuen Lebensweise
unter Jesus dem Herrn und leiteten sie darin an.
So kam das Reich Gottes in die Stadt!

Wir wollen das Reich Gottes besser verstehen lernen, indem wir seiner chronologischen Entwicklung folgen. Mit Johannes dem Täufer und Jesus haben wir begonnen und gehen jetzt den Entwicklungen in der Apostelgeschichte nach. Auch wenn wir diese schon kennen, wollen wir uns Kapitel für Kapitel in die Lage der beteiligten Personen versetzen; das kann uns helfen, in ihrem Kontext zu denken und zu lernen, wie sie lernten. Aus diesem Grund habe ich versucht, die Geschichte nicht so aufzurollen, wie wir sie heute interpretieren, sondern so, wie sie sich für die Beteiligten damals dargestellt haben könnte.

Im Gegensatz zu uns konnten sie die Apostelgeschichte noch nicht nachlesen und wussten nicht, wie sich alles entwickeln würde. Sie handelten aufgrund des Mandats, das Jesus ihnen gegeben hatte: das Mandat des Reiches Gottes. Sie folgten der Leitung des Heiligen Geistes, von einer Herausforderung zur nächsten, und waren dabei erfolgreich.

Heute schreiben wir das Kapitel unserer Generation. Wie wird es sich entwickeln? Werden wir unter Gott erfolgreich sein? Sehen wir uns genau an, wie die Apostel ihr Mandat ausfüllten, und lernen wir von ihnen! So können wir begreifen, was es heißt, das Reich Gottes heute zu suchen. Wir wollen Gottes Interessen zum Ziel und Inhalt unseres Lebens machen, nicht einfach nur Kinder unserer Zeit sein.

Letzte Vorbereitung der Apostel

Jesu Tod erschüttert die Welt der Jünger. Ein einziger Tag hat für sie alles zunichte gemacht – ihren Messias und ihre Hoffnung für die Zukunft. Es ist ihnen unmöglich, auch nur annähernd zu verstehen, was Gott damit beabsichtigt.

Als Gott Vater Jesus am dritten Tag von den Toten erweckt, können sie auch damit nicht umgehen. Die Ereignisse überwältigen sie. Jesus muss sie zusammenholen und ihnen mit greifbaren Beweisen demonstrieren, dass er es ist, den sie sehen, wirklich und körperlich, und nicht nur eine Vision oder ein Geist.

Als sie dann Vertrauen fassen und ihn mit Freuden aufnehmen, werden sie langsam fähig, in diese ganz neue, von Gott geschaffene Realität hineinzuwachsen. In den folgenden vierzig Tagen begegnet ihnen Jesus an verschiedenen Orten und zu verschiedenen Zeiten. Diese vierzig Tage sind sehr bedeutsam. Jesus muss alle wichtigen Inhalte noch einmal besprechen, ebenso das, was neu ist, und er muss sie für ihre Mission vorbereiten. Lukas fasst es in Apostelgeschichte 1,3 zusammen:

> *„Ihnen [den Aposteln] hat er nach seinem Leiden durch viele Beweise gezeigt, dass er lebt; vierzig Tage hindurch ist er ihnen erschienen und hat vom Reich Gottes gesprochen."*

Offensichtlich ist das Reich Gottes das zentrale Thema der Gespräche Jesu mit seinen Jüngern in dieser Zeit. Jetzt muss er ihnen erklären, was sein Tod und seine Auferstehung in alledem bedeuten und wozu dies alles geschehen ist. Für uns sind das Kreuz, die Auferstehung und auch die Himmelfahrt Jesu so zentral und grundlegend, dass wir gar nicht darüber nachdenken, wie neu diese Themen für die Jünger damals waren. Auf der Grundlage des Gesetzes und der Propheten fasst Lukas 24,44 diese Themen ganz neu zusammen. Jesus muss sicherstellen, dass sie diese Schlüsselelemente verstehen. Sie müssen wissen, wie sie diese anzuwenden haben, wie sie das ganze Volk in die Erfahrung und Kraft führen können, die diese neue geistliche Ordnung für sie eröffnet.

Diese Vorbereitung betrifft nicht nur den Verstand, sondern auch Beziehungen, Identität und Gottes Liebe zu ihnen. Bei Jesu Gefangennahme hatten sich nach kurzem anfänglichem Widerstand alle Jünger abgewandt und waren davongelaufen. Petrus hatte es noch einmal versucht und war den Soldaten in den Hof des Hohepriesters gefolgt, wo er schließlich aber völlig versagte. Dabei erkannte er, wer und wie er wirklich war, *„ging hinaus und weinte bitterlich"*. Diese Männer sahen dann aus einiger Entfernung zu, wie Jesus starb. Gemeinsam erfuhren sie Enttäuschung, Desillusionierung und Verzweiflung. Sie erlebten einander in ihrer Schwäche und ihrem Versagen und wurden voreinander gedemütigt. Thomas' Zweifel und sein Entschluss, sich nicht noch einmal enttäuschen zu lassen, war vor allen sichtbar geworden.

Aber Jesus gab ihnen ihren Glauben und ihre Hoffnung wieder. Gemeinsam erfuhren sie Gnade. Wir lesen im Johannesevangelium, wie Jesus am See Genezareth Petrus nach seinem Versagen persönlich wiederherstellt und ihn von Neuem beauftragt. Diesmal hat Petrus eine andere Herzensmotivation: Zerbrochenheit im Blick auf sich selbst und Liebe zu Jesus. Die Beziehung zwischen Menschen, die solche Dinge gemeinsam durchleben, gewinnt wirkliche Tiefe. Das ist die Basis für Liebe und Einheit.

Nun sind die Jünger in der Lage, die Wege, Werte, das Wie des Reiches Gottes besser zu verstehen. Die Werte waren in den mosaischen Gesetzen verwurzelt und den Jüngern daher im Ansatz bekannt. Jesus hatte sie sie drei Jahre lang gelehrt – und doch ist es jetzt anders. Jetzt kann jeder Gläubige den Heiligen Geist empfangen und Kraft bekommen, diese Werte in einer neuen Dynamik zu leben. Der Heilige Geist selber soll der Handelnde sein, der „Beweger" – *Dynamisierer* – des Gottesreichs auf Erden.

Dieses Reich ist für alle Völker gedacht. Jesus beauftragt sie, in die ganze Welt zu gehen und das Evangelium allen Nationen zu predigen. Sie sollen die, welche glauben, im Namen des Vaters, des Sohnes und des Heiligen Geistes taufen und sie lehren, alles zu befolgen, was Jesus gelehrt hat. Die neuen Gläubigen sollen lernen, auf Jesu Art zu leben. Von diesem Auftrag wird in jedem der synoptischen Evangelien berichtet, jedes Mal anders, aber die Botschaft ist klar.

Sie sollen anfangen, Jesu Herrschaft in Jerusalem zu etablieren, sie dann über die umgebende Provinz Judäa ausbreiten, danach in die Nachbarprovinz Samarien und immer weiter, bis an die Enden der Erde. Das sind Jesu letzte Worte, bevor er vor ihren Augen vom Ölberg in den Himmel aufgenommen wird.

Umsetzung/Beginn (erster Tag in Jerusalem)

Nach Jesu Himmelfahrt unternehmen die Apostel einige klare Schritte. Sie sind eines Sinnes. Es handelt sich um etwa hundertzwanzig Personen, und Lukas ist es wichtig, die elf verbliebenen Apostel, die die Leitungs- gruppe bilden, namentlich zu nennen. Um ihre Zwölferzahl wieder aufzu- füllen, wählen sie Matthias als Ersatz für Judas.

Sie bleiben zusammen, widmen sich in Jerusalem dem Gebet und warten auf den Heiligen Geist. In gewissem Maße kennen sie ihn ja bereits: Sie haben seine Kraft auf ihren Reisen mit Jesus erlebt, haben Heilungen und Dämonenaustreibungen gesehen. Nach seiner Auferste- hung hat Jesus sie angehaucht, um ihnen den Heiligen Geist zu geben, und ihnen mehr als einmal gesagt, sie sollten warten, bis sie mit dem Heiligen Geist getauft wären, wie von Johannes dem Täufer vorhergesagt (Apostelgeschichte 1,4–5).

Mit dem Brausen eines mächtigen Windes fällt der Geist dann auf sie und alles Verheißene wird lebendig! Auf einmal betet die ganze Gruppe Gott an, sie prophezeien und reden in neuen Sprachen. Wer aus anderen Provinzen nach Jerusalem gekommen ist, hört, wie Gottes Werke in seiner Muttersprache verkündet werden. Das ist für diese Menschen ein Zeichen Gottes. Einige beschuldigen die Jünger, betrunken zu sein; es geht also wohl nicht allzu ruhig und geordnet zu. Hier ist Gott in Wind und Feuer gekommen.

Die Apostel wissen, was sie nun zu tun haben. Am Ende dieses ersten Tages besteht ihre Gemeinschaft aus etwa dreitausend Menschen.

Die Botschaft

Petrus tritt mit den elf anderen Jüngern vor das Volk und predigt. Er verkündet: Jesus von Nazareth ist der Messias. Mit Psalm 16 pro- klamiert er den Tod und die Auferstehung des Messias und mit Psalm 110 seine Herrschaft über alles. Diese Aussage spitzt er folgender- maßen zu:

Mit Gewissheit erkenne also das ganze Haus Israel: Gott hat ihn zum Herrn und Messias gemacht, diesen Jesus, den ihr gekreuzigt habt.

Das ist die Botschaft der Herrschaft: Jesus ist Messias und Herr. Auf dieser Grundlage ist er auch der Erlöser. So lautet die Quintessenz der Botschaft des Gottesreichs.

Die Reaktion

Denen, die darauf ansprechen, gibt Petrus klare Anweisungen, erstens: Kehrt um!, zweitens: Lasst euch im Namen Jesu Christi taufen zur Vergebung eurer Sünden.

Wir wissen, dass Jesus in seiner Predigt zur Umkehr aufgerufen hat, und die Jünger sind darin gut ausgebildet. Der Unterschied ist jetzt, dass Petrus die Herrschaft Jesu predigt. Nun, da Jesus als der Messias und das Lamm Gottes offenbar ist, muss sich Umkehr auf ihn hin ausrichten. Die Zuhörer sollen sich Jesus als dem Messias und Herrn unterordnen, auf seinen Tod als Grund für ihre Vergebung vertrauen und ihm bis zu ihrem Lebensende nachfolgen.

Petrus und die anderen gehen an diesem Punkt mit großer Klarheit vor. Es ist ihr erster öffentlicher Dienst, dennoch handeln sie sehr sicher und überzeugt, nicht nur, weil sie mit dem Geist erfüllt sind, sondern auch, weil sie wissen, was zu tun ist. Jesus muss ihnen das in den vorherigen vierzig Tagen gut beigebracht haben.

Taufe

Lasse ich mich im Namen Jesu taufen, bringe ich damit öffentlich meinen Glauben zum Ausdruck, dass mir in seinem Namen vergeben ist und ich von ihm angenommen bin. Die Taufe ist das Symbol dafür, dass ich von meinen Sünden reingewaschen werde. Gleichzeitig bekenne ich mit ihr Jesus öffentlich als meinen Herrn. Dieses Bekenntnis gleicht einem Begräbnis: Mein altes Leben ist tot und wird im Wasser begraben; ich erhebe mich zu einem neuen Leben unter Jesu Leitung und gehöre nun auch zur Gemeinschaft der Nachfolger Jesu.

Diese zentrale Stellung der Taufe ist eine neue Entwicklung. In den frühen Tagen seines öffentlichen Dienstes hat Jesus einige Nachfolger getauft oder seinen Jüngern erlaubt, das zu tun. Später scheint er das aufgegeben zu haben.

Nach seinem Tod und der Auferstehung aber setzt Jesus die Taufe „im Namen des Vaters, des Sohnes und des Heiligen Geistes" ein. So bringt er es seinen Aposteln bei und weist sie an, dieses zur Standardpraxis zu machen. In den letzten Kapiteln der Evangelien von Matthäus und Markus wird davon berichtet. Weil Jesus gestorben, auferstanden und zum Himmel gefahren ist, und durch die Vermittlung des Heiligen Geistes können Menschen jetzt zu Umkehr, Glauben und Gehorsam gegenüber Jesus als dem

Herrn gerufen werden. Die Taufe symbolisiert den Eintritt in diese neue Lebenswirklichkeit und deshalb hat Jesus sie von Anfang an eingesetzt. Sie ist ein Fundament für diese neue Phase seines Reichs.

Taufe im Heiligen Geist

Auf der Grundlage ihrer Umkehr und Hingabe an Jesus als Herrn verheißt Petrus seinen Zuhörern: „ ... *dann werdet ihr die Gabe des Heiligen Geistes empfangen. Denn euch und euren Kindern gilt die Verheißung und all denen in der Ferne, die der Herr, unser Gott, herbeirufen wird"* (Apostelgeschichte 2,39).

Was die ersten hundertzwanzig Gläubigen gerade erst an jenem Morgen empfangen haben, nämlich die Taufe im Heiligen Geist, verspricht Petrus jetzt auch den Neubekehrten.

An manchen Stellen in der Apostelgeschichte lesen wir, wie die Apostel Neubekehrten die Hände auflegen und mit ihnen beten, damit sie den Heiligen Geist empfangen. Hier und auch an anderen Stellen wird nicht weiter berichtet, wie die Apostel genau vorgingen.

Am Ende seiner Predigt zitiert Petrus Joel 3 als Verheißung für seine Zuhörer und macht damit deutlich, dass sie den Geist empfangen können. Wie auch immer es konkret gehandhabt wurde, wir können davon ausgehen, dass die Apostel überzeugt waren: Diese Neubekehrten hatten den Heiligen Geist empfangen.

Gemeinschaft

Die dreitausend Neubekehrten wurden automatisch von den Aposteln und den Hundertzwanzig in ihre Gemeinschaft miteinbezogen. Dies geschah so natürlich und einfach, dass wir oft übersehen, wie neu es war. Sehr bald lesen wir in Apostelgeschichte 2,42–47 die bekannte Beschreibung ihres gemeinsamen Lebens.

Jesus hatte in seiner Zeit auf der Erde eine große Gruppe Jünger um sich gesammelt, die ihm auf seinen Reisen folgten. Sie begleiteten ihn überallhin, aber darüber hinaus gab es keine weitere Struktur für das Leben als seine Nachfolger. Jesus predigte und heilte in fast allen Städten in Israel und lehrte viele, umzukehren, Gott den Vater zu lieben und ihm nachzufolgen. Doch für das gemeinsame Leben dieser Menschen gab er keinen Rahmen vor. Zu dieser Zeit hatte er die Taufe noch nicht formell eingesetzt, und ebenso wenig hatte er für seine Nachfolger Gemeinschaften konzipiert.

Wie kommt es dann, dass die Apostel die neuen Gläubigen am ersten Tag bewusst und direkt in eine starke Gemeinschaft aufnehmen können? Das Maß ihrer Hingabe an diese neue Gemeinschaft ist hoch. Sie ordnen sich der Leitung der zwölf Apostel unter, nehmen ihre Lehre an und verbringen jeden Tag im Tempel oder in den Häusern Zeit miteinander. Sie essen zusammen und beginnen, was sie haben, miteinander zu teilen. Manche verkaufen ihren Besitz und geben den Erlös der Gemeinschaft. Es ist eine Gruppe „Jesus People", die eine neue Lebensform erlernt.

Den Kern dieser neuen Entwicklung bilden die hundertzwanzig Jünger, die von Jesus nach seiner Auferstehung geschult worden sind. Doch unverzüglich machen sich die Apostel daran, diese Gemeinschaft in Jerusalem bewusst zu etablieren. Diese Entwicklung ist vollkommen neu, aber die Apostel experimentieren nicht, sie handeln sehr zielgerichtet. Wie kommen sie dazu? – Es muss sich auf die letzten vierzig Tage von Jesus zurückführen lassen. Gewiss hat er sie dies als Teil des Reichs-Gottes-Mandats gelehrt.

Wir müssen davon ausgehen, dass durch Jesu Tod, Auferstehung, Himmelfahrt und die Leitung des Heiligen Geistes jetzt die Grundlage gelegt war, auf der diese Art von Gemeinschaft entstehen konnte: übernatürlich, unter der Herrschaft Jesu im Himmel und umgesetzt durch die Leitung des Heiligen Geistes. **Alle, die ihre alte Lebensweise ablegten, Jesus als Herrn anerkannten und auf seine Weise leben wollten, konnten dazugehören.**

Die menschliche Einführung in diese Gemeinschaft geschah mit der neu eingeführten Taufe, die göttliche Einführung mit der Taufe im Heiligen Geist. Diese Gruppe war nicht nur durch ein gemeinsames Glaubensbekenntnis geeint, sondern sie praktizierte eine völlig neue Lebensweise. Es sollte eine Gemeinschaft der Reich-Gottes-Bürger sein: die Gemeinde Jesu.

So legten die Apostel an diesem ersten Tag die Fundamente und Eckpunkte für das, was folgen sollte. Es war eine bemerkenswerte Leistung, wenn man bedenkt, dass wichtige Aspekte auch für sie neu waren. Diese Eckpunkte geben uns einen Hinweis auf das, was mit Jesu allgemeiner Aussage gemeint war: „*Ihr werdet meine Zeugen sein in Jerusalem und in ganz Judäa und Samarien und bis an die Grenzen der Erde*" (Apostelgeschichte 1,8).

Ihre Aufgabe war umfassend: Sie riefen Menschen zu einer neuen Lebensweise unter Jesus dem Herrn und leiteten sie darin an. So kam das Reich Gottes in die Stadt!

Ausbreitung in Jerusalem und Judäa

Die nächsten Kapitel in der Apostelgeschichte, die Kapitel 3 bis 7, berichten von einer gewaltigen und herrlichen Ausbreitung. Wichtige Elemente dieses Erfolgs sind:

Leitung

Die Leitung, die die Zwölf ausüben, mit Unterstützung der anderen aus dieser ursprünglichen Gruppe der Hundertzwanzig, ist mutig und bestimmt. Jeden Tag verkünden sie öffentlich ihre Botschaft: Jesus ist der Messias, Gott hat ihn auferweckt, damit er über Himmel und Erde herrscht. Deshalb sollen die Zuhörer umkehren, in seinem Namen Vergebung ihrer Sünden empfangen und seine Nachfolger werden.

Öffentlich wirken sie Heilungen und Wunder. Das ist normal, Lukas berichtet immer wieder darüber. So haben es die Apostel von Jesus gelernt. Sie führen die Herrschaft Jesu in Jerusalem und Judäa ein, indem sie dieselben Instrumente nutzen, die Jesus selbst verwendet hat. Sie predigen diese Herrschaft, vollbringen mächtige Taten, um Krankheit, Sünde und Dämonen zu überwinden, und leiten die Gläubigen an, auf Jesu Art zu leben.

Sehr bald, innerhalb von wenigen Monaten, führt das zum unvermeidlichen Konflikt mit der Priesterschaft. Diese religiöse Gruppe hat Jesus kurz zuvor ausgeschaltet und ist jetzt mit einer Bewegung in seinem Namen konfrontiert. Ihre wichtigste Waffe ist Einschüchterung. Im Johannesevangelium lesen wir von der wachsenden Konfrontation zwischen Jesus und dieser Priesterschaft. Oft sind die Menschen auf Jesu Seite, wagen das aber nicht zum Ausdruck zu bringen, weil sie fürchten, aus der Synagoge – und damit aus der jüdischen Gesellschaft – ausgeschlossen zu werden.

In Apostelgeschichte 5,13 lesen wir, dass sich die Gläubigen täglich in der Halle des Salomo im Tempel treffen. Die Öffentlichkeit hat Hochachtung vor ihnen, aber niemand wagt es, sich öffentlich mit ihnen zusammenzutun. Diese Art Einschüchterung und Menschenfurcht ist typisch für enge, kontrollierende Gemeinschaften. Viele von uns haben damit schon Erfahrungen gemacht. Sie entspricht der Angst, die Petrus und die anderen knebelte, als Jesus in der Nacht gefangen genommen wurde.

Jetzt aber lesen sich der Mut von Petrus und Johannes und den anderen großartig. Als sie zum ersten Mal vor den Hohen Rat gerufen und gewarnt werden, weiterhin in diesem Namen zu sprechen, antwortet Petrus mit einer herrlichen inneren Freiheit:

... so sollt ihr alle und das ganze Volk Israel wissen: im Namen Jesu Christi, des Nazareners, den ihr gekreuzigt habt und den Gott von den Toten auferweckt hat. Durch ihn steht dieser Mann gesund vor euch. Er (Jesus) ist der Stein, der von euch Bauleuten verworfen wurde, der aber zum Eckstein geworden ist. Und in keinem anderen ist das Heil zu finden. Denn es ist uns Menschen kein anderer Name unter dem Himmel gegeben, durch den wir gerettet werden sollen (Apostelgeschichte 4,10).

Aus seiner Antwort oder seiner Haltung spricht nichts Defensives, aber auch keine Überheblichkeit. Er ist von innen her frei, direkt und unerschrocken.

Die Apostel nehmen die Bedrohung durchaus ernst, gehen zurück zu ihrer Gruppe und beten ausdrücklich um zwei Dinge: Gott möge ihnen Mut geben, nach wie vor sein Wort zu verkünden, und weiter durch sie Wunder wirken. Gerne erhört der Herr dieses Gebet; er lässt das Gebäude, in dem sie sind, erbeben und füllt sie neu mit dem Heiligen Geist.

Wie zuvor gehen sie täglich in den Tempel und auf die Straßen und predigen. Wieder werden sie gefangen genommen, diesmal ins Gefängnis geworfen und für eine offizielle Anhörung vor dem Hohen Rat festgehalten. In der Nacht kommt der Engel des Herrn, befreit sie aus dem Gefängnis und schickt sie ausdrücklich zurück zum Tempel, damit sie ihre Botschaft weiterhin öffentlich predigen. Er versucht sie nicht vor der Gefahr zu bewahren, sondern erzwingt förmlich den Konflikt! Warum?

Ich glaube, an diesem Punkt konnte es keinen Kompromiss geben, genau wie bei Jesus. Die Apostel predigten Jesus, den Messias. Sie hatten ausdrücklich um Mut gebetet, das tun zu können. Dies war die Speerspitze für die Ausbreitung des Reiches Gottes in Jerusalem und in Judäa. Gott selbst wollte diesen Konflikt auf jeden Fall bis zu Ende geführt sehen. **Sie sollten ihn nicht durch eine fanatische oder militante Einstellung schüren, sondern durch Mut, die klare Botschaft und durch den Heiligen Geist.**

Hätten sie sich einschüchtern lassen und nach Kompromissmöglichkeiten gesucht oder versucht, die Konfrontation zu entschärfen, hätten sie, so denke ich, den Heiligen Geist betrübt und einiges von ihrer Vollmacht und den Kampf um die Stadt verloren. Die Einschüchterung fand nicht nur auf sozialer, sondern auch auf geistlicher Ebene statt. Dämonische Mächte manipulierten die Menschen und auch die Priester hauptsächlich in dieser Weise, um ihr System intakt zu halten.

Durch das Handeln im entgegengesetzten Geist, in Freimut, bezwingen die Apostel die dämonischen Mächte und ihr ganzes System.

Diese Dynamik bewirkt eine starke Freisetzung von Wundern. Das ist der zweite Teil ihres Gebets gewesen (Apostelgeschichte 4,30). Die Freisetzung wächst in solch einem Ausmaß, dass Menschen aus ganz Judäa, der Provinz rund um Jerusalem, ihre Kranken in die Straßen Jerusalems bringen, damit zumindest Petrus' Schatten auf sie falle. Die jungen Leiter der nächsten Generation folgen dem Beispiel der Apostel, sie beginnen in der Öffentlichkeit zu predigen und zu debattieren und selber auch Heilungen und Wunder zu vollbringen.

Gemeinschaft

Die Gemeinschaft der Gläubigen nimmt an Zahl und Reife stetig zu. In fast jedem Kapitel gibt Lukas eine Übersicht des Fortschritts. Täglich fügt der Herr hinzu, obwohl es gesellschaftlich nicht von Vorteil ist, sich dieser Gruppe anzuschließen. Man trifft sich in den Häusern, um gemeinsam zu essen, die Lehre der Apostel zu hören und einander bei der Umsetzung dieser Lehre zu helfen. Wir hören nicht viel darüber, was die Apostel und die anderen Leiter lehren. Es ist wohl das, was Jesus ihnen beigebracht hat.

Die Briefe von Petrus, Johannes, Jakobus und Judas geben uns eine kurze Zusammenfassung. Diese Briefe werden zwar viel später geschrieben, aber von Männern, die von Anfang an dabei gewesen sind. Wir dürfen annehmen, dass sich ihre Grundgedanken nicht verändert haben. Sie erheben Jesus als Erlöser und Herrn, bestätigen die Identität und die Berufung der Gläubigen und decken die Grundlagen der Nachfolge ab: Heiligkeit, Liebe, zwischenmenschliche Beziehungen in Alltagsfragen einschließlich Ehe und Familie. In gewissem Umfang wird außerdem das Verhältnis zur Gesellschaft allgemein angesprochen, zu Regierenden, Sklavenbesitzern, zur Arbeit – dem damaligen Lebenskontext der Menschen. Auch die Wichtigkeit des Betens wird hervorgehoben.

Wir lesen, dass die interne Organisation mit dem Wachstum nicht Schritt halten kann, sodass die griechisch-jüdischen Witwen bei der täglichen Essensausgabe vernachlässigt werden. Das zeigt, dass auch in Zeiten, in denen alles richtig läuft und der Geist mächtig wirkt, strukturelle Anpassungen nötig sind. Sobald die Apostel diesen Fehler erkennen, korrigieren sie ihn, indem sie neue Leiter einsetzen und die Arbeit an sie delegieren.

Die Apostel selbst vermeiden es, sich übermäßig von organisatorischer Arbeit in Beschlag nehmen zu lassen, behalten aber die Oberhand über die Finanzen. Ihre Priorität definieren sie als Gebet und Lehre des Wortes. Wahrscheinlich meinen sie gemeinsames Beten, Warten auf Gott und Fürbitte für die Probleme und die Menschen in Schlüsselpositionen, ferner direkt in den Häusern und im Tempelhof für Menschen zu beten und zu lehren.

Bahnbrechend verkündigen sie Jesus öffentlich als Messias und Herrn und ertragen die Wut der Opposition; unter anderem werden sie mindestens einmal öffentlich ausgepeitscht.

Dann ereignet sich der dramatische Vorfall mit Hananias und Saphira. Dies ist ein Fall interner Disziplinierung, initiiert durch den Heiligen Geist und auch von ihm zu Ende geführt, mit furchterregenden Konsequenzen. Petrus erkennt ihre Sünde und spricht das Urteil. Hier erleben wir kompetente geistliche Leitung.

Es entfaltet sich das Bild einer idealen Entwicklung in Jerusalem und Judäa. Sogar viele der Priester werden dem Glauben gehorsam. Diese Entwicklung ist ein großartiges Beispiel dafür, wie das Wachstum des Reiches Gottes in einer Stadt und ihrer umgebenden Region aussehen kann. Doch die Spannung mit der Opposition wächst, bis sie in der Tötung des Stephanus eskaliert. Danach bricht eine umfassende Verfolgung aus, und viele der Gläubigen müssen fliehen. Die erste Expansionsetappe erfährt eine unwillkommene Unterbrechung. Diese jedoch läutet die nächste Phase ein, indem sie die Gläubigen aus ihrem jüdischen Kulturkreis herauskatapultiert.

Ausbreitung nach Samarien und unter die anderen Heiden

Die verstreuten Gläubigen beginnen, das Wort zu predigen. Philippus, einer der sieben jungen Männer, die für die Versorgung der Witwen verantwortlich waren, geht in eine Stadt in Samarien und beginnt, dort Christus zu verkündigen.

Zwischen Samaritern und Juden bestand eine historisch, rassisch und religiös motivierte Feindschaft, die auch in den Evangelien erwähnt wird. Die Samariter waren die Volksgruppe, die den Juden am nächsten lebte, aber anders war als diese und ihnen feindselig gegenüberstand. Es gab wenige natürliche Brücken zwischen diesen beiden Gruppen. Den Samaritern das Reich Gottes zu verkünden, hätte einer bewussten Anstrengung bedurft.

Jesus hatte in einigen Gebieten von Samarien gewirkt, aber seit Pfingsten hatte sich das Reich bislang nur innerhalb des jüdischen Volkes in Jerusalem und Judäa entwickelt. Man war noch nicht so weit, es auch den Samaritern bringen zu wollen. Wer weiß, wie lange das unter normalen Umständen auch so geblieben wäre; nun aber sorgt die Verfolgung dafür.

Aus irgendeinem Grund bleiben alle Apostel in Jerusalem, sodass diese neue Entwicklung nicht von ihnen angestoßen wird, sondern von jungen Leitern der nächsten geistlichen Generation.

Dies ist ein üblicher Vorgang: Leiter bearbeiten ihr Gebiet und tragen die Verantwortung für das, was sie entwickelt haben. Die jungen Pioniere unter ihnen lernen von ihnen und können danach in ihr eigenes, neues Gebiet aufbrechen. Sie sind frei und bereit, die nächsten Herausforderungen anzunehmen, und sie starten dort, wo ihre Leiter sie hingebracht haben. Reife Leiter sind in der Lage, die jungen zu unterstützen und alle Fehler oder Mängel abzufangen und zu kompensieren. Das kann zu einer positiven Zusammenarbeit zwischen den Generationen führen. Wie wir später in Apostelgeschichte 8 lesen, geschah genau das in Samarien.

Als sie jedoch dem Philippus Glauben schenkten, der das Evangelium vom Reich Gottes und vom Namen Jesu Christi verkündete, ließen sie sich taufen, Männer und Frauen (Apostelgeschichte 8,12).

Auch hier ist der Fokus der Botschaft das Reich Gottes. Die Apostel in Jerusalem hatten zwar Jesus immer als Herrn und Messias gepredigt, doch wird das Thema „Reich Gottes" in diesen ersten Kapiteln nicht ausdrücklich genannt. Und doch hatte Philippus es irgendwie gelernt – entweder früher von Jesus als einer aus der größeren Gruppe seiner Nachfolger oder von den Aposteln in Jerusalem oder von beiden.

Mir erscheint es naheliegend, dass er diese Botschaft von den Aposteln gehört hatte. Philippus und Stephanus und die anderen jungen Männer wuchsen unter dem Beispiel und der Leitung der Apostel heran. Was die Apostel lehrten und jeden Tag predigten, ist die Botschaft, die die jungen Leiter gelernt haben müssten. Das lässt vermuten, dass die Apostel oft genug ausdrücklich über das Reich Gottes lehrten und predigten, dass aber Lukas keinen Grund sah, dies besonders zu erwähnen.

Und so geht der Einführung des Reiches Gottes in Samarien dessen Verkündigung voraus, begleitet von vielen dramatischen Wundern, Heilungen und Befreiungen von Dämonen. Dies ist ein starkes, beständiges Charakteristikum der Arbeit des Philippus. Warum auch nicht? Wie wir gesehen haben, bricht sich im Neuen Testament das Reich Gottes stets auf diese Weise Bahn. Philippus hat von den Aposteln nicht nur seine Botschaft gelernt, sondern auch Krankenheilungen und Wunderwirken. Die Apostel ihrerseits haben dies von Jesus gelernt. Sie kennen es gar nicht anders!

Da sie als Leiter die Verantwortung tragen, reisen die Apostel nach Samarien und entdecken, dass die neuen Gläubigen den Heiligen Geist nicht empfangen haben. Lukas nennt den Grund für dieses Versäumnis: Die Bekehrten sind nur im Namen Jesu getauft worden. Philippus hat die Einführung der neuen Gläubigen nicht vollständig vorgenommen.

Ich verstehe Lukas' Kommentar so, dass sich Philippus nicht nur mit der Tauformel „vertan" hat, sondern dass er die Samariter auch tatsächlich ungenügend, vielleicht überhaupt nicht über die Person und das Wirken des Heiligen Geistes belehrt hat. Was auch immer hier fehlte, die Apostel vermitteln es nachträglich, legen dann den neuen Gläubigen die Hände auf und beten für sie, damit sie den Geist empfangen. Das geschieht so offensichtlich und mit derartigen Auswirkungen, dass Simon der Zauberer diese Kraft kaufen will!

Die Apostel bleiben in jener Stadt und lehren und predigen das Evangelium danach in vielen Städten und Dörfern der Samariter auf ihrem Weg zurück nach Jerusalem. So öffnet sich ihnen die Welt der Samariter, und ihre soziale, kulturelle und geistliche Erfahrung wird über das jüdische Judäa hinaus erweitert.

Auch der Radius ihrer Leitung erweitert sich, da er jetzt auch die samaritischen Gläubigen umfasst. Das ist von Bedeutung. Durch den hier beschriebenen Dienst der Apostel werden die Gläubigen in Samarien Teil der größeren Kirche Jesu Christi. Diese Integration legt unter den Jüngern Jesu eine Basis für die Überwindung der historischen und emotionalen Trennung zwischen Juden und Samaritern. Manche vermuten, Gott habe seinen Geist deswegen zurückgehalten – um auf die Apostel zu warten und dann ihre Autorität in Samarien zu bestätigen und durch sie die samaritischen und die jüdischen Gläubigen zusammenzubringen.

Nun folgt die Geschichte mit dem römischen Hauptmann Kornelius und Petrus. Dies ist ein nächster wichtiger Schritt, denn er zeigt einen gottesfürchtigen Heiden, der das Evangelium annimmt. Die Geschichte setzt sich aus einer Kette von Ereignissen zusammen, die jeweils übernatürlich und offensichtlich von Gott initiiert sind. Der Heilige Geist fällt auf Kornelius und seinen Freunde, während Petrus Jesus verkündet, und sie beginnen zu prophezeien und in anderen Sprachen zu reden. Petrus und seine jüdischen Begleiter sind erstaunt und erkennen, dass Gott auch die Heiden zur Umkehr einlädt. Konsequenterweise lässt Petrus sie taufen.

Es scheint mehrere Gründe für dieses demonstrative Eingreifen Gottes zu geben. Erstens sollte Kornelius die Hilfe bekommen, die er brauchte. Zweitens musste Petrus überzeugt werden, dass Gott hinter dem Geschehen stand und er kooperieren sollte. Schon seine ersten Worte beim Betreten von Kornelius' Haus wählte Petrus nicht glücklich aus: *„Ihr wisst, dass es einem Juden nicht erlaubt ist, mit einem Nichtjuden zu verkehren oder sein Haus zu betreten; mir aber hat Gott gezeigt, dass man keinen Menschen unheilig oder unrein nennen darf"* (Apostelgeschichte 10,28). Das zeugt nicht von guten Umgangsformen und ist kein geschickter Gesprächseinstieg. Man hat den Eindruck, er spräche mehr zu sich selbst als zu seinen Zuhörern und versuche, mit den Ereignissen mitzuhalten. Sein sozialer, kultureller und religiöser Rahmen wurde aufgebrochen. Es scheint auch, dass der Heilige Geist genau deshalb auf diese Leute fiel, um Fakten zu schaffen, die für Petrus eindeutig waren und auf die er sich im Weiteren einstellen musste.

Als Petrus nach Jerusalem zurückkommt, wird er ärgerlich begrüßt. Die Brüder sind aufgebracht über das, was sie gehört haben, und fordern eine Erklärung. Zum Glück für Petrus sprechen die Fakten so deutlich für sich, dass Lukas berichtet: *„Als sie das hörten, beruhigten sie sich, priesen Gott und sagten: Gott hat also auch den Heiden die Umkehr zum Leben geschenkt"* (Apostelgeschichte 11,18). Es sind gute Menschen, und als sie erkennen, was Gott getan hat, verherrlichen sie ihn und bejahen es. Allerdings ist dies auch für sie neu, anders und schwierig. Auch ihre gesellschaftliche Sichtweise wird aufgebrochen. Zwar öffnen sie sich für diese Entwicklung, doch es fällt ihnen schwer, wie spätere Ereignisse zeigen. Sie leben weiterhin in ihrem eigenen Kontext. – Hätte Gott nicht so demonstrativ gehandelt, hätten sie große Schwierigkeiten gehabt, von sich aus zu den Heiden zu gehen, obwohl Jesus das befohlen hatte. Dies zeigt, wie stark sich kulturell bedingte Grenzen auswirken können.

In Apostelgeschichte 11 lesen wir von der Ausbreitung in den Libanon, nach Zypern und weiter in die Stadt Antiochien. Die aufgrund der Verfolgung Versprengten gehen in alle diese Gegenden und verkünden ihren Mit-Juden das Evangelium. In Antiochien predigen Männer aus Zypern und Libyen, deren Namen wir nicht kennen, das Evangelium zum ersten Mal vor Griechen. Dies löst eine Bewegung unter Griechen aus, und viele kommen zum Glauben an Jesus.

Das Reich Gottes kann einen Brückenkopf in der Heidengemeinschaft einer Stadt errichten. Eine Folge ist, dass sich die Gemeinde zum ersten Mal sowohl aus Juden als auch aus Griechen zusammensetzt. Dies ist eine ganz neue Situation. Jetzt müssen sie gemeinsam erarbeiten, wie das funktionieren soll.

Wieder einmal werden wichtige neue Entwicklungen von nicht namentlich genannten Gläubigen auf den Weg gebracht. Die Apostel reagieren gut, indem sie einen positiv denkenden Mann hinschicken: Barnabas, voll Heiligen Geistes und Glaubens. Er muss sofort die Bedeutung dessen erkannt haben, was in Antiochien geschah. Da ihn die Apostel beauftragt haben, können wir davon ausgehen, dass er mit den theologischen und sozialen Leitthemen vertraut und kompetent war. Später wird er selbst Apostel genannt (Apostelgeschichte 14,14). Barnabas sieht, dass diese neue Situation vom Heiligen Geist ausgelöst ist. Deshalb ermutigt und unterweist er die Christen und sie reifen heran.

Hier wird zum ersten Mal eine bikulturelle Gemeinschaft von Nachfolgern Jesu in einer Stadt entwickelt. **Ihre Grundlage ist eine Theologie und eine Vision des Reiches Gottes.** Entsprechend dringen sie auf neues Gebiet vor und entdecken und entwickeln auf dem Wege eine Ekklesiologie – Lehre von der Gemeinde – und deren praktische Umsetzung. Unter Jesus als ihrem Haupt fügen sie zwei verschiedene Völker in ein praktisches, alltagstaugliches Gemeinschaftsgefüge zusammen. Damit überwinden sie die üblichen Grenzen, Traditionen und Vorurteile, durch die diese Völker von Anfang an nebeneinander und voneinander getrennt gelebt haben. **Die Herrschaft Jesu kommt und sie verändert die gesellschaftlichen Glaubenssätze und Verhaltensmuster.**

Barnabas geht in die nicht sehr weit entfernte Stadt Tarsus und holt Paulus, der dort in der privaten „Schule" Gottes ist. Die beiden investieren viel in das Wachstum und die Entwicklungen in Antiochien. Hier, in dieser vornehmlich griechischen Stadt, kann Paulus seine praktischen Erfahrungen als Teil des Leitungsteams einer bikulturellen christlichen Gemeinde sammeln. Als hellenistischer Jude ist er in diesem Kontext aufgewachsen und kennt beide Kulturen aus erster Hand. Er ist zum Apostel für die Heiden berufen. Antiochien ist damals der einzige Ort, wo er diese Ausbildung bekommen kann. Es mag ihm vielleicht nicht bewusst sein, aber dies ist seine letzte Vorbereitung, bevor er in die griechischen und römischen Städte ausgesendet wird.

Resümee

In Jerusalem und Judäa leisteten die Apostel gute Arbeit. Sie führten die Herrschaft Jesu sehr effektiv ein. Ihre Gruppe war von innerer Einheit gekennzeichnet.

Indem sie Jesus, den Messias und Herrn täglich in der Öffentlichkeit predigten, besonders im Tempelhof, breiteten sie das Reich Gottes aus. Heilungen und Wunder waren Teil ihrer Verkündigung.

Sie ertrugen die volle Wucht der Opposition. Gleichzeitig entwickelten sie in der Stadt eine starke christliche Gemeinde, die authentisch lebte und immer weiter wuchs.

Die Verfolgung verstreute viele der Gläubigen aus Jerusalem und Judäa, was dazu führte, dass das Evangelium nach Samarien und Antiochien gebracht wurde, wo die erste Gemeinde von Juden und Griechen entstand. Im Allgemeinen hatten die jüdischen Gläubigen keine Eile, Kontakt mit Heiden aufzunehmen. Die ersten Bekehrungen unter Samaritern, Römern und Griechen ereigneten sich nicht aufgrund von visionären Initiativen der Gemeinde. Sie kamen durch den natürlichen Gang der Dinge oder durch Gottes offensichtliches Eingreifen zustande.

9

Das Reich Gottes: Ausbreitung 2
In die griechische und römische Welt

Wir verkündigen nämlich nicht uns selbst,
sondern Jesus Christus als den Herrn,
uns aber als eure Diener um Jesu willen.
(2. Korinther 4,5)

Ab dem Zeitpunkt, zu dem Paulus und Barnabas von Antiochien aus auf ihre erste Missionsreise durch Zypern und das Gebiet der heutigen Südtürkei ausgesandt wurden, verfolgt die Apostelgeschichte die neue Entwicklung unter den Heiden. Lukas konzentriert sich für den Rest der Erzählung darauf, und Paulus wird zur zentralen Gestalt unter den Aposteln.

Seine zweite Reise, diesmal mit Silas, beginnt mit dem erneuten Besuch der dortigen Gemeinden. Dann führt sie der Heilige Geist direkt weiter nach Griechenland, wo sie sich auf die Städte Philippi, Thessaloniki, Beröa, Athen und Korinth konzentrieren. Die meiste Zeit investiert Paulus in Korinth, wo er mindestens achtzehn Monate verbringt.

Seine dritte Reise beginnt wieder mit der Stärkung der Gemeinden im Gebiet der heutigen Südtürkei, dann führt sie ihn über Land nach Ephesus an der Westküste Kleinasiens, wo er drei Jahre lang arbeitet. Er besucht von

Neuem die Gemeinden in Griechenland und segelt dann zurück nach Jerusalem. Dort wird er verhaftet und über verschiedene Stationen und im Verlauf mehrerer Jahre als Gefangener nach Rom gebracht, wo die Geschichte endet.

Durch diese Erzählung und durch die Briefe, die Paulus den Gemeinden schrieb, die er in den Städten gegründet hatte, können wir uns ein Bild davon machen, wie er verfuhr und was er an jedem Ort erreichen wollte. Abgesehen von einigen Anpassungen an die jeweilige Situation war es natürlich dieselbe Vorgehensweise und Zielsetzung, wie sie die ersten zwölf Apostel in ihrem Kontext hatten.

Er beginnt stets in der jüdischen Gemeinde, in der Synagoge oder dort, wo man sich zum Gebet trifft. Hier findet er Menschen, die am besten darauf vorbereitet sind, Jesus, den Messias, zu empfangen. Sie glauben an den Gott Abrahams, Isaaks und Jakobs und erkennen die Autorität der Schriften an. Üblicherweise gibt es unter ihnen gottesfürchtige griechische Proselyten. In fast jeder Stadt bekehrt Paulus einige oder viele auf diese Weise und wird dann von den Gegnern aus der Synagoge hinausgeworfen. Daraufhin weicht er auf irgendeine öffentliche Halle oder auf Privathäuser aus und setzt sein Wirken unter den Nichtjuden des Ortes fort.

Paulus' Botschaft

Unter den Juden nahm Paulus das Alte Testament zur Grundlage seiner Verkündigung. Eine seiner frühen Predigten, in der Synagoge in Antiochien in Pisidien, wird uns von Lukas in Apostelgeschichte 13,16–41 skizziert. Es ist das einzige Beispiel einer Predigt in solcher Umgebung. Die übrigen zusammengefasst überlieferten Paulusreden wurden in einem anderen Umfeld gehalten. Es scheint, dass Lukas uns ein Beispiel davon geben wollte, wie Paulus in den Synagogen lehrte:

Paulus entwirft einen Überblick über die Geschichte der Juden bis hin zu David. Dann kommt er zu Jesus, einem Nachkommen Davids. Er bezieht sich auf Johannes den Täufer als Wegbereiter Jesu. (Die Juden in den kleinasiatischen Provinzen wussten also von Johannes dem Täufer.) Danach berichtet er von Jesu Kreuzigung und Auferstehung und zitiert Psalm 2, um Jesus als Sohn Gottes einzuführen, und Psalm 16, um zu zeigen, dass der Messias von den Toten auferweckt werden musste und dass Jesus eben dieser Messias ist.

Von dort ausgehend, predigt er Vergebung von Sünde und vollkommene Freiheit durch Jesus. Der Bezug auf Psalm 16 stellt dasselbe Argument dar, das Petrus am Pfingsttag vorbrachte. Die beiden Predigten beginnen unterschiedlich, aber sie arbeiten sich zum selben Punkt vor, nämlich Psalm 16, folgen von dort derselben Argumentation und kommen zum selben Schluss.

Oft heißt es: *„Paulus ging in die Synagoge und predigte, sodass viele zum Glauben kamen."* In diesen Fällen können wir annehmen, dass seine Verkündigung und Arbeitsweise etwa so verlief, wie sie hier am Beispiel von Antiochien ausführlich beschrieben wird.

In der Synagoge und ähnlichen Treffpunkten der Juden wurde nicht nur gepredigt, sondern auch hinterfragt und debattiert. Wir lesen, dass Paulus in den Städten Thessaloniki, Beröa, Korinth und Ephesus von der Schrift her argumentierte, erklärte und bewies, mutig sprach und überzeugte. Die Zuhörer untersuchten die Schrift, um zu sehen, ob er recht hatte. Das ist die Methode „Überzeugen aufgrund von Schriftbeweis". Es ist eine ehrenwerte Vorgehensweise: Man beruft sich offen auf die Wahrheit und jeder, dem es um die Sache geht, kann sich beteiligen. So wird Gottes Botschaft auf Gottes Weise überbracht, ohne Manipulation.

Doch bei aller Offenheit für Diskussion und Nachforschung war Paulus von dem leidenschaftlichen Wunsch getrieben, seine Zuhörer zu überzeugen, damit sie sich entschieden und gehorchten. Er war nicht da, um nur den Inhalt des Evangeliums darzulegen, wie ein Lehrer es vielleicht tun würde, er war da, um die Sache voranzutreiben, als ein Apostel und Evangelist. Oft lesen wir: *„ ... er versuchte, Juden und Griechen zu überzeugen, dass Jesus der Christus war."* Bis ganz zum Schluss, als er in Rom unter Hausarrest stand, lud Paulus die jüdischen Leiter ein und versuchte, ausgehend vom Gesetz des Mose und von den Propheten, sie für Jesus zu gewinnen.

So ging er überall vor, auf den Märkten, in den Synagogen, als ein Gefangener vor Königen und Statthaltern. Das zog er nicht in die Länge. Wenn die Zuhörer sich dafür oder dagegen entschieden hatten, sammelte Paulus die Gläubigen um sich und arbeitete mit ihnen weiter.

Gegenüber Heiden baute er seine Argumentation auf dem Gott der Schöpfung auf. In Apostelgeschichte 14,15–17 liegt uns eine kurze Zusammenfassung vor, als er und Barnabas die Menschen in Lystra daran hindern mussten, sie anzubeten. Ein besser verständliches Beispiel ist die Ansprache des Paulus an die Athener auf dem Areopag. Er bezieht sich auf Gott, der Himmel und Erde und den Menschen erschaffen hat.

Gott, der die Welt erschaffen hat und alles in ihr, er, der Herr über Himmel und Erde, wohnt nicht in Tempeln, die von Menschenhand gemacht sind. ... [Die Menschen] sollten Gott suchen, ob sie ihn ertasten und finden könnten; denn keinem von uns ist er fern. ... Gott, der über die Zeiten der Unwissenheit hinweggesehen hat, lässt jetzt den Menschen verkünden, dass überall alle umkehren sollen. Denn er hat einen Tag festgesetzt, an dem er den Erdkreis in Gerechtigkeit richten wird, durch einen Mann, den er dazu bestimmt und vor allen Menschen dadurch ausgewiesen hat, dass er ihn von den Toten auferweckte (Apostelgeschichte 17,22–31).

Paulus beginnt an ihrem gemeinsamen Anknüpfungspunkt und zieht die Linie weiter bis hin zu Jesus, dem Richter der Menschheit. Seine Botschaft ist die Herrschaft Jesu, der daraus folgende Anspruch und ein Aufruf zu Umkehr und Gehorsam. Wie immer polarisiert er seine Zuhörerschaft. Viele spotten, doch eine kleine Gruppe glaubt und folgt Paulus vom Areopag.

In Korinth entscheidet Paulus bewusst, nur diese eine Botschaft zu predigen: *„Jesus Christus, und zwar als den Gekreuzigten"* (1. Korinther 2,2). Damit kontert er das Beharren der Griechen auf Weisheit und das Beharren der Juden auf Zeichen der Macht.

Rom demütigt Anführer von Aufständen und Feinden innerhalb des Reiches häufig durch den öffentlichen Kreuzigungstod. Das ist eine übliche Praxis, auf diese Weise demonstriert man den eigenen Triumph und die äußerste Niederlage der Gegner. Nun behauptet der Apostel, bei dem Mann, der in Jerusalem von Römern gekreuzigt wurde, handele es sich um den Herrn des Universums und den Erlöser. Und damit nicht genug; die Kreuzigung selbst habe die Erlösung erwirkt und sei ein Moment des Triumphes gewesen!

Für die Griechen, die zum römischen Imperium gehören, gilt Cäsar als der Herr. Dass der Verlierer Gewinner sein soll, ist für sie völlig abwegig. Auch für die Juden ist das undenkbar. Ihr Messias soll mit Kraft von Gott kommen, um das Reich Gottes zu gründen. Aber dieser Jesus wurde an einen Baum gehängt worden und somit, nach 5. Mose 5,23, von Gott verflucht!

Und so werden in einer einzigen, in der Weisheit Gottes erdachten Botschaft alle menschlichen Denkweisen und Vorstellungen für nichtig erklärt: Nur der Demütige kann Gott finden. Ganz bewusst formuliert Paulus diese Botschaft über Gottes Demut darüber hinaus in einer einfachen Sprache, womit er bereits ein geistliches Mittel einsetzt, um die Ideologien und

Systeme in Korinth zu überwinden und das Reich Gottes einzuführen: In seinem Brief bezeugt Paulus, dass dadurch die Kraft Gottes unter seinen Hörern wirken konnte.

Die Botschaft vom Kreuz, wie Paulus sie predigt, betont zunächst die Herrschaft Jesu und sodann seinen Sühnetod als Opfer für Sünden.

Es gibt die Auffassung, dass Paulus diese bewusste Entscheidung über seine Predigt in Korinth nach seinem Erlebnis in Athen getroffen hätte, denn Korinth war die nächste Stadt auf seiner Reiseroute. Das hieße, Paulus hätte in Athen Fehler gemacht. Er wäre allzu philosophisch vorgegangen, hätte daraus gelernt und seine Taktik geändert. Es ist aber eher unwahrscheinlich, dass Lukas als einziges Beispiel seiner Botschaft an die Griechen Paulus' Athener Predigt aufgeschrieben hätte, wenn dieser sie für einen Misserfolg gehalten hätte. Ich denke, Paulus hatte einerseits seine Botschaft für die Athener und andererseits seine Botschaft für die Korinther. Jede musste so formuliert werden, dass sie zu der zu erwartenden geistlichen Konfrontation in der betreffenden Stadt passte.

In 2. Korinther 4,5 fasst er sein Grundverständnis zusammen: *„Wir verkündigen nämlich nicht uns selbst, sondern Jesus Christus als den Herrn, uns aber als eure Knechte um Jesu willen."*

In Thessaloniki versammeln sich die Juden, die gegen Paulus sind, und versetzen die Stadt in Aufruhr. Sie schleppen einige der Brüder vor die Obersten der Stadt und beschuldigen sie: *„Sie alle verstoßen gegen die Gesetze des Kaisers; denn sie behaupten, ein anderer sei König, nämlich Jesus."*

Selbst wenn man zugesteht, dass diese Juden versuchten, die Anschuldigungen politisch zu begründen: Sie hatten verstanden, dass Paulus über Jesus, den König, predigte.

In Ephesus, wo er drei Jahre lang wirkt und von wo wir die meiste Information über die Entwicklung in einer einzelnen Stadt haben, ist Paulus' Botschaft das Reich Gottes. Drei Monate lang verkündet er dieses Thema in der Synagoge, in der restlichen Zeit in der öffentlichen Halle des Tyrannus und in den Häusern (Apostelgeschichte 20,25). Dasselbe Thema legt er sowohl vor Juden wie auch vor Griechen aus. Das Reich Gottes ist auch noch seine Botschaft, als er in Rom unter Hausarrest steht:

Er blieb zwei volle Jahre in seiner Mietwohnung und empfing alle, die zu ihm kamen. Er verkündete das Reich Gottes und trug unge-

hindert und mit allem Freimut die Lehre über Jesus Christus, den Herrn, vor (Apostelgeschichte 28,30).

Dann gibt es die Diskurse, die er als Gefangener zu seiner Verteidigung hält, vor den Juden in Jerusalem und später vor den römischen Statthaltern Felix, Festus und dem König Agrippa in Cäsarea. Vor den Juden und Agrippa bildet sein eigenes Leben die Grundlage seines Zeugnisses und er richtet das Augenmerk auf *Jesus, der von den Toten auferstanden war, wie es die Propheten vorhergesagt hatten.* Er gründet sein Argument auf die Propheten. Alle Menschen müssen umkehren, Vergebung der Sünden durch Jesus empfangen und ihrem erneuerten Sinn gemäß handeln. Nachdrücklich vertritt Paulus diese Wahrheiten vor Agrippa und beginnt ihn in Richtung Bekehrung zu bewegen.

Vor Felix verteidigt Paulus seine Rechtssache, dann bekräftigt er seinen Glauben an die Auferstehung von den Toten, sowohl der Gerechten wie der Ungerechten, und dass es deshalb nötig sei, vor Gott und den Menschen ein reines Gewissen zu haben. Damit erläutert er nicht nur seine eigenen Lebensprinzipien, sondern richtet eine Botschaft an Felix. Später, im privaten Gespräch, redet er über den Glauben an Jesus Christus, Gerechtigkeit, Selbstbeherrschung und das bevorstehende Gericht.

Wie in Jerusalem bei den Aposteln und in Samarien bei Philippus lautet Paulus' Botschaft: *Jesus ist Messias und Herr.* Er hebt die Auferstehung hervor, die Jesus als den Messias bestätigt, und die Tatsache, dass er jetzt Richter aller Menschen und Herr des Himmels und der Erde ist. Er ist auch Erlöser. In seinem Namen – und nur in seinem Namen – gibt es jetzt Vergebung von Sünde und Versöhnung mit Gott. Dies geschieht aus Gnade und ist abhängig von Umkehr und Unterordnung an Jesus als König. Ein Leben in Liebe, Glauben und Gehorsam hat zu folgen. Oft verfolgt Paulus ausdrücklich das Thema *Reich Gottes*, was alles oben Genannte und mehr als das umfasst:

- Er verkündigt eine Botschaft der Herrschaft: der Herrschaft Jesu, der zur Rechten des Vaters sitzt und der die Autorität und Verantwortung übertragen bekommen hat, das Universum zu regieren, Himmel und Erde, den geistlichen und den materiellen Bereich.
- Alle Nationen ruft Jesus zurück zum Gehorsam unter seine moralische, geistliche Herrschaft.
- Auf dieser Basis ist er auch der Erlöser, da er für die Sünden der Welt starb.
- Das ist nicht die Botschaft einer privaten Erlösung für mich, wenn ich Jesus annehme! Es ist die Botschaft der Herrschaft. Ich muss von meinem bisherigen Leben umkehren, mich ihm als König unterord-

nen und ihn anrufen, dass er mich annimmt und mir vergibt! Daraus folgt ein Leben der Heiligkeit, des Gehorsams und der Liebe, in allen Bereichen des Lebens, privat wie öffentlich, unter Jesus, dem Herrn.
- Dies ist die Botschaft des Reiches Gottes, wie sie zu den Nationen getragen wurde. Paulus und die frühen Apostel lebten unter diesem Auftrag und handelten und predigten entsprechend.

Paulus und Wunder

Von der Blindheit, die er während seiner ersten Reise auf den betrügerischen Zauberer in Zypern herabruft, bis zur Heilung des kranken Vaters des Publius auf Kreta, fast am Ende seines Lebens, sind Paulus' Leben und Dienst begleitet von Wundern. Barnabas und er bleiben lange in Ikonion, sie predigen mutig und der Herr bestätigt ihre Botschaft durch viele Zeichen und Wunder. In Lystra heilt Paulus einen verkrüppelten Mann, der noch nie hatte gehen können, und die Stadt schickt sich an, ihn und Barnabas als Götter zu verehren. (Nicht viel später steinigen sie Paulus allerdings!)

In Philippi treibt Paulus den Wahrsagegeist aus dem Sklavenmädchen aus, und Silas und er erleben, wie Gott durch ein Erdbeben ihr Gefängnis öffnet. In Ephesus vollbringt Gott außergewöhnliche Wunder durch die Hand des Paulus. Sogar Tücher von seinem Leib heilen die Kranken oder treiben Dämonen aus. In Troas erweckt er einen jungen Mann von den Toten.

Das ist Standard für den Apostel, weshalb er auch an die Korinther schreiben kann:

Das, woran man den Apostel erkennt, wurde mit großer Ausdauer unter euch vollbracht: Zeichen, Wunder und machtvolle Taten (2. Korinther 12,12).

Wie immer wieder bemerkt wird: **Wenn das Reich Gottes kommt, kommt es mit Macht, auch mit Zeichen und Wundern. Das ist keine Theorie. Dann herrscht der Heilige Geist selbst und er überwindet Krankheit und dämonische Mächte und andere Formen des Bösen.**

Paulus und der Heilige Geist

Paulus selbst wird mit dem Heiligen Geist erfüllt, als Hananias ihm die Hände auflegt. Als er nach Ephesus kommt und die prüft, die von Apollos zu Jüngern gemacht worden sind, fragt er sie: „Habt ihr den Heiligen Geist empfangen, als ihr gläubig wurdet?" Ihre Antwort führt Paulus noch weiter

zurück: zu Jesus. Sie haben Umkehr vor Gott gelernt, aber nicht mehr. Es
folgt eine klassische Einführung in das Leben unter Jesus ... Umkehr, Glauben an Jesus, Taufe und Taufe im Heiligen Geist. Paulus legt den Jüngern
Hände auf, damit sie den Geist empfangen. Der Geist kommt auf sie und
sie werden befähigt, in anderen Sprachen zu sprechen und zu prophezeien.

In vielen seiner Briefe verweist Paulus die Gemeinden darauf, dass sie
durch den Heiligen Geist versiegelt worden sind. Dies ist eine Grundlage.
Er ist darauf bedacht, dass alle zur Taufe des Geistes geführt werden.

Oft mahnt er, im Geist zu wandeln, mit dem Geist erfüllt zu leben. Er
entwickelt seine Lehre über den Wandel im Geist und dessen tägliche Führung, durch die ein Christ Gottes Werke tun und die Sünde überwinden kann.
Paulus lehrt über Geistesfrucht und Geistesgaben. Den jungen Christen
bringt er bei, als eine Gemeinschaft in gegenseitiger Abhängigkeit zu leben
und zu dienen, wie der Heilige Geist Berufungen und Gaben unter ihnen
verteilt. Auch das Beten im Geist sowie Fürbitte und geistlicher Kampf für
ihre Städte ist Gegenstand seiner Botschaft. Er warnt sie davor, den Geist
zu betrüben. Das tägliche Leben von Gottes Volk hängt von ihrer Fähigkeit
ab, die Gegenwart des Heiligen Geistes in ihrer Mitte zu erleben, ihn zu
ehren, ihm zu gehorchen und zu folgen.

Paulus und die Gemeinde

Entsprechend dem Vorbild der ersten Apostel in Jerusalem baut auch
Paulus überall Gemeinschaften der Gläubigen auf. Durch die Berichte in
der Apostelgeschichte und durch Paulus' Briefe an die Gemeinden sind
wir gut über das informiert, was er lehrte und wie er vorging, viel besser
als über die Jerusalemer Gemeinde. Für dieses Kapitel reicht es, einige der
folgenden Schlüsselpunkte zu erörtern.

a) Theologie

Paulus legt stets einen theologischen Grund und führt dann in die
praktische Anwendung. In den Briefen an die Epheser und die Kolosser,
die ähnlich strukturiert sind, verwendet er die erste Hälfte des Briefes auf
eine Wiederholung der Absichten und Pläne Gottes. Dabei wiederholt er
die Punkte, die ihm wichtig sind: das Erbe, das Gott für seine Gemeinde
bestimmt hat, und die großen Dinge, in die er uns hineinführen möchte.
Der Brief enthält einen Überblick über die Geschichte, einschließlich der
Entwicklung, durch welche Heiden und Juden jetzt zu demselben Erbe
Zugang erlangt haben. Er vermittelt eine intelligente, auf Offenbarung

gegründete Weltsicht und Hoffnung für die Zukunft. Auf dieser Basis aufbauend, geht er in der zweiten Hälfte des Briefes darauf ein, wie sich all dies im täglichen Leben auswirkt.

Die ersten elf Kapitel des Römerbriefs verwendet er darauf, sein Verständnis der Verantwortlichkeit vor Gott darzulegen, sein Verständnis von Sünde, Rechtfertigung durch Glauben, Heiligung, Wandel im Geist und, noch einmal, der Beziehung zwischen Israel und den Heiden. In den letzten fünf Kapiteln behandelt Paulus dann die praktische Anwendung. Sogar die problembeladene Gemeinde in Korinth, an die er schreiben muss, um etliche Schwierigkeiten zu lösen, lehrt er zu jedem Punkt zunächst prinzipiell, bevor er praktische Anweisungen gibt.

Ziel dieser Herangehensweise ist es, die Gläubigen zu Mündigkeit und Reife zu führen. So vermittelt Paulus ihnen ein Verständnis von Gottes Wegen, Werten und Prinzipien. Auf dieser Basis sollen sie mehr und mehr in der Lage sein, Verantwortung für ihr Leben zu übernehmen und gottgefällige moralische Richtlinien für sich und für ihre Gemeinschaft aufzustellen.

b) Lebensschule

Nachdem er sie durch die Grundlagen geführt hat, konzentriert sich Paulus darauf, sie zu lehren, wie sie leben sollen. So schreibt er an die Thessalonicher:

Im Gegenteil, wir sind euch freundlich begegnet: Wie eine Mutter für ihre Kinder sorgt, so waren wir euch zugetan und wollten euch nicht nur am Evangelium Gottes teilhaben lassen, sondern auch an unserem eigenen Leben; denn ihr wart uns sehr lieb geworden. Ihr erinnert euch, Brüder, wie wir uns gemüht und geplagt haben. Bei Tag und Nacht haben wir gearbeitet, um keinem von euch zur Last zu fallen, und haben euch so das Evangelium Gottes verkündet. Ihr seid Zeugen, und auch Gott ist Zeuge, wie gottgefällig, gerecht und untadelig wir uns euch, den Gläubigen, gegenüber verhalten haben. Ihr wisst auch, dass wir, wie ein Vater seine Kinder, jeden Einzelnen von euch ermahnt, ermutigt und beschworen haben zu leben, wie es Gottes würdig ist, der euch zu seinem Reich und zu seiner Herrlichkeit beruft (1. Thessalonicher 2,7–12).

Dieser Abschnitt macht deutlich, dass Paulus nicht nur das Evangelium weitergibt, sondern auch sein eigenes Leben – seine Leidenschaft,

Weisheit und Alltagspraxis. Das ist nur möglich, wenn man sich auf das Leben der Menschen in ihren Häusern, Arbeitsstätten und Umständen einlässt, nicht bloß als ein Apostel lehrt, sondern am Leben teilnimmt. In seinem zweiten Brief kommt er noch einmal darauf zurück. Er sagt, dass er Tag und Nacht für seinen Lebensunterhalt gearbeitet habe – auch, um ihnen ein Vorbild zu sein. Diese Thessalonicher mussten offensichtlich lernen, für sich selbst Verantwortung zu übernehmen, diszipliniert zu sein und mit eigenen Händen zu arbeiten. Paulus bringt das Thema mehrfach zur Sprache. **Er lehrt es nicht durch einen Vortrag über Arbeit, sondern indem er es praktiziert, ihnen darin Vorbild ist und sie darin anleitet.**

Sein Auftreten unter ihnen charakterisiert er als „wie eine Mutter und wie ein Vater". Diese Art Beziehung ereignet sich im täglichen Leben und nicht nur in privaten oder öffentlichen Treffen. Paulus lehrt persönliche Disziplin im Umgang mit Sexualität, Geld und Zeit sowie Zuverlässigkeit. Er gibt Orientierung zu Besitz, Heim und Gastfreundschaft; das Thema Beziehungen behandelt er in allen seinen Briefen.

Der Brief an die Epheser deckt im 4. und 5. Kapitel dieselbe Art von Alltagsthemen ab. Demnach nahm Paulus am konkreten Alltag der Gläubigen teil und lehrte sie, wie sie leben sollten.

Doch dabei belässt er es nicht. Er bringt Ehepaaren bei, wie sie ihre Ehe, und Eltern, wie sie ihre Familie gestalten sollen! Über Familienleben zu lehren versteht er als einen Teil seines apostolischen Auftrags. (Wie er, als Junggeselle, das hinbekam, weiß ich nicht … Vielleicht holte er seine verheirateten Freunde zu Hilfe, z. B. Priszilla und Aquila.) Der christlichen Gemeinschaft bringt er das Verständnis bei, dass es normal ist, für Ehe und Familie Hilfe zu geben und zu empfangen. In seinen Anweisungen an Titus, den er auf Kreta zurücklässt, um die Gemeinden zu ordnen, schreibt er (Titus 2,3–5):

Die älteren Frauen … müssen fähig sein, das Gute zu lehren, damit sie die jungen Frauen dazu anhalten können, ihre Männer und Kinder zu lieben, besonnen zu sein, ehrbar, häuslich, gütig und ihren Männern gehorsam …

Ich gehe davon aus, dass damals, ebenso wie heute unter uns, das Geschehen innerhalb einer Ehe und einer Familie weitgehend Privatsache war und dass kein Apostel oder wer auch immer das Recht hatte, sich einzumischen. Wie kommt es dann, dass Paulus so verfuhr? – Es gehörte zu seinem Auftrag, das Reich Gottes in die Stadt einzuführen. Er lehrte, wie Jesus Ehe und Familie wollte, und bot Hilfe an. Ich nehme an, dass Ehepaare zu anderen Paaren, die sie respektierten und denen sie vertrauten, gehen und um Hilfe bitten konnten, nachdem das Thema angesprochen und ein Klima von Vertrauen und Verständnis hergestellt war. Wie viel private Information sie mitteilten, lag an ihnen.

Es geht darum, dass Menschen von anderen Menschen lernen, wie man leben soll. Der Apostel hatte die Aufgabe, das anzustoßen und dafür zu sorgen, dass es überhaupt geschah. In mehreren seiner Briefe behandelt er noch einmal die Grundlagen des Familienlebens. Petrus macht es ebenso. **Wenn das Reich Gottes in die Stadt Einzug hält, betrifft das auch Ehe- und Familienleben, sogar zu einem wesentlichen Teil.**

In dreien seiner Briefe ermahnt Paulus die Sklaven unter den Gläubigen, wie sie ihre Arbeit tun sollen. Er gibt allen dieselbe einfache Theologie und Orientierung. Sie sollen ihre Arbeit nicht nur für ihren irdischen Besitzer, sondern für Jesus, ihren Herrn, tun und deshalb aus ganzem Herzen, als Gottesdienst. Das gilt ebenso für *„alles, was deine Hand zu tun vorfindet"*, alle körperliche Arbeit, sei sie hoch oder niedrig. Die Tatsache, dass er in den Briefen mit zwei einfachen Sätzen auf diesen Gedankengang zurückkommt, zeigt, dass er sie nur an etwas zu erinnern braucht, was sie bereits wissen. Als er bei ihnen war, ist er mit den Sklaven all dies bereits durchgegangen und hat sie so gelehrt. Vielleicht hat er sogar einige von ihnen bei der Arbeit besucht und sie direkt dort angeleitet – das wissen wir nicht. Aber er hat sich sicherlich viel Mühe gegeben, ihnen beizubringen, wie ihr neuer König, Jesus, wollte, dass sie als Sklaven lebten. Und entsprechend gibt er auch Sklavenhaltern Anweisungen.

Das bedeutet nicht, dass Paulus Sklaverei gut heißt; er ermutigt die Sklaven sogar, ihre Freiheit zu ergreifen, wenn sie Gelegenheit dazu haben. Zugleich aber lehrt er sie, wie sie unter Jesus leben und arbeiten sollen in genau der Situation, in der sie sich befinden. **Genau an dieser Stelle fängt die Herrschaft Jesu immer an: da, wo ich bin, hier und jetzt. Selbst wenn die Umstände ungerecht und schwierig sind, arbeite ich nun unter Gott. Darin liegt das Geheimnis der Überwindung des Bösen durch das Gute.**

Diese Anweisungen sind aber mehr als nur die Ermahnung, aus einer schlechten Situation das Beste zu machen. Sie vermitteln eine biblische Sicht von Arbeit, besonders von körperlicher Arbeit. Dieses Thema kommt auch in der Gemeinde von Thessaloniki auf. Dort ist es nicht auf Sklaven, sondern auf freie Bürger gemünzt, die sich Jesus unterstellt haben. Jetzt müssen auch sie seine Sicht und seine Wertschätzung der Arbeit lernen, und zwar ganz praktisch; Paulus macht es ihnen vor. Für die Griechen ist dies wahrscheinlich eine neue und eher unangenehme Lebensweise. Aber jetzt haben sie einen neuen Chef!

Zudem geben Paulus und auch Petrus Orientierung zum Verhalten gegenüber politischen Autoritäten und Strukturen, zum Zahlen von Steuern und anderen alltäglichen Themen.

c) Gebet

In den Briefen ermahnt Paulus oft, zu jeder Zeit und ohne Unterlass zu beten. Er erwähnt, wie er ständig für die Gemeinden betet, und lehrt, der Heilige Geist helfe uns zu verstehen, wie wir beten sollen. Paulus spricht über das Beten mit dem Verstand und das Beten mit dem Geist. Dies ist ein Lebensstil, in dem Partnerschaft mit Gott normal ist und der überall passt, für alle Belange des Lebens. Er ist nicht auf Gemeindetreffen beschränkt, sondern gründet sich auf das Verständnis, dass wir genau dort, wo wir leben, „Könige und Priester" in unserer Gesellschaft sind.

Wenn die Gläubigen so leben, können sie bei ihren Zusammenkünften ihre Ressourcen bündeln und viel bewirken. In Paulus' erstem Brief an Timotheus gibt er folgende Anweisungen:

Vor allem fordere ich zu Bitten und Gebeten, zu Fürbitte und Danksagung auf, und zwar für alle Menschen, für die Herrscher und für alle, die Macht ausüben, damit wir in aller Frömmigkeit und Rechtschaffenheit ungestört und ruhig leben können. Das ist recht und gefällt Gott, unserem Retter; er will, dass alle Menschen gerettet werden und zur Erkenntnis der Wahrheit gelangen (1. Timotheus 2,1–4).

Hier sehen wir die Gemeinde in der Überzeugung vorgehen, sie habe die Autorität und Verantwortung, dafür zu sorgen – zunächst durch Beten –, dass politische Herrscher ihrem Auftrag nachkommen und einen gerechten und friedvollen gesellschaftlichen Rahmen schaffen. Dies ist in Gottes Interesse, da stabile Gesellschaften die besten Bedingungen dafür bieten, dass Menschen zu Gott finden können. So handelt man verantwortlich für die Welt. Man zieht sich nicht aus ihr zurück!

Ein solches Verständnis und gemeinsames Handeln ist in der Berufung zur „königlichen Priesterschaft" begründet (1. Petrus 2,9; Offenbarung 5,10). Die Gemeinde darf und soll als „Priester" vor Gott eintreten mit dem Anliegen, dass seine Kraft in der Umgebung freigesetzt wird. Das setzt voraus, dass die Gläubigen ihre Identität und ihr Handwerkszeug als Beter kennen, dass sie eins sind und bereit, diese Art von Verantwortung auf sich zu nehmen. Solche Fürbitte bedeutet harte Arbeit und muss beständig sein.

In seiner bekannten Passage über geistlichen Kampf am Ende des Briefes an die Epheser zeichnet Paulus das größere Bild. Die Gemeinde ist hat Anteil an einen *„Kampf mit den bösen Mächten und Herrschern in der geistlichen Welt"*. Bei diesem Kampf geht es um die Herrschaft über die Stadt oder die Region. Es ist ein stetes Ringen und es wird sich fortsetzen, solange Gerechte und Ungerechte Seite an Seite leben. Nachfolger Jesu sind Hauptakteure in diesem Kampf. Genau das sagt Paulus: „Wir stehen im Kampf."

Dieser Streit wird in allen Bereichen des Lebens ausgefochten. Deshalb ist ein heiliger Lebensstil nötig, wie mit der von Paulus aufgeführten Waffenrüstung angedeutet. Auch eine einmütige und gut geordnete christliche Gemeinschaft ist nötig, die sich auf dieser Basis stark und systematisch im Gebet engagieren soll. Darum geht es im gesamten Epheserbrief.

Hört nicht auf, zu beten und zu flehen! Betet jederzeit im Geist; seid wachsam, harrt aus und bittet für alle Heiligen, auch für mich ... (Epheser 6,18–19).

Dies ist das Volk Gottes, das unter Jesu Herrschaft lebt und mit ihm zusammenarbeitet, um diese Herrschaft in der ganzen Stadt und Region zu verbreiten. Sie betreiben dies zunächst im geistlichen Bereich dank ihrer Position und Berufung als „königliche Priesterschaft". Von dort aus führen sie es in alle Bereiche des Alltags ein und lernen, mit Weisheit, Liebe und Autorität zu leben. Dazu gehört auch das Evangelisieren, das Weitergeben des Evangeliums des Reiches Gottes an andere Menschen, Heilen, Dienen durch Liebe und durch die Gaben des Geistes.

So verbreitete sich das Reich, welches Jesus in Israel initiiert hatte, durch die griechische und römische Welt. Als Paulus' öffentlicher Dienst etwa im Jahre 57 n. Chr. endete, war es in dem Gebiet verbreitet, das heute etwa der Türkei, Griechenland und Albanien entspricht. Paulus plante, nach Rom zu gehen und von dort nach Spanien, wo er sein nächstes Pioniergebiet vorfinden würde. Aber Gott hinderte ihn und hielt ihn einige Jahre im Gefängnis.

Beobachtungen

So geht der biblische Bericht über die Ausweitung des Gottesreichs unter den frühen Aposteln zu Ende. Die beiden letzten Kapitel fassen diese Ausbreitung zusammen. Ich habe versucht, die Geschichte so zu entfalten, wie die Apostel sie erlebten – sie mit ihren Augen zu sehen und zu lernen, wie sie lernten. Sie arbeiteten mit dem, was sie wussten, und entdeckten die nächsten Entwicklungen Schritt für Schritt. Sie folgten ihrem Auftrag, unter der Führung des Heiligen Geistes allen Völkern das Reich Gottes zu übermitteln

Es war eine geografische Ausbreitung, die in Jerusalem ihren Anfang nahm. Gleichzeitig betraf sie die Kultur: hinaus aus ihrer jüdischen Welt, hinein in andere Völker. Und es handelte sich auch um eine soziale Expansion, denn die Boten des Evangeliums bekamen es mit Bereichen des griechisch-römischen gesellschaftlichen Lebens und mit Themen zu tun, mit denen sie bislang noch nie in Berührung gekommen waren.

Wir lesen diesen Bericht aus einer Distanz von fast zweitausend Jahren. Die Geschichten sind uns bekannt. Da wir dabei in unserer eigenen Kultur, in unserem Gemeinde- und Gesellschaftsrahmen leben, stehen wir in Gefahr, das, was wir lesen, mittels unseres Denk- und Erfahrungsschemas zu interpretieren. So verpassen wir vielleicht manches, was Gott uns beibringen möchte. Unsere größte Gefahr heute ist Passivität, während die frühe Kirche aktiv vorwärts drängte. **Sie folgten einem Reich-Gottes-Mandat. Das war ihre Triebfeder. Wenn wir uns an ihr orientieren wollen, dann müssen wir uns dem Heiligen Geist unterstellen und dieselbe Mentalität annehmen, die die Apostel hatten.**

Natürlich können wir heute auch aus dem Reichtum der Kirchengeschichte schöpfen. Es gibt eine Fülle von lehrreichen Beispielen. Aber die Absicht dieser Studie ist, zu Jesus und den ersten Aposteln zurückzukehren, um nach den Grundlinien zu suchen. **Wenn wir uns unter dieselbe Beauftragung stellen wie die frühe Kirche, können wir in derselben Dynamik vorangehen wie sie.**

Habe ich diese Zusammenhänge richtig skizziert, dann lässt sich leicht erkennen, wie die Apostel das Reich-Gottes-Mandat umsetzten. Vergleichen wir es mit unserem Verständnis und der Arbeit, wie wir sie gelernt haben, und überlegen wir, wo wir uns verändern müssen! Es gibt einige unübersehbare Diskrepanzen. Auf diese Weise können wir unser Verständnis, unsere Ziele und Methoden neu lernen und hoffentlich mit größerem Erfolg arbeiten. Wir müssen uns zu den Absichten Gottes und seinem Reich hin orientieren. **Das ist das Ziel, auf das Gott zugeht, und da liegt die Zukunft.**

10

Konsequenzen

Mitten im Bösen, in Selbstsucht,
Leid und Tod, die unsere Welt durchdringen,
können wir mit Gott leben
und die Erlösung, Wiederherstellung,
Liebe und Gerechtigkeit seines Reiches
vermitteln.

In den ersten neun Kapiteln dieses Buchs wird eine geschichtliche Entwicklung des Reiches Gottes auf Erden aufgezeichnet, wie sie bis zum Ende der Apostelgeschichte vonstatten gegangen ist, eingebettet in ältere historische Zeitabschnitte (Schöpfung und danach). Mit dieser Darstellung möchte ich biblische Grundbegriffe des Reiches Gottes verstehen und erklären und gleichzeitig eine biblische Perspektive eröffnen, wie dieses Reich unter uns zu unserer Zeit wirken und sich ausgestalten will. Auch die endgültigen Absichten dieser Königsherrschaft Gottes und zukünftige Hoffnungen werden angesprochen.

Angesichts dieser biblischen Perspektive und aus der Aufforderung: *„Trachtet zuerst nach dem Reich Gottes"*, ergeben sich nun zwingend gewisse Konsequenzen für unser Denken und Leben.

In diesem Kapitel werden bestimmte Lebensbereiche betrachtet, unsere gegenwärtige Praxis mit dem Bild vom Reich Gottes abgeglichen, Korrekturmöglichkeiten angeboten und Wege in die Zukunft aufgezeichnet. Im 2. Teil des Buchs werde ich das noch weiter ausführen.

Ich befasse mich hauptsächlich mit dem Denken und der Praxis der evangelikalen, pfingstlichen und charismatischen Christenheit, weil das meinem eigenen Kontext entspricht und ich in dem Feld überwiegend tätig bin. Manche Kommentare betreffen auch unsere Mitchristen und Freunde in anderen kirchlichen Traditionen.

1. Fine Vision und eine Hoffnung

Wir sind zu derselben Vision und Hoffnung berufen wie die Frühkirche. Jesus, der Sohn Gottes, hat unter uns das Reich Gottes begründet und ist wieder in den Himmel zur Rechten des Vaters aufgenommen worden. Ihm wurde die Vollmacht verliehen, den Himmel, die geistlichen Welten und das materielle Universum zu regieren, zu dem auch unser Planet gehört. Jetzt wirkt er auf der Erde und erweitert, entwickelt und vollendet die Reich-Gottes-Herrschaft, die er hier begründet hat. Er arbeitet daran, alle Rebellion gegen Gottes Herrschaft zu überwinden und die gesamte Schöpfung wiederherzustellen. Am Ende dieses Zeitalters wird er dem Vater ein physisch und geistlich erneuertes Universum zurückgeben.

Wir, die wir unter diese Reich-Gottes-Herrschaft gekommen sind, dürfen jetzt als Söhne und Töchter Gottes leben. Wir haben unser Schöpfungserbe wieder geschenkt bekommen: die Beziehung zum Vater und die Berufung zur verantwortlichen Pflege und Entwicklung der Erde. Wir dürfen lernen, mit Gottes Weisheit und Vollmacht zu leben und alle Menschen zu lieben.

Mitten im Bösen, in Selbstsucht, Leid und Tod, die unsere Welt durchdringen, können wir mit Gott leben und die Erlösung, Wiederherstellung, Liebe und Gerechtigkeit seines Reiches vermitteln. Diese Reich-Gottes-Herrschaft wirkt jetzt unter uns, überwindet die destruktiven Einflüsse und vermittelt das Leben Gottes. Wir sollen dabei mitarbeiten. In welchen Umständen auch immer wir uns befinden, ob wir reich oder arm sind, Privilegien genießen oder im Gefängnis sitzen, wir können mit Gott zusammenarbeiten und erleben, wie seine Wiederherstellung und Macht Platz greifen, die Menschen unserer Umgebung segnen und unsere Umstände verändern. Die Zukunft hat schon begonnen.

Allen Nationen sollen die Botschaft und die Kraft des Reiches Gottes gebracht werden, damit alle Zugang zu Erlösung und Heilung bekommen und wieder unter Gott leben können. Wer dem Evangelium des Gottesreichs gehorcht, kann das Erbe Gottes antreten, doch wer rebelliert, widersetzt sich aktiv seiner Herrschaft. Deshalb bewirkt die Verbreitung des Reiches Gottes eine zunehmende Polarisation.

Gegen Ende unseres Zeitalters wird es zu heftigen Turbulenzen kommen, wenn die ganze Erde den Einfluss dieses Reiches spürt. Hat dann die Polarisation ihren Höhepunkt erreicht, wird Jesus in den Wolken in großer Herrlichkeit wiederkommen, die Menschheit richten und alle, die ihn lieben, mit sich nehmen in das herrliche, ewige Erbe des Reiches Gottes.

Inmitten von Erfolg und auch von Versagen und Leiden können wir zu den kreativsten Menschen der Erde gehören. Voller Hoffnung und mit einer Vision dieser herrlichen Zukunft, die Gott schenkt, dürfen wir in dem Bewusstsein unserer Partnerschaft mit ihm denken, leben und handeln!

2. Die Berufung des Christen

Eine Vision des Reiches Gottes und ein Verständnis der Leitprinzipien der Bibel geben uns eine Basis, um unsere Reich-Gottes-Berufung zu erkennen. Diese umfasst alle Lebensbereiche. Sie hat verschiedene Aspekte und kann auf unterschiedliche Weise betrachtet werden. Im Folgenden führe ich die für meine Begriffe wesentlichen Elemente dieser Berufung auf:

a. **Gott lieben und alle Menschen lieben.** Das ist in den berühmten ersten beiden Geboten zusammengefasst: *„Du sollst den Herrn, deinen Gott, lieben mit ganzem Herzen, mit ganzer Seele und mit ganzer Kraft. Du sollst deinen Nächsten lieben wie dich selbst"* (5. Mose 6,5, 3. Mose 19,18b, Matthäus 22,37–39, Markus 12,29–31, Lukas 10,27, Johannes 13,34).

b. **Im Leben regieren, Verantwortung für unsere Welt übernehmen.** Damit wurde der Mensch bei der Schöpfung beauftragt.

Wie wir wissen, sind diese Punkte – Beziehung und Verantwortung für unsere Welt – die zwei wichtigsten Grundlagen unserer Existenz. Sie wurden ganz am Anfang gelegt und sie bleiben auf ewig bestehen. Die Apostel verbrachten viel Zeit damit, der Gemeinde eine entsprechende Lebensführung beizubringen (siehe Römer 5,17, Offenbarung 5,9–10).

c. **Allen Menschen Jesus und sein Reich übermitteln** (Markus 16,15, 2. Korinther 5,18). Das umfasst Fürbitte, Evangelisation, Heilung und Weltmission. Auch dies entspringt der Liebe zu Gott und unseren Mitmenschen: Teilhabe an den Lebensumständen anderer, um Gottes Wort, seine Kraft und Fürsorge zu vermitteln. In 2. Korinther 5,18 nennt Paulus das den „Dienst der Versöhnung".

Der „Missionsbefehl", der den Aposteln und der Kirche in Matthäus 28,18–20 gegeben wurde, ist das Gebot, all das oben Genannte zu tun. Er

ist der Auftrag, der ganzen Welt das Reich Gottes zu übermitteln und es überall weiterzuentwickeln. Dazu gehört Weltevangelisation *("Darum geht zu allen Völkern und macht alle Menschen zu meinen Jüngern; tauft sie auf den Namen des Vaters und des Sohnes und des Heiligen Geistes")* ebenso wie die Belehrung junger Christen über Lebensführung *("Lehrt sie, alles zu befolgen, was ich euch geboten habe").* Ich interpretiere Apostelgeschichte 1,8 ebenso, wo das Gleiche mit mehr Betonung auf Strategie als auf Inhalt gesagt wird.

Diese drei Punkte fanden auch schon bei der Berufung des Volkes Israel Erwähnung.

Die verschiedenen Aspekte der Reich-Gottes-Berufung können nicht voneinander losgelöst gelebt werden: Meine Liebe zu Gott wird mich dahin führen, andere Menschen zu lieben und die Werke zu tun, die er mir zu tun aufgibt. Aus Liebe werde ich sie für Gott und für andere tun. Tatsächlich lehrt die Bibel wiederholt, dass dort, wo meine Liebe erkaltet, auch meine Werke tot und unannehmbar für Gott sind, selbst wenn sie formal seinen Geboten entsprechen.

Ich kann lernen, in den verschiedenen Lebensbereichen – Familie und Freunde, Arbeit und gesellschaftlichen Bürgerpflichten – auf Gottes Weise zu denken und zu handeln. Er will mich darin schulen, Verantwortung zu übernehmen und Initiativen der Verbesserung und Reform zum Segen anderer auf den Weg zu bringen. Ich kann ferner lernen, Autorität über mein eigenes Leben zu gewinnen, über mich selbst. Dabei bin ich nicht auf mich allein gestellt. Ich brauche die Hilfe von Freunden, die auch mit Jesus leben. Ich brauche auch die Hilfe und Ermutigung der Gemeinde.

Wenn der Segen und die Autorität Gottes in meinem Leben Auswirkungen zeigen, werde ich mehr und mehr eine Basis haben, die Menschen meiner Umgebung daran teilhaben zu lassen. Ich kann für sie beten lernen und erleben, wie der Heilige Geist ihre Herzen berührt und dahin leitet, Gottes Liebe und sein Wort anzunehmen. Menschen werden umkehren, Jesus nachfolgen und seine Wiederherstellung in ihrem Leben entdecken. Meine Lebensführung, die Gebete, die Salbung des Heiligen Geistes sowie die Worte Gottes, die ich überbringe, bilden die Grundlage für Evangelisierung und Fürsorge.

Die Erlösung führt uns wieder zurück in die Beziehung zu Gott und den Menschen, zurück in unser ursprüngliches Schöpfungserbe, der Verantwortung für unsere Welt.

Wenn wir irgendeines dieser Elemente verlieren, ist das Leben nicht mehr ganzheitlich und spaltet sich in die klassische Unterscheidung zwischen geistlich und säkular auf. In der Kirchengeschichte ist das häufig vorgekommen und geschieht auch in unserer Zeit. Je nach Gemeindehintergrund leiden viele von uns unter diesem Dualismus. Das hat ernst zu nehmende negative Auswirkungen darauf, wie Christen ihr Leben, ihre Berufung, ihre Verantwortung und ihre Beziehungen verstehen.

Weil dies so wichtig ist und in unseren Kreisen leider eine so umfassende Korrektur nötig macht, befasst sich der folgende Punkt mit diesem Thema; auch in Teil 2 wird darauf weiter eingegangen.

3. Das Leben ist ganzheitlich

Es gibt nur eine Realität, die mit Gottes Person beginnt, mit seinem Thron im Himmel, und sich durch die Geistwelten erstreckt, durch das materielle Universum bis hin zum kleinsten Stein auf Erden und dem entferntesten Planeten. Alles gehört unter diesen einen Herrscher und ist seine Domäne.

Alle seine Welten sind Gott wichtig – er arbeitet daran, seine ganze Schöpfung wiederherzustellen. Wenn wir uns dementsprechend unter seiner Leitung einsetzen, folgen wir dem Ruf Gottes und tun seine Werke. In diesem Sinn ist das ganze Leben geistlich. Alles, was zum „Betreiben" dieser Welt gehört, fällt unter die Regierung des Himmels.

Ist uns klar, dass unsere Zukunft langfristig nicht nur der Himmel, sondern auch ein neuer physischer Himmel (Firmament und Sterne) und eine neue Erde ist? Auf dieser Erde werden wir regieren, in erneuerter Form, auf ewig (Jesaja 65,17 und 66,22, 2. Petrus 3,13, Offenbarung 21,1 und 5,10). Deshalb müssen wir die Erde jetzt schon lieben und uns für ihre Wiederherstellung einsetzen, auch wenn wir wissen, dass in den wachsenden Konflikten zwischen Gut und Böse und durch die Gerichte Gottes vieles zerstört werden wird. Wir müssen sowohl den Himmel, die Geistwelt als auch die Erde als Bestandteile einer einzigen Schöpfung lieben. Damit sollen wir jetzt anfangen, nicht erst später.

Das heißt dann, dass alle Angelegenheiten auf diesem Planeten – die Politik, die Künste, das Familienleben, die Landwirtschaft, die Arbeit und die Produktionsprozesse, das Bankwesen, der Sport – wichtige Bestandteile der Welt Gottes sind. Alle diese Lebensbereiche sind angesprochen, wenn es darum geht, die Erde zu entwickeln und für sie zu sorgen. **Die meisten von uns arbeiten beruflich an solchen Aufgaben. Deshalb handelt es sich dabei um geistliche Dienste, die unter Gottes Leitung gestellt werden sollten.**

Vieles ist korrumpiert, wo Menschen – bis zum heutigen Tag – unter dem Einfluss Satans, des Fürsten dieser Zeit, gedacht, gearbeitet und Systeme entwickelt haben. Aber das ist kein Grund, sich aus der Gesellschaft zurückzuziehen. Wir sollen Salz und Licht sein; wir sollen in diesen Bereichen in Partnerschaft mit Gott arbeiten. Gott ist dabei, alles Tun des Teufels zu überwinden und alle Dinge wiederherzustellen, und wir sollen mit ihm zusammenarbeiten.

Die ganze Schöpfung Gottes ist geistlich und wir dürfen sie nicht in „geistlich" und „weltlich" aufspalten. Für diejenigen unter uns, die in der evangelikalen, pfingstlichen und charismatischen Szene beheimatet sind, ist das allerdings eine große Herausforderung. In den meisten Fällen hat unsere Tradition uns diese Spaltung geradezu gelehrt.

Wie es im Lauf der neueren Geschichte zu diesem Verständnis gekommen ist, wird in Kapitel 13 erörtert werden. An dieser Stelle geht es um ein bestimmtes Weltbild. Der Mensch verhält sich immer seinem Weltbild entsprechend. Eine Verhaltensänderung erreichen wir nur, wenn sich unsere Theologie der Errettung und des Lebens ändert.

In unseren evangelikalen und pfingstlichen Kirchen neigen wir zu diesem Dualismus. Er führt zu einem kirchlichen System, das parallel zur Gesellschaft ein Eigenleben entwickelt. Häufig entsteht daraus eine Defensivhaltung der Gläubigen gegenüber den Angelegenheiten der Gesellschaft und der Welt. Dann werden Christen in die Welt zurückgesandt, um zu evangelisieren und sich um Arme und Bedürftige zu kümmern, aber nicht, um eine gesellschaftliche Verantwortung zu übernehmen und Reformen herbeizuführen.

Ganzheitliches Denken gilt nicht nur für äußerliche Dinge, sondern auch für uns selbst. Auf der Grundlage der Bibel erkennen wir, dass der Mensch Geist, Seele und Leib ist. Alle Aspekte unseres Seins sind von Gott und grundsätzlich zunächst gut und wichtig. Freuen wir uns an jedem Aspekt unseres Menschseins! Das ist Ganzheitlichkeit in uns selbst.

Innere Ganzheitlichkeit bedeutet zunächst, mit dem Heiligen Geist erfüllt zu werden und beständig seine Nähe, Freundschaft, Disziplin und Leitung zu suchen. Aus dem heraus können wir lernen, die Werke Gottes jetzt zu tun, mit dem Himmel zusammenzuarbeiten. Dazu gehören auch Zeiten, in denen wir fasten und beten, und es eröffnet uns das Abenteuer, im Glauben zu leben und die Gaben und Wunder des Geistes im täglichen Leben zu sehen.

Wir sollen Gott ferner „mit ganzem Verstand" lieben, das bedeutet, uns intellektuell mit allen Bereichen der Wirklichkeit befassen und uns mit anderen darüber austauschen und debattieren, Fantasie und Vorstellungskraft einsetzen, um uns die Zukunft auszumalen, neue technische Entwicklungen zu schaffen und Probleme zu lösen.

Wir sollen Gott und unsere Mitmenschen mit all unseren Emotionen und körperlichen Fähigkeiten lieben, in Bereichen wie Arbeit, Musik, Tanz und Gastfreundschaft. Essen, Trinken und erotische Liebe gilt es mit allen Sinnen zu genießen. Es geht darum, alle Aspekte unseres Seins unter die Leitung des Heiligen Geistes und des Wortes Gottes zu bringen.

Wir sollen durch den Geist Gottes leben und uns in den Funktionen und dem Ausdruck von Seele und Körper dem Geist unterwerfen. Dann werden wir wirklich leben. Leben wir jedoch kraft unserer Persönlichkeit, geleitet von Verstand, Gefühl, Fähigkeiten oder sogar einfach nur nach unseren leiblichen Sinnen, werden wir sterben. Deshalb ist es überaus wichtig, Ordnung und Prioritäten richtig zu wählen. Ja, laut Paulus in Römer 8 geht es dabei um Leben oder Tod! Wenn uns das gelingt, werden wir gesunde, stabile, heilige Menschen. Aber das heißt nicht, dass die Seele oder der Körper in sich suspekt, schlecht oder ungeistlich seien. Es heißt einfach, dass wir unser persönliches Leben unter Gott ordnen müssen.

Im Verlauf der Kirchengeschichte orientierten sich Denkschulen häufig am antiken griechischen Asketentum, das die physische Domäne als niedriger, weltlich, suspekt ansah und körperliche Wünsche und Leidenschaften sogar oft als falsch in sich. Diese Vorstellungen beeinflussten die westlichen Kirchen nachhaltig. Mancher evangelikale Autor hält Körper und Seele noch heute für weniger wertvoll als den Geist. Dieses Denken führt zu einem Dualismus, einer Spaltung innerhalb der eigenen Persönlichkeit. Wir leben permanent unter einer inneren Spannung, wenn wir glauben, dass bestimmte Aspekte unseres Wesens göttlicher seien als andere. Die Hebräer kannten dieses Problem nicht, und wir sollten es auch nicht haben.

Natürlich ist es möglich, dass wir tatsächlich mit mangelnder Disziplin oder, schlimmer noch, mit Bindungen oder perversen Gewohnheiten in sexueller oder anderer Form kämpfen. Das liegt nicht daran, dass bestimmte Bereiche unseres Wesens in sich falsch wären, sondern an unserem Bedürfnis nach Heilung, Befreiung aus Bindungen und dem Erlernen eines neuen Lebensstils.

Gott möchte, dass wir stabil leben, als ganzheitliche Persönlichkeiten. Er möchte uns lehren, die Wirklichkeit zu verstehen und seine Partner im

Universum zu sein. Darin schult er uns, ebenso in gegenseitiger menschlicher Liebe und Zusammenarbeit. Wie wir diese Dinge sehen, ist also lebensentscheidend.

4. Wunder sind normal

Verstehen wir dieses biblische Bild der Realität, in dem das geistliche und das materielle Universum ein Ganzes unter Gott ergeben, haben wir eine Grundlage, um in eine Partnerschaft mit Gott eintreten zu können.

Die Gläubigen im Alten Testament lernten auf der Grundlage dieses Verständnisses, mit Gott zu handeln. Sie sahen ihn und seine Engel eingreifen, in Zusammenarbeit mit den Heiligen, sodass Schlachten gewonnen und menschlich unmögliche Umstände verändert wurden. Sie sahen die geistliche Welt über die materielle Welt herrschen. Für uns sind diese Interventionen Wunder, für die Bibel handelt es sich um ganz normale Abläufe. Sie sind völlig logisch. Hier wirkten Gott und Menschen in Partnerschaft, sie regierten diese materielle Welt entsprechend der Schöpfungsordnung.

Die Liste der Beispiele ist lang. Einige der dramatischsten und bekanntesten sind:

- **Mose** betete während der Schlacht gegen die Amalekiter, teilte das Rote Meer, schlug Wasser aus dem Felsen.
- **Josua** teilte den Jordan, nahm Jericho ein, hielt die Sonne einen Tag lang an.
- **David** schlug die Philister durch einen Hinterhalt.
- **Elia** rief (mehrmals) Feuer vom Himmel herab, ließ es regnen, teilte den Jordan.
- **Elisa** teilte den Jordan, weckte einen Jungen von den Toten auf, schlug die syrische Armee mit Blindheit.
- **Die drei Männer** überlebten den Feuerofen in Babylon.
- **Daniel** legte Träume aus und überlebte unbeschadet in der Löwengrube.

Alle diese Situationen sind erklärbar: Gott gab die Anweisungen, seine Leute führten sie aus, Gott tat seinen Teil. Das ist Partnerschaft. Es ist das biblische Muster dafür, wie wir unsere Welt gestalten und beeinflussen sollen.

Jesus ging ebenso vor. Er heilte die Kranken, verwandelte Wasser in Wein, stillte den Sturm mit einem Befehlswort. Auf dieselbe Weise trieb er Dämonen aus und weckte mehrere Tote auf.

Oft war er überrascht, dass sich die, die ihm nahestanden, über diese Vorgänge wunderten. Er schalt sie häufig wegen ihres Unglaubens. *„Warum habt ihr solche Angst, ihr Kleingläubigen?"*, sagte er zu seinen Jüngern, nachdem er den Sturm gestillt hatte. Das Wunder war so normal, dass es ihm schwerfiel, mit der Reaktion jener umzugehen, deren Denken sich immer noch am materialistischen Raster orientierte. In seiner Heimatstadt Nazareth war er erstaunt über den Unglauben und konnte nur einige wenige Kranke durch Handauflegung heilen. Das bedeutet auch, dass er eigentlich mehr tun wollte, die Bewohner von Nazareth ihn aber einschränkten.

Als er seine Jünger auf ihren ersten Missionseinsatz aussandte, lautete der Auftrag: *„Geht und verkündet: Das Himmelreich ist nahe. Heilt Kranke, weckt Tote auf, macht Aussätzige rein, treibt Dämonen aus!"* Zu dem Zeitpunkt waren sie noch nicht einmal mit dem Heiligen Geist erfüllt. Alles Mögliche mussten sie noch lernen. Aber sie heilten direkt von Anfang an. Das heißt, die Kraft Gottes, zu heilen, von den Toten aufzuerwecken und Dämonen auszutreiben lag nicht in der Reife der Jünger, sondern in ihrem Auftrag begründet. Sie mussten sich nur nach Jesu Wort richten und im Glauben losgehen. Gott wirkte entsprechend. Später, besonders nachdem sie mit dem Heiligen Geist getauft waren, wurden Heilungen und Wunder für sie ganz normal.

Uns – seiner Kirche – gelten nach wie vor dieselben Verheißungen und derselbe Auftrag. Wir sollen genauso lernen, uns in das einzugliedern, was Gott anstrebt, und dann mit ihm zu gehen. Jesus lehrte uns zu beten: *„Dein Reich komme, dein Wille geschehe, wie im Himmel, so auf Erden."* Wir sollen zu Gott rufen, dass er in unsere Umstände auf der Erde eingreift. *„Wie im Himmel, so auf Erden!"* Nach diesem Grundprinzip funktioniert das Reich Gottes. Es handelt sich um die Herrschaft des Himmels über die Erde.

So sollten wir also immer wieder erwarten, dass der Himmel in die Probleme und Situationen auf Erden eingreift. Als Gottes königliche Priesterschaft sind wir diejenigen, die Gott anrufen und mit ihm zusammenwirken, um sein Handeln zu ermöglichen. Es ist normal, mit Gott in Partnerschaft zu wirken. Wunderwirken kann als üblich erwartet werden.

Ob wir wissen, wie man das macht, oder nicht, spielt keine Rolle. Wir aus der westlichen Welt werden uns wohl nicht allzu gut darauf verstehen. Aber die Realität ist nicht an unseren Erfahrungen, sondern an Gottes Wort zu messen. Die Bibel macht diesen Bereich ganz klar. Jetzt haben wir die Chance, zu lernen, wie wir an diese Dinge herangehen. Wir werden uns wahrscheinlich demütigen und um Hilfe bitten müssen.

5. Die Botschaft: ein Privaterlösungs-Evangelium oder das Evangelium vom Reich Gottes?

Jetzt wollen wir darüber nachdenken, wie man Menschen dahin führt, in das Reich Gottes eingelassen zu werden. Das Evangelium vom Reich Gottes umfasst mehr als den Aspekt der Aufnahme, die Erfahrung der persönlichen Errettung. Aber es ist ein sehr wichtiger Aspekt, und ihn wollen wir in diesem Abschnitt betrachten.

An den Predigten, die in der Apostelgeschichte überliefert sind, sehen wir: Die Apostel brachten ihre Zuhörer immer zu *„Jesus, den Gott zum Herrn und Messias gemacht hat“*, wie Petrus es am Pfingsttag ausdrückte. In Athen führte Paulus sie zu dem *„ Mann, der den Erdkreis in Gerechtigkeit richten wird, den Gott dazu dadurch ausgewiesen hat, dass er ihn von den Toten auferweckte“*, in Korinth predigte er *„Christus als den Gekreuzigten: für Juden ein empörendes Ärgernis, für Heiden eine Torheit“*. Für Juden wie Heiden war es der Anspruch, dieser gekreuzigte Jesus sei Herr über alles, der für die einen Torheit und für die anderen ein Ärgernis darstellte.

Wenn wir das Kreuz predigen, kommunizieren wir den Sachverhalt des Sühneopfers Christi wegen unserer Sünden. Das ist natürlich immens wichtig und auch korrekt. Wir sollten aber erkennen, dass dieser Sachverhalt allein weder die Griechen noch die Juden irritiert hätte. Worin liegen dann das „Ärgernis“ und die „Torheit“? Sie liegen, wie wir gesehen haben, an dem Anspruch, dieser gekreuzigte Jesus sei der Herr über alles! Das bedeutet also, dass **Paulus die Botschaft vom Kreuz in erster Linie als eine Botschaft über das Thema Herrschaft verstand!** Seine Zusammenfassung in 2. Korinther 4,5 bestätigt es: *„ Wir verkündigen aber nicht uns selbst, sondern Jesus Christus als den Herrn, uns aber als eure Knechte um Jesu willen. “*

Natürlich geht es in dieser Botschaft vom Kreuz auch um Jesu Opfertod für unsere Sünden und Gottes wunderbare Liebe und Gnade! Stets predigten die Apostel Jesus als Herrn, Messias und Erlöser. Aber Jesu Herrschaft war immer das Wichtigste und sie sprachen viel über seine Auferstehung. **Die Grundlage war, dass Jesus herrschte, und auf diesem Fundament bauten sie dann die Botschaft der Erlösung auf.**

Das Kreuz und die Auferstehung Jesu legen selbst den Standard fest. Ich muss *„sterben“*, ihm mein Leben geben, mich von meinem alten Leben abwenden und ihn bitten, mir zu vergeben und mich als sein Kind anzunehmen. Das ist Umkehr und Glauben.

Gottes Vergebung ist nur dann möglich, wenn ich die Herrschaft über mein eigenes Leben aufgebe und mich Jesus als König unterordne. Auf dieser Grundlage wird er mich zu sich nehmen und mir vergeben, mir seinen Geist schenken und mich an seinem Leben teilhaben lassen. Wir sehen zum Beispiel, dass der reiche junge Mann sich für das ewige Leben disqualifizierte, weil er nicht bereit war, sein eigenes Leben aufzugeben.

Das Reich Gottes ist eine Lebensweise unter dem König Jesus, nicht bloß ein Lehrsystem. Es ist ein Aufruf, ihm zu folgen und den Rest meines Lebens die Werke zu tun, die er für mich vorbereitet hat.

Wie sehen nun die heutigen Predigten vor diesem Hintergrund aus? Wir verkündigen Jesus, den Erlöser – die zweite Hälfte der Botschaft der Apostel. Unsere Predigten haben menschliche Not und den Nutzen des Erlöstseins zum Inhalt. Damit nähern wir uns der Sache von unserem, nicht von Gottes Standpunkt aus. Wir predigen das Kreuz und erläutern die Sündenvergebung, was natürlich richtig ist, erklären, dass Jesus für alle gestorben ist, und auch das stimmt. Dann sagen wir unseren Zuhörern, dass sie ihn für sich als Herrn und Erlöser annehmen müssen – und an dieser Stelle kommen wir in Schieflage.

a) Die Bedingungen

Üblicherweise predigen wir nicht, dass Jesu Vergebung an die Bedingung der Aufgabe unseres alten Lebens und der Lebensübergabe geknüpft ist.

„Denn wer sein Leben retten will, wird es verlieren; wer aber sein Leben um meinetwillen und um des Evangeliums willen verliert, wird es retten." Dies ist der Ausgangspunkt. Es gibt keine Vergebung und keine Aufnahme in Gottes Reich, bevor nicht dieser Punkt erreicht ist. Das wird sich oft darin äußern, dass Menschen spezifische Lebensziele, Verpflichtungen und Kontakte aufgeben bzw. ändern müssen, wenn sie ihr Leben Jesus übergeben.

Auch sagen wir den Menschen selten, dass Gott ihnen nicht vergibt, wenn sie anderen, die sie verletzt haben, nicht vergeben (Matthäus 6,15).

Wir lassen die Bedingungen außer Acht, lassen Gottes Maßstab außer Acht und sagen den Leuten stattdessen, dass sie ewiges Leben haben können, wenn sie Jesus annehmen. Wo haben wir das gelernt?

b) Die Vorgehensweise: „Nimm Jesus an!"

So leiten wir die Zuhörer zu einem Gebet an, in dem sie Jesus als ihren persönlichen Erlöser akzeptieren und ihm ihr Leben geben. Danach versichern wir ihnen zumeist, dass Gott sie angenommen habe und sie jetzt wiedergeboren seien. Eine solche Vorgehensweise führt diese Menschen zu der Überzeugung, Gott sei für sie da und habe die Aufgabe, sie zu retten und ihr Leben zu segnen. Er ist ihr „Gott der Errettung" geworden.

Im Reich Gottes hingegen entscheidet der König selbst, wen er in sein Reich aufnimmt und wen nicht. Um in dieses Reich zu kommen, können wir nichts weiter tun, als uns zum Grenzübergang – zum Kreuz – zu begeben und dort um Einlass zu bitten. Wir wissen, dass er alle Menschen gleich liebt und will, dass alle kommen. Aber er kann bzw. darf nur die aufnehmen, die die Bedingungen erfüllen wollen. An mir ist es, diese Bedingungen zu akzeptieren (mein altes Leben aufgeben, mich ihm unterordnen). Dann kann ich mein Herz vor ihm ausschütten und zu ihm rufen in der Hoffnung, dass er mich annimmt. Wenn der Heilige Geist in mir die Haltung sieht, die er sucht, kommt er und nimmt mich zu sich. Meine Hoffnung wird zum Glauben, und ich weiß, dass er mich vom Tod zum Leben geführt hat. Wir reden davon, dass *„wir Jesus annehmen"*, aber das ist falsch herum. *Wir müssen zu ihm rufen, dass **er** uns annehmen möge!* **Wer hat hier wen aufzunehmen ... in wessen Reich?!**

Wie kommt es, dass wir hier die Richtung verkehrt und ein reduziertes und in gewissem Sinn mechanistisches System entwickelt haben? Der Ausdruck „Jesus an- bzw. aufnehmen" steht in Johannes 1,12. Dieser Bibelvers ist die einzige Stelle, wo diese Formulierung – *„Jesus aufnehmen"* – verwendet wird. Im Kontext bedeutet dieser Ausdruck etwas viel Umfassenderes und Fordernderes als das, wie wir ihn heute gemeinhin benutzen. Wir hingegen ermutigen die Leute, Jesus „anzunehmen", als ob er verfügbar wäre und nur darauf wartete! Das ist er nicht und das tut er nicht. Er ist Gott und König!

Jesus und die Apostel machten es anders. Sie forderten die Menschen auf, Gott zu suchen, bis sie ihn fänden. Paulus fasst in Römer 10,9 zusammen: *„Wenn du mit deinem Mund bekennst: ‚Jesus ist der Herr' und glaubst in deinem Herzen, dass Gott ihn von den Toten erweckt hat, so wirst du gerettet werden"*, und fährt fort: *„Denn jeder, der den Namen des Herrn anruft, wird gerettet werden."* Hier haben wir die Elemente Glauben an Jesus als Herrn, Unterordnung, Anrufen.

Was sollen die Menschen zu Gott rufen? – Etwa: *„Jesus, sei mein Herr! Hab Erbarmen, vergib mir meine bisherige Lebensweise, rette mich, bitte nimm mich als einen der Deinen an!"*

Wie oft sollen sie rufen, und wie laut? – Bis der Geist kommt und ihnen Antwort gibt.

Natürlich gibt es unter den Menschen, an die sich unser Reden und Predigen richtet, solche mit einem ehrlichen und aufrichtigen Herzen. Sie hören unsere Botschaft, so einseitig sie auch oft ist, und öffnen ihr Herz für Gott. Der Heilige Geist sieht ihre aufrichtige Einstellung und kommt zu ihnen, nimmt sie auf, vergibt ihnen und macht sie zu Kindern Gottes. Er sieht immer das Herz an. Dennoch haben diese jungen Gläubigen nur eine Lehre über einen Privaterlösungs-Jesus bekommen. Sie haben nicht das Evangelium gehört, das Jesus und die Apostel predigten.

Auf diese Weise wird das Evangelium vom Reich Gottes gegen ein Privaterlösungs-Evangelium eingetauscht. Zwischen den beiden besteht ein Riesenunterschied. Wir müssen wieder zu dem Evangelium vom Reich Gottes zurückkehren.

6. Das Mandat der Apostel: das Reich Gottes ausbreiten

Was dachte Paulus, wenn er auf seinen Missionsreisen wieder einmal vor den Toren einer neuen Stadt stand? Was wollte er in der Stadt erreichen? Was war sein Ziel? Was sah er als seine Aufgabe? Etwa: Menschen zu Jesus zu führen? Sicherlich tat er das, aber war das die Beschreibung seines Auftrags? Sollte er Menschen zu Jüngern machen? Natürlich, denn Jesus hatte es geboten. War es sein Ziel, eine Gemeinde zu gründen? Auch das machte er, in jeder Stadt, und er kümmerte sich stets weiter um alle seine Gemeinden. Ist das aber die Beschreibung seiner Aufgabe? Nein, all dies sind nur einzelne Elemente dessen, was er zu tun hatte. **Der Auftrag, das Mandat der Apostel lautete: Reich Gottes ausbreiten.** *Bringt dieser Stadt die Königsherrschaft Jesu!* Das ist das Reich Gottes.

Jesus, der Schöpfer, der Erlöser und Herr des Himmels und der Erde, will seine Welt zurück! Deshalb sendet er seine Apostel und Propheten und andere begabte Menschen in die Städte, Dörfer und Regionen, um sie wieder unter seine Herrschaft zu bringen.

Die Gehorsamen sollen dann in ihr göttliches Erbe hineingeführt werden und sich für die Wiederherstellung ihres Teils der Welt einsetzen. Auch sollen sie ihren Mitmenschen Jesus und sein Reich vermitteln. So kommt das Reich Gottes und weitet sich aus, als Fortsetzung dessen, was Jesus selbst in Israel begonnen hatte. Die Apostel sollen die Herrschaft Jesu in all ihren Facetten in der ganzen Stadt erträumen, sich visionär ausmalen und darauf hinwirken. **Ein Verständnis vom Reich Gottes ist Grundlage einer apostolischen Sicht für eine Stadt, eine Region, eine Nation.**

So wie die Apostel ihre Arbeit aufnehmen, werden sie Menschen zu Jesus dem Herrn führen. In verschiedenen Teilen der Stadt und in verschiedenen Schichten der Gesellschaft entstehen Gruppen von Gläubigen. Diese Gläubigen werden von den Aposteln zu einer Gemeinschaft zusammengeführt, und so entsteht die Gemeinde als Netzwerk in der Stadt.

Wann immer das Gottes Reich in eine Stadt oder Region kommt, wird es sich unter anderem darin auswirken, dass in der jeweils passenden Ausprägung eine Gemeinde entsteht.

Das Reich Gottes ist weiter und umfassender als die Gemeinde. Es wirkt in ihr, durch sie und über sie hinaus, durch die geistliche und die materielle Welt und mittels der weiteren Strukturen der Gesellschaft.

Zwischen dem Aufbau einer oder mehrerer Gemeinden in einer Stadt, wie wir es heute gewöhnlich praktizieren, und dem Bau des Reiches Gottes besteht ein Unterschied. **Die Vision ist anders. Die Mentalität ist anders, ebenso die Ziele.** Deshalb gibt es auch unterschiedliche Bewertungskriterien für Erfolg. Wenn wir das Mandat des Apostels anhand von Gemeinde definieren, z. B. als *„Gemeinden gründen, Gemeindenetzwerke leiten"*, dann beschränken wir den Umfang seiner Berufung und seiner Vision außerordentlich. Die Apostel (und die anderen Christen) sollen der Reich-Gottes-Berufung folgen, und daraus wird sich „Gemeinde" in unterschiedlichen Ausprägungen ergeben. Das Mandat des Apostels lautet: das Reich Gottes in die Stadt und Region einführen.

7. Eine Vision von Gemeinde auf Grundlage des Gottesreichs anstreben

In jeder Stadt, in jedem Dorf wurden die Nachfolger Jesu zu einer Gemeinschaft zusammengefügt, der Gemeinde. Diese Entwicklung begann nach Gottes Plan am Pfingsttag: Alle, die sich Jesus als ihrem Herrn unterordnen und vom Heiligen Geist geboren sind, werden vom Geist und sichtbar durch die Taufe zur Gemeinde hinzugefügt. Sie bilden die örtliche Gemeinschaft der Bürger des Reiches Gottes und sollen die Berufung des Christen gemeinsam ausleben.

Das bedeutet bekanntlich als Erstes, Gott zu lieben und im Alltag zu ehren und einander und alle Menschen zu lieben. Zweitens dürfen die Christen lernen, ihren Teil der Welt auf Gottes Weise zu gestalten. Es fängt damit an, dass wir in unserem persönlichen Leben Vollmacht gewinnen (sprich Selbstannahme, recht verstandene Eigenliebe und persönliche Heiligung).

Das wirkt sich in immer größer werdenden Kreisen nach außen aus: Wir lernen, in unseren Familien, im Freundeskreis, am Arbeitsplatz, in der Wohngegend, bei unseren allgemeinen, gesellschaftlichen Bürgerpflichten Verantwortung zu übernehmen. In dem Maß, wie wir diese Grundbereiche unseres Lebens in Ordnung bringen und durch die Liebe und Weisheit Gottes viele Menschen segnen, wird Gott uns mehr Verantwortung übertragen.

Da wir Teil der Gemeinde sind, können wir einander in diesen Bereichen helfen, sei es in unserem persönlichen oder im weiteren sozialen Kontext. Wir alle brauchen die Hilfe von Freunden.

Mit dem Heranreifen und Wachsen der Kinder Gottes entwickeln sich praktische Netzwerke in vielen Teilen des gesellschaftlichen Lebens: Freunde, die einander helfen, auf Gottes Weise zu leben. Auf dieser Grundlage sollen sie ferner lernen, als ein *„Königtum von Priestern"* zu handeln und für ihre jeweiligen Verantwortungsbereiche gemeinsam Fürbitte zu leisten. Gott wird antworten und mit Segen und mit Kraftwirkung eingreifen. Umstände werden verändert, Böses und Ungerechtigkeit bekämpft, Heilung und Veränderung bewirkt. Familien werden geheilt und wiederhergestellt werden. In Schulen und Betrieben kann in einem Bereich nach dem anderen, in einer Abteilung nach der anderen eine Wandlung durch den Heiligen Geist geschehen.

Dazu gehört, dass alle Beteiligten in Bezug auf ihre Werte, Ziele und Systeme in diesen Gesellschaftsfeldern umdenken und sie sich neu erarbeiten. Oft ist diese Art von Heilung, Erneuerung und Reform ein Kampf, der zu einem heftigen Konflikt eskaliert: Jesu Herrschaft dringt ins Alltagsleben und die Gesellschaftsbereiche ein, und das ist nicht billig zu haben. Aber wir gehören jetzt ihm, und es ist Berufung und Ziel unseres Lebens, ihm zu gefallen und zu tun, was er will. Das bringt Gottes Leben und Herrlichkeit dort hinein, wo wir sind – und etwas Wertvolleres könnten wir gar nicht wünschen!

Wenn sie nun an Zahl und Kompetenz wachsen, können die Christen für Führungspersönlichkeiten in Politik und anderen Bereichen Fürbitte tun und in den geistlichen Kampf um ihre Stadt oder Region eintreten (1. Timotheus 2,1–8, Epheser 6,10–20). Was sie im Kleinen bzw. in der Wohngegend gelernt haben, lässt sich jetzt gemeinsam auf breiterer Front anwenden. Sie können gemäß ihrer Stärke und ihrem Verständnis handeln und lernen, für Menschen in ihrer Umgebung zu beten, die nicht wissen, wie sie selbst beten sollen. So erleben diejenigen Schutz und Segen, die andernfalls gegenüber der Tyrannei der bösen Mächte und Gewalten ihrer Gegend auf sich allein gestellt wären.

Ein weiterer Aspekt der Reich-Gottes-Berufung ist es, Jesus und sein Reich anderen, ja, allen Menschen zu übermitteln. Im Gebet und täglichen Umgang mit ihren Mitmenschen können Christen praktische Liebe weitergeben, für Kranke beten, das Evangelium vom Reich Gottes weitersagen, aussprechen, was auch immer Gott den Menschen mitteilen möchte. Das führt zu verschiedensten Formen von Anteilnahme. Wer Gott kennenlernen will, wird darauf eingehen und Jesus sein Leben übergeben. So wächst das Volk Gottes zahlenmäßig weiter und Gottes Herrschaft umfasst immer größere Bereiche. Der Geist begabt bestimmte Gläubige als Evangelisten; unter deren Leitung wird das Evangelium in neue Bereiche der Stadt vordringen.

In vereinfachter Form ist hier zusammengefasst, was in der Apostelgeschichte geschah, und wo die Kirche gesund war, wiederholte sich dieses Muster in ihrer Geschichte immer wieder. *Es ist Gottes Basisbewegung, mit der er seine Welt zurückgewinnen will.* Am Anfang steht Evangelisation (und die gehört immer dazu), es ist aber eine umfassende Bewegung zur Wiederherstellung des Lebens und der Ordnung Gottes in allen Bereichen. Sie besteht aus Menschen, die in ihre Beziehung zu Gott zurückgefunden haben und wieder in ihr Erbe eingesetzt sind: gemeinsam verantwortlich über die Erde zu herrschen und sie zu entwickeln.

So wie wir in diesen Dingen unsere ursprüngliche Position wiedererlangen, verlieren satanische Mächte und Herrscher im geistlichen Bereich mehr und mehr Boden. Solange es noch boshafte Menschen gibt, werden böse Geistmächte weiterhin eine Basis haben, von der aus sie wirken können, aber Gott richtet sein Volk auf! Wenn dieses sein Leben ordnet und mit Gott Verantwortung übernimmt, hat es die Vollmacht, in seinen aktuellen Verantwortungsbereichen den bösen Mächten Land abzunehmen.

Die neutestamentliche Vision ist ein aktives Vorantreiben dieser Entwicklung. Sie soll sich geografisch ausweiten: zu allen Völkern. Das führt uns im Rahmen der Weltmission zu den Nationen. Sie soll sich in sozialer Hinsicht ausbreiten, in alle Gebiete und Bereiche der Gesellschaft hinein. Und sie soll sich in qualitativer Hinsicht ausbreiten: Gottes Leute lernen Gottes Wege und entwickeln Charakter und Vollmacht.

Diese Beschreibung des Gemeindelebens setzt ein Verständnis und eine Vision des Gottesreichs voraus. Die christliche Gemeinschaft soll als ein Netzwerk entwickelt werden, das sich auf alle Bereiche erstreckt, alle ethnischen Gruppen und sozialen Schichten und städtischen Strukturen. Die

Gläubigen müssen gelehrt werden, als Diener und als Könige und Priester dort zu handeln, wo sie leben und arbeiten, dort, wo sie hingestellt sind, Errettung von Sünden und soziale Reformen zu bewirken.

Christen brauchen ein Unterstützersystem von unterschiedlich großen Versammlungen (große, zentrale, die das Gemeinschaftsleben fördern, Gebetsnächte o. ä.), Teams und Gruppierungen aller Art. Ebenso nötig sind Leitung, Älteste und das Wirken des fünffältigen Dienstes (Epheser 4,11): Apostel, Propheten, Evangelisten, Pastoren und Lehrer, die sich entsprechend ihren unterschiedlichen Begabungen einbringen.

Alle diese Maßnahmen und Ressourcen sind aber eher begleitender Natur, um Leben und Dienst der Gläubigen im Alltag zu unterstützen. Es ist das tägliche Leben, wo dieses Gemeinschaftsleben der Gemeinde am effektivsten wirkt. Hier können die Gläubigen die Unterstützung geben und bekommen, die sie brauchen, um die Dienste zu leisten, zu denen sie berufen sind. Gleichzeitig finden sie hoffentlich genug Raum und Schutz, um ihren Alltag zu leben und dabei die Sabbatruhe zu feiern, was auch zur Schöpfungsordnung Gottes gehört.

Diese Vision von Gemeinde als Gemeinschaft des Gottesvolks, die auf dem Verständnis des Reiches Gottes gründet, eröffnet neue Möglichkeiten für alle Zweige der christlichen Kirche. Das wird hoffentlich positiv aufgefasst werden. Ich glaube, dass Gott eine Reich-Gottes-Vision der Kirche wiederherstellt. Er wird dabei sicherlich die Geschichte achten und auf gesunden kirchlichen Strukturen aufbauen. Viele engagierte Pastoren und Mitarbeiter sind in der Entwicklung ihrer Gemeinden bis hierher dem Heiligen Geist gefolgt. Wir können hoffen, dass er uns alle weiterführen wird, sodass wir Gemeinde unter einer Reich-Gottes-Berufung entdecken.

Wir müssen im Dialog bleiben und einander helfen, unseren Weg in diese nächste Phase zu finden.

Allerdings werden einige grundlegende und weitreichende Veränderungen nötig sein. Unsere Gemeinden funktionieren mit der Annahme, dass wir zur Evangelisation und persönlichen Heiligung sowie zur Fürsorge für Arme und Bedürftige berufen seien. Das liegt an unserer Geschichte. Wenn man auf dieser Basis handelt, mit einer Vision, die sich auf Evangelisation und Gemeindewachstum beschränkt, dann werden sich gewisse Entwicklungen nicht vermeiden lassen. Die Gemeinde wird unausweichlich ein Eigenleben entwickeln, parallel zur normalen Gesellschaft, mit dem Ergebnis, dass die Gläubigen in zwei Welten leben.

In den vergangenen Jahren ist mehr und mehr Unzufriedenheit mit dieser Art kirchlichen Lebens aufgekommen. Mir scheint, dass diese Form von Gemeinde in der westlichen Welt tatsächlich in eine Krise gerät, unter anderem deshalb, weil viele entschiedene Christen nicht mehr bereit sind, in zwei parallelen Lebensstrukturen zu leben. Sie haben einfach nicht die Kraft dafür. *Außerdem spüren sie immer mehr, dass etwas mit dem System grundsätzlich nicht stimmt.* Warum nimmt diese Gemeindedynamik ein Eigenleben an und beansprucht solch ein hohes Maß an Hingabe von ihren aktiven Mitgliedern? Warum bemüht sie sich zudem in den meisten Fällen so wenig um das Alltagsleben ihrer einzelnen Glieder, um ihnen darin zu helfen? Wenn die Last zu lange zu schwer ist, dann ist man irgendwann erschöpft und mancher sogar verletzt.

Ich behaupte: Solange wir Gemeinde auf diesem Grundverständnis aufbauen (ihre Berufung sei Evangelisation, persönliche Heiligung, Fürsorge für Arme und Bedürftige) und eine Privaterlösungs-Botschaft predigen, wird sie sich immer auf diese Weise entwickeln. Dann sind ihre Grundelemente, ihre DNA nämlich persönliche Errettung und Trennung von der Gesellschaft. Selbst wenn man sich große Mühe gibt, Strukturen zu verändern, wird es zwar Verbesserung, aber keinen grundlegenden Wandel geben. Nach diesem Verständnis baut sich die Gemeinde auf den Ämtern des Evangelisten, Hirten und Lehrers auf. Es fehlen Apostel und Propheten. Dies ist angesichts von Epheser 2,20 nicht nur von entscheidender Bedeutung, es ist auch sehr bedauerlich.

Man muss die Voraussetzungen verändern und zu einer Reich-Gottes-Theologie wechseln, die so umgesetzt wird wie von den frühen Aposteln. Evangelisation hat ihren Ursprung im Herzen Gottes und gehört zum allgemeinen apostolischen Mandat. Aber wir müssen sie an ihren Platz neben den anderen vier Begabungen der Apostel, Propheten, Pastoren und Lehrer stellen. Entdecken wir Gemeinde wieder ganz neu, nämlich auf der Grundlage von Aposteln und Propheten und den weiteren Ämtern!

Meiner Meinung nach hat der Heilige Geist selbst uns und unser Verständnis von Kirche an diese Weggabelung geführt. Ich glaube, wir stehen vor einem grundlegenden Paradigmenwechsel!

8. Vision für die Stadt und Region und darüber hinaus

Diese Vorstellungen lassen uns erkennen, wie sich das Reich Gottes praktisch in einer Stadt und einer Region auswirken kann.

Ich habe beschrieben, wie Christen ihr Leben in Teams, Gruppen und Netzwerken miteinander teilen. Sie helfen sich gegenseitig, in den Grundlagen der alltäglichen Jesusnachfolge sicher zu werden. Möglicherweise handelt es sich um Familien, die anderen Familien helfen, das Zusammenleben auf Gottes Weise zu lernen.

Dann können die Gläubigen beginnen, für ihre Umgebung zu beten und zu dienen, indem sie den Menschen ihrer Umgebung Reform und Errettung bringen. Diese Entwicklung führt zu Netzwerken in Schulen, in Geschäftsbetrieben, im Rahmen von Sport, Kunst, Medien und Lokalpolitik führen, je nachdem, wie Christen dem Ruf Gottes in ihren Berufsfeldern nachkommen. Sie können sich auch sozialen Nöten widmen oder sich zum Zweck der Evangelisation Menschengruppen zuwenden, bei denen Jesus noch nicht bekannt ist.

Mit der Zeit wird es einfach durch Aufspüren der Netzwerke messbar, in welchen Bereichen der Stadt Gläubige engagiert sind und wo nicht. Aktive Leiter werden daran arbeiten, weitere Gruppen von Menschen zu motivieren, in neue Bereiche vorzudringen, bis die Stadt erfüllt ist mit einer funktionierenden Priesterschaft. Auch die Effektivität dieser Dienstgruppen ist lässt sich messen. Wie fähig sind sie, unter den Menschen, zu denen sie gesandt sind, zu dienen und Gottes Werke zu tun? Wie gut können sie sich dabei in ihrem Alltag gegenseitig helfen und Freundschaften fördern?

Dies sind Strukturen im täglichen Leben der Stadt. Hier wirkt das Reich Gottes. **Die Auswirkungen des Gottesreichs in der Stadt oder Region lassen sich vor allem an den Netzwerken der Dienstgruppen messen.**

Aus dem Wachstum vor Ort heraus werden einige Christen Begabungen und Berufungen bekommen, die über die Ebene der Stadt oder Region hinausgehen. Gott wird ihnen Berufungen von nationaler oder internationaler Tragweite geben, und zwar in verschiedenen sozialen und beruflichen Feldern; manche werden zu internationalen Missionspionieren. Sie brauchen beratende Begleitung, und die verantwortlichen Leiter werden ihnen die Unterstützung durch Freunde und Strukturen ermöglichen müssen um sie zu fördern, zu schützen und ihnen Gelegenheit zur Rechenschaftslegung zu geben.

Durch solche berufenen Leute und einfach durch Wachstum kann aus lokalen und stadtweiten Netzwerken eine breitere Basis regionaler und nationaler Vernetzung entstehen, in der man sich konkret mit Themen von landesweiter Bedeutung befasst. Möglich, ja nötig wären weltweite Kontakte. Alle Gemeinschaften vor Ort brauchen internationale Verbindungen und Partnerschaften. Gottes Leute können wachsen und überall hingehen. Das will Gott von ihnen. Sie müssen nur einfach darauf ausgerichtet werden.

Fazit

Ich habe als Erstes versucht, ein biblisches Bild des Reiches Gottes zu entfalten. Es steht für sich und gibt uns biblische Orientierung für unsere Sicht dessen, was Gott in dieser Welt bewirken und erreichen will und wie wir mit ihm zusammenarbeiten können. Es soll als eine Basis für aktives Denken anhand dieser Reich-Gottes-Vision und unabhängig von aktuellen sozialen Kontexten oder derzeit üblichen Denkmustern zur Verfügung stehen.

Im vorliegenden Kapitel habe ich von diesem biblischen Bild erste Konsequenzen für unser Denken und Handeln abgeleitet.

In Teil 2 werde ich einige der genannten acht Punkte eingehender behandeln und Leitlinien für praktische, aktive Entwicklung darlegen.

Einige der Themen sind hochaktuell, nicht nur in der westlichen Welt. Selbst wenn wir in manchen Fällen keine Antwort wissen, können wir wenigstens die richtigen Fragen stellen und die Pioniere in eine Richtung weisen, in der sie Antworten suchen und Konzepte erarbeiten können.

Absicht dieses Buches ist es, eine biblische und an der Praxis orientierte Grundlage für verantwortungsbereite Initiatoren aller Altersgruppen zur Verfügung zu stellen. Sie mögen losgehen, um das Reich Gottes in dem Feld zu entdecken, zu dem sie berufen sind. Diese Felder befinden sich in allen Gesellschaftsbereichen, auch dort, wo Not herrscht, in Pioniergebieten unter anderen Völkern und in internationalen Positionen von Macht und Einfluss.

Gott beruft Sie in das Feld, in das Sie passen. Dort können Sie ein Partner Gottes sein, so wie es die Menschen der Bibel zu ihrer Zeit waren. Jetzt dürfen Sie Ihre Geschichte schreiben. Gott segne Sie dabei!

Teil 2

Das Reich Gottes: Konsequenzen für uns heute

11

Die Reich-Gottes-Berufung jedes Christen

*Alle drei Elemente dieser Berufung gehören
zusammen und müssen unter Jesus dem Herrn
ganzheitlich ausgelebt werden.
Das bezieht sich auf einzelne Gläubige
ebenso wie auf die Kirche insgesamt.*

Grundprinzipien

Die Reich-Gottes-Berufung umfasst alle Aspekte des Lebens, der Liebe und des Dienstes. Was diese Berufung ausmacht, lässt sich auf viele verschiedene Weise definieren. Ich habe die folgenden drei Aspekte ausgewählt, weil ich sie für wesentlich halte, und will sie nun eingehender als in Teil 1 besprechen.

1. Lieben!

Wie wir wissen, ist dies das Herzstück von allem: Durch den Sohn sind wir mit dem Vater versöhnt. Unsere Beziehung zu Gott ist wiederhergestellt – nicht zu Dienern oder Arbeitern wurden wir gemacht, sondern zu *Kindern!* Nun können wir den Heiligen Geist empfangen, und zunächst einmal ist er in uns der Geist der Sohnschaft. Durch ihn können wir Gott jetzt mit „Abba, Papa" ansprechen, wie es Babys und kleine Kinder ihrem Vater gegenüber tun. Im Hinblick auf Gottes Heiligkeit und seine Ehrfurcht erregende Größe ist das ungeheuerlich. Die Juden wagten nicht einmal, den vollen Namen Gottes auszusprechen, uns aber ist ein vertrauter und ungehinderter Zugang zu ihm möglich. Wir können die Liebe des Vaters kennenlernen, und genau das will er.

Im Kern dieser Beziehung stehen Annahme, Fürsorge, Geborgenheit und Ermutigung: die Liebe des Vaters, gegründet auf Gnade, nicht auf Leistung. Er gibt uns Ruhe, Sicherheit und Identität. Möglich ist dies aufgrund einer Handlung unserseits: dass wir von unserem eigenen Leben umkehren, uns Gott unterstellen und uns ihm anbefehlen. Wir lernen den Vater kennen, erwidern seine Liebe und tun, was ihm gefällt. Dies ist die erste Stufe; als geistliche Babys und kleine Kinder lernen wir, Gott, unseren Herrn, von ganzem Herzen, ganzem Verstand, ganzer Seele und mit aller Kraft zu lieben.

Als Gottes Kinder sind wir auch Erben. Wir sollen zu der Größe heran-wachsen, die der Vater für uns vorgesehen hat. Dabei werden wir durchaus Ehrfurcht vor ihm und Respekt vor seiner Heiligkeit gewinnen. Außerdem lernen wir Verantwortung zu übernehmen, indem wir die Aufgaben auf uns nehmen, die Gott für uns vorgesehen hat. So entwickeln wir uns in der Liebe zu Gott vom Kind zum Erwachsenen. Wir werden zwar Diener und Mitarbeiter Gottes, aber eher in der Art, wie heranwachsende Kinder ihren Platz in einem Familienunternehmen einnehmen.

Auch zur Beziehung untereinander sind wir berufen. Das zweite Gebot heißt: *Liebe deinen Nächsten wie dich selbst.* Das fängt in der Familie an. Wir können lernen, unsere Eltern zu ehren, sie und unsere Geschwister und Verwandten zu lieben. Das ist etwas Kostbares: Die Erfahrung von Zugehörigkeit, von Geliebtwerden und Lieben machen wir als Erstes in der Familie. Hier erhalten wir unsere Grundidentität und hier üben wir das Leben ein. Hat es früher in diesem Bereich Probleme gegeben oder kommen wir sogar aus einer zerrütteten Familie, wird Gott beginnen, sie und uns wiederherzustellen.

Wir lernen jetzt auch, in der Familie Gottes zu lieben. Der Heilige Geist hat uns in die Gemeinschaft des Volkes Gottes gestellt. Als Glieder des einen Leibes Christi gehören wir zueinander. Diese Stellung ist von Gott initiiert und daher im Himmel verankert, durch Gottes Kraft unter uns wirksam und folg-lich stärker als menschlich guter Wille allein. Auf dieser Grundlage sind wir zur Zusammengehörigkeit berufen und zur ganz praktischen Liebe im Alltag. Hier und in unserer Familie lernen wir Freundschafts- und Beziehungsregeln.

Wir sind berufen, Menschen zu lieben, mit denen wir auf natürliche Weise in Kontakt kommen: Klassenkameraden, Kollegen, Menschen, mit denen wir bestimmte Interessen teilen, Nachbarn, Verkäufer etc. Das griechische Wort für Liebe ist in diesem Fall *agape*. Es steht für die Entscheidung, zum Wohle anderer alles mir Mögliche zu tun. Das heißt, ich kann diesen Menschen gegenüber eine positive, förderliche Einstellung annehmen und offen auf sie zugehen, was von Angst oder von einer natürlichen Schüchternheit befreit.

Hier geht es nicht um *philia,* um die natürliche Zuneigung und das Zueinanderpassen von Freunden. *Agape* ist nicht bloß guter Wille, sondern Menschenliebe unter Gottes Leitung. Ich kann lernen, das wunderbare Potenzial zu erkennen, das Gott in Menschen gelegt hat, wenn ich sie ansehe. Dazu sind mir meine intuitive Wahrnehmung und die Gaben und die Kraft des Heiligen Geistes gegeben. Ich begegne den Menschen nicht mit meinen eigenen Absichten im Hinterkopf, sondern liebe sie um ihrer selbst und um Gottes willen. Ich bin bereit, mich vor ihnen zu öffnen und Hilfe, Korrektur und Liebe zurückzubekommen: eine starke, kreative Haltung. Das kann Spaß machen!

Außer uns Nahestehenden sollen wir alle Menschen lieben, wie auch Gott es tut. Damit sind auch solche gemeint, die anders sind, z. B. Menschen aus anderen Ländern, zu denen wir vielleicht ein historisch bedingtes Misstrauen oder eine kulturelle Distanz empfinden. Wir sollen sie lieben! Das bedeutet, Initiative zu ergreifen und auf sie zuzugehen, sich für sie zu interessieren. Es bedeutet auch, sich besonders um Waisen, Witwen, Arme und Bedürftige zu kümmern. Solche Fürsorge wird uns in der Bibel wiederholt aufgetragen.

Und es bedeutet noch mehr. Wir sollen Menschen lieben, die wir nicht mögen, uns Zeit für sie nehmen, denen Beachtung schenken, zu denen wir uns von Natur aus nicht hingezogen fühlen. Wir sind sogar berufen, unsere Feinde zu lieben. Wir sollen sie segnen und ihnen nicht etwa Böses wünschen. Selbst wenn wir in bestimmten strittigen Grundsatzfragen eine Gegenposition vertreten müssen, sollen wir Gottes Pläne und Absichten für ihr Leben suchen und unser Herz für sie öffnen.

Menschen, die lernen, auf Gottes Weise zu lieben, sind die kreativsten, mächtigsten Menschen auf Erden. Wir sollen uns nicht vom Bösen überwinden lassen, sondern das Böse durch das Gute überwinden (Römer 12,21). Wir sollen siegen, und zwar auf Gottes Weise! Das ist nicht defensiv, sondern positiv und aktiv. Die Grundlage ist der Wille zu lieben.

So wichtig ist es, dass Gott Hiob extremen Prüfungen aussetzte, Petrus dreimal fragte: „Liebst du mich mehr als diese?", und die Gemeinde in Ephesus warnte, er würde ihren Leuchter wegnehmen, wenn sie nicht zur anfänglichen Liebe zurückkehrte – obwohl sie ansonsten alles richtig machte.

2. Herrschen, Verantwortung für die Erde übernehmen

Wir sprachen bereits über Beispiele der Heiligen im Alten Testament, die ihre Autorität wiedererlangten und ihren Teil der Welt regierten. Sie herrschten unter Gott, obwohl sie in einer Zeitspanne in Gottes Wiederherstellungsprogramm lebten, die nur eine niedrigere Beziehungs- und Autoritätsebene mit Gott zuließ, als es heute der Fall ist. Wie viel mehr können wir dann jetzt mit ihm zusammen für die Entwicklung unserer Welt tun?!

Die wohl eindrücklichste neutestamentliche Aussage hierzu sind die Verse in Offenbarung 5,9–10: Das Lamm auf dem Thron wird von den vier lebendigen Wesen und den vierundzwanzig Ältesten im Himmel angebetet. *„Und sie sangen ein neues Lied: Würdig bist du, das Buch zu nehmen und seine Siegel zu öffnen; denn du wurdest geschlachtet und hast mit deinem Blut Menschen für Gott erworben aus allen Stämmen und Sprachen, aus allen Nationen und Völkern und hast sie für unsern Gott zu Königen und Priestern gemacht; und sie werden auf der Erde herrschen."*

Diese Stelle ist eine dramatische Darstellung und eine starke Aussage über unsere Erlösung. Durch das Blut des Lammes sind wir von unserer Sünde und unserer Vergangenheit freigekauft. Das wissen wir und beten Gott oft gemeinsam dafür an. Aber dann geht es um unsere Gegenwart und unsere Zukunft: Im Vollzug dieser Erlösung wurden wir zu Königen und Priestern Gottes gemacht. Jetzt gehören wir ihm und haben einen entsprechend hohen Stand. Dann kommt unsere Berufung: *„Und sie werden auf der Erde herrschen!"*

Bleibt nur eine Frage: Wann beginnt diese Herrschaft? Gewiss geht es in den zitierten Versen um eine zukünftige Berufung, im neuen Himmel und auf der neuen Erde werden wir regieren. Und jetzt? Der Mensch wurde geschaffen, um zu herrschen, um Verantwortung für die Erde zu übernehmen. Aber war es damit vorbei, als er rebellierte? Falls ja: Liegt dieses Regieren durch die Erlösten quasi auf Eis, sodass wir uns jetzt nur den unmittelbar anstehenden Aufgaben Evangelisation, Gemeindebau und Fürsorge für Arme und Bedürftige widmen? *„Und sie werden auf der Erde herrschen!"* – das würde dann erst in Kraft treten, wenn alles Evangelisieren ein Ende hat und die Erlösten den neuen Himmel und die neue Erde bewohnen.

Die Antwort des vorliegenden Buchs ist bereits bekannt. **Wir sind dazu geschaffen, auf dieser Erde zu herrschen, und diese Berufung wurde nie aufgehoben.** Tatsächlich bestätigt die Bibel diesen Auftrag sogar zweimal nach der Rebellion und dem Sündenfall. Schon jetzt verantworten und gestalten wir unsere Welt, ob wir wollen oder nicht. Wenn wir diese Realität nicht erkennen und die Aufgabe nicht bewusst angehen, werden wir sie schlecht machen. Da wir nun ein *„Reich von Priestern"* sind, können wir diese Berufung ergreifen und lernen, ihr richtig nachzukommen, mit Gottes Weisheit und Autorität.

Die Erlösung befreit uns also nicht nur von der Sünde, sondern setzt uns auch wieder in unser Schöpfungserbe und unsere Berufung ein. Das ist die jetzt stattfindende Wiederherstellung. Sie hat noch nicht ihre vollkommene, endgültige Form, aber sie gilt jetzt und ist wirksam. Das ist wesentlicher Bestandteil der Erlösung. **Es gehört zur Berufung der Heiligen, die Erde heute verantwortlich zu regieren. Die Apostel wussten das, und deshalb investierten sie so viel Zeit und Energie, um jungen Christen beizubringen, in allen Lebensbereichen Autorität zu erwerben.**

In Römer 5 stellt Paulus das Erbe der Gnade und Rechtfertigung, das Jesus brachte, dem Erbe der Sünde und Verdammnis gegenüber, das durch Adam in die Welt gekommen war. In Vers 17 fasst er zusammen: *„Ist durch die Übertretung des einen der Tod zur Herrschaft gekommen, durch diesen einen, so werden erst recht alle, denen die Gnade und die Gabe der Gerechtigkeit reichlich zuteil wurde, leben und herrschen durch den einen, Jesus Christus."* (Vergleiche Luther: „herrschen im Leben", Elberfelder Bibel: „im Leben herrschen".)

„Leben und herrschen" bzw. *„im Leben herrschen"* ist ein weit gefasster Ausdruck. In diesem Kontext wendet Paulus ihn nicht konkret an. In den nächsten Kapiteln geht es ihm dann um persönliche Heiligung und das Leben im Geist. Dass Gott durch jegliche Umstände zu unserem Guten wirkt und dass wir in allem mehr als Überwinder sind, schreibt er in Kapitel 8, und in Kapitel 12 bis 14 befasst er sich mit dem praktischen Alltag in der christlichen Gemeinschaft und in der Welt.

Auch mit Blick auf die anderen neutestamentlichen Briefe kann man mit Sicherheit davon ausgehen, dass wir jetzt Autorität von Gott haben, in allen Lebensbereichen zu „herrschen". Mit Heiligung fängt es an, mit der Kraft zur Selbstbeherrschung. Wenn wir lernen, im Heiligen Geist zu leben und die geistlichen Disziplinen zu praktizieren, die Gott uns jetzt eröffnet hat, können wir alte Sünden und sündige Gewohnheiten überwinden und klar, stark und heilig leben. So entwickeln wir einen gottgefälligen Charakter und übernehmen Verantwortung.

Dieses Wachstum setzt sich in größer werdenden Kreisen nach außen hin fort: Wir lernen Verantwortlichkeit in unserer Familie, unserer Gemeinde, im Freundeskreis, am Arbeitsplatz, am Wohnort, bei unseren allgemeinen gesellschaftlichen und staatsbürgerlichen Pflichten. Daraus können sich in jedem dieser Bereiche weitreichende, spezialisierte Berufungen entwickeln.

Im Verlauf dieser Entwicklung sollen wir lernen, „die Welt zu überwinden". Das Neue Testament beschreibt „die Welt" als das System von Stolz, Lüsternheit, Eitelkeit, Kurzsichtigkeit und falschen Werten: ein System, das viele in der Gesellschaft, in der wir leben, motiviert. Auch falsche Ideologien gehören dazu. Dieses System wird von bösen Mächten gesteuert und kontrolliert. Jetzt, in Gott, können wir es wahrnehmen und entlarven, davon befreit werden und Autorität darüber gewinnen. Wer von Gott geboren ist, überwindet die Welt. Er zieht sich nicht von Menschen zurück, sondern lebt mit ihnen, in Liebe, Offenheit, Heiligkeit, Lebensweisheit und Kraft durch den Heiligen Geist.

Wir sollen über Satan und die dämonischen Geister herrschen. Früher waren wir unter *jenem Geist, der im Bereich der Lüfte regiert*, jetzt stehen wir über ihm (Epheser 2,1–10). Jetzt leben wir im Reich Gottes. Durch Gebet und praktische Umsetzung können wir dort, wohin wir gestellt sind, Autorität über geistliche Festungen erlangen. Wo Menschen dem Wirken von Dämonen ausgesetzt sind, sollen wir die Dämonen austreiben.

Auch über Krankheit können wir Vollmacht erlangen. Krankenheilung gehört zum Reich-Gottes-Mandat. Matthäus 8,17 greift Jesaja 53 auf und wendet es auf Heilung ebenso an wie auf Sündenvergebung. Gott gibt seiner Gemeinde entsprechende Gaben und den Ältesten Anweisungen, wie sie mit kranken Christen verfahren sollen. Wir sollen bestrebt sein, einander und die Menschen in unserer Umgebung zu heilen. Vielleicht müssen wir erst lernen, das besser – oder überhaupt – zu tun, aber es gehört zu dem Erbe und der Autorisierung, die uns gegeben wurden.

In gewissem Maß haben wir sogar Vollmacht über den Tod. „*Weckt Tote auf*" war Teil des ersten Reich-Gottes-Auftrags, der den Jüngern gegeben wurde. Jesus und die Apostel handelten entsprechend. Im Verlauf der Kirchengeschichte wurden immer wieder einmal Tote auferweckt, und auch heute geschieht das. Letztlich wird der Tod in einer zukünftigen Phase der Wiederherstellung vernichtet werden, aber diese Auferweckungen sind Zeichen, ein Vorgeschmack dessen, was kommen wird.

In der Gemeinschaft der Gläubigen, der Gemeinde, kann uns geholfen werden, uns Autorität und Fertigkeiten in diesen Bereichen praktisch anzueignen und sie einzuüben. Wir müssen es nicht allein tun, und wir alle brauchen die Hilfe anderer. Es entsteht auch eine größere Dynamik, wenn der Heilige Geist anderen die Gaben gibt, mir da zu helfen, wo ich es brauche. **So ist das Volk Gottes zunächst einmal ein Netzwerk von Freunden, die einander helfen, im Leben zu herrschen.**

Wenn diese Menschen dann zusammenkommen, bündelt sich ihre Lebensvollmacht und Lebenserfahrung; in Anbetung und Fürbitte segnen sie ihre Stadt und bereiten sie auf das Wirken Gottes vor. Damit fängt das gemeinsame verantwortliche „Herrschen im Leben" an (1. Timotheus 2,1–8).

3. Anderen Menschen Jesus und sein Reich übermitteln

Das tun wir genau dort, wo wir sind, unter den Menschen, mit denen wir im Alltag in Kontakt stehen. Es beginnt mit der Bereitschaft, sie zu lieben, sie kennenzulernen und uns ihnen in geeigneter Weise mitzuteilen.

Da wir ein *„Reich von Priestern"* sind, werden wir im Normalfall zunächst beginnen, für unsere Mitmenschen zu beten und auch gegen die Mächte vorzugehen, die sie möglicherweise gefangen halten. Die Taktik des Teufels ist immer, das Denken der Menschen zu beeinflussen, sie durch Zweifel und Lügen zu verunsichern und auf diese Weise daran zu hindern, sich für die Liebe Gottes und die Botschaft des Evangeliums zu öffnen (2. Korinther 4,4).

Beim Beten schenkt Gott uns seine Sicht und seine Liebe für diese Menschen und zeigt uns auch oft, was er mit ihnen vorhat. Wenn unsere Beziehung zu ihnen und ihre Offenheit für das Evangelium wachsen, können wir ihnen im Gespräch mitteilen, welche Gedanken Gott für sie hat. Das umfasst alle Themen des Lebens: praktische Fürsorge, das Evangelium, Bestärkung, Gebet für ihre Heilung, Beratung. Die, die wirklich nach Gott suchen, werden ihr Leben Jesus als ihrem Herrn übergeben.

Nach einem solchen Einstieg legt Gott uns vielleicht andere Gruppen aufs Herz – z. B. aus unserer Berufssparte. Wir dürfen lernen, für sie zu beten und auch ihnen zu vermitteln, was Gott uns gibt. Daraus können evangelistische Kontakte entstehen, z. B. „Alphakurse". Vielleicht wohnen wir neben Ausländern, haben aber keine Berührungspunkte mit ihnen. Wir leben in unterschiedlichen Gesellschaftskreisen. Wenn Gläubige anfangen, einen Ruf Gottes in ihrem Herzen zu empfangen, werden sie sich die Zeit nehmen, Kontakte zu suchen. Das erfordert zeitlichen

Einsatz und macht Mühe, aber wenn das Interesse echt ist, dann lässt sich Vertrauen gewinnen. Solche Kontakte werden nicht einfach von allein zustande kommen. Wir müssen uns aufmachen und uns in neue Bereiche vorwagen.

In vielen Fällen gilt: Solche Kreise können nur durch die Fürbitte einer Gruppe von Christen, oft mit Fasten, geistlich überhaupt zugänglich gemacht werden. Wir können darum bitten, dass das Reich Gottes machtvoll gepredigt wird, begleitet von Zeichen und Wundern. Evangelisten brauchen Freisetzung und Unterstützung. Sind wir auf diesem Weg ein Stück gegangen, beginnen wir vielleicht, öffentliche Treffen für Errettung und Heilung zu planen. Sie sollten von den am Ort lebenden Christen durchgeführt werden. Hin und wieder kann man auch mit bekannten Persönlichkeiten Sonderveranstaltungen und Dienste anbieten.

Der Herr zog Paulus aus seinem internationalen apostolischen Dienst ab und setzte ihn auf eine bestimmte Spur – als Gefangener in Rom sollte er sein Zeuge sein. Schon bei seiner Gefangennahme in Jerusalem war das Paulus in einer Vision gezeigt worden. In den folgenden Jahren stand er vor etlichen politischen Herrschern, unter anderem deshalb, weil der Herr diese Regierenden mit Jesus, dem Herrn, konfrontieren wollte. Deshalb wählte er seinen besten Mann und führte ihn in diese Kreise. Einige von Paulus' Botschaften aus dieser Phase sind uns schriftlich überliefert. Wir können von diesem Muster lernen: Gott führt sein Volk heute in spezialisierte Dienste in unterschiedliche Gesellschaftsschichten, Szenen und Subkulturen. Wir sind gerufen, Beter, Ratgeber, Propheten und Evangelisten zu sein.

Streben wir an, dass sich unsere Region mit derart berufenen Christen füllt, die in allen Gesellschaftsbereichen für Netzwerke von neuen Gläubigen und Jüngern sorgen. Daraus können Wiederherstellung und Erneuerung entstehen. Andere werden von Gott berufen werden, das Evangelium in die Welt zu tragen, zu Völkern, die es noch nie gehört haben. **Allen Völkern muss dieses Evangelium des Reiches gebracht werden.**

Historische Entwicklungen

Vielleicht ist es hilfreich, diese Aspekte unserer Berufung als ein Dreieck darzustellen.

Die Reich-Gottes-Berufung jedes Christen

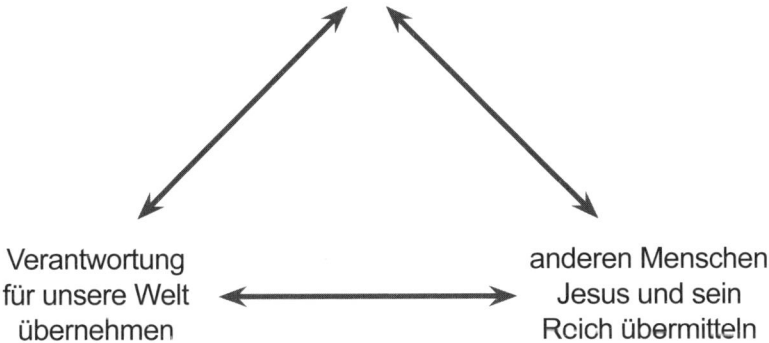

Gott und alle Menschen lieben

Verantwortung für unsere Welt übernehmen

anderen Menschen Jesus und sein Reich übermitteln

Ich betone immer wieder: **Alle drei Elemente dieser Berufung gehören zusammen und müssen unter Jesus dem Herrn ganzheitlich ausgelebt werden. Das bezieht sich auf einzelne Gläubige ebenso wie auf die Kirche insgesamt.**

Verlieren wir eines dieser Elemente, so wie es hin und wieder in der Kirchengeschichte geschehen ist und auch zu unserer Zeit geschieht, dann haben wir umgehend mit negativen Konsequenzen zu rechnen.

Verlieren wir das Element „Jesus und sein Reich vermitteln" mit seiner starken Botschaft und dem Anliegen der Evangelisation, wird die Kirche ein Sozialbetrieb, der den Menschen nicht mehr sagt, wie sie Gott finden können, und dass sie ihn finden müssen. Dann fehlen Antrieb und Mitleid, um hinauszugehen zu den Menschen, die in Unwissen, in Sünde oder sozialer Not verloren sind, und ihnen Jesus, den Herrn und Retter, zu bringen. Das Leben hat keine ewige Bestimmung und Dimension, es gibt kein Gericht am Ende der Tage, keine Verlorenheit und damit auch kein „Gefundensein". Man kennt keine letztlich gültigen Kategorien, nach denen sich definieren ließe, wer Christ ist. Es gibt keinen Startpunkt, ab dem sich Menschen Gott wieder zuwenden und ab dem sein Herr-Sein ihr Leben regieren könnte.

Dies beschreibt zum Teil den notvollen Zustand jener liberalen protestantischen Gemeinden, die die Bibel nicht mehr als ihre Autorität ansehen. Oft widmen sie sich auf differenzierte und fürsorgliche Weise den Problemen des Lebens und gesellschaftlichen Belangen. Sie haben jedoch die Basis dafür verloren, zu erklären, wer Gott ist, und sein Eingreifen zu erwarten. Es fehlt ihnen die Grundlage, auf der sie Menschen zur Lebensübergabe an Jesus als Herrn und den einzigen Weg zum Vater rufen könnten. Verbreitet sind diffuse Moralvorstellungen und die mangelnde Fähigkeit, prophetisch zu sprechen und in bestimmten Dingen zur Umkehr zu rufen. Oft neigen diese Gemeinden dazu, dem Zeitgeist zu folgen.

An diesem Punkt stehen auch die historischen Kirchen in Gefahr, die den Sakramenten und dem kirchlichen Amt hohen Wert beimessen. Ihre Glieder sind sehr oft überzeugt, solange sie der Lehre und den Amtsträgern der Kirche Folge leisten und die Sakramente in Anspruch nehmen, seien sie gute Christen – ob sie Gott kennen und ob ihr Leben göttliche Frucht bringt oder nicht. Bei manchen dieser Leute liegt das Kriterium für Christsein eher in der Zugehörigkeit zum kirchlichen System als im täglichen Leben. Das führt zu einer nominal christlichen Bevölkerung mit pragmatischer Doppelmoral.

Zu einer Stellungnahme gedrängt, werden kirchliche Leiter zwar normalerweise theologisch begründet beteuern, dass sich persönlicher Glaube und Gehorsam gegenüber Gott in der Lebenspraxis zeigen müssten und dass die Sakramente nur Teil des Ganzen seien. Allerdings lehren und predigen leider wenige dieser Theologen klar über die Bedingungen für eine persönliche Beziehung zu Gott – letztlich vielleicht deshalb, weil sie selbst nicht überzeugt sind, dass ein Christenleben, welches nicht unter der Herrschaft Christi geführt wird, überhaupt kein Christenleben ist!

Folglich gelten alle getauften Kirchenmitglieder als irgendwie auf dem Weg mit Gott; keinem kann man das Christsein absprechen. Es bleibt keine Basis für einen kategorischen Aufruf zur Umkehr und somit keine Basis für Evangelisierung. Wahr ist, dass das Leben und die Begegnung mit Gott und das Leben mit ihm ein *Weg* sind. Es ist nicht nötig, einen Bekehrungszeitpunkt nennen zu können. Doch üblicherweise fehlt eine Basis, die Bedingungen für den Eintritt ins Reich Gottes auch nur zu predigen.

Diese Bemerkungen beschreiben natürlich nur die Spitze des Eisbergs. Wir rühren hier an verschiedenen theologischen und kirchlichen Überzeugungen, die in der Kirchengeschichte parallel verlaufen sind. Auch wenn ich Sorge habe, dass den Anhängern ihrer Kirchen eine falsche Hoffnung vermittelt wird, danke ich Gott für die Leiter und Gläubigen in diesen historischen, liturgischen Kirchen, die Jesus wirklich lieben und ihm im Alltag nachfolgen. Manche von ihnen sind meine persönlichen Freunde, und ich habe großen Respekt vor ihrem ehrlichen Leben mit Gott.

Ich danke Gott auch für die verschiedenen Erneuerungsbewegungen in diesen Kirchen, die die Menschen auf unterschiedliche Weise zu einer persönlichen Hingabe an Jesus und an das Leben als Jünger Jesu rufen.

Wenn wir andererseits zwar die Erlösungsberufung haben, aber den Auftrag, jetzt Verantwortung für die Welt zu übernehmen, vernachlässigen, verpassen wir Gottes Plan für die kontinuierliche und nachhaltige Wiederherstellung des Himmels und der Erde. Wir verlieren die Grundlage, auf der wir Gottes Wertschätzung und Absicht für das ganze Leben hier und jetzt begreifen würden. Dann verstehen wir uns ausschließlich darauf, Menschen zu Gott zu bringen, sie in den Grundlagen der persönlichen Heiligung zu festigen und ihnen zu helfen, andere zu Gott zu führen. Evangelisierung definieren wir als die einzige bedeutende Aufgabe (vielleicht zusammen mit Fürsorge für Arme und Bedürftige), der Rest des Lebens hingegen ist unter der Voraussetzung nur ein unvermeidlicher Rahmen für den Alltag und für evangelistische Kontakte.

Das teilt das Leben in zwei Hälften auf: geistlich und säkular. Gebet, Bibel, Evangelisation, Gemeinde und Gemeindewachstum, Fürsorge und Mission sind „geistlich", alle andern alltäglichen Angelegenheiten des Lebens und der Gesellschaft im Allgemeinen „säkular". Letztere werden als nur vorübergehend und in sich wenig wertvoll angesehen. Sie haben nur insofern Bedeutung, als sie Menschen einbinden und formen und beschäftigen, die, da es ewige Wesen sind, gerettet werden müssen.

Dieser letzte Abschnitt beschreibt die Einstellung des überwiegenden Teils der heutigen evangelikal-christlichen Welt (konservativ, charismatisch oder pfingstlich). Verbreitet herrscht unter den evangelikalen Leitern unserer Zeit das Verständnis, Evangelisierung und Gemeindebau oder -wachstum, Grundlagen der Jüngerschaftsschulung (welche sich auf persönliche Heilung, Heiligkeit und Geistlichkeit konzentrieren) und Fürsorge für Arme und Bedürftige seien die vornehmlichsten Aufgaben von Christen.

Natürlich sind dies wichtige Elemente des Reiches Gottes, aber sie sind nur Teil des Auftrags. Wenn sie jedoch als das Gesamtbild vermittelt werden, dann stellt dies eine verkrüppelnde Minderung des apostolischen Verständnisses und der Vision des Reiches Gottes dar. Verloren gegangen ist damit der Aspekt, dass wir verantwortlich über die Erde herrschen sollen. Das ist zum Beispiel der Grund dafür, warum Leiter ihre Leute nicht darin schulen, wie man in allen Bereichen mit Gottes Weisheit und Vollmacht lebt.

Gläubigen wird beigebracht, es sei ihre Aufgabe, am Arbeitsplatz und in anderen Lebensbereichen Zeugen für Jesus zu sein, also Evangelisierung. Manche schaffen das. Viele kämpfen mit den Lebensfragen und -problemen, die ihnen zu Hause, am Arbeitsplatz und in der Gesellschaft allgemein begegnen. Dabei geht es um Beziehungen, Verantwortlichkeiten, gesellschaftlichen Druck, intellektuelle Fragen. Da ist die Belastung der Arbeit an sich, zusätzlich Ehe und Familie, Geldsorgen und ganz einfach Zeitmangel. Sie sehen sich auch mit ihren eigenen persönlichen und charakterlichen Schwächen konfrontiert.

Wo Überforderung und vielleicht auch Versagen und Sünde vorliegen, fehlt ihnen eine Grundlage der Integrität, von der aus sie für Jesus sprechen könnten. Deshalb tun sie es nicht. Dann arrangieren sie sich mit ihren Lebensrealitäten. Sie leben in diesem Dualismus, in diesen zwei Welten: geistlich und säkular, und können sie nicht zusammenbringen. Es ist egal, wie oft ihr Pastor sie ermahnt; mehr als ihr Bestes können sie nicht geben. Mit Blick auf seine Lebensumstände argwöhnen sie außerdem, dass der Pastor in *seiner* Gemeindewelt lebt und manchmal wenig Ahnung hat von den Problemen, mit denen sie sich in *ihrer* Welt auseinandersetzen müssen.

Was die Gläubigen an diesem Punkt brauchen, und wonach sich viele sehnen, sind Freunde, mit denen sie über solche Dinge sprechen können. Die, die Gott wirklich lieben, wollen ihr Leben in Ordnung bringen und in den Griff bekommen und Menschen ihrer Umgebung positiv beeinflussen. Aber oft wissen sie noch nicht, wie. Sie sehnen sich zurück nach Einfachheit und wollen ihr Leben und ihre reale Welt ehrlich mit einigen Freunden teilen, die im selben Boot sitzen und denen sie vertrauen. Das Ergebnis ist, dass eine der am schnellsten wachsenden Bewegungen unter Christen in der westlichen Welt heute die der nicht gemeindegebundenen Gläubigen ist. Sie wollen Jesus folgen, können aber mit Kirche, wie sie sie kennen, wenig anfangen.

Aus dieser Not heraus sind Basisbewegungen entstanden, die an die Wurzeln zurückgehen und „Kirche/Gemeinde" auf ihre einfachsten Elemente reduzieren. Einige dieser Initiativen sind verheißungsvoll und ich bete, dass sie sich gut entwickeln. Andere scheinen bereits eine klare biblische Basis verloren zu haben. **Allerdings bin ich überzeugt, dass sich keine dieser Bewegungen von diesem innewohnenden Dualismus befreien kann, wenn sie nicht ein ganzheitliches Reich-Gottes-Verständnis und die entsprechende Vision entdeckt.** Der Dualismus wird immer wieder auftauchen, in jedem System, das man entwickeln mag. Ich habe schon erlebt, wie neue Hauskirchen in die Falle dieses alten Dilemmas getappt sind, trotz ihrer einfacheren Strukturen.

Letzten Endes geht es nicht um Strukturen, sondern um Theologie und Weltsicht.

Über die letzten 150 Jahre haben Missionare aus dem Westen zahlreichen Nationen das *Privaterlösungs-Evangelium* gebracht. Es gibt wunderbare Beispiele von Hingabe und Opferbereitschaft, die zu geistlichen Durchbrüchen führten, viele Fälle von kraftvoller Evangelisierung, durch die Menschen in großer Zahl zu Jesus geführt wurden, oft mit Heilung und Wundern. Die neuen Gläubigen wurden mit eben diesem Verständnis ausgebildet. Das führte zu einer Vervielfältigung der Evangelisation, zu Gemeindegründungen und -wachstum.

Aber oft ist daraus dasselbe Muster entstanden. Die Christen wissen, wie man betet, evangelisiert, Gemeinden entwickelt, doch häufig haben sie nicht gelernt, wie man unter Jesus lebt. In Bezug auf Ehe und Familie, Sex, Arbeit und Geschäft, Ehrlichkeit, Verantwortlichkeit und Autorität, auf Geld und Politik verhalten sie sich nur unbedeutend anders als Nichtchristen, und in ihrem Teil der Gesellschaft hat sich auch nur wenig gewandelt.

In manchen afrikanischen Städten und Regionen südlich der Sahara z. B. bezeichnet sich ein guter Prozentsatz der Bevölkerung als wiedergeborene Christen, aber die Standards in ihrer Gesellschaft, was Korruption, Sexualpraxis, Verantwortungslosigkeit, Hexerei, Despotismus angeht, haben sich dem Anschein nach nicht viel geändert. Was ist bloß aus dem *Salz der Erde* geworden? Christen wurden gelehrt, eine persönliche, private „Wiedergeburts-Erlösung" zu genießen, ohne Verantwortung für ihren Teil der Welt zu übernehmen. Diese Entwicklung sollte uns nicht überraschen. Dass es dazu kam, ist logisch. Wir haben uns fortgepflanzt und die „Nachkommen" sind nach unserer Art geschlagen! Das ist tragisch und muss korrigiert werden, sonst wird die Botschaft von der Erlösung durch Jesus disqualifiziert.

Im 13. Kapitel werden wir uns ansehen, wie es zu dieser Verengung in den evangelikalen Kirchen gekommen ist. **In älteren Formen der evangelikalen Tradition – z. B. bei den englischen Puritanern, im deutschen Pietismus des 17. und 18. Jahrhunderts, unter den Methodisten und evangelikalen anglikanischen Bewegungen des 18. Jahrhunderts – hielt man alle Aspekte der Reich-Gottes-Berufung zusammen. Erst vor etwa 120 bis 150 Jahren wurde das Element der Verantwortung für die Welt weitgehend verworfen und die Berufung des Christen auf**

Evangelisierung und Fürsorge für Bedürftige verkürzt. Wir sind die Urenkel einer jungen historischen Entwicklung, einer Fehlentwicklung, und wir müssen diese erkennen und korrigieren.

Zunächst aber möchte ich einen positiven Ausblick darauf geben, wie wir lernen können, unsere ganzheitliche Reich-Gottes-Berufung als Christen in unserem Leben zu verwirklichen. Wie können Sie und ich und die jungen Christen in unserer Obhut das lernen? Damit befasst sich das nächste Kapitel.

12

Die Berufung des Christen: praktische Ausbildung

---

*Gott möchte uns zu kreativen, aktiven Partnern
machen, die über seine Erde genau da
Verantwortung übernehmen, wo sie gerade sind.
Und dafür will er uns seine Autorität und Weisheit geben.*

Praktische Ausbildung für Gläubige: Wie man in seine Reich-Gottes-Berufung hineinwächst

Junge Christen müssen vieles lernen. Dieser Abschnitt deckt nur den einen Aspekt ab: wie sie von Anfang an dahin geführt werden können, ihre dreifache Reich-Gottes-Berufung zu praktizieren. Das vorliegende Buch handelt von Vision, Prinzipien und Richtlinien; *Methoden* können nur sehr eingeschränkt angesprochen werden. Wenn ich trotzdem Methoden erwähne, dann hauptsächlich, um die angeführten Prinzipien zu illustrieren. Hier geht es in erster Linie um **die Aufgabe der Gemeinde, ihre Glieder in ihrer Reich-Gottes-Berufung** anzuleiten. Diese Berufung wird zum Großteil im Alltag und nur sehr wenig in Gemeindeveranstaltungen ausgelebt. Dieser Abschnitt gibt neuen Gläubigen und ihren Kleingruppenleitern und Mentoren eine Orientierung, die sie in ihre Berufung hineinführt.

Eine echte Bekehrung – Umkehr, Lebensübergabe an Jesus als Herrn, Rechtfertigung durch Glauben – muss sichergestellt sein, bevor Christen in ihr Erbe eingeführt werden können. Ist Jesus ihr Herr, dann werden sie von ihm fasziniert sein, ihn kennenlernen und ihr Leben einsetzen wollen, um seinen Ruf zu entdecken und zu befolgen. Haben sie Jesus aber nur auf eine falsche, ichbezogene Weise „angenommen", werden sie bestimmte Bereiche ihres Lebens niemals ändern wollen und nicht wirklich motiviert sein, ihm nachzufolgen. Sie müssen in einen Neuanfang geleitet werden, zu einer *wirklichen* Bekehrung. Meine langjährige Erfahrung zeigt: Wenn jemand das nicht will, dann ist es Zeitverschwendung, ihn mit der Jesus-Nachfolge zu behelligen. Man sollte ihm Liebe und Respekt entgegenbringen, ihn aber nicht in irgendein Jüngerschaftsverhältnis miteinbeziehen. Unsere Arbeit setzt bei denen an, die willig sind.

Damit sind die ersten beiden Schritte der klassischen Einführung unternommen, die Paulus in Ephesus demonstrierte (Apostelgeschichte 19,4–6): Umkehr zu Gott (Hinwendung und Unterordnung) und Glauben an die Vergebung durch Jesus, den Herrn. Die nächsten beiden Schritte sind Taufe im Wasser und Taufe mit dem Heiligen Geist. Theologie und Modus der Wassertaufe wird davon abhängig sein, zu welcher Kirche die Mentoren gehören, und die Taufe wird nach den Weisungen der jeweiligen Kirchenleitung ausgeführt werden. Handelt es sich um eine Pioniersituation, tauft normalerweise derjenige die Bekehrten, der sie dann auch anleitet und die geistliche Verantwortung für sie trägt.

Und so kann es dann weitergehen: Die jungen Christen werden zur Erfüllung mit dem Heiligen Geist geführt. Als Erstes dürfen sie gemäß Römer 12,1–2 ihren Körper dem Herrn weihen. Auf der Grundlage von Lukas 3,16 und Lukas 11,13 rufen sie Jesus an, er möge sie mit seinem Geist erfüllen. Wir stehen ihnen bei, leiten sie in ihrem Beten an und legen ihnen die Hände auf, damit sie mit dem Geist erfüllt und Gaben in ihnen freigesetzt werden. Von Anfang an müssen wir sie mit dem Wirken des Heiligen Geistes und Handeln im geistlichen Bereich vertraut machen. Sie können sofort lernen, andere zu segnen, für sie zu beten und zu erwarten, dass Gott ihnen Worte des Lebens, Geistesgaben und Anstöße zur Fürsorge gibt. Privat sollten sie viel in anderen Sprachen und mit dem Verstand beten. Sie lernen, die Gegenwart und das Wirken des Geistes im Alltagsleben zu suchen. Das sind erste Schritte.

Nun kann das Lebenstraining beginnen. Der Rahmen ist die Gemeinschaft der Bürger des Reiches Gottes – normalerweise in einer Ortsgemeinde, eventuell in einer Gemeinschaft, einem Werk o. Ä. Für den jungen Christen hat eine kleine Gruppe mit persönlichem Mentor eine Schlüsselstellung. Der Mentor muss bereit sein, auf Wunsch in das Leben des jungen Christen Einblick zu nehmen – Zuhause, Arbeitsplatz, Freundeskreis usw.

Alles kommt dort zur Anwendung, wo ich mich jetzt befinde. Ich sollte Hoffnung haben für eine wunderbare Zukunft, und meine Zukunft beginnt da, wo ich gerade lebe. Eine einfache Struktur, die für die meisten von uns gilt, ist unser Alltag, der sich leicht in vier Grundeinheiten aufteilen lässt: Ich selbst, meine Familie, Arbeit sowie Wohnumfeld/Freunde. „Ich" deckt den Bereich meiner persönlichen, individuellen Ermächtigung und Verantwortung vor Gott und Menschen ab. Die anderen drei – Familie, Arbeitsplatz, Wohnumfeld/Freunde – verstehen sich von selbst. In diesen drei Grundstrukturen verbringe ich die meisten Stunden meines Tages. Es ist auch nicht nur eine Frage der Zeit und des Ortes: Wohin ich auch gehe, ich bin immer Mitglied meiner Familie. Mich selbst nehme ich überallhin mit! Diese vier Bereiche decken praktisch alle Aspekte unseres Alltags recht gut ab und bieten uns eine hilfreiche Struktur zum Anfangen.

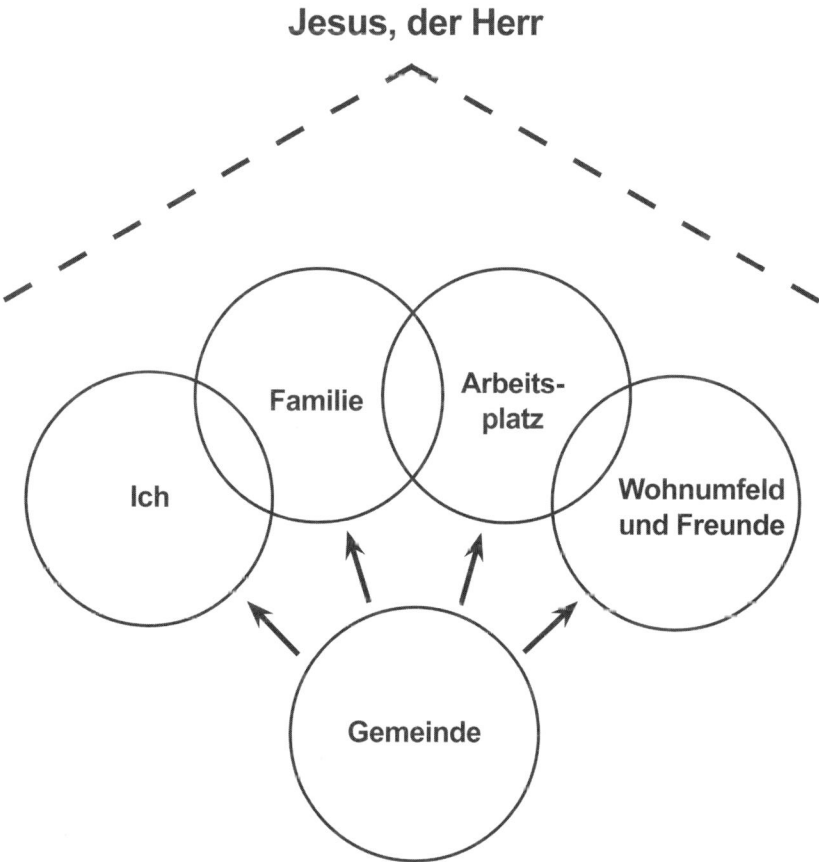

Ich empfehle die folgenden sechs Entwicklungsschritte:

Schritt 1

Meinen derzeitigen Rahmen in jedem dieser vier Bereiche konstruktiv annehmen – und hier mit Hoffnung und Glauben ansetzen:

a) „Ich" und „Familie"

Jetzt kann ich mich mit den Grundlagen meines Lebens befassen. Die erste ist Selbstannahme: wer ich bin, wie ich gemacht bin, was ich kann, was ich nicht kann etc. Das ist verwoben mit dem positiven Annehmen der Familie, in die ich hineingeboren wurde. Identität und Sicherheit, Selbstbewusstsein und Beziehungsfähigkeit kommen zunächst einmal aus der Herkunftsfamilie. Hoffentlich ist mein Familienhintergrund gut und ich identifiziere mich bereits mit meiner Familie und bringe mich positiv ein. Möglicherweise aber ist die Familie zerbrochen und leidet sehr unter den Sünden der Eltern, Großeltern, Geschwister usw. Vielleicht hat mich das schwer verletzt und kaputtgemacht. Ich brauche es nicht gut zu nennen oder schönzureden, muss aber akzeptieren, dass es Teil meines Lebens ist. Dieser Tatsache muss ich mich stellen und mich konstruktiv auf sie einlassen.

Die Bereitschaft zur Annahme und Identifikation mit unseren Wurzeln trifft auch auf Clans zu, auf Stämme und Nationen. Wir können uns weder unsere Familie noch unseren Stamm oder die Nation, in die wir hineingeboren wurden, aussuchen. Ebenso wenig unterliegt es unserem Einfluss, wie wir geschaffen sind – aber wir entscheiden, was wir damit anfangen. Psalm 139 sagt uns, dass Gott genau darüber wacht, wie wir im Mutterleib geformt werden, und dass er große Pläne für unsere Zukunft hat. Ob wir uns auf ihn einlassen oder nicht, liegt an uns. Wenn ja, wird er uns zeigen, wie wir unsere Vergangenheit durcharbeiten und ein neues, positives Erbe schaffen können.

b) Arbeitsplatz

Eine biblische Sicht von Arbeit und Ausbildung (Lehre, Studium) wurde in Teil 1 beschrieben. Dabei handelt es sich um einen Bereich, in dem wir unsere Verantwortung für diese Welt direkt aufgreifen. Paulus fasst das alles mit seiner praktischen Anweisung in Kolosser 3,22f. zusammen: *„Ihr Sklaven, gehorcht euren irdischen Herren in allem! Arbeitet nicht nur, um euch bei den Menschen einzuschmeicheln und ihnen zu gefallen, sondern fürchtet den Herrn mit aufrichtigem Herzen! Tut eure Arbeit gern, als wäre sie für den Herrn und nicht für Menschen."* Das richtet sich nicht nur an Sklaven, sondern ist eine allgemeine Richtlinie für alle Christen am Arbeitsplatz. Weil unsere Welt nun einmal so ist, wie sie ist, gibt es keine ideale

Arbeitsstelle. Selbstsüchtiger Ehrgeiz, Egospielchen, Ineffektivität und Korruption finden sich überall. Trotz allem: Die Grundidee entstammt der Schöpfungsordnung Gottes. Auf dieser Basis sollen wir unseren Beruf und unsere Arbeitsstelle von Herzen annehmen und als einen Teil der Berufung Gottes ansehen. Jetzt können wir lernen, die Arbeit unter seiner Leitung zu tun. Sollten Sie offensichtlich am falschen Platz sein und Gelegenheit haben zu wechseln, dann machen Sie das. Wo auch immer Sie dann hinkommen, beginnen Sie ganz bewusst unter Gottes Führung.

c) Wohnumfeld

In einer Großstadt mag Nachbarschaft anonym und unpersönlich sein. Dennoch handelt es sich um mehr als nur eine pragmatische, unter logistischen Gesichtspunkten geschaffene Lebensstation für mich und meine Familie. Das Wohnumfeld ist der Teil der Stadt, in dem wir leben, und hier kommen gewisse gesellschaftliche Beziehungen und Verantwortungen ins Spiel. Wir können uns darauf einlassen und unsere Rolle aktiv ausfüllen. Alles hängt davon ab, wie wir unsere Städte und Dörfer sehen. Haben sie aus sich selbst heraus Bedeutung für Gott oder sind sie nur „Behälter" für Menschen? Natürlich sind die Menschen am wichtigsten; Menschen sind ewige Seelen. Aber welchen Wert hat die Weise, wie wir unsere Häuser bauen und unsere Städte gestalten? Rufen wir uns die Kernthese des ersten Teils dieses Buches in Erinnerung: Alles in unserer Welt ist für Gott wichtig und er wirkt, um alles zu heilen und wiederherzustellen.

Schritt 2: Reparieren, in Ordnung bringen
a) „Ich" und „Familie"

Mit mir selbst muss ich anfangen. Durch meine Umkehr, Gottes Gnade und das Blut Jesu habe ich Vergebung und Annahme erlebt. Jetzt kann ich vor Gott ein reines Gewissen haben. Es ist sehr wahrscheinlich nötig und hilfreich, die Sünden meiner Vergangenheit in einer Lebensbeichte durchzugehen, sie zu bekennen und mir von einem Zeugen (meinem Priester/Pastor/Mentor) Vergebung zusprechen zu lassen. Wie steht es mit meinem Gewissen gegenüber anderen? Vermutlich muss ich meine Vergangenheit durchgehen und Menschen um Vergebung bitten, in Ordnung bringen, was in Ordnung gebracht werden kann – Gestohlenes zurückgeben, hinterzogene Steuern nachzahlen, mit einem Wort: Wiedergutmachung leisten. Ich werde meinen Mentor und vielleicht einige Freunde brauchen, die mir bei diesen Schritten beistehen.

Das tun wir nicht, um Gottes Vergebung zu gewinnen: Nein, *weil* er uns vergeben hat und in unserem Leben regiert, möchten wir mit Menschen ins Reine kommen. Für jemanden aus grob asozialen oder gar kriminellen Verhältnissen kann das von erheblicher Tragweite sein, was vielleicht Zusammenarbeit mit der Polizei etc. erforderlich macht. Ich kannte jemanden, der sich der Polizei stellte und dann für zwei Jahre ins Gefängnis musste (wo er übrigens Gottes Wirken unter den Gefangenen erlebte!). In solchen Fällen muss man diese Dinge wirklich mit Hilfe von weisen und vertrauenswürdigen Ratgebern durchgehen.

Möglicherweise muss Ich beim Durcharbeiten dieser Probleme meiner Vergangenheit von dämonischer Belastung befreit werden, egal, ob diese ihren Ursprung in meinen eigenen Sünden oder Verletzungen meiner Vergangenheit oder in denen meiner Vorfahren hat. Wer sich auf Okkultismus, Spiritismus, bestimmte Formen des Esoterischen, auf Drogen oder satanische Musik eingelassen hat, wird sehr wahrscheinlich seine Vergangenheit durchforsten müssen, um von bösen Geistern frei zu werden. Ich kann solche Aktivitäten als Sünde benennen, mich davon lossagen und unter Gebet Befreiung empfangen.

Gab oder gibt es bestimmte Gebiete von gewohnheitsmäßiger Gebundenheit, z. B. Pornografie oder anderes Fehlverhalten im Bereich der Sexualität, Essstörungen, Zwänge, dann müssen wir uns vor Gott und unserem Mentor öffnen und uns damit auseinandersetzen. Die Ursachen können vielfältig sein: unser familiärer Hintergrund, eigene Sünden, die Sünden anderer, der Einfluss böser Geister oder Kombinationen hieraus. Vielleicht ist es nötig, spezialisiertere Seelsorger zu Hilfe zu rufen.

Fast jeder braucht innere Heilung von Verletzungen aus der Vergangenheit. Das wird oft dann offenbar, wenn wir unseren Familienhintergrund durcharbeiten. Üblicherweise müssen wir unsere Eltern und Geschwister um Vergebung bitten und anfangen, die Beziehungen zu Hause anders zu gestalten. Wir müssen den anderen Familienmitgliedern in der Regel auch vergeben. Die tieferen Verletzungen, die wir im Lauf des Lebens erleiden, haben ihren Ursprung oft bei den Eltern oder in der Familie. Das liegt daran, dass wir als Kinder und in unserem Zuhause offen und formbar sind. Wenn ich aus einer zerbrochenen oder dysfunktionalen Familie komme, dann habe ich vermutlich ernstlich Schaden genommen. Im Fall von sexuellem Missbrauch sitzt der Schmerz außerordentlich tief und ich werde mich nicht damit auseinandersetzen wollen. Auch sonstige Gewalt, verbaler Missbrauch und ungerechte Behandlung verursachen tiefen Schmerz. Aber wenn ich dem ins Gesicht sehe, wird sich der Heilige Geist meiner in der Tiefe annehmen und mich heilen. Natürlich verletzen uns auch Menschen außerhalb unserer Familie; auch ihnen müssen wir vergeben, um Gottes

Heilung zu empfangen. Das können wir ganz systematisch angehen, damit wir alte Beziehungslasten nicht unnötig lange mit uns herumschleppen. Unser Mentor muss diese Dinge mit uns durchgehen, Gebiet für Gebiet, in dem Tempo, das zu uns passt.

Im Lauf der Jahre habe ich Christen erlebt, die in der Kraft des Heiligen Geistes Großartiges für Gott leisten, ohne diese grundlegenden Dinge aufgearbeitet zu haben. Das führt unter anderem dazu, dass sie manchmal unsicher und verletzt reagieren, was es denen, die ihnen nahestehen, ausgesprochen schwer macht. Manche entwickeln sich zu starken, sehr individualistischen Pionieren, die mit engen Beziehungen Schwierigkeiten haben. Entweder wissen sie nicht, dass sie sich mit diesen Grundlagen befassen und Beziehungsfähigkeit lernen müssen, oder sie haben Angst, sich ihrem Schmerz zu stellen.

Bin ich verheiratet, habe vielleicht Kinder, dann besteht jetzt die Möglichkeit, diese Aspekte unter Gottes Ordnung zu bringen. Wir bringen all das in unsere Ehe mit, was wir im Elternhaus gelernt haben und was dadurch aus uns geworden ist. Eine Aufarbeitung meiner Vergangenheit wird sich automatisch auf meine eigene Ehe und Familie auswirken. Es könnte sein, dass mein Ehepartner und ich Hilfe suchen müssen bei Menschen, denen wir vertrauen, die uns dabei unterstützen, unsere Beziehung in Ordnung zu bringen und neu aufzubauen. Wenn alles grundsätzlich okay ist, dann brauchen wir keine besonderen Maßnahmen zu ergreifen. Das ist zu hoffen.

Liegt aber tatsächlich eine Not vor, dann ist jetzt der Moment gekommen, die Sache anzugehen. Damit bietet sich uns eine wunderbare Möglichkeit, die wir gründlich nutzen und für die wir uns Zeit nehmen sollten. Es ist keine Schande, fähige, vertrauenswürdige Menschen für meine Ehe um Hilfe zu bitten, laut dem Wort Gottes auch gar nicht ungewöhnlich, und klug ist es obendrein. Die Alternative wäre, Probleme allein aufarbeiten oder es mit der typisch männlichen Lösung versuchen zu wollen: das Problem aussitzen und gar nichts tun. Damit mache ich es sicher schlimmer, und die Zeit arbeitet gegen mich. Die Partner müssen also gemeinsam entscheiden, wem sie vertrauen können, sich an diese Leute wenden und um Hilfe bitten. In der westlichen Gesellschaft ist das nicht normal, aber wer will schon normal sein? Jetzt gehören wir zur Reich-Gottes-Gesellschaft! Vielleicht brauchen wir auch Hilfe bei der Kindererziehung. Hier gilt das Gleiche.

Viele alte Sünden verschwinden durch die Wiedergeburt und Taufe im Heiligen Geist, und das ist herrlich. Andere jedoch verschwinden nicht. Sie müssen systematisch angegangen und überwunden werden mit dem Ziel, positiv und ehrlich denken und reden zu lernen. Weitere Lernziele sind:

Verantwortung übernehmen und Wort halten, mit Geld und Ressourcen gut umgehen, Freundschaften und Beziehungen angemessen pflegen, das sexuelle Denken, Fantasieren und Handeln gemäß Gottes Richtlinien unter Kontrolle bekommen, die eigene Arbeit gut tun, kreativ sein. Mit der Arbeit an diesen Dingen, bei denen es immer um Charakter und grundlegende Lebensfertigkeiten geht, entwickle ich gute, „rechtschaffene" Gepflogenheiten. Dabei begegne ich meinen alten Sünden und Angewohnheiten und kann mich daran machen, sie zu überwinden: Ich muss mich ihnen offen und ehrlich vor Gott und den beteiligten Menschen stellen, normalerweise auch vor meinem Mentor. Wo ich sündige, darf ich es zugeben und um Vergebung bitten. Wieder ist es am gewinnbringendsten, mich auch vor anderen Menschen zu demütigen und um Hilfe zu bitten. Ich kann Schritt für Schritt vorankommen und lernen, in der Disziplin des Heiligen Geistes zu leben, und damit meine alten Lebensformen überwinden. Das ist der biblische Standard. In Römer 8 sagt Paulus zu, dass die, die unter der Leitung des Heiligen Geistes leben, das Fleisch besiegen werden.

Dieser Lern- und Wachstumsprozess erstreckt sich über das ganze Leben. Am Anfang gibt es oft viel in Ordnung zu bringen und neue Vorgehensweisen zu lernen. Das kann schon einmal entmutigen. Aber auf dem Weg werden wir immer stärker und machen stetig Fortschritte. Irgendwann sind wir dann weniger mit uns selbst beschäftigt und können Verantwortung für andere Menschen übernehmen. Wir lernen auch Anbetung, Gebet, Fürbitte, Beten im Geist, Prophetie, Wirken in den Gaben des Geistes. Wir lernen die Bibel zu studieren, um Gott tiefer zu erkennen und seine Wege zu verstehen.

Das alles bedeutet, dass wir einen Grund legen, auf den wir in Zukunft aufbauen können. Dieser Prozess kann sich eine Weile, vielleicht über Jahre hinziehen – je nach unserem Alter und Hintergrund. Manchmal geht es schnell. Gott liebt uns, und er wird uns so schnell oder langsam voranbringen, wie er es für richtig hält. Es wird Zeiten voller Aktion und Herausforderung geben, aber auch Zeiten der Ruhe und Erholung. Unser Leiter und Mentor muss gut verstehen, welches unser Tempo und was als Nächstes dran ist.

b) Arbeitsstelle

Hier korrigiere ich jegliche Haltung und Praxis, die nicht Gottes Willen entspricht. Wenn ich meine Arbeit bislang nur als eine unvermeidbare Notwendigkeit angesehen habe, muss ich Buße tun und anfangen, in ihr einen Dienst für Gott und an Menschen zu erkennen. Ich werde kreativ. Ich bemühe mich pünktlich zu kommen und wenn nötig länger zu arbeiten. Ich nehme eine offene, positive Haltung gegenüber Kollegen, Untergebenen,

Vorgesetzten und Kunden an und identifiziere mich mit der Firma. Wenn ich in der Vergangenheit negativ gesprochen und gehandelt habe, kann ich mich, wo es angebracht ist, entschuldigen und von nun an konstruktiv reden. Habe ich Firmeneigentum gestohlen, muss ich es zurückgeben oder bezahlen. Habe ich mich an in der Firma üblichen illegalen Praktiken beteiligt, brauche ich Beratung durch meinen Mentor, wie ich vorgehen soll.

Schüler und Studenten: Sehen Sie in Ihren Unterrichtsthemen einen Teil der Welt Gottes. Entwickeln Sie echtes Interesse, nicht nur am Bestehen der Abschlussprüfung, sondern an den Lerninhalten, dass Sie sie beherrschen und in der Praxis dann weise anwenden können. Alle Themen decken irgendeinen Aspekt von Gottes Welt ab und gehören zu Ihnen, da Sie sein Kind sind. Sie können den Heiligen Geist bitten, Ihr Lehrer zu sein. Etliche Unterrichtsinhalte werden mit antibiblischen Ideologien und Werten durchzogen sein; das gibt Ihnen die Möglichkeit, sich damit auseinanderzusetzen und zu einer eigenen Position zu finden.

c) Wohnumfeld

Wenn ich mich bislang aus allem herausgehalten und nicht für mein Wohnumfeld interessiert habe, darf ich umkehren und mich an passender Stelle einbringen. Das bedeutet vielleicht, dass ich für meine Nachbarn bete, auch wenn ich sie nicht kenne, mich für sie interessiere und bei Gelegenheit mit ihnen unterhalte. Ich kann zum Beispiel beim Einkaufen mit den Menschen in Kontakt treten. Habe ich Kinder in der Schule oder in Vereinen, nehme ich Anteil und engagiere mich so, wie ich es möglich machen kann.

Schritt 3: Mit Gott Neues entwickeln

Nun, da viele meiner negativen Beiträge zu meinen Lebensbereichen in Ordnung gebracht und verändert wurden, kann ich anfangen, mit dem Heiligen Geist schöpferisch tätig zu werden. Ich kann lernen, mit ihm zusammenzuarbeiten und unter seiner Leitung Neues zu entwickeln. Das könnten Lösungen für Probleme sein, jetzt aber nicht mehr für solche, die in mir, sondern für solche, die in anderen Menschen oder der Organisation begründet liegen, in der ich mich befinde. Besser noch: Oft bedeutet es, kreative neue Erfindungen einzubringen, die Gott und ich gemeinsam entwickelt haben – nun mache ich mich mit ihm ans Werk und setze sie um, ich ergreife Initiative.

Es ist sehr wichtig, dass wir Christen unsere Identität in Gott und unsere Verantwortung, Stärke und Vollmacht verstehen. Um die Grundlagen zu wiederholen: Wir sind zunächst einmal Kinder Gottes; in diesem Stadium wachsen wir aus der Kleinkindphase heraus und werden stark. Wir lernen, unseren Egoismus, das Zeitgeistsystem in unserem Umfeld und die dämonischen Kräfte dahinter zu überwinden. Jetzt wird uns Autorität und Verantwortung gegeben. Wir sind ausgesondert für ihn, wir gehören zu ihm, sind *„seine königliche Priesterschaft"*. Als solche sollen wir auf der Erde „herrschen", das heißt Verantwortung übernehmen und Vollmacht ausüben.

Welche Rolle hat ein Priester im biblischen Sinn? Seine Aufgabe ist es, als Mittler zwischen Gott und Menschen zu stehen und zu handeln. Er vertritt Menschen vor Gott, denn er weiß, wie man in Gottes Nähe kommt und wie mit ihm zu reden ist. Für sich selbst praktiziert er das schon und kann nun beginnen, es auch für andere zu tun, besonders für jene, die nicht wissen, wie sie zu Gott kommen. Es geht nur, wenn er diese Menschen liebt und sich mit ihnen identifiziert. Er muss bereit sein, die nötige Zeit und Disziplin zu investieren und Gott um ihr Wohlergehen zu bitten. Das gilt es auch da zu tun, wo es niemand sieht und niemand mitbekommt, einfach nur um dieser Menschen und um Gottes willen. Es ist eine selbstlose Aufgabe. Sie erfordert Disziplin und Liebe und muss erlernt werden. Hat der Priester Gottes Aufmerksamkeit erlangt und Gottes Gedanken und Herz für die Leute empfangen, dann kann er zu ihnen gehen und ihnen Gott nahebringen – sein Herz, seine Liebe und sein Wort. So repräsentiert er nun Gott bei den Menschen und ist damit ein Vertreter in beide Richtungen. Entsprechend muss er beide Parteien verstehen und das Vertrauen beider genießen.

Kann Gott sich so sehr auf uns verlassen, dass wir ihn repräsentieren dürfen? Kann er uns eine Aufgabe und auch bestimmte Menschen anvertrauen? Das hängt von unserem Charakter ab. Sind wir zuverlässig, besonders, wenn sich die Dinge in die Länge ziehen und alles schwierig wird? Es hängt auch von unseren Fähigkeiten und unserer Entwicklung ab. Gott weiß das, und so beginnt er im Kleinen und bildet uns in der Praxis aus. Auf dem Weg entdecken wir unsere Fähigkeiten und können die Aufgaben, die wir übernehmen, entsprechend bearbeiten. Wie schnell und wie sehr wir vorankommen, hängt zum größten Teil von uns ab. Wollen wir lernen, Aufgaben zu übernehmen und zuverlässig zu werden? Wenn wir Gott und die Menschen lieben, dann ist das keine Frage.

Ferner hat Gott uns *„mitauferweckt und mitsitzen lassen in der Himmelswelt in Christus Jesus"* (Epheser 2,6, REÜ). Wir sind jetzt über die Dämonen und ihr Wirken gesetzt, wenn sie *die „Kinder des Ungehorsams"* und das Weltsystem steuern. Von unserem Platz *„in der Himmelswelt"* aus können wir Einsicht in die geistliche Welt gewinnen und erkennen, was Jesus als Nächstes tun will. Wir haben auch die Autoritätsposition, aus der heraus wir die Werke tun können, die Gott für uns vorbereitet hat. Große Weisheit und Macht stehen uns zu Verfügung! Auf dieser Basis sollen wir in Zusammenarbeit mit dem Heiligen Geist tätig werden.

Wo lernen wir das? Genau da, wo wir im Moment in diesen Lebensbereichen stehen. Sei es Familie, Arbeitsplatz oder Wohnumfeld, überall können wir auf dieselbe, allgemeine Weise herausfinden, was Gott in diesen Bereichen als Nächstes tun will, und dann mit ihm daran arbeiten. Aus meiner Erfahrung heraus schlage ich das Folgende vor, basierend auf unserer Rolle als „königliche Priester":

Nehmen Sie sich an einem Abend der Woche 45 Minuten Zeit, um an einem der oben genannten Bereiche zu arbeiten: Familie, Arbeitsplatz, Wohnumfeld/Freunde. Wählen Sie den Bereich, der Ihnen im Moment am wichtigsten ist. Planen Sie diese Dreiviertelstunde für jede Woche als regelmäßigen Termin mit dem Heiligen Geist ein. Eine Dreiviertelstunde mag Ihnen lang vorkommen, ist aber letztlich nicht mehr Zeit als eine Fernsehsendung! Setzen Sie sich auf Ihren Lieblingsplatz und denken Sie über den ausgewählten Bereich nach. Denken Sie an all die Leute, die Beziehungen und alle praktischen Situationen, mit denen diese und Sie selbst zu tun haben.

Fangen Sie an davon zu träumen, wie Gott wohl eingreifen und Dinge verändern möchte. Das regt Ihre kreative Fantasie an. Und dann sprechen Sie mit dem Herrn über diese Dinge. Bleiben Sie in dieser Phase ganz entspannt und reden Sie nur einfach auf Ihre eigene Weise mit dem Herrn. Fragen Sie ihn, wie er es sieht, und ob er in diesen Bereich hineinkommen und irgendetwas darin tun möchte. Das wird er wollen; es ist ja seine Welt und er ist an diesen Menschen und diesen Umständen noch mehr interessiert als Sie. Warum hat er dann bislang noch nicht eingegriffen und alles in Ordnung gebracht? **Weil der Lauf der Welt ein Partnerschaftsprojekt von Gott und Mensch ist.** Nun, da er jemanden auf der Erde gefunden hat, der bereit ist, seinen Teil Verantwortung an diesem Bereich zu übernehmen – nämlich Sie –, kann er anfangen.

Sprechen Sie also mit dem Herrn darüber, sagen Sie ihm, was Sie gerne verändert sehen würden, und bitten Sie ihn, Ihnen seine Vorstellungen dazu zu zeigen. Das ist ein unkomplizierter Einstieg. Manchmal reicht das – Gott teilt uns wirklich seine Gedanken und Wünsche mit! Sie können so natürlich und unseren eigenen so ähnlich sein, dass wir sie noch nicht einmal immer als von Gott kommend erkennen. Seine Gedanken nehmen mehr Raum ein und sind voller Frieden, und wir beginnen zu glauben, dass diese Dinge geschehen werden. Wir fragen ihn, wie sie praktisch umzusetzen sind, und entwickeln Ideen. Dann gehen wir hin, verwirklichen diese Ideen in unserem Umfeld und sehen zu, wie Gott wirkt und Menschen reagieren.

Und so arbeiten wir daran, unsere Welt mit Gott zu verändern. Der Schlüssel ist, mit ihm übereinzustimmen, was als Nächstes getan werden sollte und wie – und dann daran zu arbeiten. *„Er hört uns, wenn wir etwas erbitten, das seinem Willen entspricht"* (1. Johannes 5,14–15).

So leicht und unkompliziert ist es allerdings meistens nicht. Normalerweise gibt es in dem Bereich, den wir verändert sehen möchten, Sünde und geistlichen Widerstand, und wir müssen energischer vorgehen. Dann heißt es sich aus dem Lieblingssessel erheben und im Zimmer auf und ab gehen. Treten Sie voller Zuversicht vor den *Thron der Gnade*. Es ist Zeit, als Fürbitter geistliche Arbeit zu verrichten. Wir nehmen uns dieses Bereichs mit all seinen Menschen und allen Umständen an und bringen ihn vor Gottes Thron.

Dann rufen wir zu Gott, er möge eingreifen. Die passende Vorlage ist der erste Teil des Vaterunsers, *„Unser Vater im Himmel, dein Name werde geheiligt!"*. Das ist das Erste und Wichtigste. Genau in diesem Lebensbereich, den ich ihm bringe, soll Gott geehrt werden! Nicht nur aus Mitleid mit den Menschen soll er eingreifen – und er hat wirklich Erbarmen! –, sondern damit er als Gott erkannt wird. Er ist das einzige wirklich gute Wesen und der rechtmäßige Herrscher dieser Erde. Dennoch muss er bis jetzt alle Sünde und alles Negative mit ansehen, was sich die Menschen in diesem meinen Bereich gegenseitig und was sie seiner Welt antun. Es ist Zeit, dass er offenbar wird und diesen Menschen die Augen aufgehen über Wahrheit und Liebe und über Gott selbst!

Dann können wir mit dem nächsten Ausruf fortfahren: *„Dein Reich komme!"* Indem Sie das aussprechen, nehmen Sie Gottes Herrschaft für Ihren Bereich in Anspruch. Beachten Sie, dass in den ersten Sätzen des Vaterunsers die Verben in der Befehlsform stehen: *„werde geheiligt!"*, *„komme!"*, *„geschehe!"*. Das heißt, wir sollen nicht nur bescheiden einen Wunsch oder eine Bitte äußern, sondern diese Dinge mutig ins Dasein rufen! Dazu hat Jesus alle Christen bevollmächtigt, indem er uns das Gebet in dieser Form gab. So rufen wir also sein Eingreifen herab in den Lebensbereich, den wir vor den Herrn bringen.

Wie wird es praktisch aussehen, wenn der Heilige Geist mit seiner Herrschaft in unseren Bereich kommt? Was möchte er tun? In dieser Phase wissen wir es nicht. Wir können mit dem nächsten Satz fortfahren, der dasselbe in anderer Form sagt: *„Dein Wille geschehe, wie im Himmel, so auf der Erde!"* Wieder rufen wir Gottes Willen „herab" oder „herein" in unseren Bereich. So wie sein Wille im Himmel anerkannt und befolgt wird, so soll und wird es auf Erden sein. Das ist die erste Phase und der Kern unserer Partnerschaft mit Gott, die sich auf das Kommen und Ausbreiten seines Reichs auf Erden bezieht. Aus dem ersten Teil dieses Buchs wissen wir, was das Reich Gottes bedeutet und wie wichtig es ist. Hier sehen wir uns jetzt mit Gott in genau dieser zentralen Aufgabe am Werk.

Wenn Sie so vor Gott stehen, tragen Sie ihm den ausgewählten Lebensbereich mit dem Anliegen vor, dass darin sein Wille geschieht und sein Reich Einzug hält. Bringen Sie alle Menschen und Umstände vor ihn und erwarten Sie sein Eingreifen. Das ist etwas ganz anderes als ein Bittgebet.

Über das Bittgebet lehrte Jesus, wir sollten es einfach mit Glauben sprechen und nicht immer wiederholen. **Fürbitte aber hat eine andere Dimension. Fürbitte heißt, Menschen und Situationen vor Gott zu bringen und sie mit ihm durchzuarbeiten, bis man weiß, dass es geschafft ist.** Solches Beten meint Jakobus, wenn er schreibt, wir sollten Elia zum Vorbild nehmen: Elia betete einige Zeit lang beharrlich und *inständig*, dass es nach der langen Dürre in Israel wieder regnen würde. In diesem Zusammenhang sagt Jakobus: *„ Viel vermag das inständige und inbrünstige Gebet eines Gerechten"* (Jakobus 5,16b).

Es lässt sich lernen, auf diese Weise Woche für Woche einen Lebensbereich vor Gott zu bringen. Wir müssen mit dem Verstand und im Geist beten. Bitten Sie Gott zu segnen und einzugreifen – und wenn Sie nach einiger Zeit nichts mehr vorzubringen wissen, dann verlegen Sie sich aufs Sprachengebet und setzen Sie Ihre Fürbitte auf diese Weise fort. So können Sie Gottes Gedanken und Geheimnisse über dem Lebensbereich lange Zeit „ausbeten", ohne durch Ihr lückenhaftes Verständnis eingeschränkt zu sein. Das, was wir über die Menschen, ihre Motive und Hintergründe und über die Umstände wissen, ist ja sehr begrenzt. Wenn wir all dies mit Sprachengebet vor Gott bringen, betet durch uns der Heilige Geist, der alles über die Menschen und die Situation und den Willen Gottes weiß (siehe Römer 8,26–27).

Wenn Sie so beten, bekommen Sie normalerweise – nach einigen Wochen, manchmal nach Monaten – eine Vorstellung davon, was Gottes Wille ist und was er als Nächstes in Ihrem Bereich tun möchte. Diese Idee wird wachsen, oft während Sie in Sprachen dafür beten. Sie werden für den Bereich Glauben bekommen, wenn Sie über diese Dinge nachdenken, ja, Sie werden zunehmend begeistert und gespannt sein. Dann können Sie Ihre Einsichten und Vorstellungen eingehender mit dem Herrn besprechen und Pläne schmieden, wie sie sich zu seiner Zeit und auf seine Art umsetzen lassen.

Sie werden Glaubensschritte gehen müssen, aber beim Beten entsteht eine Vertrauensbasis und das macht es leicht. Sie erleben, wie sich Situationen und Menschen verändern. Manches ist menschlich unmöglich, aber Sie sehen Wunder geschehen! Auch Dramatisches wird sich ereignen, denn manche Menschen gehen mit Gott und andere wenden sich gegen ihn. Möglicherweise erleben Sie eine starke Polarisierung. Jedenfalls wird es ein Abenteuer sein, an dem Sie maßgeblich beteiligt sind. Verfahren Sie auf dieser Basis mit einem Bereich nach dem anderen.

a) Familie

Beginnen Sie zunächst mit Ihrem Hintergrund, der Familie, aus der Sie stammen, und mit Ihren Verwandten. Wenn dies der Lebensbereich ist, an dem Sie als Nächstes arbeiten wollen, dann bringen Sie Ihre Familienmitglieder und Verwandten auf die oben beschriebene Weise vor Gott. Es lässt sich nicht alles auf einmal verbessern. Befassen Sie sich also mit den Menschen und ihren Situationen, die Ihnen beim Beten und Nachdenken vorrangig wichtig werden. Segnen Sie sie, nehmen Sie Anteil an ihrem Leben, ganz so, wie Gott es Ihnen zeigt. Nehmen Sie die biblischen Verheißungen an, in denen Gott sagt, er werde die Familie des Gerechten segnen. Mit der Zeit werden Sie erleben, wie der Heilige Geist diese Menschen heil macht und segnet. Die Verwandtschaft ist ein Bereich, den man sich immer wieder vornehmen sollte.

Wenden Sie sich Ihrer derzeitigen Familien- oder Lebenssituation zu. Wenn Sie alleinstehend sind, geht es um das Umfeld, in dem Sie leben, allein oder mit anderen zusammen. Sind Sie verheiratet, ist es Ihre Familie. Suchen Sie Gott darüber, was er als Nächstes in Ihrem Zuhause einführen oder schaffen möchte. Vielleicht betrifft das Ihre Lebensqualität, vielleicht Gastfreundschaft. Nun, da Ihre Ehe und Familie grundsätzlich in Ordnung sind, können Sie als Familie beginnen, andere Menschen zu segnen. Früher oder später werden Sie Ihr Heim für Menschen öffnen, für die es zu einer Lebensquelle wird, für Freunde, Freunde Ihrer Kinder, Nachbarn, Gäste und Fremde. Die Bandbreite der Begegnungen reicht von Partys bis hin zu Beratungsgesprächen und Gebet. Das gilt auch für junge Leute – üblicherweise mit stärkerer Betonung auf Partys! Eltern werden sich wohl verabreden wollen, um gemeinsam für ihre Kinder zu beten.

b) Nachbarschaft/Freunde

Das ist eng verwandt mit dem Bereich Familie. Setzen Sie sich vor den Herrn hin und bringen Sie Ihre Freunde oder Ihr Wohnumfeld vor ihn – Vorgehensweise wie gehabt. Beten Sie für Ihre Freunde, erkennen Sie, welche Ideen Gott Ihnen für sie gibt. Wenn Sie für Ihre Nachbarn beten und Gott Ihnen Liebe für sie und Interesse an ihnen gibt, werden Sie sich früher oder später gegenseitig besuchen. Fragen Sie Gott, welche Menschen oder Gruppen er Ihnen aufs Herz legt. Bleiben Sie dran und überlegen Sie sich Möglichkeiten, mit diesen Kontakt aufzunehmen. Vielleicht werden Sie sich als Vater oder Mutter in einer der Schulen am Ort engagieren oder in einem Sportverein oder irgendeiner anderen Art Interessensgruppe. Dann können Sie das vor Gott bringen und es durchbeten wie besprochen. Glaube für konkretes Handeln wird wachsen.

Eine Freundin von uns verfuhr wie geschildert: Sie engagierte sich in der Schulpflegschaft einer Schule in ihrer Stadt. Einige Monate lang bat sie ein paar Freunde, wöchentlich mit ihr für Nöte an der Schule zu beten. Ein Hauptproblem war die Verrohung der Umgangsformen, Mobbing und mangelnde Konfliktfähigkeit der Kinder. Unsere Freundin holte sich in den Gebetszeiten Ideen von Gott, dann rief sie eine kleine Gruppe zusammen, um eine Aktion zu entwickeln, die dieses Problem zum Thema hatte. Damit ging ein Team jeweils für eine Doppelstunde in die Klassen. Mit einem festen Programm wurden Rollen und Reaktionen aufgezeigt, was den Kindern half, damit umzugehen. Es bedeutete in jedem Fall eine Erleichterung für die Schüler, dass das Problem angesprochen wurde, und führte vielfach zu persönlichen Aussprachen und Hilfe. Mittlerweile ist die Aktion in über hundert anderen Schulen durchgeführt worden und die Initiatoren bilden regelmäßig andere Elterngruppen aus, die dasselbe in ihren Schulen anbieten möchten. Das Projekt hat inzwischen weite Anerkennung gefunden, wurde schon in zwei Sprachen übersetzt und kommt international zum Einsatz. Nicht schlecht! Hier haben sich einfach eine Mutter und ihre Freunde mit Gott zusammengetan.

c) Arbeit/Studienplatz

Wenn Sie bereit sind, bringen Sie diesen Bereich vor Gott. Verwenden Sie viel Zeit darauf, über Ihren Beruf im Allgemeinen und Ihre konkrete Arbeitsstelle im Besonderen nachzudenken. Wenn Sie einen christlichen Freund in einem ähnlichen Beruf haben, dann treffen Sie sich mit ihm, um gemeinsam darüber zu sprechen und nachzudenken. Normalerweise sind wir im Studium oder der Ausbildung so sehr mit inhaltlichem Lernen beschäftigt, dass wir keine Zeit haben oder sie uns nicht nehmen, darüber nachzudenken, wie Gott unseren Beruf als solchen sieht und einschätzt. Über das hinaus, was die Theologie grundsätzlich zu Arbeit zu sagen hat, können wir Gottes Werte und Prinzipien speziell für unseren Beruf herausfinden. Oft sind wir gefangen in Systemen, von denen wir selbst ebenso wie das Unternehmen, in dem wir arbeiten, getrieben werden, und wir haben zu viel zu tun, um darüber nachzudenken, es zu erkennen und richtig einzuschätzen. Bitten Sie Gott, Ihnen seine Sichtweise und Urteilsfähigkeit zu geben.

Wenden Sie sich dann der Fürbitte für bestimmte Menschen, Abteilungen, Umstände an Ihrem Arbeitsplatz zu, wie es oben beschrieben ist. Arbeiten Sie diese mit Gott durch, bis Sie Klarheit und Glauben für die erste Situation haben, die Sie verändern wollen. Bemühen Sie sich, Gottes Weise und seine Zeiten für die Umsetzung zu verstehen. Werden Sie dann aktiv und bleiben Sie dran. Seien Sie nicht überrascht, wenn Sie sich anfangs – und sogar noch stärker im Verlauf – einiger Opposition gegenüber sehen. Bleiben Sie dem priesterlichen Auftrag treu und Gott wird Ihr Engagement lohnen. Die schnellste Gebetserhörung, die ich bisher erlebt habe, war, als wir mit dem Chef einer Firma für einen sehr schwierigen Angestellten beteten, dem aus bestimmten Gründen nicht gekündigt werden konnte. Einen Tag danach räumte er seinen Schreibtisch auf und verließ die Firma von sich aus!

In einem anderen Fall zeigte der Heilige Geist dem Geschäftsführer über vier Jahre hinweg eine Reihe neuer Entwicklungsideen, die die Firma veränderten. Auslöser war, dass er regelmäßig am Dienstagnachmittag eine Viertelstunde lang für seine Firma betete, meistens in anderen Sprachen. Etwa sechs Wochen, nachdem er damit angefangen hatte, kamen ihm erste Ideen für neue Entwicklungen in einer Abteilung. Er machte sich daran, diese Ideen umzusetzen, und erlebte eine drastische Verbesserung. Dann wurde ihm das nächste Gebiet gezeigt, und so ging es weiter. Inzwischen arbeiten sehr gute Manager in der Firma und es wurden solche Verbesserungen erzielt, dass ihm mehr Zeit bleibt, um für seine Firma zu beten! Er hat auch gelernt, mit dem Heiligen Geist im Alltag zusammenzuarbeiten und z. B. seine Gedanken für Verhandlungen zu bekommen, und so geht er „von Kraft zu Kraft" (Psalm 84,8). Er lernt, seinen Teil der Welt als ein Sohn Gottes zu regieren!

Jemand anders leitete eine Projektgruppe zur Entwicklung eines neuen Computerchips. Es ergaben sich Schwierigkeiten, die er in der Fürbitte vor Gott brachte. Er bekam beim Beten und Hören auf Gott den Eindruck, der Herr würde ihm den Chip geben. Daraus schöpfte er Zuversicht, sodass er die Firmenleitung überzeugen konnte, ihm noch etwas Zeit zu geben, als das Projekt eigentlich abgesetzt werden sollte. Er bekam seinen Chip. Gott gab ihn ihm. Mir zeigt dieses Beispiel auch, dass Gott an Chip-Entwicklung interessiert ist. Schließlich ist es *seine* Welt!

Es gibt viele solcher Geschichten, kurze und lange. **Gott möchte uns zu kreativen, aktiven Partnern machen, die über seine Erde genau da verantwortlich herrschen, wo sie gerade sind. Und dafür will er uns seine Autorität und Weisheit geben.** Inzwischen werden Sie gemerkt haben, dass eine Dreiviertelstunde pro Woche nicht reicht, um diese geistliche Arbeit zu verrichten. Es ist aber ein guter Startpunkt für beschäftigte Menschen, die voll arbeiten und Familie haben. Wenn Sie erst einmal richtig drin sind, werden Sie sich selbst mehr Zeit schaffen wollen, morgens oder nachts, und beim Beten auch manchmal fasten.

Das klassische biblische Beispiel für jemanden, der in seiner Arbeitswelt „herrschte", ist Daniel, dicht gefolgt von Josef, David und Esther. Die meisten Glaubensvorbilder aus Hebräer 11 waren keine Priester, sondern übten andere Berufe aus, meistens waren sie politisch tätig. Darin regierten sie mit Gott. Jetzt sind wir dran!

Schritt 4: Den Menschen, mit denen Sie zu tun haben, Jesus und sein Reich übermitteln

Jetzt, wo Sie in Ihren Lebensbereichen mit Gott regieren, müssten Sie die Vollmacht des Heiligen Geistes auf Ihnen und Ihrem Tun sehen. Gottes Vollmacht zu erleben wird Sie sehr dankbar stimmen. Damit gewinnen diese Lebensbereiche auch an Bedeutung und Schönheit. Eine Folge ist, dass Ihre Beziehungen mit Kollegen, Nachbarn, Freunden zunehmend persönlich und gut werden. Nun ist es an der Zeit, wenn Sie nicht bereits angefangen haben, mit dem dritten Aspekt Ihrer Berufung weiterzumachen: den Menschen Ihrer Umgebung Jesus und sein Reich zu übermitteln.

Jetzt ist das viel leichter. Beten Sie in Ihren regelmäßigen Fürbittezeiten für die Menschen aus Ihren Lebensbereichen, die Ihnen auf dem Herzen liegen. Verfahren Sie genauso wie im letzten Abschnitt. Allerdings geht es jetzt nicht darum, wie Sie in Ihren Bereichen verantwortlich herrschen, sondern um Errettung, Heilung und Wiederherstellung dieser Menschen. Bringen Sie sie namentlich vor den Herrn und bitten Sie ihn um ihre Errettung. Bitten Sie den Heiligen Geist, dass er Ihnen seine Sicht, seine Liebe und sein Verständnis für diese Menschen schenkt.

In der Fürbitte – mit dem Geist und mit dem Verstand – wird Ihnen der Heilige Geist bestimmte Leute aufs Herz legen, und Sie werden viel für sie beten. Wenn er Ihnen Einblick in ihr Leben gibt, können Sie es ihnen zur rechten Zeit und auf passende Weise mitteilen. Sie werden sehen, dass Gott Ihre Liebe zu diesen Menschen stärkt, was ein sicheres Zeichen dafür ist, dass Sie auf der Wellenlänge des Heiligen Geistes sind. Was auch immer er Ihnen aufs Herz legt, sagen Sie es dem Betreffenden. Dabei könnte es sich um Hilfe handeln, um Rat, Heilung, praktische Fürsorge, Evangelisieren oder die Einladung zu einer Veranstaltung. In den meisten Fällen wird es auf offene Ohren stoßen, da die Menschen durch Ihr Gebet vom Heiligen Geist vorbereitet sind. In manchen Fällen werden sie ablehnend reagieren – beten Sie dann weiter.

Bei unseren Heimaturlauben in Neuseeland gehe ich immer frühere Nachbarn besuchen. Im Verlauf einiger Begegnungen vertiefte sich die Freundschaft mit einem bestimmten älteren Ehepaar. Der Mann lag mir auf dem Herzen, und jedes Mal, wenn ich für ihn betete, überkam mich Gottes Erbarmen. Das geschieht nicht immer, doch hier war es so, und ich merkte, dass sowohl in mir als auch in dem Mann der Heilige Geist am Werk sein musste. Eines Morgens saß ich mit ihm und seiner Frau in ihrer Küche und wir unterhielten uns. Als die Frau einmal kurz den Raum verließ, wusste ich sofort, dass ich mit dem Mann über seine Seele und seine Stellung vor Gott sprechen sollte. In Neuseeland gehört sich das nicht; ich musste also etwas gesellschaftlich Unpassendes tun und es einfach wagen. Ich fragte: „Kann ich mit dir über deine Seele sprechen? Wie ist dein Verhältnis zu Gott?" Sofort antwortete er: „Ja" – er hatte wohl förmlich auf dieses Gespräch gewartet, aber einer von uns hatte das Eis brechen müssen. In dem Moment kam seine Frau zurück und wir konnten nicht weiter sprechen. Deshalb verabredete ich mich mit ihm zu einem anderen Zeitpunkt zu einem seelsorgerlichen Gespräch.

Als wir dann unter uns waren, kam er direkt auf seine Vergangenheit zu sprechen und bekannte seine Sünden. Er war nie ein Kirchgänger gewesen, aber er wollte mit Gott ins Reine kommen. Mich hatte er als Nachbarjungen aufwachsen sehen. Jetzt vertraute er mir die tiefen Dinge seines Lebens an und verließ sich darauf, dass ich es richtig machen und ihm zu einer Begegnung mit Gott helfen würde. Ich hörte seine Beichte, so gut ich konnte, und führte ihn zu Jesus. Es war ein Vorrecht für mich und eine bewegende Erfahrung, aus der Fürbitte von Gott geboren.

Bedenken Sie, dass Gott sich um den ganzen Menschen und sein ganzes Leben kümmert. Hören Sie also auf ihn, damit Sie erkennen, welchen Punkt im Leben eines Menschen er anrühren möchte. Dienen Sie dem Menschen genau an dem Punkt. Wenn es für ihn an der Zeit ist, das Evangelium vom Reich Gottes zu hören, dann sagen Sie es ihm. Machen Sie sich dabei bewusst, dass es ein Prozess ist, bis man sich Jesus als Herrn unterordnen möchte. Finden Sie heraus, wo in diesem Prozess der Betreffende steht. Achten Sie auf den Geist und hören Sie auf den Menschen. Wenn es Zeit ist, dass er umkehren und sich Jesus ausliefern soll, dann handeln Sie entschlossen und führen Sie ihn dahin.

Erweisen sich Ihre Gesprächspartner als dafür offen, dann nehmen Sie sie mit in Ihre Gemeinde oder in Ihre Kleingruppe. Sind sie zu Jesus gekommen, gehen Sie mit ihnen die hier aufgeführten sechs Schritte durch. Wenn jemand anders sich dafür besser eignet, dann überlassen Sie es ihm. Achten Sie nur darauf, dass Ihre Leute mit Gott weitergehen und dabei die Unterstützung bekommen, die ihnen wirklich hilft.

Sind wir echt interessiert an den Menschen in unserer Umgebung, bereit, unser Leben mit ihnen zu teilen, viel für sie zu beten, dann ist Evangelisieren etwas Natürliches und Schönes. Es geht auch um mehr als nur Evangelisieren. **Es geht darum, Erlösung zu vermitteln, in allen ihren Facetten. Das ist ein positiver und machbarer Dienst für jeden von uns, für jeden in seiner eigenen Art.**

Schritt 5: Erweiterung

Wenn Gottes Weisheit, Vollmacht und Liebe in Ihren Lebensbereichen wirksam sind und wenn einige der Menschen, mit denen Sie zu tun haben, vom Heiligen Geist berührt und gerettet, geheilt und wieder aufgebaut werden, dann kommen Sie gut voran. **Sie haben es ein gutes Stück weit geschafft, die Herrschaft des Himmels und Gottes Wiederherstellung in Ihren Teil der Welt zu bringen.** Genießen Sie den Erfolg. Kommen Sie nicht nur mit Bitten vor Gott. Danken Sie ihm jetzt, feiern Sie! Gott hat in seinem Wort verheißen, uns in allen Bereichen zu segnen, wenn wir auf seine Weise leben. Freuen Sie sich deshalb an Ihrem Erfolg. Den brauchen wir alle, auch in unserem Leben mit Gott. Also genießen Sie ihn, erzählen Sie anderen davon und verherrlichen Sie Gott.

Und dann machen Sie sich bereit – die nächste Herausforderung ist im Anmarsch. Da Sie im Kleinen treu gewesen sind, wird Gott Ihnen mehr geben. Er hat Interesse daran, gute Leute voranzubringen, und deshalb wird er Ihnen mehr Verantwortung übertragen, mehr Menschen und größere Möglichkeiten anvertrauen. Er wird Ihre Lebensbereiche ausweiten. Das kann auf unterschiedliche Weise geschehen – Beförderung am Arbeitsplatz, neue Bekanntschaften, neue Projekte etc. Es ist auch von Ihrem Temperament und Ihren Begabungen abhängig. Früher oder später wird Gott Sie in Gebiete einführen, wo Ihre Gaben und Talente voll zum Zug kommen.

Wie diese Erweiterung auch aussehen mag, wenn sie von Gott ist, dann nehmen Sie sie mit offenen Armen an, konstruktiv und voller Glauben, und beginnen Sie wieder bei Punkt 1 oben. Füllen Sie auch diese neuen Gebiete mit dem Leben Gottes und seiner Erlösung. Und dann sehen Sie zu, wie auch sie wachsen. Das ist es, was der Herr will: Wir sollen überall Leben bringen und von Kraft zu Kraft gehen. Es ist unvermeidlich, dass wir irgendwann auf dem Weg auch in Konflikte geraten. Überprüfen Sie Ihr Herz und Ihre Einstellungen. Fragen Sie den Herrn und Ihre Mentoren, was Sie in dieser Situation zu lernen haben.

Bleiben Sie dem treu, was Sie als richtig erkannt haben, und vertrauen Sie dem Heiligen Geist, dass er sich um die Folgen kümmert. Es könnte sein, dass Ihnen die Arbeitsstelle gekündigt wird, dass Sie Schwierigkeiten bekommen, vielleicht ungerechtfertigt beschuldigt werden oder Ähnliches. Jesus hat gesagt, dass wir uns in solchen Zeiten freuen sollen: Also, freuen Sie sich. Wo immer Sie landen, es wird ein Erfolg mit Gott.

Schritt 6: Spezialisierung

Sie machen sich damit vertraut, wie Gott in Ihren Basis-Lebensbereichen vorgeht, und üben sich in der Zusammenarbeit mit ihm. Nach einigen Jahren des Lernens werden sich Ihre besonderen Begabungen und Stärken zeigen. Mehr und mehr werden Sie Bereiche und Situationen erkennen, wo die Vollmacht des Heiligen Geistes stark auf Ihnen ist. Das sind die Felder, in denen Sie die beste Leistung bringen und mit denen Sie sich am liebsten beschäftigen. Auch die Menschen in Ihrer Umgebung bemerken, wofür Sie besonders begabt sind. Wahrscheinlich werden Sie anfangen, von Herausforderungen und Aufgaben zu träumen, die Sie gerne übernehmen würden, auch wenn Sie dafür im Moment keine Möglichkeit sehen.

All das sind Elemente der Berufung Gottes, und sie entstehen in Ihnen durch den Heiligen Geist und Ihre Erfahrung. Sie entstehen auch, weil Sie gegenüber dem, was Gott Ihnen bislang anvertraut hat, treu waren. Jetzt ist es Zeit, auszudrücken, was Ihr Herz bewegt, und die Vision zu definieren, die in Ihrem Geist heranwächst. Legen Sie sie in Ihren Gebetszeiten dem Herrn vor und sprechen Sie darüber mit Freunden und Mentoren, denen Sie vertrauen. Es könnte sich um etwas handeln, was völlig außerhalb des Rahmens liegt, in dem Sie sich momentan bewegen, in einem anderen Land oder einer anderen Gegend. Es könnte ein Pionierprojekt sein oder die Verbesserung von etwas bereits Bestehendem in Ihrer Umgebung. Es könnte Ihre Gemeinde betreffen, Ihre Stadt, Ihren Beruf oder sonst etwas.

Es könnte seelsorgerlich sein, evangelistisch, organisatorisch oder auf die Reformierung eines bestimmten Gesellschaftsbereichs abzielend. Das hängt von Ihren Begabungen ab und davon, „wie Sie ticken".

Was in Ihrem Herzen und Ihrem Denken auch heranwächst: Ob es von Gott ist, können Sie unter anderem an der Reaktion der Christen, die Sie gut kennen, prüfen. In den meisten Fällen werden diese merken, ob Sie auf der richtigen Spur sind, auch wenn ihnen nicht klar ist, wie das, was Sie vorhaben, möglich sein sollte. Glauben Sie daran, dass es gelingen wird, wenn es von Gott ist. Zu seiner Zeit wird sich der Weg auftun. Vielleicht geschieht das schrittweise. Wahrscheinlich wird es eine neue Struktur erfordern: Sie werden weiterhin die seelsorgerliche und praktische und vielleicht finanzielle Unterstützung Ihrer Gemeinde brauchen. Und so können Sie in Ihre Spezialisierung hineinfinden, auch wenn Sie dafür neuen Grund aufbrechen und neue Wege suchen müssen.

Das wird zu einer sehr fruchtbaren Phase führen. Ihre Begabungen, Berufungen und Erfahrungen beginnen zusammenzuspielen, und das kann gewaltig sein. Gut möglich, dass Sie in der Anfangsphase Ihrer neuen Arbeit zunächst auf Schwierigkeiten stoßen. Aber wenn Sie dann Durchbrüche und die erwünschten Ergebnisse sehen, können Sie gute Leute zum Helfen hinzurufen und ein Team aufbauen, das Ihre Effektivität steigert. Wie gut Ihnen das gelingt, ist auch wieder abhängig von Ihren Begabungen. Sie können auch willige jüngere Leute berufen, zu helfen und gleichzeitig von Ihnen zu lernen, und ihnen auf diese Weise Mentor sein und sie für ihre zukünftige Berufung in der Jüngerschaft schulen. So wird der Zyklus der Vervielfältigung Ihr Leben kennzeichnen, und die Dynamiken, die Frucht bringen und Zukunft bedeuten, werden stärker.

Vielleicht kommen Krisen. Dafür gibt es viele mögliche Gründe. Wir wachsen ständig, bewegen uns in neue Lebensphasen und machen nicht immer alles gut. Manchmal sehen wir bestimmte Dinge nicht kommen. Auch in Beziehungen können wir an Grenzen stoßen. **Wieder kenne ich kein besseres Heilmittel, als sich der eigenen Verantwortung zu stellen und vor dem Herrn und vor Menschen demütig und belehrbar zu sein. Wir können Hilfe von Leuten annehmen, denen wir vertrauen, und uns neu organisieren und weitermachen.**

Es ist allerdings Gottes ausdrücklicher Wunsch, dass wir alle, alle seine Kinder, in die Phase des Lebens hineinwachsen, in der wir viel Frucht bringen und seinen Namen verherrlichen.

Zusammenfassung und Kommentar

Ich empfehle hier eine einfache Struktur mit vier Grund-Lebensbereichen und einer Entwicklung über sechs Schritte, durch die ein Christ in seine Reich-Gottes-Berufung hineinwachsen kann. Nach diesem Muster habe ich gelernt, mein eigenes Leben aufzubauen, und so leite ich andere an. Ich veröffentliche es hier, um das Verständnis der Reich-Gottes-Berufung praktisch und greifbar zu machen.

Darin versuche ich auch, der Praxis von Petrus, Paulus und den anderen frühen Aposteln zu folgen, die die Gläubigen direkt in den Bereichen persönliche Heiligung, Familie, Arbeitsplatz, allgemeine Sozialbeziehungen und Verantwortung schulten. **Christen wurden ausgebildet, in ihrer konkreten Welt Verantwortung zu übernehmen, und die Gemeinde war das Netzwerk, das sie dabei unterstützte. Dieses Element ist von grundlegender Bedeutung, wenn die Vision des Reiches Gottes in der Stadt umgesetzt wird.**

Diese Vision und Praxis waren unter früheren Generationen evangelikaler Christen normal, aber in unserer westlichen Welt sind sie in den letzten vier oder mehr Generationen leider häufig verloren gegangen. Wie es dazu kam, ist Thema der nächsten Kapitel.

13

Die Veränderung
und wie es dazu kam

*John Wesley umreißt den Kern der methodistischen
Vision im 18. Jahrhundert als „die Nation und
vor allem die Kirche zu reformieren und schriftgemäße
Heiligung über das Land zu verbreiten."[1]*

*Dagegen beschreibt D. L. Moody ca.1877 sein
Auftragsverständnis so: „Ich sehe diese Welt als ein
angeschlagenes Schiff. Gott hat mir ein Rettungsboot
gegeben und gesagt: ‚Moody, rette, so viele du kannst.'"[2]*

Geschichtliche Entwicklung

Wie kam es, dass in der evangelikalen christlichen Szene die Botschaft
vom Reich Gottes einseitig auf eine Privaterlösung reduziert wurde? Wie
konnte das Verständnis einer ganzheitlichen Lebensführung unter Jesus
als dem Herrn von einer Betrachtung abgelöst werden, die nur die eigene,
persönliche Erlösung zum Thema hat?

Das wäre ein Thema für eine Doktorarbeit und ein ganzes Buch. Ich
werde mich hier nur in einem Kapitel dazu äußern und einige der Entwicklungen, die zu dieser Veränderung geführt haben, kurz aufzeigen.
Das aber kann als Grundlage für andere dienen, selber gründlicher zu dem
Thema zu forschen.

Ich lebe und arbeite zwar in Deutschland, doch meine Nachforschungen zu dieser Frage begann ich in der englischsprachigen Welt, in erster Linie in den USA. Zunächst einmal wollte ich meinen eigenen Hintergrund verstehen. Später entdeckte ich, dass die US-amerikanische evangelikale Bewegung großen Einfluss auf Entwicklungen in Deutschland ausgeübt hat, besonders in der zweiten Hälfte des 19. Jahrhunderts. Deshalb beginne ich mit den USA.

Kurz gesagt, verstehe ich es so, dass sich diese Veränderung in der Mentalität evangelikaler Christen – bezüglich ihrer Identität, ihrer Aufgabe und ihrer Botschaft – während der zweiten Hälfte des 19. Jahrhunderts stufenweise entwickelte. Diese wiederum beeinflusste in Deutschland die Entwicklung des Neupietismus.

John Wesley (1703–1791), Begründer des Methodismus in England, hatte in Theologie und Praxis einen ganzheitlichen Ansatz, den auch die frühe pietistische Bewegung in Deutschland vertrat. Deren bekannte Vertreter sind u. a. ihr Gründer Philipp Jakob Spener (1635–1705), August Hermann Francke (1663–1727), ein deutscher Professor der Theologie, Pastor und Pionier moderner Erziehung in Halle, und Nikolaus Graf von Zinzendorf (1700–1760), Leiter der berühmten Herrnhuter Brüdergemeine. Dasselbe gilt für die unterschiedlichen Strömungen der Schweizer und holländischen Reformation, die Anfänge der protestantischen Auslandsmissionen mit Bartholomäus Ziegenbalg (1682–1719) von der Dänisch-Halleschen Mission und später William Carey (1761–1834) aus England.

Sie alle predigten Umkehr, Rechtfertigung durch Glauben und Wiedergeburt. Das jedoch verstanden sie lediglich als einen Beginn; die Erlösung, das Heil war für sie ein Leben des Gehorsams gegenüber Jesus als dem Herrn. Sie hatten alle Lebensbereiche im Blick, private und öffentliche, und leiteten ihre Nachfolger in praktischer Jüngerschaft und Heiligung in allen Bereichen an. Wesley betonte stets, dass Heiligung sowohl privat als auch öffentlich sei.

Die Brüdergemeine setzte sich aus Menschen mit unterschiedlichen Berufen zusammen. In der ursprünglichen Gemeinschaft in Herrnhut gründete Abraham Dürninger einen großen Geschäftsbetrieb. Er war einer der ersten, die den örtlichen Flachsbauern und Webern einen jährlich neu zu verhandelnden Preis garantierten, und ein Jahrhundert lang wuchs und gedieh die Tuchindustrie der Region. Herrnhuter Leinen war begehrt unter den Vermögenden in Kontinentaleuropa, ebenso wie die Arbeiten der böhmischen Möbeltischler. Als sich die Missionare der

Brüdergemeine auf der ganzen Erde ausbreiteten, um *„Seelen für das Lamm zu gewinnen"* (so ihr Motto), machten sie die Menschen in allen Lebensbereichen zu Jüngern Jesu. Dazu gehörten gemeinsames Leben, Anbetung, Musik, Gastfreundschaft, Erziehung, Handwerk, Handel und Wirtschaft.

Später, als William Carey[3] mit einigen Freunden im Jahr 1793 nach Kalkutta in Indien ging, hielt er es ebenso. Er führte Menschen zu Jesus, gründete die ersten protestantischen Gemeinden und übersetzte die Bibel in etliche indische Sprachen, komplett mit Grammatikwerken und Wörterbüchern. Das war seine Grundlage. Dann übersetzte er Klassiker der orientalischen Literatur und veröffentliche Texte zu Wissenschaft und Naturkunde in Indien. William Carey gilt als Vater des indischen Druckwesens, er war der erste, der Papier im Land selbst herstellte und der eine Zeitung in einer orientalischen Sprache herausgab. Bengali machte Carey zur vorrangigen Literatursprache in Indien und verfasste das erste wissenschaftliche Sanskrit-Wörterbuch.

Carey richtete viele Schulen für Kinder ein – unabhängig von Geschlecht und Kaste – und gründete das erste College in Asien. Als Gegengewicht zu den Auswirkungen der Astrologie führte er das Astronomiestudium ein. Er leistete Pionierarbeit mit der Einrichtung von Leihbüchereien und machte die Idee der Sparkasse bekannt. Er holte die Dampfmaschine ins Land und ermutigte indische Schmiede, seine Maschine nachzubauen. Carey stand als Erster öffentlich gegen die Unterdrückung von Frauen auf, auch gegen das *Sati*, die Witwenverbrennung. Er sprach sich gegen das Kastenwesen aus, wandte sich insbesondere gegen die Ausgrenzung der „Unberührbaren" und setzte sich für eine menschliche Behandlung von Leprakranken ein.

Er befasste sich mit dem Ackerbau, gründete den ersten Verein für Landwirtschaft und Gartenbau, förderte Forstwesen und Holzhandel. Jungen Christen brachte er bei, wie sie in ihrem Umfeld mit Jesus leben und ihre Welt entwickeln konnten. Das war für William Carey und für die anderen genannten Bewegungen völlig normal. Es lag in ihrer Theologie und ihrem Verständnis dessen begründet, was Errettung und was die Herrschaft Jesu bedeuteten. Weniger als das wäre für sie nicht Errettung gewesen.

Die Frage der Leitung

Meines Erachtens setzte die Veränderung mit dem Hervortreten der bekannten amerikanischen Evangelisten ein, allen voran **Charles Finney** (1792–1875). Als Intellektueller und fähiger junger Anwalt begann Finney

Gott zu suchen und sich mit der Frage seiner Errettung zu beschäftigen. Er begegnete Gott und erlebte eine so dramatische und intensive Taufe im Heiligen Geist, wie man sie sich nur wünschen kann. Das veränderte ihn völlig, und er gab umgehend seinen Anwaltsberuf auf, um vor Menschen über ihre Errettung sprechen zu können. Rasch wurde er berühmt, und besonders in den zehn Jahren von 1825 bis 1835 beeinflusste er den ganzen Staat New York und Teile der Ostküste mit mächtigen Erweckungen. Diese waren nichts weniger als Heimsuchungen Gottes.

Finneys Wirken war von zwei herausragenden Merkmalen gekennzeichnet. Zum einen legte er größten Wert auf „durchbrechendes Gebet", bei dem er und seine Mitarbeiter so lange äußerst intensiv Fürbitte leisteten, bis sie wussten, dass sie einen geistlichen Durchbruch erreicht hatten. Das zweite Merkmal war, dass er zunächst eine Folge von Lehr- und Predigtveranstaltungen hielt, bis seine Zuhörer tief überzeugt und überführt waren von ihrer Sünde. Erst dann ließ er sie Gott um Gnade und Errettung anflehen. Ganze Städte und Gemeinden wurden verändert. Das war Evangelisation in höchster Qualität.

Zu Recht leitete und prägte Charles Finney die Gläubigen seiner Generation. In drei klassischen Werken lehrte er die Theologie und Prinzipien, nach denen er vorging: in seinen *Lectures on Revival*, seiner 600 Seiten starken „Systematischen Theologie" und seiner Autobiografie. Die Praxis der Erweckungsbewegung, Evangelisten für Veranstaltungen einzuladen, damit sie den Gemeinden Erweckung bringen und Ungläubige erreichen, geht größtenteils auf sein Vorbild zurück. Dies entwickelte sich zu einem Hauptmerkmal der evangelikalen Gemeinden in Amerika.

So positiv diese Entwicklung für die Evangelisation war, so hatte sie doch auch ihre Schwächen. Durch ihre prominente öffentliche Stellung gerieten die Evangelisten in eine Rolle als Leiter und Wortführer, die oftmals über ihre evangelistische Gabe hinausging. Wenn sie erst einmal einen bestimmten Bekanntheitsgrad erreicht hatten, mussten sie sich oft mit Anliegen befassen und sich aktuellen Fragen stellen, bei denen verantwortliche Leitung gefragt war, kaum noch Evangelisation. So hing es dann vom Wesen und vom Hintergrund des Evangelisten ab, wie gut er in der Lage war, diese allgemeine Leitungsrolle auszufüllen. Begabung und Berufung des Evangelisten ist in vielen Fällen nicht die Ausrüstung für weitreichende, hochkarätige Führung.

Glücklicherweise gibt es wunderbare Ausnahmen: Billy Graham zum Beispiel hat diese „staatsmännische" Leiterrolle gut ausgefüllt, seine Vorgänger Billy Sunday und D. L. Moody allerdings schafften es nicht so gut.

Wenn wir an diesem Punkt innehalten und in das Jahrhundert davor zurückblicken, auf **John Wesley**, wird uns ein ganz anderes Bild von geistlicher Leitung gezeigt. Im 18. Jahrhundert reiste Wesley ständig durch England und predigte das Evangelium morgens und nachmittags unter freiem Himmel vor Menschen, die nicht zur Kirche gingen. Er predigte, um sie zur Umkehr und zu Jesus zu führen. Die Bekehrten fasste er in Klein- oder Zellgruppen, den sogenannten „Klassen" zusammen, wo sie sich zum Zweck der praktischen Heiligung wöchentlich trafen. *Dabei ging es um alle Alltagsthemen.* Wesley kümmerte sich stets um Inhalt und Qualität dieser Jünger-Zellen. Die Zulassung zu einer Klasse wurde mit einer „Klassenkarte" gewährt, die vierteljährlich zu erneuern war. Wenn die Lebensführung von jemandem zu wünschen übrig ließ, bekam er kein Ticket für das nächste Vierteljahr und wurde von der Zelle und von der Zugehörigkeit zu der methodistischen Bewegung ausgeschlossen. Änderte er sich, konnte er im folgenden Vierteljahr wieder neu zugelassen werden. Einmal kam Wesley nach Newcastle und strich 76 Personen von der Liste, weil ihr Leben nicht den Anforderungen entsprach.

Von den hunderttausend Anhängern der methodistischen Bewegung am Ende des Jahrhunderts waren bestimmt zehntausend Kleingruppenleiter und möglicherweise genauso viele oder noch mehr in anderen Führungspositionen![4]

Wegen ihrer Ausbildung zu verantwortlichen Leitern traten viele Methodisten als Führungspersönlichkeiten in unterschiedlichen Bereichen der Gesellschaft hervor, etwa in den Gewerkschaften.

Jedes Geschichtsbuch über das England des 18. Jahrhunderts enthält ein Kapitel über die Methodisten. Sie galten als die stärkste gesellschaftliche Einzelgruppierung jener Zeit. Es wird deutlich, dass Wesley zwar morgens und nachmittags als Evangelist predigte, die Bekehrung aber nur als Mittel zum Zweck ansah, nur als den ersten Schritt in eine Lebensführung unter Jesus als dem Herrn.

Er gab Orientierung in einer Vielzahl sozialer Fragen. Wesley experimentierte mit Schulbildung und schrieb mehrere hundert Bücher oder Schriften zu sozialen Fragen. Lange vor William Wilberforce (1759–1833) wandte er sich scharf gegen Sklaverei und Ausbeutung der Armen. Er schützte die bürgerlichen Freiheiten, richtete Spinn- und Strickbetriebe für die Armen ein, studierte und schrieb über Grundlagen der Medizin und brachte ein englisches Wörterbuch heraus.

Wesley sah das ganze Bild; ich halte ihn für einen Apostel mit einer starken evangelistischen Begabung. Weil er aus einer ganzheitlichen Schau

heraus handelte, war es für ihn selbstverständlich, dass er die Schöpfungs-
und Erlösungsaspekte der christlichen Berufung zusammenhielt. **Für ihn
gab es keine innere Spannung zu überwinden, er sah und empfand das
ganze Leben als Einheit. Entsprechend formulierte er die methodisti-
sche Vision: „… die Nation und vor allem die Kirche zu reformieren
und schriftgemäße Heiligung über das Land zu verbreiten".**[5]

Der Apostel: Definition und Rolle

Wir heute, in der westlichen Welt, haben erst kürzlich begonnen, wieder
über die Definition und Rolle des Apostels für die Kirche nachzudenken
und bewusst nach ihrem Wiederauftreten zu suchen. Natürlich haben im
Verlauf der gesamten Kirchengeschichte Apostel gewirkt, oft unter einer
anderen Bezeichnung. In unseren traditionellen westlichen evangelikalen
Kirchenstrukturen haben wir Raum gemacht für Pastoren, Lehrer und seit
den Tagen George Whitefields (1714–1770) und Finneys für Evangelisten.
In den historischen Kirchen gibt es zudem Bischöfe. Wenn wir die Dienstgaben aus Epheser 4,11 ansehen, fehlen noch das Amt des Apostels und
das des Propheten.

„Apostel" wird unterschiedlich definiert, und sicherlich finden wir in
der Bibel verschiedene Arten von Aposteln. Sie alle scheinen aber die
Berufung zu haben, das Reich Gottes zu predigen und zu verbreiten. Es
ist ihr Auftrag, stets das ganze Bild vor Augen zu halten und dafür zu
sorgen, dass die Aufgabe entsprechend umfassend angegangen wird. Im
Pionierstadium sind Apostel Allrounder. Nach einer gewissen Entwicklung können sie einen Rahmen geben, der alles zusammenhält und Raum
macht für die spezialisierten Gaben. Manchmal begegnen uns Apostel
mit einer nationalen oder auch internationalen Berufung und Fähigkeit.
Ich glaube, das war bei John Wesley der Fall. Er hatte die Fähigkeit, eine
nationale apostolische Bewegung anzuführen. Zwar stand für ihn grundsätzlich das Evangelisieren am Anfang, er wechselte aber je nach Bedarf
ganz natürlich die Rollen, damit die Bewegung sowohl nach Zahlen als
auch inhaltlich-qualitativ immer weiter zunähme. Je größer und je älter
die Bewegung wurde, desto mehr traten auch die Lebensfragen hervor,
denen sie sich stellen musste. Wesley machte seine Sache insgesamt sehr
gut, er war genau der richtige Mann für diese Aufgabe.

Wenn wir jetzt zu **Finney** zurückkehren, haben wir den Fall, dass ein
Evangelist in eine herausgehobene Leiterschaft gedrängt wird. Wie be-
wältigte er das? Finney schaffte es zum Glück recht gut. Seine Themen
waren natürlich Bekehrung und Heiligung, und soziale Fragen ging er so

an, dass er in erster Linie die Verantwortlichkeit des Einzelnen betonte. Aber er ließ sich auch auf breitere Themen ein. Die zentrale soziale Frage seiner Tage war die der Sklaverei. Unter dem Einfluss seines Freundes Theodore Weld (1803–1895), der später ein Anführer der Bewegung für die Abschaffung der Sklaverei in den USA wurde, und mehrerer anderer stand Finney im Jahr 1833 zum ersten Mal öffentlich gegen die Sklaverei auf. Es scheint, dass er sich etwas zurücknahm, als deutlich wurde, dass dies ein heißes Thema werden würde. Er wollte nicht, dass sich Christen spalteten und von dem ablenken ließen, was er für die vorrangige Aufgabe hielt, nämlich Seelen zu gewinnen. Hier erkennen wir die typische Mentalität und Reaktion eines Evangelisten, die ihm innewohnende Einschränkung.

Doch nach 1839 bezog er öffentlich klar Stellung und stand mutig für die Abschaffung der Sklaverei ein. In eingeschränktem Maße nahm er Einfluss auf die Politik und Geschäftswelt, wo er uneigennütziges Wohlwollen über Eigeninteresse bei der Preis- und Lohngestaltung lehrte. Wenn er auch selbst keine Aktionen anregte, so öffnete er sich zumindest für die weiter gefassten Themen seiner Zeit. Das war gut, reichte aber an die antreibende, innovative, umfassende Art eines Wesley nicht heran.

Es war eine Zeit, in der auf Christen gehört wurde. Seit mehreren Generationen führten sie ihre Gesellschaft. Finney glaubte an den gesellschaftlichen Fortschritt und ermutigte seine Zuhörer zu ausgedehnter Lektüre, auch über Naturwissenschaften. Er erlebte ständig, wie Gott wirkte, wie seine Zuhörer von tiefer Sündenerkenntnis ergriffen wurden und Gott begegneten. Im Anfangsstadium des 1833 gegründeten Oberlin-College in Ohio bildeten er und andere sehr viele junge Prediger und Leiter für die nächste Generation aus, und so hatte er guten Grund, optimistisch in die Zukunft zu sehen.

Die nächste Generation

Mit Eintritt in die zweite Hälfte des 19. Jahrhunderts ergaben sich in den Vereinigten Staaten neue Entwicklungen, welche die nächste Generation stark herausfordern sollten. Zumindest die folgenden sind in unserem Zusammenhang relevant:

1. **Die industrielle Revolution**, schon vor langerer Zeit begonnen, stand nun in voller Blüte. Mit der verbreiteten Nutzung der Dampfmaschine entstanden Stahl- und später Ölindustrien. Die Entdeckung der Elektrizität und anderer Technologien führte zum Entstehen

großer Firmen und Produktionszentren. Massenweise strömten Arbeiter vom Land in die größeren Städte, um in den Fabriken zu arbeiten. Eigentümer dieser Fabriken waren die Unternehmer, die Reichen und Mächtigen. Daraus ergaben sich die großen Themen Armenfürsorge, soziale Gerechtigkeit, Kapital und Arbeit.

2. Von 1861 bis 1865 erschütterte der **Bürgerkrieg** das Land. Es war ein furchtbarer Krieg. Brutalität, Inkompetenz und Verwüstungen schockierten und entmutigten die ganze Nation und dämpften ihren Optimismus.

3. 1859 veröffentlichte **Charles Darwin** in England seine „Entstehung der Arten" (*On the Origin of Species*). Bischof Samuel Wilberforce verlor 1860 die Oxforder Debatte gegen Thomas Huxley, und sehr bald hieß es, die moderne Naturwissenschaft habe eine neue Erklärung für Ursprung und Funktion des Lebens und sogar des Universums gefunden. Zum ersten Mal gerieten Christen in intellektuellen Kreisen in die Defensive, und diese Entwicklung fand ihren Weg über den Atlantik.

4. Zur selben Zeit fand die **historisch-kritische Theologie** aus Deutschland durch führende theologische Einrichtungen Einlass in die Kirchen und die breitere Öffentlichkeit.

Unter bibelgläubigen Christen entstanden in dieser Zeit zwei prägende Einflüsse, die der Beachtung wert sind: der Dispensationalismus und die Heiligungsbewegung.

Der **Dispensationalismus** wird auf John Nelson Darby (1800–1882) zurückgeführt, einen der Gründer der *Plymouth Brethren* um 1830. Die Lehre betont, dass Gott in verschiedenen Phasen oder Schritten der Geschichte („Dispensationen") unterschiedlich am Menschen wirke. Das war in sich nicht unbedingt neu. Schon der mosaische und der neutestamentliche Bund machen das offensichtlich, und in der Kirche wurde es immer so gesehen. In Teil 1 habe ich Phasen von Gottes Wirken an der Menschheit aufgeführt. Es gibt unterschiedliche Vorstellungen darüber, welches diese Phasen waren oder sein werden, und meine Auflistung könnte mit einigen dispensationalistischen Entwürfen übereinstimmen. Neu bei Darby war die These, dass jede Phase eine unterschiedliche Prüfung Gottes für die Menschheit wäre und dass jede Phase in Scheitern und Gericht enden müsste.

Dies lässt eine von vornherein pessimistische Einstellung gegenüber der Partnerschaft von Gott und Mensch in der Geschichte erkennen. Außerdem gibt es einer Theologie der zukünftigen Ereignisse ein Gutteil Determinismus mit auf den Weg. Die Entwicklungen in den Zeitetappen werden als unvermeidlich vorausgesetzt. Die Zukunft ist nicht offen und voller Hoffnung. Es gibt kaum eine Basis für eine Orientierung hin zu Gottes Wirken, Verbessern und Reformieren. Nein, je mehr es mit der Welt bergab geht, desto mehr sehen Dispensationalisten ihre Ansichten bestätigt. Tatsächlich motiviert sie das, sich noch mehr aus der Welt zurückzuziehen. **Die früheren Generationen, die ich erwähnt habe, von Francke bis Carey, sahen dies anders, und die Ergebnisse ihrer Arbeit rechtfertigen ihre Sicht!**

Nach 1850 verbreitete sich der Dispensationalismus und wurde immer populärer. Später übernahmen Hauptvertreter der evangelikalen Bewegung diese Lehre, etwa D. L. Moody, R. A. Torrey und die Institutionen, die sie aufbauten. Die *Scofield Study Bible* von 1909 machte sie populär.

Ich vermute stark, dass die Psychologie des Dispensationalismus zu der gesellschaftlichen Abwehrhaltung eines Großteils der Generation beigetragen hat, die unter seinen Einfluss geriet.

Die **Heiligungsbewegung** gründete auf Wesleys Lehren zu diesem Thema und gewissen Einflüssen aus anderen Quellen. Aus privaten Gebetstreffen heraus wuchs sehr rasch eine Bewegung und brach sich ab 1867 durch die riesigen Heiligungs-Lagerversammlungen Bahn. Die Betonung lag auf einer völligen Hingabe an Jesus, normalerweise mit dem Ausstrecken nach einer Taufe im Heiligen Geist, welche die Kraft geben sollte, die dem Menschen innewohnende Sünde zu überwinden und ein gerechtes Leben im Geist zu führen. Als Vertreter dieser Bewegung traten hervor: Phoebe und Walter Palmer, William Boardman, der 1858 das Lehrbuch „The Higher Christian Life" herausgab, und Hannah Whitall Smith, die „Das Geheimnis eines glücklichen Christenlebens"[6] schrieb, sowie ihr Mann, Robert Pearsall Smith.

Verschiedene Strömungen der Heiligungsbewegung inspirierten die Heilsarmee und prägten D. L. Moody, der daraufhin die Ausrüstung mit dem Heiligen Geist suchte und 1871 in New York auch empfing. Diese Initiativen entzündeten andere, und so vervielfältigte sich alles in einer Kettenreaktion. Alle diese Bewegungen entstanden an der Basis. Konferenzen in Oxford (1874) und Brighton (1875), bei denen die Smiths eine bedeutende Rolle spielten, starteten die Heiligungsbewegung in Europa. In Großbritannien etablierten sie sich als die Oxford- und die Keswick-Bewegung, in Schottland als die *Faith Mission*.

Hannah (1832–1911) und Robert Smith (1827–1898) sprachen 1875 in etlichen Versammlungen[7] in Deutschland und der Schweiz vor zahlreichen, interessierten Zuhörern. Viele Verantwortliche aus der deutschen „Gemeinschaftsbewegung" nahmen an der großen Konferenz in Brighton teil. Das setzte eine starke Heiligungsbewegung unter den Gläubigen in diesen Ländern in Gang. Pfarrer Jellinghaus veröffentlichte sein Standardwerk „Das völlige, gegenwärtige Heil durch Christum" im Jahr 1880. Von da an war Heiligung in den nächsten mindestens zwanzig Jahren ein Leitthema der meisten deutschen Konferenzen und Veröffentlichungen.

Auch Evangelisation wurde jetzt betont, ebenso Gebet und Fürsorge für Arme und Notleidende, die Diakonie, was unter Erweckungsgruppen in Deutschland schon eine gute, starke Tradition hatte. Indem sie sich anhand dieser Dienste definierten, verfassten diese Christen in Deutschland die inhaltlichen Leitlinien für den Neupietismus. Das passte zu den Entwicklungen in den USA, die zur selben Zeit entstanden und mit denen wir uns weiter befassen werden.

Von 1873 bis 1875 hatte D. L. Moody zusammen mit dem Sänger Ira Sankey auf ihrer Tour durch England und Schottland die Entstehung einer mächtigen evangelistischen Bewegung erlebt. Moody kehrte 1875 als der führende Evangelist in die USA zurück und richtete sich darauf ein, nun auch hier in den größten Städten Massenevangelisationen durchzuführen. Die Anhänger der Heiligungsbewegung widmeten ihre Energie ganz dem Evangelisieren, Beten und der Fürsorge für Arme und Bedürftige – und zu jener Zeit gab es in den US-amerikanischen und europäischen Großstädten wirklich große soziale Nöte. 1865 war die Heilsarmee unter derselben geistlichen Inspiration für Evangelisierung und Fürsorge im Londoner East End gegründet worden und formierte sich in anderen Städten.

Anhänger der Heiligungsbewegung engagierten sich auch in der Weltmission und initiierten die ersten Heilungskampagnen. Eine davon begann etwa 1870 in den USA. Zu ihren Leitern gehörten Dr. Charles Cullis, A. J. Gordon, A. B. Simpson und John Alexander Dowie. Das war wichtig als Vorbereitung und Anregung für die evangelikalen Kreise, in ihrer Evangelisation Heilung, die Gaben des Geistes und Wunder zu erwarten. Gordon sagte voraus, wenn man weiterhin nur das Wort betonen würde, ohne es mit Erfahrungen der Macht Gottes zu koppeln, dann würde die liberale Theologie weiter zunehmen und das evangelikale Christentum ernstlich in Gefahr geraten.[8]

Zweifellos war die Heiligungsbewegung ein inspirierendes Wirken des Heiligen Geistes. Wie gesagt, entstanden aus ihr viele andere geistliche Bewegungen. Einen Nachteil hatte sie allerdings, nämlich dass sie sich einzig auf eine intensive persönliche Reinigung der Motive und ein gerechtes Leben des Einzelnen konzentrierte, was natürlich als Ausgangspunkt völlig richtig ist. Dann kanalisierte sie ihre Energien in Evangelisation, Gebet und Diakonie. Weiter aber reichte das Engagement und die Sicht der Bewegung im Großen und Ganzen nicht. Die Leiter achteten nicht auf allgemeine soziale Zustände und Zusammenhänge, um auch dort Gottes Gerechtigkeit zu suchen. Ihre Mission war nicht, „die Nation zu reformieren", wie es Wesley als Auftrag gesehen hatte, sondern, unter Leitung des Heiligen Geistes innige Nähe zu Gott und Heiligung in persönlichen Beziehungen zu suchen. Auch Wesley hatte das ganz genauso gefördert, als die innere Quelle für das ganze Leben; diese Bewegung ging schließlich auf seine Schriften zurück. Aber für Wesley war das der *Ausgangspunkt* gewesen, nicht das letzte Ziel. Er hatte eine christliche Reformierung der Nation angestrebt. Das konnte die neue Generation jedoch anscheinend nicht mehr als ihre Vision und ihr Ziel sehen.

Die sozialen Themen

Die amerikanischen Gemeinden leisteten gute Arbeit, um der Armut und den sozialen Nöten der vielen Arbeiter zu begegnen, die neu in die Großstädte gezogen waren. An der Basis entstanden zahlreiche Initiativen, und daraus entwickelten sich karitative und soziale Hilfsorganisationen, z. B. Stadtmissionen und der CVJM (gegründet 1851 in Amerika). Es war die Barmherzigkeit und Liebe Jesu, die viele Christen bewegte, praktisch zu helfen. Es ist die Stärke der Bibelgläubigen, dass sie mit Liebe hingehen und den Menschen dienen können, wo immer sie sind.

Nach einiger Zeit wurde jedoch deutlich, dass die in den Großstädten herrschenden Dynamiken und Strukturen auf den Prüfstand gehörten. Die Macht lag bei den Besitzenden und die Arbeiter sahen wenig Möglichkeit, aus ihrem bedrängenden Zyklus von harter Arbeit und geringer Bezahlung auszubrechen. Allerdings zeigten, wie üblich, die wirtschaftlich Einflussreichen wenig Interesse, auch nur ansatzweise von ihrer Macht abzurücken. Zu dieser komplexen Situation hätte sich eine prophetische Stimme äußern müssen: mit einer Analyse der Verhältnisse auf biblischer Basis, Richtlinien für Machtteilung, zu den Themen Interessenausgleich für Unternehmer und Arbeiter, soziale Gerechtigkeit. Eine solche prophetische Stimme hätte zu Umkehr und Reform aufrufen müssen.

Die evangelikalen Christen jener Zeit äußerten sich nicht zu diesem Problem, wenigstens nicht in nennenswertem Maße. Ihre Haltung stand im Gegensatz zu dem, wie sich Finney, Theodore Weld und andere eine Generation vor ihnen zum Thema Sklaverei zu Wort gemeldet hatten. Tatsächlich waren in der Führungsriege der US-amerikanischen Abolition-

Bewegung viele evangelikale Christen tätig gewesen, wie es auch früher in England unter William Wilberforce der Fall gewesen war. Jetzt aber stand eine neue Generation vor neuen sozialen Fragen, die komplex und bedrückend waren. Wahrscheinlich wäre die Zeit zwischen 1870 und 1890 das Zeitfenster gewesen, in dem man die Gelegenheit gehabt hätte, eine Antwort zu formulieren. Das geschah nicht, und so suchten die Arbeiter und die Gesellschaft insgesamt woanders nach Antworten, z. B. bei den Arbeiterbewegungen in Großbritannien und Europa.

Zum Glück waren viele der Anführer der Arbeiterbewegung in Groß-britannien evangelikale Christen, oft aus den Methodisten- oder anderen Freikirchen. Der Gründer der Labourpartei in Großbritannien, Keir Hardie, (1856–1915), war Christ. Er stammte aus Schottland und kam aus sehr armen Verhältnissen; die Gesellschaft reagierte ziemlich schockiert, als er, ein Mann seiner Klasse, ins Unterhaus gewählt wurde. Aber natürlich hatten viele Leiter der Arbeiterbewegung, besonders in Kontinentaleuropa, nichts mit der Kirche zu tun. Sie sahen in der Kirche einen Teil des Macht-Establishments. Sie verlangten radikale Veränderungen, über das gesamte Spektrum von Reformen innerhalb des Systems der freien Unternehmen, über Sozialismus verschiedener Ausprägung bis hin zu Kommunismus.

Die unterschiedlichen Ideologien und Grade von Radikalität und Ver-bitterung hatten sich während der Konflikte um Sozialreform in Europa seit der Französischen Revolution herausgebildet. In den amerikanischen Großstädten boten sich damals alle diese Optionen. Die Kommunisten und die Linken aus den Sozialistenbewegungen hatten viel mehr im Sinn als nur die Themen Arbeit und Kapital. Sie vertraten eine neue philosophische Weltsicht und setzten sich für eine völlig andere Gesellschaftsordnung ein, eine atheistische, materialistische, zum Teil totalitäre. Natürlich waren die Christen dagegen. Aber stellten sie sich denn den Fragen nach sozialer Gerechtigkeit? Hatten sie überhaupt die Reife, zwischen den radikalen Ideologien und den berechtigten Anliegen der Arbeiter und Armen zu unterscheiden und Gottes konstruktive Antwort zu suchen? Es gab einige Gruppierungen, von denen man das sagen kann, die große Masse der Evangelikalen jedoch wandte sich in eine andere Richtung.

D. L. Moody

Ein führender Vertreter in dieser Generation war Dwight Lyman Moody. Auch er wurde durch sein evangelistisches Talent und seine Vollmacht berühmt und kam so in eine Leitungsfunktion. Anfangs war Moody Mitarbeiter einer Sonntagsschule und später im YMCA (CVJM).

Moody war authentisch; er hatte seinen Hintergrund in der Geschäftswelt, konnte gut organisieren und besaß unendlich viel Energie. Er hatte
eine echte Bekehrung erlebt und sehnte sich danach, Gott immer mehr
in seinem Leben wirken zu sehen. Von seiner Rückkehr aus England im
Jahre 1875 bis zu seinem Tod im Jahre 1899 war Moody Amerikas führender Evangelist. Er entwickelte stadtweite evangelistische Kampagnen
im großen Stil und legte den Grund für derartige Veranstaltungen bis in
unsere Zeit hinein.

Seine Botschaft war die Umkehr zu Gott und das persönliche Annehmen
von Jesus als Retter und Herrn – die Wiedergeburt. Diese Ziele verfolgte er
mit Leidenschaft und Pathos, Klarheit und viel Segen vom Heiligen Geist.
Seine Botschaft war nicht so weit gefasst wie die von Finney und sicherlich
nicht so systematisch. Finney hatte gegenüber seinen Zuhörern ähnlich
argumentiert, wie er es von seinen Auftritten als Verteidiger vor Gericht
gewohnt war. Erst wenn er die Überführung des Geistes wahrnahm, hatte
er eine Reaktion zugelassen.

Mit seinen groß angelegten Veranstaltungen und seinem ganzen Ansatz
setzte Moody darauf, jeden Abend eine andere Botschaft mit anschließen-
dem Aufruf zu predigen. Mit diesem System und auf der Grundlage seiner
Theologie entwickelte er das, was ich „Privaterlösungs-Evangelium" nenne
und an anderer Stelle bereits kritisiert habe. Im Kapitel über Evangelisation
werde ich noch einmal darauf zurückkommen. Es handelt sich um das An-
gebot der Errettung, das die Herrschaft Jesu ausklammert; diese Botschaft
wurde bis in unsere Zeit hinein wegweisend.

Trotzdem gibt es natürlich viele Lebensgeschichten und Berichte über
Menschen, die durch Moodys Dienst Gott begegnet sind. Finney war in
seiner Theologie und Praxis zum Thema Umkehr und Herrschaft Jesu klar
gewesen. Moody aber fehlte es auch an Verständnis und Praxis für das, was
Finney „durchbrechendes Gebet" genannt hatte. Er entwickelte Evangelisierung im Massenformat; das passte in seine Zeit, fiel jedoch qualitativ
stark zu Finneys Ära ab.

D. L. Moody machte sich viele Gedanken um das Los der Arbeiter.
1889 schrieb er: „Das größte Thema, mit dem sich der heutige Mensch
konfrontiert sieht, ist: Was sollte mit dem und für den Arbeiter gemacht
werden?"[9] Das nannte er „das größte Problem dieses Jahrhunderts". Stets
arrangierte er besondere Evangeliumstreffen für die Arbeiter und die Armen.
Er nahm an vielen karitativen Diensten für Arme teil und initiierte eigene.
Im Jahr 1886 gründete er das bekannte *Moody Bible Institute* in Chicago
zunächst mit der Absicht, junge Männer und Frauen für das Leben in der

Großstadt zu schulen, die „Seite an Seite mit der Arbeiterklasse und den Armen stehen und in deren Leben dem Evangelium Geltung verschaffen sollten".[10] Er war ein großherziger Mann, der tat, was er konnte. Nach seinem Verständnis musste er die Menschen zu Jesus führen und sich um ihre Lebensbedingungen kümmern, kurz, Evangelisation und praktische Fürsorge leisten.

In seiner Sicht der Dinge stand an erster Stelle das Herz des Einzelnen gegenüber Gott, seinem Nächsten und seiner Welt. Das ist der Dienst des Evangelisten. Aber leider ging Moody darüber nicht hinaus, außer mit praktischer Hilfe für die unmittelbaren Bedürfnisse. Er befasste sich nicht mit weiteren Lebensfragen und sicherlich nicht mit institutionellen Strukturen und Ungerechtigkeit im System. Warum nicht? Es gab schließlich keine Tradition, keinen Präzedenzfall, der ihn hätte abhalten können. Ganz im Gegenteil! Wie bereits erwähnt, stand ihm das Vorbild von Finney und der Sklaverei zur Verfügung und das von John Wesley und der nationalen Reform davor. Die Bibel gibt deutlich den Auftrag, Umkehr zum Herrn nicht nur für persönliche Belange zu predigen, sondern auch in Bezug auf soziale Verantwortung. Warum hat Moody das nicht getan?

Meiner Meinung nach liegt der Grund zunächst einmal darin, dass Moody eben Evangelist war. Wir erinnern uns: Selbst Charles Finney, auch Evangelist, jedoch mit breiter angelegtem Denken, ließ nicht die weite Vision erkennen, die John Wesley angetrieben hatte, der ein Apostel gewesen war. Evangelisten werden immer die eigentliche Motivation haben, Menschen zur Umkehr und zu Jesus zu rufen. Das ist ihr Dienst, und den haben sie von Gott. Wenn sie nicht gleichzeitig eine weiter gefasste Begabung zur Leitung haben, wird es ihnen oft schwerfallen, über den Bereich der persönlichen und gesellschaftlichen Sachthemen, mit denen der Gläubige konfrontiert ist, zu lehren und Orientierung zu geben. Falls sie zusätzlich für breites, umfassendes „staatsmännisches" Leiten begabt sind, können sie dieser Herausforderung gewachsen sein und sie gut **ausführen. Aber jemand, der zur Leitung berufen ist, besonders als Apostel oder auch als Prophet, wird für das Große und Ganze motiviert sein und dahin tendieren.** Ich denke nicht, dass sich Moody bei der Beschäftigung mit den weiter gefassten Themen wohl fühlte.

Und so tat er, was wir letzten Endes alle tun: Er blieb bei seinen Neigungen und dem, was auf seinem Herzen war. Er hatte sich auch dem Dispensationalismus zugewandt, wahrscheinlich durch seinen Kontakt mit Darbysten. Wie ich schon sagte: Auf dieser Grundlage ist es schwierig, an bedeutsame positive Veränderungen in den Umständen unserer Umgebung oder im Zustand unserer Gesellschaft zu glauben oder sie auch nur als erstrebenswert anzusehen. Die Tendenz ist Rückzug aus der Gesellschaft, das Ziel, Seelen für den Himmel zu gewinnen. Welche Einflüsse auch immer es waren, Moody gab seiner Einstellung und seinem Glaubenssystem Ausdruck mit dem bekannten Satz: „Ich sehe diese Welt als ein angeschlagenes Schiff. Gott hat mir ein Rettungsboot gegeben und gesagt: ‚Moody, rette, so viele du kannst.‘"[11]

Diese Definition bringt es klar zum Ausdruck. Moody verstand sich und seine Aufgabe so, dass er Menschen aus der Welt heraus retten, und nicht, dass er die Welt reformieren solle. Der Unterschied zwischen seiner und Wesleys Sichtweise ist gewaltig. Dieser Wandel markiert den entscheidenden Wendepunkt.

Auch seine Nachfolger sollten seine Vorgabe als ihre Richtschnur ansehen, sie war ihnen als Rahmen und Perspektive vorgelebt worden. Moody hatte diese Richtung nicht allein erschlossen. Das war der Trend unter den meisten der Evangelisten und bibelgläubigen Christen in dieser Zeit. Er zeigt, wohin sie unterwegs waren.

Die intellektuellen Strömungen

Es gab eine andere wichtige gesellschaftliche Strömung, die diese Richtung beeinflusste: die wachsende Stärke und der Einfluss der historischkritischen Theologie und des Naturalismus in den Natur- und Sozialwissenschaften. Das intellektuelle Establishment wurde von deren Vorstellungen sehr herausgefordert und eingenommen, was auch die breite Öffentlichkeit zunehmend prägte.

Naturalismus

Die Naturwissenschaftler aus aller Welt stürzten sich auf Darwin und sehr schnell wurde seine Theorie zur Grundlage. Die Veränderung war in erster Linie philosophischer Natur. Nun, da eine Erklärung für den Ursprung des Lebens vorgestellt wurde, die keinen Schöpfer voraussetzte, stand der Weg offen, den Naturalismus zur herrschenden Philosophie zu erheben.

Als solche geht der Naturalismus davon aus, dass die einzigen dem Menschen empirisch nachweislich erkennbaren Realitäten materiell oder natürlich sind. Folglich kann das Universum nur auf dieser Basis erklärt werden. Die Naturwissenschaften befassten sich also nicht mehr nur mit empirischer Forschung, jetzt ließen sie auch ausschließlich naturalistische Hypothesen und Erklärungen zu. Wissenschaftliche Methoden vermählten sich mit naturalistischer Philosophie, und diese zu trennen wurde sehr schwierig.

Hierbei handelt es sich um ein Glaubenssystem. *Naturwissenschaft* war zu einem Respekt einflößenden Wort geworden, und nun galten Wissenschaftler als die Autoritäten der Zeit. Heute leben wir bereits 150 Jahre mit diesem System des Naturalismus. Wie erfolgreich sich die christliche Gemeinschaft ihm entgegengestellt hat, ist nicht unser Thema. Es genügt zu sagen: In der zweiten Hälfte des 19. Jahrhunderts übernahm dieses System die wissenschaftliche und weitgehend die intellektuelle Gemeinschaft und so hatte man es mit einer neuen und beeindruckenden Macht zu tun.

Aufklärungstheologie

Die historisch-kritische Methode der Bibelforschung wurde während des 18. Jahrhunderts in Deutschland entwickelt, und zwar als Abkömmling der Rationalismus- und der Aufklärungstheologie. Die rationalistisch begründete Aufklärungsbewegung überrollte Frankreich und Deutschland im Lauf des 18. Jahrhunderts. In dieser Philosophie gilt der Grundsatz, letztlich sei der menschliche Verstand Richter über Wirklichkeit, Wissen und Moral. Da jegliche Offenbarung von Gott eine höhere Autorität voraussetzt, wird Offenbarung oder Inspiration nur im individuellen, subjektiven Erleben zugestanden: Es gibt keine verifizierbare, objektive, allgemeingültige Offenbarung, welche alle Menschen zum Gehorsam ruft, kein Feuer auf dem Berg und keine Steintafeln mit Gottes Handschrift, die jeden Menschen zum Lesen, Verstehen und Gehorchen verpflichten.

Die Bibel ist ein Geschichtsbuch über Gottes übernatürliches Eingreifen und Reden zum Menschen. Dieses geschah häufig öffentlich, und zwar über die Generationen hin, und ist nachweisbar. Deshalb wird der Rationalist die Bibel entsprechend revidieren wollen. Es liegt in der Natur der Sache und ist bereits beschlossen, bevor er die Bibel auch nur aufschlägt. So setzte die rationalistische und aufklärerische Tradition der Neuinterpretation von Bibel und Theologie ein. Die historisch-kritische Methode der Bibelauslegung entwickelte sich innerhalb dieses Systems. Jede Generation interpretierte gemäß der philosophischen Schule ihrer Zeit. Dies führte zu einer Tradition der ständigen inhaltlichen Veränderung, der ständigen Neuinterpretation und zu dem Phänomen, dass die Theologie sich stets an der jeweils herrschenden Philosophie orientierte.

Pietismus

Etwa zur selben Zeit wie der Rationalismus entstand auch eine Reformbewegung innerhalb der deutschen protestantischen Kirchen, der **Pietismus**, initiiert von der Veröffentlichung von Philipp Jakob Speners *Pia desideria* im Jahr 1675. Er rief Christen, die es ernst meinten, auf, für Bibellese, persönliche Auferbauung und Gebet wöchentlich in kleinen Gruppen zusammenzukommen. Es war die Reformation nach der Reformation. Diesmal lag die Betonung auf der persönlichen Hingabe an Jesus als dem Herrn, auf Heiligung und Jüngerschaft, die sich in allen Lebensbereichen auswirken sollte, im Privaten wie im Öffentlichen, mithin ein ganzheitlicher Ansatz. Diese Bewegung fand weite Verbreitung in Preußen, Westfalen und Württemberg. Sie entwickelte sich stark unter einflussreichen gesellschaftlichen Kreisen, dem Adel und den Gebildeten. Francke und Zinzendorf gehörten zu dieser Bewegung, später brachte sie Wesley und Whitefield hervor.

Es folgte ein ständiger Konflikt zwischen der pietistischen und der aufklärerischen Bewegung, der sich in Deutschland über das ganze 18. und bis ins 19. Jahrhundert hinein hinzog. Dieser Konflikt wurde zunächst in der Theologie ausgetragen, aber auch in anderen akademischen Fachrichtungen und sozialen Bewegungen. Er war unvermeidlich: Hier prallten zwei gegensätzliche Weltsichten aufeinander. Die eine erklärte den Menschen und menschliches Denken zum Mittelpunkt aller Erkenntnis, die andere hielt Gottesfurcht für den Beginn aller Weisheit. Die eine anerkannte keinerlei Wirken Gottes, das nicht zur Philosophie der Zeit passte, die andere baute auf Gottesoffenbarung und arbeitete daran, die Bibel intelligent auszulegen, dankbar zu verstehen und ihr zu folgen. Bei allen unterschiedlichen Auffassungen über den Grad der wörtlichen Inspiration, allen Schulen der systematischen Theologie, allen unterschiedlichen Anteilen von Liberalismus etc. – **die eigentliche Grenze verlief zwischen jenen, die die Autorität Gottes über sich von vornherein ablehnten, und denen, die sie anerkannten.**

Und so geschah es, dass Deutschland einen intellektuellen und gesellschaftlichen Konflikt austrug, und zwar schon hundert Jahre vor seinem Aufkommen in der englischsprachigen Welt, hauptsächlich in Großbritannien und in den USA, im 19. Jahrhundert. Die Aufklärung hatte sich in Deutschland ebenso wie in Frankreich bis Ende des 18. Jahrhunderts eindeutig als das herrschende Weltbild durchgesetzt. Sie regiert bis zum heutigen Tag, trotz allem, was über die postmoderne Bewegung und den Tod des Modernismus gesagt wird – meiner Meinung nach handelt es sich dabei einfach nur um eine nächste Entwicklung innerhalb des Rahmens der Aufklärung. Solange sich an diesem Rahmen nichts ändert, wird das theologische Establishment in Deutschland immer Zuhause und Quell der liberalen Theologie sein. Zu fast allen Zeiten hat es auch hochkompetente, bibelorientierte Theologen gegeben. Sie waren aber in der Minderheit, und das wird auch so bleiben, bis dieses System überwunden ist.

Die USA fochten ab dem späteren 18. Jahrhundert ihren eigenen, selbst-gemachten Streit zwischen dem Calvinismus alter Schule, dem Deismus und dem Universalismus aus. Eine Generation später klinkte sich Finney in diese Auseinandersetzung ein. Wann genau die Einflüsse der europäischen Aufklärungstheologie zu wirken begannen, weiß ich nicht. In der zweiten Hälfte des 19. Jahrhunderts wurde sie in vielen Kirchen propagiert und somit unter die christliche Öffentlichkeit gebracht. Wie zu erwarten, geriet sie bald in Konflikt mit der bibeltreuen Einstellung – in Deutschland hatte es sich ja schon ebenso abgespielt. So begann der Dauerkonflikt zwischen Liberalen und Bibelgläubigen. Bibeltreuen Christen wurden verschiedene Bezeichnungen angehängt: Buchstabengläubige, Fundamentalisten – Na-men, von denen keiner für Intelligenz und Aufgeschlossenheit steht, ein Hinweis darauf, dass sie nicht selbst gewählt waren. (Später, Mitte des 20. Jahrhunderts, fanden die Bibelorientierten mit *Evangelikale* eine Bezeich-nung, die für mehr Weite stand.)

Die „Fundamentalisten" sahen sich mit Neuinterpretationen der Bibel konfrontiert, in denen Wunder und die kategorischen Offenbarungsmaximen per se gestrichen waren. Die Liberalen gründeten ihr Verständnis auf die jeweils aktuellen, zumeist humanistischen und naturalistischen Vorgaben des Rationalismus. An diesem Punkt verbanden sie sich mit der naturalis-tischen Philosophie der modernen Naturwissenschaft, und diese beiden Strömungen liefen zusammen. Das war logisch, da beide Systeme auf derselben Grundlage aufbauten. Oft galten die Entdeckungen, manchmal sogar die Hypothesen der modernen Naturwissenschaften als Beweis für die Notwendigkeit einer Neuinterpretation der Bibel.

Es war für Bibelgläubige wirklich nicht leicht, alle darin enthaltenen weltanschaulichen Elemente zu identifizieren, alles zu prüfen, das Gute zu behalten und das Falsche auszuschließen. Schon ein solches Vorgehen, so notwendig es gewesen sein mochte, war immer nur ein Reagieren auf die Initiativen der anderen Seite. Immer mehr neue Theorien wurden laut, und die bibeltreuen Christen hatten reichlich zu tun, ihre Position zu ver-teidigen. Ständig in der Defensive zu sein, kann ermüden und entmutigen. **Dies war ein großer Unterschied zu den Tagen von Finney, vor ihm Wilberforce oder vor diesem Wesley, die jeweils die treibende Kraft in praktischer Theologie, Sozialreform und Evangelisierung gewesen waren.** Diese hatten auch die Philosophie ihrer Zeit indirekt beeinflusst, in-dem sie ein progressives christliches Umfeld schufen, welches neue soziale Entwicklungen initiierte und atheistischen Ideen weniger aufgeschlossen gegenüberstand.

Ein Beispiel: Den politischen Ideologien, die in Frankreich zur Revolution geführt hatten, setzte in England der Philosoph und Parlamentarier Edmund Burke (1729–1797) mit seiner Veröffentlichung „Reflections on the Revolution in France" im Jahr 1790 seine Thesen entgegen. Auch das mag ein Grund für den zeitlichen Abstand zwischen der Entstehung der aufklärerischen Philosophie und ihrem Eingang in Großbritannien und den USA sein. Es ist mit Sicherheit der Grund dafür, dass ihre Ausbreitung in diesen Ländern bis zum heutigen Tag so stetig und stark von bibelorientierten Christen angefochten wird.

Dieser ständige Konflikt stellte eine schwierige Herausforderung für die Evangelikalen der folgenden Generationen dar. Natürlich wollten und mussten sie in allen Bereichen der Bildung und in allen Lebensfragen aufgeschlossen und progressiv sein. Sie mussten sich große Mühe geben, nicht in eine reaktionäre und defensive Haltung zu verfallen. Viele waren damit überfordert, sie brauchten Vorbilder, die ihnen den biblischen Weg wiesen.

In der Theologie traten kompetente Wortführer hervor, unter ihnen Reuben Archer Torrey (1856–1928), der Evangelist und der erste Präsident des *Moody Bible College* war. Einen Teil seines Theologiestudiums hatte er in Deutschland absolviert. Dort war er mit der liberalen Theologie konfrontiert worden, deren Wesen er durchschaute und gegen die er in der Folge vehement Position bezog. Zu theologischen Fragen äußerte er sich kundig, vertrat aber wie viele seiner Kollegen eine eigene Form des Dispensationalismus. Inwieweit das für sie Anlass war, sich ihrer sozialen Verantwortung zu entziehen, muss offen bleiben. Jedenfalls führten sie ihre Zuhörer nicht zu einem Verständnis der weiter gefassten gesellschaftlichen Bedeutung von Umkehr und einem Leben unter Jesus als dem Herrn. Tatsächlich wurden solche Themen nur von wenigen evangelikalen Leitern gepredigt.

Die Ergebnisse

So war es unvermeidlich, dass entsprechend den zugrunde liegenden Systemen eine tragische Entwicklung ihren Lauf nahm. Ebenso wie von der übrigen akademischen Welt wurden die Fragen der sozialen Gerechtigkeit von liberalen Theologen angesprochen, die mit den Anhängern der modernen Wissenschaften eines Geistes waren. Interessanterweise war deren theologisches Leitthema dafür das „Reich Gottes", welches für sie und viele andere vom späten 19. Jahrhundert bis etwa 1920 im Mittelpunkt stand. Das sollte uns nicht überraschen: Dieses Thema ist die Basis für das Gesamtbild. (Ich nehme an, dass sich ihre Interpretationen von meiner ziemlich unterscheiden!)

Natürlich fehlte den Liberalen die Grundlage, um Einzelne zu Umkehr und Unterordnung unter Jesus als Herrn zu rufen. Sie gingen von einem humanistischen Menschenbild aus, predigten die Bruderschaft aller und beteuerten, jeder Mensch wäre im Grunde gut und man müsste nur die Umstände ändern, um Lösungen zu erreichen. Darin stimmten sie mit den neu aufkommenden Wissenschaften Psychologie, Anthropologie und Soziologie überein. Diese theologische Basis war so eindeutig unbiblisch, dass die Evangelikalen sich darin bestätigt sahen, der Arena der Sozialreform fernzubleiben; „soziales Evangelium" wurde unter ihnen zum Schlagwort, sogar zu einem Schimpfwort! Die Liberalen hatten das Thema „Reich Gottes" übernommen, folglich wurde es nur entsprechend ihrer theologischen Grundlage interpretiert und angewandt. Im Lauf der folgenden drei Jahrzehnte nach 1914 erwies sich jedoch ihr ideologischer Optimismus als unhaltbar.

Die Evangelikalen behielten die biblische Basis für die Notwendigkeit persönlicher Umkehr und Regeneration durch den Heiligen Geist bei, aber sie waren im intellektuellen und gesellschaftlichen Leben an den Rand gedrängt worden – zuletzt wahrscheinlich aufgrund der Dynamik intellektueller Bewegungen. Zuvor aber hatten sie sich selbst ins Abseits gestellt, indem sie sich früh aus dem Ringen um die soziale Frage zurückgezogen hatten. Etwa zu Beginn des 20. Jahrhunderts, sicherlich bis zu den Zwanzigerjahren, war dieser Wettstreit im Grunde gelaufen. Naturalistische Philosophie und liberale Ideologie übernahmen viele Universitäten und theologische Institutionen, die zuvor auf einem eindeutig biblisch-christlichen Grund gestanden hatten.

Und so kam es, dass sich die Mitte des 19. Jahrhunderts sichtbar werdenden Tendenzen bis Anfang des 20. Jahrhunderts zu philosophisch, theologisch und sozial definierten Gruppierungen entwickelt und verhärtet hatten. Die Evangelikalen, die an einer bibelbasierten Theologie festhielten, predigten die Notwendigkeit einer persönlichen Bekehrung und eines Lebens in klarer Jesus-Nachfolge. Einen damit einhergehenden Rückzug aus der Gesellschaft rechtfertigten sie mit der Aufforderung, sich von der Welt abzusondern, und definierten ihre verbleibende Aufgabe als Evangelisation, Heiligung und Fürsorge für Bedürftige. Dieser widmeten sie sich mit Liebe und Hingabe an Jesus als Herrn – sowohl in den USA als auch in anderen Ländern durch ihren sehr großen Beitrag zur Weltmission.

Das Evangelium vom Reich Gottes war für sie auf ein Evangelium der Privaterlösung reduziert worden. Die Aufgabe des Einzelnen bestand in Evangelisation, Heiligung und Diakonie. Es gab keine biblisch begründbare Verantwortung für die heutige Welt, keine Schöpfungsberufung. Ihre

Gemeinden entwickelten, definierten und strukturierten sich um dieses Verständnis herum. Sie wuchsen zu großen sozialen Gruppierungen innerhalb der Gesellschaft heran, waren aber aus ihr zurückgezogen und ihr oft entfremdet.

So geschah es, dass die Evangelikalen ihr Paradigma neu definierten. Natürlich gibt es wunderbare Ausnahmen, doch in weiten Bereichen des Evangelikalismus wird Glauben und Handeln von diesem Verständnis bestimmt, und zwar seit dem späten 19. Jahrhundert bis in unsere Zeit, 120 bis 150 Jahre später. Das gilt auch für die Pfingstbewegung, die 1906 ihren Anfang nahm.

Haben wir dieses Verständnis „geerbt", müssen wir uns klarmachen, dass es sich um eine junge Entwicklung handelt: Wir müssen bedenken, woher sie kommt, und dass ganze Generationen evangelikaler Christen davor völlig anders dachten. Diese Einstellung stellt eine ernstliche Verkürzung der biblischen Botschaft dar. Sie ist ein tragischer Fehler, der in der westlichen Gesellschaft zu einem nachhaltigen Autoritätsverlust der Christen geführt hat.

Diese 120 bis 150 Jahre sind genau die, in der die Sozialwissenschaften – Psychologie, Anthropologie und Soziologie – aufkamen, die den Menschen von einer nichtchristlichen Basis aus erforschen. Es handelt sich auch um exakt die Zeitspanne, in der wir beobachten, wie sich unsere westlichen Gesellschaften von *christlich* zu *nachchristlich* verändern. Sie sind auf dem Weg, heidnisch zu werden, vielleicht antichristlich. Es ist die Zeit des großen Rückzugs von Bibelgläubigen aus der Gesellschaft und vielen Aspekten des Lebens allgemein.

Unsere biblische Evangelisationsberufung behalten wir bei, aber nur in verwässerter Form. Die Schöpfungsberufung insgesamt – Verantwortung für die Welt – haben wir weitgehend verloren. Es besteht sogar Widerstand dagegen, weil der Bereich liberal besetzt ist. Wir haben unser Verständnis auf der Basis der evangelistischen und pastoralen Ämter definiert, nicht aber der apostolischen und prophetischen.

In den nächsten Kapiteln werde ich Möglichkeiten vorstellen, verlorenen Boden zurückzugewinnen.

Anmerkungen

1 James Hasting, „Methodism", *Encyclopedia of Religion and Ethics*, Teil 16, S. 604, Minutes of Conference, i. 446.

2 William G. McLoughlin, *Modern Revivalism. Charles Grandison Finney to Billy Graham*, 1. Auflage The Ronald Press Company 1959, Neuauflage Eugene, Oregon: Wipf and Stock Publishers 2004, S. 257. Originalquelle: W. H. Daniels, *Moody, His Words*, New York 1877, S. 475–476.

3 Die folgenden zwei Abschnitte sind eine Zusammenfassung von Jeff Fountain, *His Kingdom Come*, Seattle: YWAM Publishing 2008, S. 126–129. Jeff Fountains Informationsquelle: Vishal und Ruth Mangalwadi, *Carey, Christ and Cultural Transformation*, Carlisle: OM Publishing 1993.

4 Howard A. Snyder, *The Radical Wesley and Patterns for Church Renewal*, Downers Grove: Intervarsity Press, S. 63.

5 Hasting, a.a.O.

6 Hannah Whitall Smith, *Das Geheimnis eines glücklichen Christenlebens*, Leun: Herold-Schriftenmission, 13. Aufl. 2009.

7 Dieter Lange, *Eine Bewegung bricht sich Bahn*, Gießen: Brunnen, 3. Aufl. 1990, S. 35–45.

8 William DeArteaga, *Quenching the Spirit*, Creation House: Lake Mary 1992, S. 111.

9 William G. McLoughlin jun., *Modern Revivalism*, a.a.O., S. 272.

10 William G. McLoughlin jun., *Modern Revivalism*, a.a.O., S. 272.

11 McLoughlin, a.a.O.

14

Das Reich Gottes und die Gesellschaft: Orientierung

Unsere Reich-Gottes-Berufung erstreckt sich auf alle Bereiche, in denen wir die wachsende Herrschaft des Himmels über die Erde fördern sollen.

Erste Orientierung: Himmel und Erde

Wenn es der Berufung des Reiches Gottes entspricht, dass wir Verantwortung für die Erde übernehmen, wie viel Zeit und Energie sollten wir dann dafür investieren? Warnt uns die Bibel nicht vor dem Fehler, Reichtümer anzuhäufen? Mahnt sie uns nicht, zum Himmel aufzusehen und für ein ewiges Erbe zu arbeiten? Warum sollten wir im Blick auf das kommende Gericht Gottes, das diese Welt verbrennen wird, hier investieren? Ist es nicht am wichtigsten, sich für die ewigen Seelen der Menschen und ihre Errettung einzusetzen? Wie können wir gleichzeitig sowohl „Pilger auf der Durchreise" sein als auch „ein Reich von Priestern" mit der Verantwortung, über die Erde zu regieren und sie zu entwickeln?

Das sind bedeutende Fragen und es ist wichtig, sie zu klären.

An einem Punkt ist das Neue Testament überaus klar. **Wir sollen den Himmel ins Auge fassen, uns auf ihn ausrichten und unsere Prioritäten für die wenigen Jahre unseres Lebens auf der Erde entsprechend ordnen.** Einige der klassischen Verse dazu:

Denn viele ... leben als Feinde des Kreuzes Christi. Ihr Ende ist das Verderben, ihr Gott der Bauch; ihr Ruhm besteht in ihrer Schande; Irdisches haben sie im Sinn. Unsere Heimat aber ist im Himmel. Von dorther erwarten wir auch Jesus Christus, den Herrn, als Retter, der unseren armseligen Leib verwandeln wird in die Gestalt seines verherrlichten Leibes, in der Kraft, mit der er sich alles unterwerfen kann (Philipper 3,18–21).

Sammelt euch nicht Schätze hier auf der Erde, wo Motte und Wurm sie zerstören und wo Diebe einbrechen und sie stehlen, sondern sammelt euch Schätze im Himmel, wo weder Motte noch Wurm sie zerstören und keine Diebe einbrechen und sie stehlen. Denn wo dein Schatz ist, da ist auch dein Herz (Matthäus 6,19).

Der Tag des Herrn wird aber kommen wie ein Dieb. Dann wird der Himmel prasselnd vergehen, die Elemente werden verbrannt und aufgelöst, die Erde und alles, was auf ihr ist, werden (nicht mehr) gefunden. Wenn sich das alles in dieser Weise auflöst: wie heilig und fromm müsst ihr dann leben ... Dann erwarten wir, seiner Verheißung gemäß, einen neuen Himmel und eine neue Erde, in denen die Gerechtigkeit wohnt (2. Petrus 3,10–13).

Darum werden wir nicht müde; wenn auch unser äußerer Mensch aufgerieben wird, der innere wird Tag für Tag erneuert. Denn die kleine Last unserer gegenwärtigen Not schafft uns in maßlosem Übermaß ein ewiges Gewicht an Herrlichkeit, uns, die wir nicht auf das Sichtbare starren, sondern nach dem Unsichtbaren ausblicken; denn das Sichtbare ist vergänglich, das Unsichtbare ist ewig (2. Korinther 4,16–18).

Es gibt noch viele ähnliche Bibelstellen, z. B. Hebräer 11 und 12 oder Kolosser 3,1–4.

Das Zentrum der Wirklichkeit ist Gott selbst, und der Regierungssitz für das Universum ist sein Thron im Himmel. Nun, da Jesus unser Herr geworden ist, sind wir in die „wahre Wirklichkeit" und die Ordnungen Gottes hineinversetzt worden. Unsere Bürgerrechte wurden von der Erde auf den Himmel übertragen – das ist unser neues Zuhause, und daran orientieren wir unser Leben und richten unsere Prioritäten entsprechend aus. Unsere irdischen Bürgerrechte bleiben intakt, aber sie sind unter eine vorgeschaltete Autorität vom Himmel gekommen und müssen von dorther neu bewertet werden. Jetzt leben wir, um Jesus, dem Herrn des Himmels und der Erde, zu gefallen.

Wo und in welchen Umständen auch immer wir uns auf der Erde befinden: Unsere aktuelle Berufung ist es, zu Jesus aufzusehen und zu tun, was er nach unserem Verständnis von uns will. Unsere Familie, unser Zuhause, Beruf, Zeit, Geld – unser ganzes Leben steht ihm zu Diensten. Wir sind jetzt Haushalter. Es ist uns wichtig, unsere gesamte Zeit und alle unsere Mittel in himmlische Werke zu investieren. Genau das meinte Jesus mit seiner Mahnung: „Sammelt euch Schätze im Himmel und nicht auf Erden." In der Planung unserer Zeit, unserer Energie und unserer finanziellen Investitionen hier auf Erden lassen wir uns von Gott leiten.

Was ist dann unsere Aufgabe? Wo liegen unsere Prioritäten? Das weitgefasste theologische Schema für diese Antwort wurde im ersten Buchteil entwickelt, ein praktisches Grundraster in Kapitel 11 und 12 dargelegt. Damit haben wir generelle Richtlinien für das, was jetzt zu tun ist. **Bei allem, was wir tun, geht es um das Wachstum des Reiches Gottes auf diesem Planeten. Mit unserem Einsatz dafür, dass auf der Erde alles auf Gottes Weise „läuft", tun wir die Werke des Himmels. Unsere Reich-Gottes-Berufung ist ganzheitlich. Sie erstreckt sich auf alle Bereiche, in denen wir die wachsende Herrschaft des Himmels über die Erde fördern sollen.**

Für die, die glauben, der Ruf Gottes beziehe sich nur auf die Erlösung und unser Auftrag bestehe ausschließlich darin, anderen Menschen Jesus und sein Reich nahezubringen, für die wird es letztendlich keinen Wert darstellen, Zeit und Energie in Haus, Beruf und Nachbarschaft zu stecken. Mit einer solchen Einstellung wird man sich eine Behausung beschaffen – mieten oder kaufen – und so viel Arbeit investieren, wie man für unabdingbar hält. Aber das ist nur eine praktische, unvermeidliche Notwendigkeit und nichts weiter. Dasselbe gilt für den Beruf und alles, was man als die „weltliche" Seite des Lebens ansieht. Man wird das nicht als Teil der Berufung Gottes ansehen und deshalb um seiner selbst willen genießen. Man wird seine Kinder nicht lehren, solche Dinge als Teil der Berufung Gottes zu erkennen. Auf dieser Grundlage wird man die Fragen zu Beginn dieses Abschnitts anders beantworten als jemand, der beide Aspekte sieht: sowohl die Verantwortung für unsere Welt heute zu übernehmen als auch anderen Menschen das Reich Gottes zu übermitteln. Unsere Antworten sind davon abhängig, mit welcher Weltsicht wir an diese Fragen herantreten.

Mit der eingeschränkten Sichtweise werden wir immer zu dem Schluss kommen, dass Evangelisieren Vorrang hat, und zwar deshalb, weil die

Seele des Menschen wertvoller ist als die ganze Erde. Der Rest ist nicht so wichtig. Dies setzt das Verständnis voraus, dass es bei Evangelisation um die Errettung des Menschen für den Himmel geht.

Wenn Sie aber glauben, dass Evangelisation die Errettung des Menschen bewirkt, damit er sein irdisches Erbe wiederbekommen und mit Gott auf dieser Erde zu regieren beginnen kann (ja, und in den Himmel kommt er später auch!), dann bestätigen Sie damit die jetzt gültige Schöpfungsberufung der Menschheit. Deshalb werden Sie den, der gerettet wird, dann auch lehren, wie er auf Gottes Weise leben kann, und dass dies in Gottes Welt wichtig ist. Auch in diesem Modell gilt, dass eine menschliche Seele wertvoller ist als die ganze Erde! Wir müssen evangelisieren, auch wenn uns das Opfer abverlangt. **Aber dieses Evangelisieren geschieht nicht in Verleugnung des übrigen Lebens. Es ist Teil eines breiteren, das Leben wiederherstellenden Programms.**

Wer an die Schöpfungs- und die Erlösungsberufung als Teil eines großen Ganzen glaubt, der wird alle Aspekte des Lebens als in sich wertvoll vor Gott ansehen. Das kann entspannen und bereit machen, die Verantwortungsbereiche anzunehmen, die Gott einem geben möchte. Dann werden Sie nicht einfach nur pragmatisch die Arbeiten verrichten, die am Haus nun einmal anfallen. Sie werden Zeit und Mühe und Geld in Planung und Gestaltung investieren, so wie Sie es für richtig halten. Es hat in sich Wert vor Gott, und Sie werden mit ihm gemeinsam Ihr Haus oder Ihre Wohnung herrichten. Dasselbe gilt für Ihr Familienleben und Ihre Arbeitsstelle.

Neulich war ich eingeladen, in einer großen Firma vor einer Gruppe christlicher Arbeitnehmer zu sprechen. Als Einstieg stellte ich die Frage: „Wie sieht Gott Ihre Firma? Ist sie für ihn eine Organisation von Menschen (welche nun einmal einen Job erledigen), Menschen, die er sieht und erretten möchte? Ist Gott nicht auch an der Gestaltung der Räume interessiert, an der Kantine, den Management-Strukturen, der innerbetrieblichen Kommunikation, der Produktentwicklung, dem Verkauf und Kundendienst – ebenso wie an der Errettung jedes Mitarbeiters?" Vielen der Zuhörer war der Gedanke neu, Gott sei an allen Aspekten der Firma interessiert. Wie Sie Ihre Firma oder Ihren Arbeitsplatz sehen, wird Ihre Haltung dort bestimmen. Es wird Einfluss darauf haben, wie Sie arbeiten und wie Sie dafür beten.

Selbstverständlich können wir nicht alles tun, selbst wenn wir glauben, dass alle Dinge in dieser Welt für Gott wichtig sind. Wir müssen Prioritäten setzen gemäß dem, wie wir Gottes Berufung für uns persönlich verstehen. Dann geht es darum zu entscheiden, wie viel Zeit wir in welche Bereiche stecken sollten. Im Detail muss das jeder Einzelne für sich selbst entscheiden, indem er auf den Geist Gottes hört und vertraute Freunde in seiner Kleingruppe und in der größeren Gemeinde um Rat bittet.

Da ja unser Leib und vieles von dem, was wir auf Erden vollbringen, vergänglich sind, wie Paulus in 2. Korinther 4,16–18 feststellt, müssen wir tun, was bereits gesagt wurde: auf die geistliche Welt schauen und alles von dort aus bewerten.

2. Petrus 3,10–13 erklärt, der gegenwärtige Himmel (gemeint ist vermutlich der materielle Himmel, das Firmament, die Sterne) und die Erde würden eines Tages verbrennen. Im Blick auf diese Tatsache werden wir ermahnt, entsprechend zu leben. Dies ist genau die Mahnung, die sich auch aus den anderen Versen am Anfang dieses Kapitels ergibt.

Aber Petrus fährt fort und wiederholt die Verheißung Gottes, dass ein neuer Himmel und eine neue Erde geschaffen werden. Deshalb müssen wir nicht nur die Endlichkeit dieses gegenwärtigen Himmels und der Erde vor Augen haben, sondern auch ihre zukünftige Wiedererschaffung. Auch diese Perspektive verstärkt die Aussage der anderen Verse: Die physische und geistliche Welt sind eins und dieses Einssein sollen wir schon jetzt bereitwillig anerkennen. Geist und Materie sind nicht als Gegensätze zu sehen. Gemäß Gottes Vorgaben sollen wir in die eine Schöpfung investieren.

Im 11. Kapitel des Hebräerbriefes wird uns eine Liste von Glaubenshelden genannt, die zur Zeit ihres Erdenlebens die Werke Gottes taten. Zentrale Persönlichkeiten sind Abraham und Mose. Wie wir wissen, verließ Abraham seine Heimat auf den Ruf Gottes hin und zog weg, um das Land seiner Verheißung zu finden. Sein Leben lang wanderte er durch dieses Land, ohne es in Besitz zu nehmen, aber er sah mit Augen des Glaubens und gab nicht auf. Der Schreiber des Hebräerbriefes drückt es so aus: „*Er erwartete die Stadt mit den festen Grundmauern, die Gott selbst geplant und gebaut hat*" (Hebräer 11,10).

Mose wollte sich lieber „*zusammen mit dem Volk Gottes misshandeln lassen, als flüchtigen Genuss von der Sünde zu haben*" (Hebräer 11,25). Er beurteilte die Dinge vom Himmel her und entschied sich dementsprechend. Im Rückblick ist jedoch klar, dass diese beiden Männer gewaltigen Einfluss auf die Weltgeschichte ausgeübt haben. Indem sie Gottes Ruf folgten, investierten sie sehr wohl in diese Erde, aber in einer anderen Dimension. **Werden die Werke des Himmels getan, hat das Auswirkungen auf diese Welt.**

Kategorisch falsch ist es, auf diese Welt zu sehen, sie zum Dreh- und Angelpunkt zu machen, hier zu investieren und dabei nur von diesem Bezugspunkt auszugehen.

Jesus bezeichnete den Bauern, der das tat, als Narr. Der Bauer starb noch in derselben Nacht und seine Seele wurde von ihm gefordert. Ausschließlich in diese vergängliche, materielle Welt zu investieren, so, als ob wir ewig hier bleiben würden, ist der Gipfel an Dummheit, es ist geistliche Blindheit.

Unsere moderne westliche Gesellschaft ist an diesem Punkt blind und völlig falsch orientiert. Als Kinder verbringen wir Jahre in der Schule, dann werden wir bestmöglich für einen Arbeitsbereich ausgebildet. Später haben wir zumeist eine Familie und ein Haus und arbeiten hart, um das alles finanzieren zu können. Wir zahlen Versicherungen und investieren in die Vorsorge für das Alter und ein Erbe für unsere Kinder. In manchen Branchen sind wir ab einem Alter von 55 Jahren oft nicht mehr vermittelbar. Also hoffen wir, unsere Arbeitsstelle zu behalten. Die letzten paar Jahre im Beruf warten wir auf das Rentenalter. Dann kommt die Berentung und hoffentlich glückliche Jahre bei guter Gesundheit, in denen wir unseren Interessen nachgehen und uns an den Enkelkindern erfreuen können. Ab jetzt etwa hat uns die Gesellschaft nichts mehr zu sagen. Wir sind nicht länger aktive Mitspieler und werden schließlich dem Altersheim und dem Tod überlassen.

Dann stehen wir vor Gott und geben Rechenschaft über unser Leben auf Erden. Dafür aber hat uns die öffentliche Schule und das Sozialsystem überhaupt nicht vorbereitet, ganz im Gegenteil! Man lehrt uns, 20 bis 25 Jahre Ausbildung in 40 Jahre Berufsleben zu investieren und für die Rente vorzusorgen. Doch wie wir diese Zeit nutzen, bleibt uns selbst überlassen. Dasselbe gilt für unsere letzten Jahre. Die ganze Mentalität und Struktur ist ausschließlich auf diese Welt ausgerichtet. Die Nachrichten des Tages befassen sich mit Politik und gesellschaftlichen Entwicklungen. Es sind so viele Informationen und sie drängen sich so massiv in den Vordergrund, dass man den Eindruck bekommt, sie wären von zentraler Bedeutung. Natürlich sind diese Informationen wichtig – es geht in diesem Buch ja um die Herrschaft über die Erde, um das Übernehmen von Verantwortung hier und jetzt. Aber die moderne Gesellschaft schließt Gott, den Himmel und die ewige Dimension aus und prägt uns so, dass wir für diese Welt denken, uns in sie investieren, in ihr sicher sein wollen, für sie arbeiten, leben und sterben.

Wenn wir uns dieser Mentalität anpassen, werden wir nie die Werke Gottes tun und vor seinem Gericht nicht bestehen. Jesus lehrt uns, genau anders zu leben. Die Verse am Anfang dieses Kapitels sagen dasselbe aus: Wir sollen erkennen, dass unsere Zeit auf Erden nur der kurze Anfang ist. Wir alle werden ewig leben. Der Tod, wie wir ihn jetzt erfahren, ist ein Übergang in die Geistwelt. Später wird es eine Auferstehung von den Toten geben, bei der uns allen ein neuer, ewiger Leib gegeben wird. Dann kommt das Jüngste Gericht, wo entschieden wird, wie wir in Ewigkeit leben werden: entweder mit Gott zusammen oder von seiner Gegenwart ausgeschlossen. **Dies ist das Wichtigste überhaupt und die Lebensphase, für die es zu planen gilt.** Wir haben alle unsere Zeit und Energie auf Erden zu nutzen, um uns vor Gott zu qualifizieren und Einlass in sein ewiges Reich zu erlangen. Den Einlass zu finden ist uns schon jetzt möglich, vor dem Tag des Gerichts, Gott sei Dank. Deshalb sollen wir mit dem Geist zusammenwirken, damit sich das Reich jetzt ausbreitet und wächst. So sammeln wir uns Schätze im Himmel an.

Mit Blick auf diese übergeordnete Zielsetzung werden wir einen Beruf wählen, eine Familie gründen, Versicherungen zahlen und finanzielle Investitionen in die Zukunft tätigen. Diese Dinge gehören zu einer guten Haushalterschaft. Manche sind auf lange, manche auf kurze Sicht angelegt. Dabei haben wir Gottes Zusage, dass er dann auch für unsere sonstigen Bedürfnisse Sorge tragen wird. Beim Investieren und Bauen unter Gott ergeben sich noch andere Dimensionen, wenn wir uns auf die geistlichen Dynamiken des Himmels einlassen. Wir fasten und beten und gehen Glaubensschritte, um gemäß dem Reden Gottes das Unmögliche zu tun. Wir investieren viel Geld in die Entwicklung dieses Gottesreichs, inklusive dem Zehnten und Spenden für Bedürftige. Wir öffnen und teilen unser Zuhause. Manche ruft Gott heraus, zu Hause oder in fremden Ländern Apostel, Propheten, Evangelisten, Lehrer, Hirten zu sein. Wir alle sollen dem Ruf Gottes folgen, das ist der eigentliche Sinn unseres Lebens. Wir werden Reformer sein. Wir werden für Nachbarn, Kollegen, Freunde, für Städte und Nationen beten und das Evangelium predigen, wo immer wir hinkommen.

Wir haben eine Gelegenheit, eine Lebenszeit, um die Werke des Himmels zu tun. Aber dafür müssen wir dieses Weltsystem mit seiner Verblendung durchbrechen. Wenn unser Blick ungetrübt ist, werden wir die Täuschung durchschauen und von Licht erfüllt sein. Können wir unser ewiges Erbe sehen, dann können wir es auch anstreben.

Zweite Orientierung:
„Die Welt" und die Gesellschaft

Die Welt

Der Apostel Johannes widmet sich diesem Thema mehr als jeder andere neutestamentliche Schreiber.

Denn Gott hat die Welt so sehr geliebt, dass er seinen einzigen Sohn hingab, damit jeder, der an ihn glaubt, nicht zugrunde geht, sondern das ewige Leben hat (Johannes 3,16–17).

Die Welt, die Gott so sehr liebt, ist die Welt, die er geschaffen hat, sein Kosmos. Es geht bei diesem Begriff im Wesentlichen um den Menschen, aber auch um die ganze Schöpfung. Wenn Jesus sagt, dass er nicht gekommen sei, die Welt zu richten, hat er den Zustand der Welt im Blick, d. h., wie die Menschen leben. Gott muss richten, aber er sandte Jesus, um uns zu erlösen.

Wenn Gott die Welt so sehr liebt, dann müssen wir sie auch lieben.

Kurz danach spricht Jesus über die der Welt innewohnende Feindschaft gegen Gott. Im Gespräch mit seinen Brüdern in Johannes 7,6–8 geht es darum, ob er mit ihnen zum Fest nach Jerusalem geht. In dem Zusammenhang sagt Jesus: *„Meine Zeit ist noch nicht gekommen, für euch aber ist immer die rechte Zeit. Euch kann die Welt nicht hassen, mich aber hasst sie, weil ich bezeuge, dass ihre Taten böse sind."*

Beim letzten Passahmahl, das Jesus mit seinen Jüngern feiert, sagt er Folgendes: *„Wenn die Welt euch hasst, dann wisst, dass sie mich schon vor euch gehasst hat. Wenn ihr von der Welt stammen würdet, würde die Welt euch als ihr Eigentum lieben. Aber weil ihr nicht von der Welt stammt, sondern weil ich euch aus der Welt erwählt habe, darum hasst euch die Welt. ... Wenn ich bei ihnen nicht die Werke vollbracht hätte, die kein anderer vollbracht hat, wären sie ohne Sünde. Jetzt aber haben sie (die Werke) gesehen und doch hassen sie mich und meinen Vater"* (Johannes 15,18–25).

Hier sehen wir „die Welt" als jene Menschen definiert, die geeint sind in ihrer kollektiven Ablehnung Jesu, des Vaters und all der Menschen, die sich mit Gott zusammentun wollen. Welt-Menschen weigern sich, ihre Sünde und Verantwortlichkeit anzuerkennen. Weil Jesus ihnen ihre Sünde zeigt, hassen sie ihn. Sie lehnen die Wahrheit und jeden, der für die Wahrheit steht, bewusst ab. Diese Ablehnung ist allumfassend und emotional – es ist Hass. Sie wählen die Finsternis, nicht das Licht.

Zwischen Gott und dieser Gruppe kann keine friedliche Koexistenz bestehen, weder von der einen noch von der anderen Seite aus. Gottes Haltung gegenüber der Welt ist voller Liebe, er kommt, um ihr Heil zu bringen. Wer sich doch vor Gott demütigen will, kann neu beginnen. Wer im Angesicht von Gottes Liebe und Wahrheit aber keine Bereitschaft zur Veränderung zeigt, für den wird es am Tage des Gerichts eine letzte, ewige Trennung von Gott geben.

In Johannes 14,30 und 16,11 redet Jesus über den Herrscher dieser Welt. Das ist Satan, dem die gefallenen Engel zur Hand gehen, die hierarchisch unter ihm organisiert sind. Bei ihnen handelt es sich um die bösen Mächte und Gewalten, die „Beherrscher dieser finsteren Welt", die „Kosmokraten" aus Epheser 6. Unter ihnen stehen die verschiedenen kleinen, einfachen Dämonen. Im Gleichnis vom Sämann ist es Satan, der die Saat wegnimmt, bevor sie Wurzeln schlagen kann, und im Gleichnis vom Unkraut unter dem Weizen ist es Satan, der die „Söhne des Bösen" ins Feld sät. So ist also diese geistliche Herrschaft beständig aktiv damit beschäftigt, Einzelne und Gruppen von Menschen geistlich blind und unwissend zu halten und zu bösen Werken zu inspirieren.

In 2. Korinther 4,3–4 schreibt Paulus:

Wenn unser Evangelium dennoch verhüllt ist, ist es nur denen verhüllt, die verloren gehen; denn der Gott dieser Weltzeit hat das Denken der Ungläubigen verblendet. So strahlt ihnen der Glanz der Heilsbotschaft nicht auf, der Botschaft von der Herrlichkeit Christi, der Gottes Ebenbild ist.

In 1. Johannes 5,19 lesen wir:

Die ganze Welt steht unter der Macht des Bösen.

So ist die Welt in diesem Sinn jene große Menschengruppe, die sich Gott bewusst widersetzt. Ob diese Menschen es wissen oder nicht, sie sind dem Einfluss, der Manipulation und manchmal der Kontrolle von Dämonen oder höheren bösen Geist-Herrschern ausgesetzt. Die letzten beiden Abschnitte weisen auch darauf hin, dass die ganze geografische Welt, der gesamte Planet, *unter der Macht des Bösen steht.*

In seinem Brief schreibt Johannes ferner (1. Johannes 2,15–17):

Liebt nicht die Welt und was in der Welt ist! Wer die Welt liebt, hat die Liebe zum Vater nicht. Denn alles, was in der Welt ist, die Begierde des Fleisches, die Begierde der Augen und das Prahlen mit dem Besitz, ist nicht vom Vater, sondern von der Welt. Die Welt und ihre Begierde vergeht; wer aber den Willen Gottes tut, bleibt in Ewigkeit.

Hier erwähnt er ganz kurz einige Charakteristika dieses Weltsystems – *„die Begierde des Fleisches, die Begierde der Augen und das Prahlen mit dem Besitz"*: Es ist ein System von Hedonismus, Eitelkeit, Image, Ego und Macht. Es ist völlig an dieses Leben gebunden, an das, was man mit den fünf Sinnen wahrnehmen kann, an Lust, an Status. Hier gelten nur menschliche Philosophien, Ideologien und Werte. Es lässt keinen Raum für ewige Werte und den Ruf Gottes. Diese auszuschließen ist den dämonischen Mächten ein wichtiges Anliegen. Das Weltsystem kann edel sein und hohe Ideale verfolgen. Jedoch steht dabei immer der Mensch im Mittelpunkt, wir, ich, nichts anderes. Jesus widerstand Satan in Matthäus 16,23: *„Weg mit dir, Satan, geh mir aus den Augen! Du willst mich zu Fall bringen; denn du hast nicht das im Sinn, was Gott will, sondern was die Menschen wollen."*

Das Weltsystem, mindestens unsere westliche Variante, sieht nie über dieses Leben hinaus und blendet Gottes Gericht und die ewige Trennung in der Hölle auf jeden Fall aus. Es ist ein kollektives System, bei dem der Mensch, eine Ideologie oder eine geistliche Macht im Mittelpunkt steht. Einigendes Band ist, dass Gott als Herrscher abgelehnt wird. Es ist ein System von geistlicher Kontrolle.

Die biblische Orientierung für den Christen lautet: die Welt überwinden! *„Denn alles, was von Gott stammt, besiegt die Welt. Und das ist der Sieg, der die Welt besiegt hat: unser Glaube"* (1. Johannes 5,4). Ebenso 1. Johannes 4,4: *„Ihr aber, meine Kinder, seid aus Gott und habt sie besiegt; denn Er, der in euch ist, ist größer als jener, der in der Welt ist."*

Diese Aussagen setzen Interaktion und Konflikt mit dem Weltsystem voraus, in denen wir am Ende überwinden. Die Apostel schreiben über die klassischen Feinde des Christen: die Welt, unsere Sünden (nach Paulus „das Fleisch"), den Teufel. Mit allen dreien befinden wir uns in einem ständigen Konflikt, und es wird von uns erwartet, dass wir sie alle überwinden.

In Epheser 2,1–3 fasst Paulus den früheren Lebensstil seiner Leser zusammen. Sie alle hatten unter einem System der Gebundenheit gelebt – an die Welt, den Teufel, die eigenen Sünden und, viertens, dass sie dem Zorn (dem Gericht) Gottes verfallen waren. Doch dann hatte Gott sie in seiner großen Liebe mit Christus lebendig gemacht und mit ihm an himmlische Orte versetzt. **Die Rede ist von einem hundertprozentigen Wechsel aus Gebundenheit und Schuld hin zu Autorität, von einer untergeordneten zu einer übergeordneten Stellung. Die Beziehung mit Gott und die Autorität unter Gott ist wiederhergestellt. Aus dieser Position sollen wir die Werke tun, die Gott für uns vorgesehen hat. Autorität über die Welt, den Teufel und die Sünde ist Voraussetzung dafür.**

Es gibt viele andere Abschnitte in den neutestamentlichen Briefen, die dieses Thema entwickeln. Praktische Orientierungshilfen zum Umgang mit der Welt finden wir z. B. erstens in Römer 12,2: Wir sollen nicht länger dieser Welt angepasst sein, sondern alles neu bewerten – im Denken erneuert werden. Das bedeutet, über die Themen, die das Leben an einen heranträgt, gründlich nachzudenken und Gottes Vision und Werte dazu kennenzulernen. Zweitens sollen wir uns von der Welt getrennt halten (2. Korinther 6,14–18): Wir sollen uns nicht mit Ungläubigen zusammentun und keine Partnerschaften eingehen, die auf einem weltlichen System gründen, sondern auf einer klaren Grundlage und „sauber" bauen. Wollte man das buchstäblich umsetzen, müsste man sich ganz aus der Welt zurückziehen. Doch das wäre ein Missverständnis. In 1. Korinther 5,9–13 nämlich gibt Paulus die Anweisung, das Zusammensein mit den Menschen dieser Welt, auch unmoralischen, nicht zu meiden.

Sich von der Welt getrennt halten heißt: auf Gottes Fundament bauen, auf Gottes Weise, mit gottgefälligen Partnern. Es heißt: sich unterscheiden in Bezug auf Werte und auf die Auswahl der Menschen, mit denen wir gemeinsam unser Leben bauen.

Wir haben unsere Mitmenschen in dieser Welt zu lieben und auf sie zuzugehen. Das sollte zu Kontakt und echten Freundschaften führen. Unser Vorbild ist Jesus, der sich stets in dieser Weise verhielt und als ein „Freund der Sünder" galt. Er mochte diese Leute wirklich und begegnete ihnen auf ehrliche, gute Weise. Die Religiösen, die Gesetzlichen konnten damit nicht umgehen. Sie lebten in einer falsche Abtrennung von unmoralischen Menschen, weil sie weder Heiligkeit noch Liebe verstanden. **Wir sollen in der Welt leben, heilig sein und die Menschen dieser Welt lieben. Wir sollen das Weltsystem überwinden, indem wir Gottes Wege verstehen lernen und indem wir mit dem Glauben erfüllt sind, der in der Liebe wirksam wird.**

So spricht das Neue Testament über zwei Gruppen von Menschen: die, die gegen Gott sind, und die, die für Gott sind und unter seiner Herrschaft leben. Die Existenz, das Wesen und das kollektive Verhalten dieser Gruppen wurden in den vorangehenden Absätzen kurz beleuchtet. Beide stehen unter der Leitung von geistlichen Mächten und haben gemeinsame Visionen und Werte. **Die eine ist „die Welt" und die andere der Leib Christi, die Kirche.**

Gesellschaft

Unter dem Begriff „Gesellschaft" verstehe ich die Identität, Vision, Werte, Strukturen und das allgemeine gemeinsame Leben einer Nation oder einer Gruppe von Menschen. Zu Strukturen gehören Familie, Wohn- und

Infrastruktur, Schulen, Geschäftswelt, Regierungsstrukturen und Interessengruppen. Die Art, wie das ausgelebt wird – das heißt die Werte, Traditionen, die Art des Umgangs miteinander sowie Kunst in ihren unterschiedlichen Ausprägungen – sammeln wir oft unter dem Wort „Kultur".

Es sollte deshalb klar sein, dass diese beiden Wörter, Gesellschaft und Welt, zwei unterschiedliche Größen bezeichnen.

Wo die ganze oder ein Großteil der Gesellschaft Gottes Herrschaft ablehnt oder nie gelernt hat, Gott zu begegnen, wird das Weltsystem diese Gesellschaft durchdringen und sie fest im Griff haben. Dort wird es viel Egoismus geben, Sünde, schlechte Werte, Ungerechtigkeit und dämonische Einflüsse. Das Ergebnis ist eine korrupte Kultur. Gott liebt die Menschen und ruft sie zu sich zurück. Wird auf seinen Ruf eingegangen, kann er Einzelne von Schuld und Sünde befreien und sie lehren, mit seiner Vision und seinen Werten zu leben. Wenn mehrere reagieren, dann können Familien, Strukturen und Werte in ganzen Gruppen reformiert werden. So kommt die Gesellschaft zunehmend unter die Königsherrschaft Gottes. In jeder Gesellschaft wetteifern also zwei Herrschaftssysteme um Einfluss, nämlich die Welt und der Leib Christi (die Bürger des Gottesreichs).

Wir sollen uns nicht aus der Gesellschaft zurückziehen. In ihr leben wir. In sie will Jesus kommen und die Menschen unter seine Herrschaft zurückrufen. Wir sollen darin mit ihm zusammenarbeiten und dürfen Reformer unserer Gesellschaften sein, indem wir uns mit diesen Menschen identifizieren und sie lieben – als Gottes Salz der Erde. Natürlich ist das nur bis zu einem bestimmten Punkt möglich, und wir werden nicht jeden dazu bewegen können, Gott zu lieben und richtig handeln zu wollen. Das wird für einen beständigen Konflikt mit den Gegnern und dem Weltsystem sorgen. Für die Reform werden wir eine Menge gutwilliger Partner finden, die keine Christen sind. **Kurz, wir sollen die Gesellschaft, unseren Teil der Welt so lieben, wie Gott es tut, und dem System der Welt entgegentreten.**

Dritte Orientierung: unsere neu bewertete Identität

Nun, da wir unter die Herrschaft Christi gekommen sind, treten in allen unseren Lebensbereichen neue Werte in Kraft. Das Verständnis, wer wir jetzt sind – unsere Identität – bildet die Grundlage.

Zunächst als Einzelne: „Unsere individuelle Identität"

Also schätzen wir von jetzt an niemand mehr nur nach menschlichen Maßstäben ein; auch wenn wir früher Christus nach menschlichen Maßstäben eingeschätzt haben, jetzt schätzen wir ihn nicht mehr so ein. Wenn also jemand in Christus ist, dann ist er eine neue Schöpfung: Das Alte ist vergangen, Neues ist geworden (2. Korinther 5,16–17).

Das bedeutet nicht, dass die Erinnerung an das Vergangene physisch ausgelöscht wäre, sondern dass der Einzelne zu einem neuen Status und einer neuen Lebensdynamik erhoben ist. Die Vergangenheit ist vergeben und er steht jetzt in Beziehung mit Gott. Er ist ein Kind mit allen Rechten, Verantwortlichkeiten und Vollmachten geworden. Jetzt erfüllt ihn der Heilige Geist, sodass ein Leben in neuer Kraft möglich ist. Der Christ kann sich selbst und seine Lebensweise anders verstehen lernen und unter der Führung des Heiligen Geistes einen biblischen Lebensstil entwickeln. Paulus sagt, wir müssen einander in diesem Licht erkennen. Nicht länger sind wir Kinder unserer Vergangenheit. Wir haben einen neuen Anfang, und es ist wichtig, dass wir uns selbst und einander mit diesem Verständnis sehen.

Das ist erst der Anfang. Nun, unter Christus, kommt in allen gesellschaftlichen Bereichen ein neues Identitäts- und Wertesystem zum Tragen.

Identität von Gesellschaftsgruppen

Denn ihr alle, die ihr auf Christus getauft seid, habt Christus (als Gewand) angelegt. Es gibt nicht mehr Juden und Griechen, nicht Sklaven und Freie, nicht Mann und Frau; denn ihr alle seid „einer" in Christus Jesus (Galater 3,27–28).

... und seid zu einem neuen Menschen geworden, der nach dem Bild seines Schöpfers erneuert wird, um ihn zu erkennen. Wo das geschieht, gibt es nicht mehr Griechen oder Juden, Beschnittene oder Unbeschnittene, Fremde, Skythen, Sklaven oder Freie, sondern Christus ist alles und in allen (Kolosser 3,10–11).

Durch den einen Geist wurden wir in der Taufe alle in einen einzigen Leib aufgenommen, Juden und Griechen, Sklaven und Freie; und alle wurden wir mit dem einen Geist getränkt (1. Korinther 12,13).

Es sind ähnliche Aussagen, die Paulus an unterschiedliche Gruppen von Christen geschrieben hat. Diese Vorstellung liegt allem zugrunde, was er aufbaute. Soziale Kategorien waren im Leben der Gläubigen nicht ausgelöscht. Juden und Griechen behielten ihre Identität. Sklaven blieben meist Sklaven und zum Glück unterschieden sich Mann und Frau nach wie vor! Aber jetzt, unter Christus als Haupt, nahmen diese Identitäten eine untergeordnete Bedeutung ein, da sie sich in etwas Größeres einfügten, was von Gott gekommen war. Es war eine neue Gesellschaftsordnung.

Dabei handelte es sich nicht nur um metaphorische Theologie. Es bedeutete, dass sie alle ihre Beziehungen untereinander neu überdenken mussten. In den meisten seiner Briefe spricht Paulus auch dieses Thema noch einmal kurz an. Er nimmt die Beziehung zwischen Sklaven und Herren durch, besonders den Fall, in denen der Sklavenhalter auch Christ ist, ebenso die Beziehung zwischen Eheleuten. Stets gibt er eine kurze theologische Grundlage und spricht über Rollen und Beziehungen innerhalb der christlichen Gemeinschaft.

Ethnische Identität, Sprachen

Natürlich ist ihm die neue Beziehung zwischen Juden, Griechen und anderen Heiden unter dem neuen Bund, unter Christus, am wichtigsten. Juden und Griechen führen die Aufzählungen in den eben genannten Zitaten an. In den Briefen an die Römer, Galater, Epheser und Korinther geht er ausführlich auf ihr Miteinander ein und ruft sie zu einer neuen Gestaltung ihres gemeinsamen Lebens auf.

In Antiochien waren die Gläubigen zum ersten Mal dieser neuen Lebenswirklichkeit begegnet und bildeten eine bi-kulturelle Gemeinschaft. Paulus schuf die Voraussetzungen für ebensolche Gemeinschaften in allen Städten, die er besuchte. Eigentlich wurden sie multikulturell.

In den erwähnten Auflistungen schließt er Barbaren ein, was damals wahrscheinlich die nicht-griechischen Heiden bezeichnete. Ferner erwähnt er die Skythen. Wie teilten diese unterschiedlichen Leute ihr Leben miteinander? Wie stark verblieben sie in ihren ethnischen und Sprachgruppen, und wie sehr vermischten sie sich mit den anderen? Das ist nicht überliefert. Aber wir erfahren die theologischen Grundsätze, an denen wir unsere Praxis ausrichten und messen sollen.

Wie in den Versen oben lehrt Paulus eine neue gemeinsame Identität, die Vorrang hat vor den ethnischen und kulturellen Identitäten. Wir sind jetzt „in Christus". Bislang waren wir, bis auf die Juden, nicht Gottes Volk, jetzt aber gehören wir alle zum Volk Gottes (Epheser 2,11–3,6). Juden und Nichtjuden wurden zu einem neuen Gottesvolk gemacht – „in Christus". Das ist nicht nur theoretisch gemeint, sondern ganz praktisch. Es bedeutet, dass wir unser Heim füreinander öffnen, gemeinsam essen. Besonders für die Juden damals war das radikal. Daraus konnten Freundschaften entstehen. Vorurteile, auch historisch gewachsene Feindseligkeiten mussten jetzt durchbrochen werden.

Für uns heute bedeutet das: Es gibt nicht mehr Deutsche, Italiener, Griechen, Türken, Osteuropäer, nicht mehr Arbeiter oder Manager, katholisch, evangelisch oder orthodox, Mann oder Frau, gebildet oder ungebildet. Unter

Jesus gehören die Gläubigen dieser Gruppen zueinander. So besuchen sie sich gegenseitig zu Hause, haben miteinander zu tun und schließen Freundschaften. Sie werden ihre kulturelle Stärke nutzen, um sich gegenseitig zu helfen. Wir können uns an den besonderen Eigenschaften dieser Gruppen ebenso wie an ihren Unterschieden freuen.

Gibt es über Generationen verfestigte Animositäten, dann müssen sich Christen für Versöhnung und Gerechtigkeit einsetzen. Dasselbe gilt im Fall von historisch gewachsener Ungerechtigkeit, wenn z. B. bestimmte Gruppen von jeher arm sind. Wir sind jetzt alle unter einem Haupt, einem Vater, da bleibt uns keine andere Wahl. Wir gehören zu ihm, deshalb müssen wir tun, was er will. In Härtefällen wird sich unsere Familie und ethnische Gruppe gegen uns stellen, wenn sie Jesus nicht kennen, und uns vielleicht aus dem Haus jagen. In manchen Kulturen laufen Konvertiten Gefahr, umgebracht zu werden. Diese Herrschaft Jesu ist eben nicht nur eine Theorie. Aber wenn wir Jesus folgen und alte Animositäten überwinden, schaffen wir damit bessere Verhältnisse für die nachfolgenden Generationen.

Enge Freundschaften ergeben sich meistens nur innerhalb der ethnischen, kulturellen und sozialen Gruppe, jedoch wissen Christen, dass sie zu etwas Größerem gehören, und investieren dafür auch Zeit. Natürlich pflegt jeder den Umgang zunächst innerhalb seiner eigenen Gruppierung und kümmert sich um deren jeweilige Angelegenheiten. Normalerweise werden sich z. B. Arbeiter und Manager aufgrund ihres sehr unterschiedlichen Lebensstils und Hintergrundes nicht eng befreunden. Doch wenn es zwischen ihnen Berührungspunkte gibt, treten sie in Beziehung, weil sie Teil der Gemeinschaft der Jesus-Leute vor Ort sind. Es ist Einheit in Vielfalt.

Nationale Identität

Wie gehen wir mit unserer **nationalen Identität** um? Es ist richtig, sich positiv mit der eigenen Nation zu identifizieren. Auch sie ist Teil unserer Herkunft und gehört zu unserer Identität. Jetzt ist unsere Nationalität Jesus unterworfen, genau wie die anderen Elemente unserer Identität. Sie darf also kein Eigenleben entwickeln. Nationalismus, die Ursache vieler Kriege, ist Götzendienst. Er liegt dann vor, wenn die Nation den Anspruch auf den ersten Rang aller unserer Loyalitäten erhebt, wenn sie sich selbst über die Familie, den Einzelnen, Gott und alles andere stellt. Das ist nie richtig. An erster Stelle muss Gott stehen. Das ist die Aussage dieses Kapitels. Die nationale Identität muss sich Jesus unterordnen. Wir sollten immer ein Herz für unsere Nation haben und uns mit ihr identifizieren. Freuen wir uns an den für unser Volk typischen Eigenschaften, ebenso wie an denen anderer! Nationale Identität gehört zu der bunten Mischung unter Jesus. Es wird Zeiten geben, in denen wir die Sache unseres Volkes voll unterstützen sollten. Vielleicht müssen wir uns ihm aber auch einmal konstruktiv entgegenstellen. Das hängt davon ab, ob Dinge auf Gottes Weise gehandhabt werden.

Arm und Reich

Eine Kategorie, die Paulus in seine Auflistungen nicht aufnimmt, ist „Arm und Reich". Anders Jakobus: Er tadelt seine Leser, weil sie Reiche bevorzugt behandeln, und warnt vor dem wahrscheinlichen Fall, dass diese ihren Einfluss missbrauchen. Jesus und alle Apostel lehren über die Gefahr und das Trügerische des Reichtums. Zum Glück lehren sie auch ein wenig darüber, wie mit Geld zu haushalten ist. Ihre Gemeinden sprechen sich gegen Materialismus aus. Die Mitglieder haben einen unterschiedlichen sozialen Status, und es wird gelehrt, einander zu geben, zu arbeiten und die Verantwortung für die eigene (Groß-) Familie zu übernehmen. Die Versorgung von Armen und Witwen, denen familiäre Unterstützung fehlt, organisiert man im Rahmen der Gemeinde.

Wenn also die Menschen in neutestamentlicher Zeit unter die Herrschaft Jesu kamen, veränderte das ihre gesellschaftlichen Werte und ihr Leben. Neue Werte führten zu neuen Beziehungsmustern und neuen Gemeinschaftsstrukturen: Auf diese Weise dringt das Reich Gottes in die Gesellschaft ein und verändert sie. Das ist Reform von Gott. So wird die Welt überwunden, nicht nur individuell, sondern in der Gemeinschaft von Gottes Volk, der Kirche.

15

Das Reich Gottes und die Gesellschaft: Strukturen und Berufungen

---

*Ich freue mich darauf,
in den nächsten Jahrzehnten Frauen und Männer
Gottes in allen Bereichen unserer Gesellschaft als
Führungspersönlichkeiten hervorkommen zu sehen.*

Der Begriff „Domäne"

In der Unterweisung der Apostel an ihre Nachfolger geht es oft um persönliche Verantwortung und Beziehungen. Eine Reihe der neutestamentlichen Briefe gibt darüber hinaus Orientierung zu Grundstrukturen des Lebens, z. B. dem Familienleben oder der Haltung gegenüber politischen Herrschern. Ferner äußern sich die Apostel zu Beziehungen im Rahmen der formalen Gemeindestrukturen, so etwa zum Verhältnis zwischen Leitern und Gemeindegliedern.

Im Verlauf der Kirchengeschichte wurden Modelle der gesellschaftlichen Grundstrukturen, manchmal **Domänen** genannt, entworfen und weiterentwickelt. **In diesem Zusammenhang ist eine „Domäne" eine Grundstruktur einer Gesellschaft mit eigener Aufgabe und entsprechenden Zuständigkeiten, z. B. die Familie.** Die Definition einzelner Domänen, ihre jeweilige Reichweite, ihre Rolle und ihre Beziehungen zueinander waren mehrfach Gegenstand von Untersuchungen.[1] Während der Reformation, als man nach neuen Modellen für Kirche und Gesellschaft suchte, wurde heftig darum gerungen.

Domäne und ein Gesellschaftsmodell

Aus der holländischen reformierten Tradition entstand eine „Lehre von Domänen", die ich übernommen habe und hier vorstellen möchte. Dieses Modell wurde etwa um 1876 von **Abraham Kuyper** ausgearbeitet. Er wirkte als Pastor, Journalist, Reformer und Politiker auf der Grundlage dieses Verständnisses. 1880 gründete Kuyper die Freie Universität in Amsterdam und war von 1901 bis 1905 niederländischer Ministerpräsident. Im Jahr 1898 stellte er sein Modell in den *Stone Lecture Series* der Princeton University vor.[2]

Kuypers Modell identifiziert fünf Domänen: Individuum, Familie, Kirche, Regierung und Privatsektor.

Die ersten drei erklären sich von selbst. Mit „Regierung" ist die Politik auf ihren unterschiedlichen Ebenen gemeint – Kommunal-, Regional- und Nationalregierung. Im „Privatsektor" (also in Abgrenzung zu allen „staatlichen" Institutionen) schließen sich Personen in Gruppen zusammen, um gemeinsamen Zielen oder Interessen nachzugehen. Oft handelt es sich um Geschäftsbetriebe, möglicherweise auch um öffentliche Einrichtungen irgendwelcher Art, z. B. Sportvereine, Theatergruppen oder Wohltätigkeitsinitiativen. Wenn sich eine solche Gruppe formell konstituiert, geschieht das in einer Rechtsform, z. B. als GmbH, gemeinnütziger Verein oder als Körperschaft des öffentlichen Rechts.

Die Rolle jeder einzelnen Domäne

a) Die Aufgabe der **Regierung** besteht darin, einen stabilen Rahmen für die Gesellschaft sowie die nötige Infrastruktur zur Verfügung zu stellen. Gerechtigkeit hat dabei oberste Priorität: Es muss ein Rechts- und Ordnungssystem mit Polizei und unabhängiger Gerichtsbarkeit geben. Für den Fall internationaler Konflikte hat die bürgerliche Regierung die Aufgabe, eine Armee bereitzustellen. Ferner müssen Infrastrukturen im Land erstellt und unterhalten werden, zum Beispiel für Kommunikation, Transport und Energie. Eine stabile und gerechte Regierung wird auch einen positiven und Hoffnung vermittelnden Rahmen für das gute Funktionieren der anderen Domänen geben.

b) Im **Privatsektor** entfalten sich Kreativität, Produktion und Dienstleistungen. Vertrauen die Bürger auf die Stabilität des Landes und der wirtschaftlichen Anreize, werden sie unternehmerisch tätig und entwickeln die Bereiche und Dienste, die ihnen wichtig sind; sie haben die Möglichkeit, gemäß ihren Gaben und Interessen zu handeln. Wo dies unter gerechten Bedingungen vonstatten geht, können sich kreative Entwicklungen in großartiger Weise vervielfältigen. Wenn Menschen ihre Fantasie, Ideen und Arbeit dafür einsetzen, aus Rohmaterialien Waren und neue Technologien zu entwickeln und Bedürfnissen abzuhelfen, wird Vermögen erwirtschaftet. **Wohlstand besteht letztlich nicht im Anhäufen von Gütern, sondern vielmehr in den schöpferischen Möglichkeiten des Menschen.** Er ist abhängig von der Identität und den Werten der Menschen, von ihrer Moral und ihren Fähigkeiten, von den verfügbaren Ressourcen und von einem stabilen sozialen Rahmen, der Sicherheit und Zukunft gibt.

Natürlich sind nicht alle Gruppierungen im Privatsektor auf Produktion und Erwirtschaftung von Vermögen ausgerichtet. Sport-, Kunst-, Erziehungs- und Gesundheitsverbände orientieren sich an Begabungen und Interessen ihrer Mitglieder und ihrem Wunsch, anderen zu dienen.

c) In einer Gesellschaft mit christlicher Tradition bildet **die Kirche** die Struktur für die Rolle und Funktion der **Priesterschaft**. Jede Gesellschaft hat ihre Form von „Priesterschaft", sei sie christlich, jüdisch, islamisch, hinduistisch, buddhistisch, animistisch, schintoistisch oder auch atheistisch!

Die Priesterschaft vermittelt Offenbarung von Gott (oder von ihrer jeweiligen Quelle), erklärt Herkunft, letzte Realitäten, Identität, Verantwortung und Bestimmung. Wie auch immer ihre Erklärung ausfällt: Entsprechend prägt sie die Identität, das Verständnis der Wirklichkeit, der Absichten und Werte der Menschen, die auf dieser Basis dann ihre Ethik, ihr Gesetz und ihre gesellschaftlichen Sitten und Gebräuche entwickeln. Die Priesterschaft dient auch stets mit Prophetie, Leitung, Umgang mit Schuld, Versöhnung, Heilung, Wundern. Häufig befasst sie sich zudem mit dem Erziehungswesen. Die Priesterschaft übt den wesentlichsten und tiefsten Einfluss auf ihre Gesellschaft aus.

d) Die **Familie** ist die kleinere, persönliche, auf Dauer angelegte Einheit, in welche wir geboren oder adoptiert werden. Hier bekommen wir unseren Namen, hier sollten wir bedingungslose Annahme, Liebe und Schutz erfahren. In ihr wachsen wir heran und werden dabei auf das Leben vorbereitet. Die Familie ist ein Leben lang unser Bezugspunkt. Auch wenn sie über mehrere Generationen wächst, bleibt sie immer der Ort für Unterstützung, Rat und Annahme. Nichtwestliche Kulturen leben viel stärker im Rahmen der Großfamilie, dort ist diese ein sehr bestimmender Faktor im Leben der Menschen.

e) Einige traditionelle Lehren über Domänen haben keine Kategorie für das **Individuum**, sie führen nur Gruppen auf. Nach biblischen Maßstäben sind wir aber für unsere Worte, Entscheidungen und Taten persönlich und individuell vor Gott verantwortlich. Er ruft uns bei unserem Namen und bestätigt unsere Identität. Wir werden ebenso als Individuen vor seinem Gericht stehen wie als Teil unserer Gruppen. Folglich sind unsere Rolle und Verantwortung in der Gesellschaft nicht ausschließlich durch die Gruppen definiert, zu denen wir gehören. Selbst in diesen sind wir zunächst individuell vor Gott und seinem Wort verantwortlich. Vielleicht müssen wir uns dem Diktat unserer sozialen Gruppe widersetzen. Dies ist biblische Lehre – wir sollen Gott mehr fürchten als den Menschen! Der Einzelne hat die Autorität und Verantwortung, eigenständig zu handeln. Die Domäne „Individuum" gründet also als eine eigenständige Struktur auf einem starken biblischen Fundament.

Eine Domäne: eine strukturierte und funktionierende Einheit

Eine Domäne ist kein Gedankenkonzept, um die Gesellschaft besser verstehen zu können, sondern eine in sich strukturierte, funktionierende Einheit.

Es ist zum Beispiel festgelegt, wie man sich einer bestimmten Domäne anschließt und wie man sie verlässt. Für die Familie gelten da grundsätzlich andere Regeln als für eine Firma oder einen Sportverein. Die Vorgehensweise entspricht in jedem Fall dem Zweck der jeweiligen Domäne. Teil einer Kirche wird man anders als Teil eines Volkes, und auch ein Kirchenaustritt gestaltet sich anders als eine Emigration.

Jede Domäne hat eine Form von Leitung, abhängig von ihrer Funktion, und die Mitglieder hegen ganz bestimmte Erwartungen aneinander. Rechenschaftssysteme gewährleisten einen bestimmten Standard von Verhalten und Leistung. Im Blick auf Familie, Geschäft oder Gemeinde ist das ganz offensichtlich, aber auch sonst leben wir ständig in subtilerer Form unter diesen Dynamiken, ohne es auch nur zu merken. Wenn ich Bus fahre, unterstelle ich mich für die Zeit der Busfahrt der Autorität des

Fahrers. Der Umfang seiner Autorität ist beschränkt auf den Dienst, den er leistet. Dasselbe trifft zu, wenn ich in ein Geschäft, zum Arzt oder zu einem Fußballspiel gehe oder wenn ich einen Freund in seinem Haus besuche.

Jede Domäne finanziert sich und ihre Mitglieder unterschiedlich. Ein Geschäft lebt von seinen Erträgen, welche auch die Gehälter für die Mitarbeiter erwirtschaften müssen. Eine gemeinnützige Vereinigung finanziert sich durch Spenden. Kommunal-, Regional- oder Nationalregierungen erheben Steuern. Die Priesterschaft lebt vom „Zehnten" ihrer Anhänger. In der Familie gibt es kein monetäres Zahl- oder Transfersystem per se. Hier gilt, dass das Geld des Verdieners grundsätzlich allen Familienmitgliedern gehört und für ihre Bedürfnisse zur Verfügung steht. Auch diese Dinge sind so normal für uns, dass wir sie selten noch wahrnehmen und innehalten, um darüber nachzudenken.

In all diesen Domänen leben wir zur selben Zeit. Wenn ich im Geschäft stehe, gehöre ich trotzdem zu meiner Familie, Gemeinde und Nation und bin ein Individuum unter Gott. Jede Domäne erhebt ihren Anspruch auf mich, wo auch immer ich bin. Es erfordert Lebens- und Management-Fähigkeiten, um meine Prioritäten, meine Zeit und den Einsatz meines Könnens so gut wie möglich zu ordnen.

In unserer eigenen Kultur verstehen wir diese Dynamiken und Prinzipien, weil wir in ihnen aufgewachsen sind und sie im Zuge der Assimilation übernommen haben. Wenn wir uns auf eine andere Kultur einlassen, müssen wir möglicherweise lernen, Dinge anders zu handhaben.

Das Zusammenspiel der Domänen

Die einzelnen Domänen überschneiden sich. Sie lassen sich als fünf Ringe darstellen, die einander durchziehen oder, in zwei Dimensionen, als fünf Kreise, die sich teilweise decken

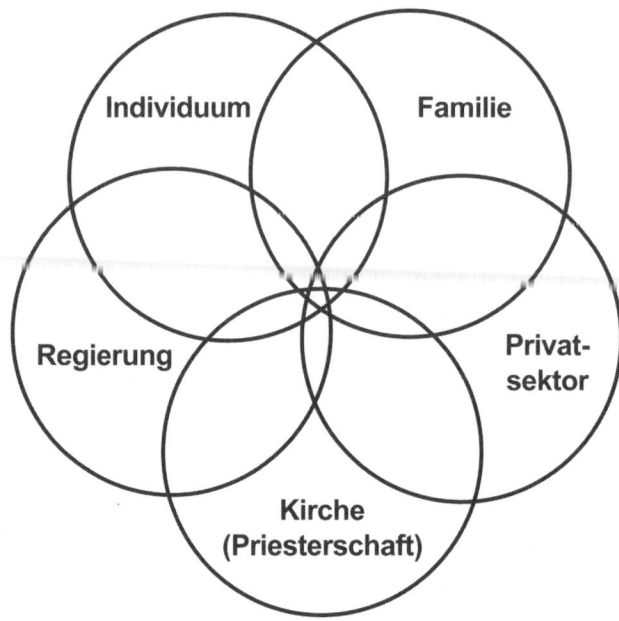

Jede Domäne hat ihren Funktionsbereich und ihre entsprechenden Be-fugnisse. **Die Gesellschaft kommt unter Stress, wenn eine Domäne ihren Bereich oder ihre Befugnis-Sphäre überschreitet und unrechtmäßig in andere Domänen eingreift.** Klassische Beispiele dafür sind die Über-nahme politischer Macht durch die Kirche im Mittelalter sowie totalitäre politische Systeme.

Die Bereiche, in denen sich Domänen überschneiden, stellen ge-meinsame Zuständigkeitsbereiche dar. Zum Beispiel kennzeichnet die Überschneidung zwischen Familie und Individuum die Autorität von Eltern über ihre Kinder. Wenn die Kinder heranwachsen, schrumpft der Überschneidungsbereich immer mehr, bis die Kinder erwachsen sind. Es verbleibt eine Überschneidung, welche dann die Verantwortung und Au-torität zwischen einem einzelnen, alleinstehenden Erwachsenen und dem Rest seiner Familie, Großfamilie oder seinem Stamm darstellt. Bei einer Heirat verändert sich noch einmal der Inhalt der Domäne und ihr Grad von Überschneidung mit anderen, was sich in unterschiedlichen Kulturen unterschiedlich darstellt.

Diese Beispiele für Zuständigkeitsüberschneidungen finden wir über-all – in Bezug auf Familie und Regierung, Privatsektor, Kirche, Individu-um usw. Es geht um wichtige Themen, von denen wir regelmäßig in den

Nachrichten erfahren und mit denen wir ständig ringen: Wann geht eine Familie, eine Gemeinde, eine Firma oder die Regierung zu weit mit ihrem Eingreifen und Bestimmen über das Leben eines Einzelnen? Wo ist die Grenze für privates Recht und Verantwortung? Und was das Familienrecht betrifft: In welchen Bereichen ist eine Familie vor dem Gesetz oder vor der Gemeinde rechenschaftspflichtig und wo nicht? Ohne Durchsuchungsbeschluss darf die Polizei nicht in privaten Wohnbereich eindringen. Geschieht Missbrauch innerhalb der Familie, muss die Regierung jedoch handeln. Wo haben Kirchenleiter das Recht, in Geschäftswelt und Regierung mitzureden, und wo nicht?

Seit Jahrhunderten wird über die Beziehung zwischen Kirche und Staat nachgedacht und gestritten. Moderne Demokratien sind sich grundsätzlich über die *Trennung von Kirche und Staat* einig, aber sie haben unterschiedliche Auffassungen darüber, was das bedeutet.

Ich denke, diese Trennung sollte so aussehen, dass die Kirche als Institution keine oder wenig politische Macht ausüben kann. Jedoch hat sie das Recht und die Pflicht, sich gemäß Gottes Wort und entsprechend ihrem Maß an göttlicher Vollmacht zu den politischen und anderen Domänen zu äußern und zu mahnen. Der Kirche fallen die Rollen Lehrer, Priester und Prophet zu.

Mancher aber versteht unter Trennung von Kirche und Staat, dass Gott und sämtliche Themen mit Offenbarungscharakter aus allen Domänen außer „Kirche" und „Individuum" ausgeschlossen sein sollten. Diese Position wird von Rationalisten eingenommen. Nach ihrer Meinung gibt es ja keine allgemeingültige Wahrheit, kein Wort Gottes für jede der Domänen. Deshalb gehört Gott für sie zur individuellen oder zur kirchlichen Sphäre. Für sie sind solche Überzeugungen privat und persönlich und haben entsprechend keinen Platz in den öffentlichen Domänen. Wie stark sich die französische Nation dieser Vorstellung verpflichtet fühlt, wurde in ihrem Beschluss deutlich, gegen die Erwähnung von Gott in der Präambel der geplanten EU-Verfassung Veto einzulegen.

Domänen und das Reich Gottes

In diesem Zusammenhang geht es bei „Reich Gottes" um die Herrschaft Jesu über diese Domänen: über jede Domäne einzeln und über die Weise, wie sie zusammenwirken, um für das gemeinsame Leben der Gesellschaft einen Rahmen zu bieten.

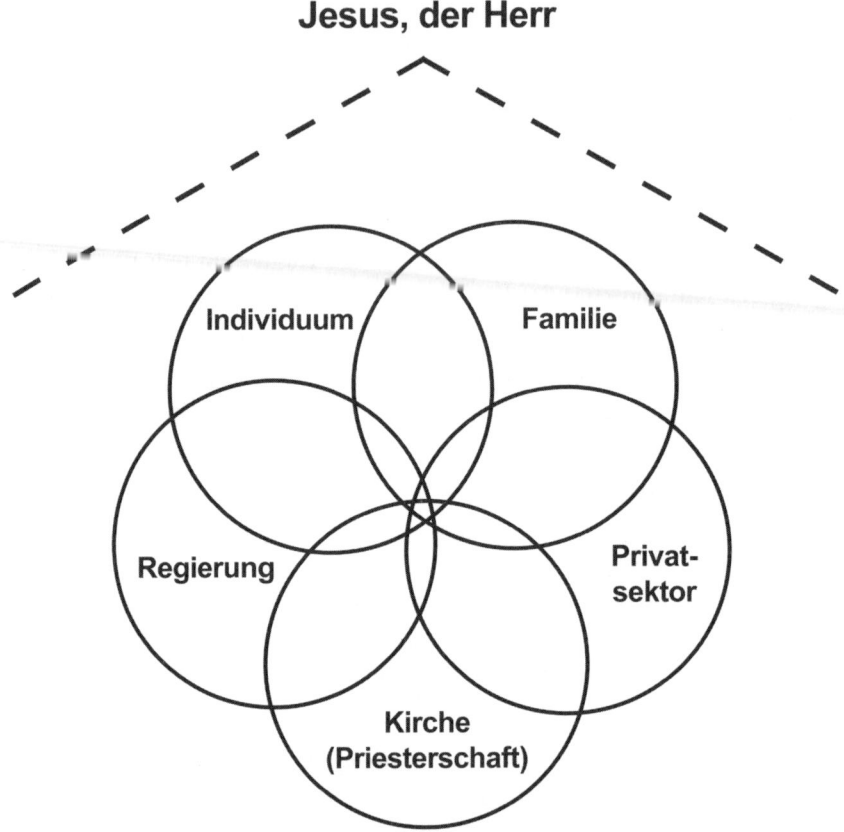

Es wird unmittelbar deutlich, dass alle diese Domänen gleich wichtig sind. Kirche ist nicht geistlicher als Familie, der Privatsektor oder die Regierung. Sie alle gehören unter Jesus als Haupt und sind folglich alle „geistlich". Sie repräsentieren jeweils einen Teil der Grundstruktur, innerhalb der wir Verantwortung übernehmen und gemeinsam die Erde weiterentwickeln können.

Im täglichen Leben sind wir automatisch in dieser doppelten Dynamik gefordert: Wie können wir in jeder Domäne einzeln erfolgreich sein und wie verbinden wir sie alle miteinander?

Jetzt dürfen wir Jesu Weise, seine Prinzipien, Werte und Strukturen für die Durchführung entdecken, beginnend in den Bereichen, in denen wir leben und arbeiten. Wir haben also alle diese selbe Berufung: Dort, wo wir leben, zuerst nach seinem Reich und seiner Gerechtigkeit zu trachten. Diese Berufung ist ein Abenteuer.

Als Erwachsene wählen wir unseren Beruf in einer dieser Domänen. Die meisten arbeiten im Privatsektor, manche in der Regierung, einige wenige in der Kirche. Manche sind vollzeitlich in der Familie mit der hohen Berufung zur Mutter und Hausfrau, manchmal zum Vater und Hausmann. Dann ist es offensichtlich, dass unser Beruf Teil unserer Gesamtberufung ist. Wir können ihn jetzt als eine Beauftragung Gottes annehmen und lernen, ihn unter Gott und für ihn auszuüben, ebenso für die beteiligten Menschen. Eine theologische Lehre zur Arbeit wurde bereits kurz angesprochen, diese Ausführungen über Domänen soll sie untermauern. **Für uns alle gilt, dass unser Beruf Teil unseres vollzeitlichen christlichen Dienstes für den Herrn ist.**

Hier wird skizziert, wie sich die Königsherrschaft Jesu über alle Instanzen der Gesellschaft erstreckt und nicht nur über die Domäne „Kirche". Die Kirche ist ein tragendes Element in der Ausbreitung des Reiches Gottes in der Gesellschaft, aber nur ein Teilbereich. In Gemeindekreisen sagen wir allerdings oft, dass jemand „vollzeitlich für den Herrn arbeitet" und meinen damit: für kirchliche Arbeit, Evangelisation oder Mission. Inzwischen sollte klar sein, dass solches Reden Unsinn ist. Es reflektiert unsere geteilte Weltsicht. Wir sind darauf getrimmt, die Domäne „Kirche" als geistlich und die anderen als unvermeidliche Notwendigkeiten oder, schlimmer, als weltlich anzusehen. Nicht selten wird sogar Kirche mit Reich Gottes gleichgesetzt.

Das Gegenteil ist der Fall. **In der Gesellschaft, einschließlich der Domäne „Kirche", tun wir Gottes Werke. Hier sollen wir in seiner Autorität wirken. Geistliche Gaben und Befähigungen vom Heiligen Geist sollen in unserem Alltag zum Einsatz kommen, in jeder Domäne. Der Heilige Geist ist derjenige, der über der Tiefe schwebte und die Welt schuf. Er will uns lehren und anleiten, über sie zu regieren und sie wiederherzustellen. Er weiß, wie alles funktioniert, und so kann er uns in allen Bereichen Offenbarung und Anweisung geben, vom Ingenieurwesen zur Kunst, vom Geldverwalten zur Kindererziehung.**

Die Berufungen Gottes

Kapitel 12 gab schon Hinweise, wie wir Schritt für Schritt lernen, in diesen Domänen in Vollmacht zu wachsen. Gelingt uns das, werden wir nach einigen Jahren zu den Punkten kommen, die als „Erweiterung" aufgeführt sind, und dann zu denen unter „Spezialisierung".

Bis dahin wird offensichtlich geworden sein, wo unsere Begabungen und Bevollmächtigungen liegen: in welchen Tätigkeitsfeldern und unter welcher Art von Menschen wir mit dem Segen und der Kraft Gottes wirken. Unsere Freunde und andere Beteiligte erkennen das deutlich.

Jeder von uns sollte sich dann alle Mühe geben, sein Leben so zu gestalten, dass er dem Segen und der Salbung des Heiligen Geistes folgt. Vielleicht bedeutet das einen Berufswechsel. Wenn sich eine Berufung zum Apostel, Propheten, Evangelisten, Pastor oder Lehrer in der Domäne Kirche zeigt, dann kann ich vollberuflich in diese Domäne gehen. Soll ich in meiner gegenwärtigen Domäne bleiben – und das gilt für die meisten –, dann werde ich eine Unterstützerstruktur aufbauen müssen, die mir beim Vordringen in höhere Ebenen der Verantwortung hilft. Hier denke ich an Bereiche wie Geschäftswesen, Erziehung, Politik, Medien, Sport und Unterhaltung. Es könnte sein, dass ich neue Bereiche erschließen und international denken und handeln muss. Ich werde Hilfe von anderen brauchen, besonders von Gemeindeleitern, um dies möglich zu machen. Hier sind die **Apostel** gefragt. Sie haben die Aufgabe, einen Rahmen und eine priesterliche Unterstützergruppe für solche Christen aufzubauen, die in ihre Spezialisierung, ihre Berufung eintreten.

Ein Freund in Neuseeland war Lehrer an der Highschool. Er bewarb sich um die Stelle als Rektor einer großen Schule in der Stadt und bekam den Job. Das überraschte ihn selber, denn er war jung für diese Position, jünger als üblich. Die Schule hatte viele soziale und Rassenprobleme und zudem einen schlechten Ruf. Der Schulvorstand fand seinen Ansatz gut, und deshalb ging man das Wagnis ein, ihn anzustellen. Unser Freund gehörte auch zum Leitungskreis einer recht jungen charismatischen Gemeinde von etwa 200 Mitgliedern. Er eröffnete seinen Mit-Ältesten, dass er jetzt keine Zeit mehr für die Gemeindeleitungsaufgaben habe. Würden sie ihn daraus entlassen? Darüber hinaus bat er um Mitstreiter, die ihm und seiner Frau beistehen und ihnen helfen sollten, die Schule umzukrempeln. Er brauchte eine solche Gruppe zur geistlichen Unterstützung für sich selbst und seine Familie und als Gebetsteam, um gründlich für seine Schule zu beten.

Die Gemeindeleitung stimmte zu und half meinem Freund und seiner Frau, ein Team zusammenzurufen. Dieses traf sich einmal die Woche zur gegenseitigen seelsorglichen Hilfe und um dann für die Schule zu beten. Die erste Herausforderung bestand darin, die Schulphilosophie und die gängige Vorgehensweise der Kollegen zu verändern. Bislang war die Schule in Laissez-faire-Manier geführt worden, jetzt wollte unser Freund eine Richtung vorgeben und Disziplin vermitteln. Die Gruppe stand ihm bei, beriet ihn und betete. Nach einer ziemlich langen und schwierigen ersten

Phase änderte sich etwas. Dann zündete ein Brandstifter eines der Gebäude an; es musste neu geplant und gebaut werden. Mein Freund arbeitete daran, die Standards beim Lernen, beim Sport und in musischen Fächern zu heben und eine hoffnungsvolle, förderliche und zugleich disziplinierte Atmosphäre zu schaffen.

Nach etwa acht Jahren hatte er es geschafft. Eltern aus anderen Stadtteilen bemühten sich, ihre Kinder an seiner Schule unterzubringen. In allen Bereichen erzielte die Schule gute Testergebnisse. Das Erziehungsministerium trat an meinen Freund heran und warb um seine Mitarbeit. Er lehnte ab, damit er bei seiner Schule und seinen Schülern bleiben konnte. Er wurde zu einer bekannten Persönlichkeit im Erziehungswesen, da er Sichtweisen propagierte, die den gängigen Vorstellungen in vielem widersprachen. Dadurch entdeckte er, dass er gerne öffentlich debattierte und Kontroversen genoss, besonders natürlich, wo er glaubte im Recht zu sein und Veränderungen zum Guten zu bewirken. So ging er in die Lokalpolitik und wurde ins Stadtparlament gewählt. Sein Wirkungskreis wuchs, da er jetzt sowohl Schuldirektor als auch Stadtverordneter war. Er erlebte Gottes Segen in beiden Gebieten, machte jetzt das, wozu Gott ihn berufen hatte, und die Gemeinde stand darin hinter ihm.

Wir waren sehr traurig, als er an Leukämie erkrankte. Ein Jahr lang kämpfte er gegen die Krankheit, bis er mit Anfang fünfzig starb. Ein Filmteam begleitete ihn durch sein letztes Lebensjahr und sendete eine sehr bewegende Dokumentation seines Lebens und Sterbens im nationalen Fernsehen.

In welcher Domäne auch immer unsere Berufung liegt, in dieser Phase kommt der Ruf Gottes auf unserem Leben voll zum Tragen. Hier treffen Lebens- und Berufserfahrung, Charakterentwicklung plus die Gaben und Autorität des Heiligen Geistes zusammen, um Kraft, Weisheit und Segen durch uns auszulösen. Eine Unterstützergruppe kann in dieser Phase unsere Effektivität steigern.

Auf dieser Basis freue ich mich darauf, in den nächsten Jahrzehnten Frauen und Männer Gottes in allen Bereichen unserer Gesellschaft als Führungspersönlichkeiten hervorkommen zu sehen. Viele haben sich bereits auf dem Weg gemacht! Das ist *unser* „langer Marsch durch die Institutionen" der Gesellschaft. Diese Nation kann durch das Wachsen des Gottesreichs und durch viele großartige Menschen, die in ihre Berufung von Gott eintreten, tief beeinflusst werden.

Das größere Bild: Gesellschaftsentwürfe

Auf der Grundlage der Lehre von Domänen und ihrer Interaktion können wir beginnen, Sozialsysteme zu evaluieren. Diese Vorgehensweise ist zwar sehr schlicht, doch so ist es jedem möglich anzufangen.

Zum Beispiel lässt sich erkennen, dass im Marxismus die Domäne „Regierung" (in diesem Fall der Staat) alle anderen Domänen beherrschen und ihre Funktionen so weit wie möglich übernehmen sollte. Alle Diktaturen und totalitären Systeme blähen die Regierung über die ihr eigentlich zustehende Rolle hinaus auf, damit sie zum dominierenden Faktor wird. Daraus ergibt sich immer eine Spannung und ein ständiger Kampf mit den anderen Domänen. Ganz offensichtlich kann der Staat nicht Waren produzieren und kreative Ideen hervorbringen wie der Privatsektor. Ferner ist es eine natürliche Reaktion der Menschen, Presse- und Redefreiheit zu fordern. In Zeiten von Krisen, deren Ursache in der Auseinandersetzung mit einem totalitären System liegen, sammeln sich die Menschen nicht selten um die Priesterschaft. Dies geschah kürzlich im buddhistischen Myanmar und ebenso in Ostdeutschland und Polen, als der Ostblock zusammenbrach.

In unseren westlichen Systemen versucht der Laissez-faire-Kapitalismus die Überschneidung zwischen Regierung und Wirtschaft gering zu halten, während er große Ansprüche auf den Einzelnen und die Familie erhebt. Die globale Finanzkrise der vergangenen Jahre offenbarte die Schwächen eines verantwortungslosen Kapitalismus. Durch die Entwicklung moderner Technologie treten die Medien als stärkste Kraft hervor, sowohl die freien als auch die von Regierungen abhängigen; sie beherrschen nicht nur die Berichterstattung, sondern prägen auch die öffentliche Meinung. Bis jetzt gibt es noch keine Möglichkeit, die Medien zur Rechenschaft zu ziehen, außer durch ihre eigene Konkurrenz untereinander. Es bleibt dem Einzelnen überlassen, sich, so gut er kann, selber Überblick zu verschaffen. Das Internet überlässt Berichterstattung und Kommunikation mittlerweile in ganz neuer Weise dem Einzelnen.

Unter vielen ethnischen Gruppen dominieren Familie und Stamm alles andere. In der europäischen Geschichte gab es Zeiten, in der die Kirche eine zu dominante Rolle spielte. In anderen Kulturen ist die Priesterschaft heute beherrschend, z. B. in vielen moslemischen und buddhistischen Nationen. Manche Kulturen erwarten von einer starken Regierung, oft mit einer nationalistischen oder religiösen Botschaft, dass sie ihnen Bedeutung und Lebenssinn gibt. In anderen Kulturen wird der Sinn des Lebens anderswo gesucht, und von der Regierung erwartet man nur, dass sie ihre Grundfunktionen erfüllt.

Nach etlichen Jahren naiver Versuche westlicher Nationen, in den Staaten der ehemaligen Sowjetunion demokratische Strukturen und Marktwirtschaft zu fördern, wurden langsam Äußerungen laut, dass solch ein sozial-politisches System eine Unterfütterung durch Werte verlangt. Dieses westliche System kann nur funktionieren, wenn das, was die Menschen über Verantwortung und Rechte jeder Domäne verstehen, mit dem Demokratiemodell korrespondiert. In den meisten Nationen ist das nicht der Fall. Im Westen ist ein solches Wertesystem prinzipiell als Grundlage vorhanden, doch wird es weitgehend nicht mehr anerkannt und als relevant erachtet.

In diesem Zusammenhang handelt das Reich Gottes von der Art und Weise, wie Jesus die Gesellschaft als Ganzes konstituieren und entwickeln möchte. Das beginnt damit, dass jede Domäne für sich unter ihm und nach seinen Werten gehandhabt wird. Darüber haben wir schon aus der Perspektive nachgedacht, wie jeder Einzelne seinen Teil erfüllen kann. Jetzt möchte ich, um das große Bild zu malen, danach fragen, wie die Domänen nach seiner Weise zusammenwirken können. Orientierung und Anleitung beziehe ich aus zwei Quellen: **der Bibel und historischen Modellen.**

Die **Bibel** vermittelt Werte und Prinzipien für viele Lebensbereiche, individuell und gemeinschaftlich. Natürlich schöpfen wir hauptsächlich aus dem Neuen Testament, welches viele biblische Lebensprinzipien unter dem heute gültigen Neuen Bund und in einem interkulturellen Kontext auslegt. Doch obwohl wir nicht im Alten, dem mosaischen Bund leben, können und sollten wir Gottes Wege für viele Lebensbereiche durch das alte Gesetz lernen. Ein typisches Beispiel sind die Gesetze über Kauf und Verkauf, über Schuldenerlass und das Jubeljahr. Dies waren Richtlinien, die Anreize für wirtschaftliches Vorankommen durch harte Arbeit gaben, gleichzeitig aber doch z. B. das Land nach fünfzig Jahren immer wieder an die ursprüngliche Besitzerfamilie zurückfallen ließen. Schulden wurden alle sieben Jahre erlassen, Darlehen zinslos gewährt. So gab es also zwar den Anreiz, sich Wohlstand zu erarbeiten, gleichzeitig aber auch eine Grenze, sodass Reiche nicht alles übernehmen konnten und Armen eine Möglichkeit zu einem Neuanfang eingeräumt wurde. Wir täten heute gut daran zu prüfen, ob Gottes Art und Weise und seine Prinzipien, die in diesen Gesetzen ihren Niederschlag gefunden haben, nicht auch für *unsere* Wirtschaft sinnvoll wären. Dasselbe könnte für Landwirtschaft, Ernährung und Hygiene gelten. Die biblischen Gesetze und Prinzipien für Ehe und Familie sind deutlich und stark. Diese Offenbarung ist das Mandat für Familie. Die Alternative ist, ohne Richtschnur herumzuexperimentieren, wie es derzeit überall geschieht.

Meine ehemalige Kollegin Landa Cope beschäftigt sich damit in ihrem sehr wertvollem Buch *The Old Testament Template*. Sie betrachtet acht Gesellschaftsbereiche und legt biblische Leitprinzipien aus. Das bietet jenen einen idealen Ausgangspunkt, die in den jeweiligen Bereich berufen sind. Sie können daran anknüpfen und sich in ihrem Umfeld mehr Kompetenzen aneignen und neuen Entwicklungen den Weg bereiten.

An dieser Stelle möchte ich auch zwei weitere ausgezeichnete und wichtige YWAM-Materialien zu diesem Thema empfehlen:

His Kingdom Come, herausgegeben von Jim Stier, Richlyn Poor, Lisa Orvis, eine Sammlung von Aufsätzen über das Reich Gottes und seine Einführung durch das „Macht zu Jüngern alle Völker" und Weltmission. Es ist eine Fülle von theologischen Richtlinien und Ressourcenmaterial, welches eine große Bandbreite von Themen sehr gut abdeckt.[3]

The Book that Transforms Nations von Loren Cunningham, eine einfach geschriebene Geschichtensammlung über historische Reformer, u. a. William Carey und Abraham Kuyper, und Prinzipien, die wir alle anwenden können, um an der Transformation unserer Nationen zu arbeiten.[4]

Viele Länder wurden jahrhundertelang christlich geprägt. Welche Art von Gesellschaft hat das hervorgebracht? Wenn wir uns umsehen und vergleichen, entdecken wir viel Unterschiedliches mit Stärken und Schwächen. **Immer besteht eine starke Wechselbeziehung zwischen dem Zustand der jeweiligen Gesellschaft und dem Zustand ihrer Priesterschaft.** Zeiten geistlicher Erweckung haben oft zu einer Sozialreform geführt. Die beiden erwähnten Bücher dokumentieren eine Reihe inspirierender Beispiele. Ein solches historisches Modell, das ich sehr interessant finde, ist die Reform des Genfer Stadtstaates unter Johannes Calvin ab etwa 1540.

Calvin[5] und seine Kollegen predigten zunächst die persönliche Bekehrung zu Christus, das heißt, dass jeder Einzelne die Verantwortung übernehmen muss, Gott für sich zu suchen und zu finden. Dann machten sie sich in einer langfristigen Strategie daran, den Bekehrten für einen Lebensbereich nach dem anderen Gottes Art und Weise beizubringen. **Das führte zu einer Schritt-für-Schritt-Reform und Erneuerung ihrer ganzen Gesellschaft.** Sie dachten viel über Regierungsformen nach und waren die ersten, die eine Trennung von Exekutive, Legislative und richterlicher Gewalt einführten. Das leiteten sie aus der Bibel ab. Sie lehrten die Heiligkeit von Arbeit und Grundsätze für Wirtschaft und Bankwesen. Die Liste ist lang. Ihre Gedanken gelangten direkt nach Holland und unter John Knox nach Schottland. In England wurden die Puritaner von ihnen beeinflusst.

In der Schule lernten wir, dass die Fundamente der modernen Demokratie aus dem antiken Griechenland stammen. Inwieweit das zutrifft, kann ich nicht beurteilen. Aber es ist historisch offensichtlich, dass in diesem Fall wichtige grundlegende Vorstellungen und Werte für die moderne Demokratie in Genf entworfen und in den drei anderen genannten Ländern aufgegriffen, umgesetzt und weiterentwickelt wurden. Die Werte kommen in diesem Fall aus der Bibel und nicht von den Griechen. Aus dieser Entwicklung entstand die Bewegung der Pilgerväter. Zusammen mit anderen Reformatoren brachten sie diese Werte nach Amerika.

Als evangelikaler Christ und Westler bin ich für den Rechtsstaat, ein repräsentatives Parlament und eine unabhängige Rechtsprechung. Ich bin für eine freie Presse und die Institutionen einer modernen Demokratie. Ich bin auch für eine pluralistische Gesellschaft mit den verschiedenen Philosophien und Werten, die auf allen Ebenen der Gesellschaft debattiert werden. Toleranz ist nicht die Abwesenheit von Werten, sondern die Bereitschaft, mit legitimen Mitteln die eigenen Werte zu fördern und die Bürgerrechte Andersdenkender zu respektieren. Toleranz muss von allen Gruppen praktiziert werden. In keinem Land aber findet diese Werte-Debatte in einem neutralen, unbesetzten Raum statt. Die Bedeutung der jeweiligen, historisch entstandenen Leitkultur und ihre Berechtigung, Werte und Gesetze zu prägen und zu erhalten, muss anerkannt werden.

Viele dieser Werte und Institutionen wurden von Generationen bibelgläubiger Reformer vor uns entwickelt und an uns weitergegeben. Ich bin dankbar für dieses Erbe und stolz darauf.

Als ich vor etlichen Jahren das *Museum of London* besuchte, stieß ich auf eine Dokumentation, laut der die Bewegung der evangelikalen Christen Ende des 18. Jahrhunderts die stärkste Kraft in der britischen Gesellschaft war. In allen Bereichen des öffentlichen Lebens wurde ihre Stimme gehört. Das kann auch in unserem Land geschehen!

Ich hoffe auf das Wiederaufkommen einer christlichen Soziologie innerhalb unserer eigenen Gesellschaft. Sie wird sich auf den verschiedenen Schauplätzen der Gesellschaft entwickeln, in Interaktion und im Konflikt mit all den anderen Ideologien, die ihren Einfluss auf die heutigen gesellschaftlichen Werte und Praktiken ausüben. Wenn sich Christen in dem Bereich, zu dem sie berufen sind, in ihrer Domäne spezialisieren, werden sie sich gewissen Themen widmen, zukunftsfähige Modelle entwickeln und als nationale und internationale Leiter hervortreten.

Zum Glück gibt es in manchen westlichen Ländern eine lange Reihe von namhaften, weithin bekannten Christen. In anderen Ländern sind es nur wenige. Wegen des evangelikalen und pfingstlichen Rückzugs aus der Gesellschaft im Verlauf der letzten 120 bis 150 Jahre haben wir viel Boden verloren. Der kann im Verlauf von zwei bis drei Generationen – oder sogar schneller – wieder zurückgewonnen werden.

Strategische Bereiche der Gesellschaft

Ich habe meine Sichtweise von einer grundlegenden Gesellschaftsstruktur entfaltet, ausgehend von fünf Domänen. Vieles davon hat eine biblische Basis. Ich richte die Aufmerksamkeit auf Domänen, weil es mir wichtig ist, über die Grundeinheiten unserer Gesellschaft und ihre Wirkungsweise zu sprechen. In ihrem Zusammenspiel bieten diese dann die Grundlage für alle Aktivitäten und Organisationsformen beim „Betreiben" unserer Welt – u. a. Medien, Erziehung und Kunst, Wirtschaft, Wissenschaft und Forschung, Armenfürsorge.

Im Verlauf der letzten 35 Jahre hat Gott Missions- und Gemeindeleiter bewegt, sich einer Reform in unseren Gesellschaften zu widmen. Pragmatisch haben sie strategische Einflussbereiche aufgelistet. Einer der ersten, der sich auf diese Weise äußerte, war Loren Cunningham, der Gründer von *Youth with a Mission*. In seinem Buch „The Book that Transforms Nations" beschreibt er, wie Gott ihm während eines Urlaubs mit der Familie im Jahr 1975 sieben strategische Bereiche für die Verwandlung einer Nation zeigte. Es handelt sich um:

Familie, Gemeinde, Erziehung, Unterhaltung, Medien, Wirtschaft (darunter auch Geschäftswelt, Wissenschaft und Technologie) und Regierung.

Zur gleichen Zeit zeigte Gott Bill Bright, dem Gründer von *Campus Crusade*, und Francis Schaeffer, Autor und Gründer von *L'Abri*, dasselbe.

Auf diese beiden Männer und ihre Aufzählung strategischer Bereiche bezieht sich Bill Johnson, ein Pastor in Redding in Kalifornien, der dafür bekannt ist, dass er seine Gemeinde zu einer Wiederentdeckung des Gottesreichs zusammen mit Heilung und Wundern im Alltag führte. In seinem Buch „Träume mit Gott"[6] hat er die Liste leicht revidiert, damit sie besser zum Ansatz seiner Gemeinde passt. Seine Zusammenstellung sieht so aus:

Familie, Gemeinde, Erziehung, Kunst und Unterhaltung, Geschäftswelt, Wissenschaft und Medizin, Regierung.

Landa Cope führt in ihrem Buch *The Old Testament Template* acht Bereiche auf, die sie auch als „Domänen" bezeichnet:

Familie, Kirche, Erziehung, Kunst und Unterhaltung, Wirtschaft, Wissenschaft und Technologie, Kommunikation, Regierung.

Diese Listen definieren wesentliche Bereiche der Gesellschaft. Sie helfen dem Gläubigen, unter Gottes Führung auszusuchen, wie und wo er sich konsequent investieren kann. Ziel ist eine strategische, visionäre Leitung. Sowohl Domänen als auch strategische Bereiche werde ich in einigen der nächsten Kapitel noch einmal aufgreifen.

Anmerkungen

1 Siehe auch Jim Stier, Richlyn Poor, Lisa Orvis (Hrsg.), *His Kingdom Come*, Thomas A. Bloomer: „Calvin and Geneva", Seattle: YWAM Publishing 2008, S. 103–118.

2 a.a.O., S. 133–138.

3 a.a.O.

4 Loren Cunningham, Janice Rogers, *The Book that Transforms Nations*, Seattle: YWAM Publishing 2007.

5 Stier u. a., a.a.O., S. 103–118.

6 Bill Johnson, *Träume mit Gott*, Köln: Wohlkunde-Verlag 2008, S. 98.

16

Vision für das Kommen des Reiches Gottes in eine Stadt oder Region

Sehen wir auf die ganze Stadt,
können wir hoffen und uns dafür einsetzen, in allen
Bereichen und in allen Vierteln Dienstgruppen
hervorkommen zu sehen.
Die Gläubigen übernehmen ihre geistliche
Verantwortung für ihre Stadt, jeder an seinem Platz
und gemäß seiner Kraft.

Auf dem Weg zu einer apostolischen Vision

Mit welchem Traum, mit welcher Vorstellung standen Paulus, Petrus und die anderen ersten Apostel vor den Toren der jeweils nächsten Stadt? Welche Veränderungen würde ihre Arbeit hier bewirken? Wir wissen, wie sie ihre apostolische Aufgabe verstanden: die Liebe und Herrschaft Jesu, d. h. sein Reich, in die Stadt zu bringen, zu verbreiten und so weit wie möglich zu entwickeln. Deshalb müssen sie ein Bild vom Ergebnis vor Augen gehabt haben und folglich ihren Fortschritt anhand dieses übergeordneten Zieles gemessen haben.

Welches Bild für Ihre Stadt oder für Ihre Region Sie auch immer im Sinn und im Herzen haben – und wir alle haben eines –, es wird bestimmen, wie Sie Ihre Arbeit ausrichten und bewerten. Die apostolische Aufgabe ist heute keine andere, als sie für die ersten Apostel gewesen ist. Deshalb müssen wir unsere Arbeit auf dieselbe Vision hin ausrichten und unseren Erfolg nach den entsprechenden Kriterien messen. Egal ob wir persönlich zum Apostel berufen sind oder nicht – jeder soll seinen Teil der Aufgabe verstehen und im Kontext des größeren Bildes sehen, nämlich einer Vision vom Wirken des Gottesreichs in seiner Stadt.

Inwieweit lässt sich erkennen, was der Herr in einer Stadt oder Region tut? Natürlich können wir das direkte Wirken des Heiligen Geistes nicht identifizieren, wenn er zum Beispiel das Denken von Managern während eines Meetings in der Bank beeinflusst oder Schulkinder veranlasst, sich um die schwächeren Kinder in ihrer Klasse zu kümmern, oder wenn er dem Einzelnen ins Gewissen redet und ihn dadurch leitet, sein Leben Jesus als Herrn zu überantworten. Wir können noch nicht einmal all das Gute nachvollziehen, was einzelne Christen Tag für Tag tun, wenn sie Gott lieben und anderen unter der Leitung des Heiligen Geistes dienen.

Diese direkte Dynamik des Reiches ist zu hoch für uns und in vielerlei Hinsicht nicht unmittelbar erkennbar. Das sollte nicht überraschen. Wir reden hier über die dynamische Herrschaft Gottes unter uns, und er wird immer in Dimensionen operieren, die für uns zu groß sind. An einigen Taten Gottes sind wir hoffentlich beteiligt, an Bekehrungen, Heilungen, Gebetserhörungen, Entscheidungen für soziale Verbesserungen. Aber das meiste von dem, was er wirkt, bekommen wir nicht mit.

Nun haben wir zwar keine Chance, alle direkten Auswirkungen des Reiches Gottes in unserer Stadt oder Region zu erfassen, doch die Ergebnisse können wir erkennen und bewerten.

In den genannten einfachen Beispielen ist jede langfristige Veränderung in der Vorgehensweise und Praxis der Bank oder in der Schule zu sehen, die Bekehrungen lassen sich zählen. Wir können auch messen, wie schnell und häufig solche Veränderungen geschehen und wie viele Leute gläubig werden. Das gibt uns einen Hinweis darauf, wie aktiv der Heilige Geist in unserer Stadt wirkt. Es ist möglich zu bewerten, ob er unter bestimmten Menschengruppen oder in bestimmten Gesellschaftsbereichen oder Stadtteilen aktiver ist als in anderen.

Wir können auch einen allgemeinen, intuitiven Eindruck davon gewinnen, wie ungehindert das Reich Gottes in eine Stadt oder eine Region hineinzuwirken vermag. Die meisten von uns sind es gewöhnt, die Atmosphäre einer Stadt oder bestimmter Stadtteile zu spüren. Es ist nicht schwer zu merken, wie offen und frei oder wie verschlossen für Gottes Wirken die jeweilige Gegend ist. Wir alle, gläubig oder nicht, reagieren intuitiv auf die Atmosphäre eines Ortes. So können wir sowohl etwas von den tatsächlichen Dynamiken des Reiches Gottes wahrnehmen als auch pragmatisch seine mittel- oder längerfristigen Auswirkungen bewerten.

Um die Auswirkungen des Reiches Gottes nun weiter zu untersuchen, werden wir erkennen und messen, wie sich Menschen, Beziehungen, Werte und Gesellschaftsstrukturen entwickeln. Die erste Menschengruppe, der Beachtung zu schenken ist, ist die Kirche. Uns muss natürlich klar sein, dass die Kirche und das Reich Gottes nicht identisch sind. **Das Reich Gottes ist die dynamische Herrschaft Gottes (in diesem Fall quer durch die Stadt oder Region), welche in allen Domänen wirkt und mehr als die Domäne „Kirche" abdeckt.** Diese dynamische Herrschaft Gottes bewirkt mehr als alle einzelnen Gläubigen in der Summe ihres täglichen Lebens erreichen könnten.

Wenn wir die Domänen, strategischen Gesellschaftsbereiche und die verschiedenen Sektoren der Stadt oder Region betrachten, fangen wir mit der Kirche als der Ekklesia Gottes, dem Leib Christi, an. Wir werden sowohl die traditionellen wie auch die modernen Kirchengemeinden ansehen, ebenso die religiösen Orden und jüngeren Missionsgemeinschaften, denn sie alle sind Teil unseres historischen Erbes. Von dort aus wenden wir uns den anderen gesellschaftlichen Bereichen der Stadt zu.

Kriterien für Messbarkeit der Entwicklung des Gottesreichs

Wir können auf unterschiedliche Kriterien und Indikatoren zugreifen. Zu Beginn schlage ich die folgenden fünf vor:

1. Strukturen des Leibes Christi: Ortsgemeinden, Kommunitäten, Werke

Anders als die ersten Apostel finden wir vor dem Hintergrund einer zweitausendjährigen Geschichte zur Reich-Gottes-Berufung. In unseren westlichen Städten gibt es eine ganze Anzahl historischer Kirchen, freier Gemeinden, pfingstlicher Denominationen und junger charismatischer und missionaler Gruppen. Es gibt religiöse Orden, Gemeinschafts-Netzwerke, missionarische Werke und kirchliche Sozialdienste. Es gibt (hoffentlich!) eine Geschichte von Einzelnen und Gruppen, die zu unterschiedlichen Zeiten Gottes Segen in die Stadt gebracht haben – in die Domänen und in verschiedene strategische Gesellschaftsbereiche. All dies ist ein wunderbares Gut und ein göttliches Vermächtnis, das uns als Fundament gegeben ist, auf dem wir aufbauen können.

Dieses Erbe aus Vergangenheit und Gegenwart dürfen wir kennen, verstehen und alle daran Beteiligten schätzen und ehren. Wir müssen die gegenwärtigen geistlichen Leiter in der Stadt anerkennen und sie unterstützen – Pastoren, kirchliche Würdenträger, Missionsleiter und Christen aus anderen Berufssparten, die göttlichen Einfluss ausüben. Sind wir selbst zu geistlichen Leitungsaufgaben berufen, dann suchen wir Beziehung mit diesen Leitern in einer partnerschaftlichen Zusammenarbeit. Wir müssen bereit sein, unseren Platz in dem Ganzen zu finden und zu dienen.

Die meisten aktiven Christen – durch die das Reich Gottes in der Stadt wächst – werden in Ortsgemeinden beheimatet sein. Manche leben und dienen in Missions- oder anderen Gemeinschaften und Sozialwerken. Hier hat man also anzufangen. Wir machen Gemeindeleiter und Pastoren ausfindig, die Gott lieben und sein Vorhaben für die Stadt oder für ihren Stadtteil auf dem Herzen haben. Diese Leute sind zu respektieren und zu unterstützen, denn sie investieren ihr Leben und ihre Kraft in die Förderung des Reiches Gottes. Sie werden gemäß ihrer Vision und ihrem Verständnis arbeiten, das von ihrer Gemeindetradition und ihren persönlichen Begabungen abhängt. Sind sie zum Leiten begabt, werden sie in der Lage sein, über ihre eigene Gemeinde hinauszusehen und die ganze Stadt in den Blick zu nehmen. Das ist für eine Entwicklung vonnöten, die das große Bild zum Ziel hat. Eine übergreifende geistliche Leitung für die ganze Stadt erfordert zunächst Menschen mit dieser visionären Kapazität.

Diese Gemeinden und Werke werden der Stadt unauffällig und beständig dienen. Die älteren Kirchen – z. B. die römisch-katholische, lutherische und reformierte und auch die orthodoxe – werden aufgrund ihrer Geschichte alle möglichen Verbindungen mit dem täglichen Leben haben. Als ich in Frankfurt wohnte, ging ich hin und wieder während der Mittagspause in die katholische Liebfrauenkirche, die von Franziskanern geführt wird. Dort saßen immer ungefähr zwanzig Menschen vor dem Herrn, die still gekommen waren und still wieder gingen. Das vermittelt einen Eindruck davon, welchen Einfluss diese Kirchengemeinde auf die Stadt ausübte. Mit ihren Gottesdiensten und Seelsorgeangeboten erreichten sie zahlreiche weitere Menschen. Viele der anderen historischen Kirchen in der Innenstadt wirkten ebenso auf diese Weise.

Die freien und pfingstlichen Gemeinden und missionarischen Gruppen sind normalerweise sehr aktiv und widmen sich mit viel Einsatz der

Evangelisation und neuen Initiativen. Entsprechend ihrer Spiritualität und ihrem Verständnis setzen sie sich für Wachstum durch Evangelisation und für Seelsorge an ihren eigenen Leuten ein. Manche gehen mit einer auf die ganze Stadt bezogenen Vision vor, um Tochtergemeinden zu gründen oder zumindest neue Netzwerke zu knüpfen. Andere legen einen Schwerpunkt auf das Beten und schließen sich Gebetsinitiativen an, die die Stadt im Blick haben. Ihre Leiter werden mit anderen Gemeindeleitern zusammenarbeiten, entweder auf informeller Ebene oder im Rahmen der Evangelischen Allianz bzw. in einer Initiative wie z. B. „Gemeinsam für unsere Stadt". Manche ermutigen ihre Leute, an Reformen zu arbeiten. Das ist alles ganz ausgezeichnet, denn es zielt darauf ab, das Reich Gottes in der Stadt zu fördern.

Wenn die geistlichen Leiter einer Stadt in der Lage sind, gemeinsam eine Vision für die Entwicklung des Reiches Gottes in der Stadt zu formulieren, ist das für jede Lokalgemeinde ein großer Gewinn. Sie kann weiter in den Bereichen arbeiten, in denen sie Verantwortung trägt, ihren Einsatz aber an dem übergeordneten Ziel orientieren – am Wachstum des Reiches Gottes. Auf diese Weise erweitert sie ihre Identität und ihr Denken als Lokalgemeinde und entwickelt sich zu einer Gemeinde, die am Reich Gottes orientiert ist. Je nach ihrer Art und Geschichte wird dieser Umbruch für verschiedene Ortsgemeinden unterschiedlich vonstatten gehen. Diese neue Orientierung wird ihre Möglichkeiten zur Zusammenarbeit mit anderen Gemeinden und neuen Initiativen verbessern, die von derselben Vision und denselben Werten motiviert sind.

Neben unterschiedlichen Gemeindeformen gibt es historisch gewachsene Gemeinschaften, religiöse Orden und Missionsgruppen, die in ihrem Bereich der Stadt dienen und dabei oft eine kommunitäre Lebensform annehmen. Dazu gehören auch Gruppen, die unter Armen, Obdachlosen und Menschen mit sozialen Bedürfnissen arbeiten.

Im Hinblick auf die Entwicklungen der letzten Jahre gibt es heute vermutlich Christen, Einzelne oder Gruppen, die zu keiner Kirche oder ähnlichen Struktur gehören, die aber dennoch Gott dienen wollen. Vielleicht treffen sie sich bereits und beten für Anliegen aus dem Alltag ihrer Stadt.

Wenn Gemeinden, Missionsgemeinschaften und Einzelne Gott nachfolgen, lernbereit sind und so dienen, wie Gott es ihnen zeigt, dann besteht alle Hoffnung, dass sie ihr Leben und Verhalten bewusst an dem Bestreben orientieren werden, Gottes Reich in ihrer Stadt oder Region wachsen zu sehen. Der Umfang einer solchen Entwicklung ist ein erstes Maß dafür, wie das Reich Gottes in ihrer Gegend Fuß fasst.

2. Einzelpersonen

Ein weiterer Indikator sind Einzelne: Wie viele Menschen folgen Jesus als ihrem König nach? Die Apostelgeschichte berichtet von Wachstum. Hier werden Köpfe gezählt, die Anzahl der Gläubigen, die in der Gemeinde in Jerusalem lebten. Unter dieser Kategorie wird auch erfasst, wie viele und wie oft Einzelpersonen ihr Leben Jesus neu geben.

Am einfachsten nähern wir uns dieser Frage, indem wir uns die Gottesdienstbesucher der ganzen Stadt plus die Anzahl der Ordensmitglieder und Angehörigen von missionarischen Gemeinschaften ansehen. Damit versuchen wir nichts weiter, als aus grundlegenden Statistiken einen groben Überblick zu gewinnen.

Es lässt sich nur ungefähr abschätzen, aber in Deutschland dürfte die Zahl der aktiven Christen wohl bei fünf bis zehn Prozent liegen. Das ist ernüchternd und lässt auf den ersten Blick vermuten, dass das Reich Gottes in Deutschland in den letzten rund 1500 Jahren keine nennenswerten Fortschritte gemacht hat, was im Übrigen auf weite Teile Europas zutrifft. Im Blick auf historische Institutionen, gewisse Werte und Denkweisen hat das Reich Gottes zwar größeren Einfluss genommen, doch was die Zahl aktiver Christen im echten Alltagsleben angeht, sieht es in unserer Zeit noch schwach aus. Dabei gilt es, auch die verschiedenen ethnischen Gruppen und kulturellen Szenen in Deutschland in Betracht zu ziehen. Unter Afrikanern, Koreanern, Tamilen, Amerikanern und Polen wird der Prozentsatz der aktiven Christen höher liegen, unter Türken, Kurden, Arabern und Japanern niedriger. Auch die sozialen Schichtungen, innerhalb der deutschen Bevölkerung ebenso wie in den anderen ethnischen Gruppen, sind gesondert zu betrachten: Jugendliche, junge Familien, ältere Leute, Arbeiterklasse, mittlere oder höhere Schichten, die verschiedenen Berufsgruppen, Künste, Medien, Sport.

Wenn wir in diesen Bereichen Nachfolger Jesu identifizieren, haben wir damit erste und oberflächliche Anhaltspunkte zur Verbreitung des Gottesreichs in der Stadt. Es wird bestimmte Gruppen mit mehr Christen geben und manche mit weniger. Dies kann ein erster Hinweis darauf sein, ob der Heilige Geist in einer bestimmten Gruppe wirkt oder wenigstens eine gewisse Offenheit für das Evangelium vorliegt.

Natürlich geben Zahlen nicht den wahren Sachverhalt wieder, bei dem es um Einzelne geht, die Jesus lieben und ihr Bestes geben, tagtäglich seinen Willen zu tun. Sie beten für ihre Mitmenschen und lieben sie ganz praktisch. Sie bahnen Wege für Reformen oder eröffnen Möglichkeiten für Evangelisierung. Hier kommt das Reich Gottes wirklich zum Tragen. Diese engagierten Nachfolger Jesu Christi sind die Hauptakteure. Alles, woran man zukünftig das Wachstum des Reiches Gottes messen könnte, wie Dienstgruppen oder neue Initiativen, wird zunächst aus geisterfüllten Einzelnen geboren. Gemeinsam mit ihren Freunden beginnen sie mit dem einfachen Handeln Gottes dort, wo sie sind! **Diese Individuen und Gruppen sind oft kaum erfassbar, aber sie verkörpern das mächtigste und kreativste Wirken Jesu und seiner Herrschaft. Die Hoffnung für zukünftige Entwicklung ist unter anderem hier zu suchen.**

3. Gesunde Familien, offene Häuser

Die Anzahl gesunder Familien, die bereit sind zu dienen und anderen Gutes zu tun, ist ein weiterer Maßstab für den Zustand des Reiches Gottes in der Stadt. „Gesund" heißt natürlich nicht „perfekt", aber stabil und stark genug, um anderen helfen zu können.

Diese Wiederherstellung von Familien und die Entwicklung eines erfüllten Lebens für Singles geschieht nicht von allein, sondern muss bewusst gefördert werden.

Es beginnt damit, dass Leiter und fähige Seelsorger Themen rund um Ehe und Familie ansprechen, lehren und Hilfe anbieten. Dann kommt es darauf an, ob ein Paar oder eine Familie bereit ist, sich darauf einzulassen. Die Souveränität einer Familie muss respektiert werden. Wenn diese keine Veränderung will, dann kann man sie nur lieben, für sie beten und abwarten. Aber der Leib Christi in der Stadt darf und soll Hilfe anbieten und Gottes Standards lehren. Wird dieser Bereich nicht angegangen, dann führen Menschen möglicherweise jahrelang ein notvolles Ehe- und Familienleben, obwohl sie Gott wirklich erleben und aktiv in der Gemeinde mitarbeiten. Dass das passieren kann, zeigt die Erfahrung. Es handelt sich um tragische Fälle von gespaltenem Leben, unter dem ganz besonders die Kinder leiden.

Paare, die Hilfe brauchen und sich darauf einlassen, können auf ein glückliches und gesundes Familienleben hoffen. Im Normalfall müssen sie fähige Seelsorger, denen sie vertrauen, um Hilfe bitten. Eine solche Veränderung geht bisweilen langsam vonstatten. Sie erfordert die geduldige und erfahrene Anleitung durch seelsorgerlich begabte Menschen. Ältere Paare mit Erfahrung in ähnlichen Problemen haben viel zu bieten. Sie sind Gold wert. Mit ihnen müssen jüngere, Hilfe suchende Paare in Verbindung gebracht werden. Tatsächlich ist die Gemeinde als Gottes Gemeinschaft in der Stadt generationsübergreifend. Bei diesen Themen wird das ganz praktisch.

Die traditionelle Familie wird heute in der westlichen Welt systematisch unterminiert und vieles liegt im Argen. So muss fast jeder junge Christ auf diesem Gebiet in vielem umdenken, geheilt werden und neu lernen. Dazu ist eine Menge Grundlagenarbeit nötig und wir können das nicht überspringen. An dieser Stelle müssen wir gezielt investieren, um gute Fundamente zu legen.

Wir sollen stolz sein auf die biblische Vorgabe eines lebenslangen Ehebundes zwischen Mann und Frau, auf für die Ehe aufbewahrten Sex und die Mehrgenerationenfamilie. Diese Ethik ist eine wunderbare Lebensgrundlage und ein zentraler Wert in Gottes Schöpfungsordnung. Es ist von größter Bedeutung, dass wir uns alle Mühe geben, sie wiederzugewinnen, wo sie verloren gegangen ist. Das ist Gottes Wille, und er wird alle nötige Hilfe durch seinen Leib zur Verfügung stellen.

Häufig suchen Alleinstehende Paare, die ihnen ein Vorbild sind, an die sie sich anlehnen können, die ihnen Hoffnung geben. Viele haben aufgrund des Versagens ihrer Eltern oder anderer nahestehender Personen das Vertrauen in die Ehe verloren. Sie suchen nach einem Zuhause außerhalb ihrer eigenen Familie, in das sie Einblick nehmen und an dem sie Anteil haben können. Auch als Singles möchten sie ihr Leben bewusst und gut gestalten. Manche bleiben für immer allein und suchen nach einer dauerhaften und verlässlichen Form des Miteinanders. Dies ist ein wichtiges Anliegen. Und es ist sehr wertvoll, wenn Familien Singles dauerhaft als Partner zur Seite stehen.

Wenn eine Familie stark und belastbar geworden ist, kann sie ihr Heim für andere öffnen. Dasselbe gilt für Wohngemeinschaften von Singles. Gebet für ihr Wohnumfeld, ihre Freunde, Verwandten, Bekannten ist ein Anfang. So kann ihr Heim zu einem Zentrum der Gastfreundschaft werden. Solche Familien können auch anderen Paaren helfen, indem sie das weitergeben, was ihre Ehe und Familie verändert hat. Auf diese Weise vervielfältigt sich die Hilfe von Familien. Manche Paare werden gemeinsam zu guten Seelsorgern und pastoralen Mitarbeitern.

Diese Einstellung, dass Ehepaare so denken und ihr Heim als Lebenszentren mit Gott öffnen, ergibt sich nicht zufällig. Sie wird von Vorbildern gelehrt und vorgelebt. Meine Frau und ich lernten es von unseren Leitern. Das führte dazu, dass wir nach den ersten zwei Ehejahren unsere Wohnung öffneten und eine Gruppe Alleinstehender bei uns einzog. Das Ziel war gemeinsames Leben und Mentoring anderer. Als ein paar Jahre später unser erstes Kind geboren wurde, reduzierten wir die Anzahl auf einen alleinstehenden Mitbewohner. So lebten wir weitere acht Jahre, und noch heute ist unsere Wohnung eine Stätte für Gäste, Gebet, Beratung und Feiern.

Mit der Zeit kann eine Reihe solcher Familien und Häuser als Ausgangspunkt für Leben und Dienst in der Stadt aufgebaut werden. Das Ausmaß dieser Entwicklung ist ein weiterer Indikator dafür, wie weit das Reich Gottes in der Stadt gewachsen ist.

4. Dienstgruppen in allen Bereichen der Stadt

Dienstgruppen gibt es in jeder Form und Größe. Es kann sich um eine Versammlung von fünfzig, eine typische Gruppe von etwa zehn oder auch um eine Partnerschaft von zwei Personen handeln. Eine Dienstgruppe besteht aus Christen, die wissen, dass sie die geistliche Verantwortung für einen bestimmten Teil ihrer Stadt oder einen Bereich ihrer Gesellschaft haben. Gemäß ihrer Reich-Gottes-Berufung leben und wirken sie in diesem Bereich und dienen als *„Könige und Priester"*. Oft ist es so, dass die Gruppe ihren Rahmen innerhalb einer Berufsgruppe oder eines Wohnumfeldes findet. Bei anderen entsteht die Dienstgruppe, indem einzelne Christen in eine ganz bestimmte Berufung Gottes hineinwachsen und sich, gestützt durch ihre Gemeindeleitung, in der entsprechenden Szene positionieren.

Im vorigen Kapitel ging es uns um Gläubige, die diesem Ruf in Domänen oder strategische Gebiete Folge leisten. Das ist auch hier unser Thema: Wenn Christen ihrer Berufung nachkommen, werden sie ihre eigenen Initiativen starten und Gottes Wirken dort erleben, wo sie sind. Andere können sich ihnen anschließen und mit ihnen in Partnerschaft zusammenarbeiten. Das ist das Reich Gottes in Aktion.

So sieht Kirche in ihrer einfachsten Form aus – Christen, die gemeinsam mit Gott leben und sich in seiner Kraft zum Segen ihrer Mitmenschen und für die Veränderung ihres Teils der Stadt einsetzen. Wir sollten alle hoffen, dass derartige Initiativen überall aufbrechen.

Wollen diese Christen verbindlich geistliche Verantwortung für ihren Teil der Stadt übernehmen, ist Folgendes denkbar: Sie bitten um Unterstützung und Anleitung durch ihre geistlichen Leiter und organisieren gemeinsam mit diesen das beste System für Unterstützung, Ermutigung und Anleitung. An diesem Punkt konstituiert sich eine Dienstgruppe als Teil des Gemeindelebens. Was als eine spontane, informelle Initiative begann, findet jetzt für die Gemeinde eine offizielle Form. So entstehen Dienstgruppen.

Die Dienstgruppe hat eine dreifache Aufgabe:

a) ihrem Bereich der Stadt oder Region zu dienen,
b) einander Seelsorge und umfassende Unterstützung im Alltag zukommen zu lassen und
c) zukünftige Leiter heranzubilden, die später ihre eigene Dienstgruppe starten.

Die Gruppe definiert sich anhand ihrer Dienstberufung und organisiert sich dementsprechend. Ihre Aufgabe ist es, in ihrem Bereich der Stadt, sei es ein Wohngebiet oder ein Gesellschaftsbereich, Gottes Werke zu tun. Dabei geben sich die Mitglieder gegenseitig die Unterstützung, Seelsorge und Freundschaft im Alltag, die sie brauchen, was eine Bandbreite von Begabungen innerhalb der Gruppe ebenso wie Hilfe von außerhalb erfordert. Qualität des gemeinsamen Lebens ist wichtig, und dafür muss es Zeit und Raum geben. Aber eigentlich ist die Gruppe da, um in der Szene zu dienen, in die sie gestellt wurde. Während dieser Arbeit kümmern sich ihre Mitglieder mit Seelsorge und Unterstützung im Alltag umfassend umeinander, nicht andersherum!

Mit der Zeit werden die meisten Gläubigen Teil einer Dienstgruppe sein. Für jeden Pionier, der sich einen Bereich der Stadt vornimmt, sind weitere Mitarbeiter nötig, die sein Gabenspektrum ergänzen. Sie zusammen bilden die Dienstgruppe. Der Bedarf an allen möglichen unterschiedlichen Gaben und Fähigkeiten entspricht der umfassenden Aufgabe. Es gibt viel Raum, sich zu engagieren.

Für diese Gläubigen ist somit die Dienstgruppe der Ort ihres Gemeindelebens. An dieser Stelle führen sie ihr tägliches Leben und ihre Berufung von Gott mit der Unterstützung der weiteren Gemeinde aus.

Das Herzstück ihrer Berufung zu „Königen und Priestern" ist für eine solche Dienstgruppe die Praxis von Anbetung und Fürbitte. Sie können vor Gott treten, ihn um seiner selbst willen anbeten und auf ihn warten. Darauf kann Fürbitte folgen – für die Menschen, zu denen sie gerufen sind. Das große Geheimnis ist, dass sie vom Heiligen Geist gesalbte und effektive Anleitungen und Pläne für ihren Dienst bekommen, wenn sie Gottes Herz für diese Leute suchen. Auf die Weise arbeiten sie mit Gott als Partner zusammen und tun die Werke, die bei ihm ihren Ursprung haben. Das ist sehr viel effektiver als aus eigenen Vorstellungen heraus zu arbeiten und dafür quasi nachträglich um Gottes Segen zu bitten.

Es wird immer mehr private Basisinitiativen als offizielle Dienstgruppen geben. Genau so sollte es auch sein. **Die Stärke des Reiches Gottes liegt in Einzelnen und Freunden, die mit dem Heiligen Geist neue Werke beginnen. Auf diesem Boden wachsen auch zukünftige Dienstgruppen heran.**

Dienstgruppen entstehen natürlich nicht nur im Rahmen von Domänen bzw. strategischen Bereichen, sondern z. B. auch unter geografischen Gesichtspunkten: im eigenen Wohnumfeld oder einem Problemstadtteil oder wo sich Christen eine Wohnung unter unerreichten ethnischen Gruppierungen oder in einem bestimmten Teil ihrer Gesellschaft suchen. Soweit ich es sehe, decken diese vier Kategorien unser städtisches Leben ab:

1. Domänen und strategische Bereiche
2. geografisch definierte Gebiete, Stadtteile
3. ethnische Gruppierungen
4. bestimmte andere gesellschaftliche „Szenen" und Subkulturen
   (z. B. Obdachlose, Jugendliche, Kinder)

Sehen wir auf die ganze Stadt, können wir hoffen und uns dafür einsetzen, in allen Bereichen und in allen Vierteln diese Dienstgruppen hervorkommen zu sehen. Damit wächst die *„Priesterschaft"* und positioniert sich, um der ganzen Stadt zu dienen und ihr das Reich Gottes nahezubringen. Die Gläubigen übernehmen ihre geistliche Verantwortung für ihre Stadt, jeder an seinem Platz und gemäß seiner Kraft.

Es ist möglich festzustellen, wie viele Dienstgruppen es gibt, und wie fähig sie sind, ihre Aufgabe zu tun. Auch wo sie noch *nicht* vorhanden sind, lässt sich feststellen. Dieser Faktor, Dienstgruppen, ist der sicherste Indikator dafür, inwieweit die Gemeinde für die Förderung des Gottesreichs aufgestellt ist.

Um das praktischer darzustellen, will ich ein paar Fallbeispiele anführen:

Die Schulen
Wie sieht es aus, wenn die Herrschaft Jesu in eine Schule kommt? Wie zeigt sich das? Es sollte überall sichtbar sein – in erster Linie natürlich an der Freude und Entwicklung der Schüler, denn für sie ist die Schule da! Es sollte sich auch an der Unterrichtsphilosophie, am Lehrplan, an der Partnerschaft mit den Eltern und der politischen Gemeinde, an der Schulleitung, an den Beziehungen der Lehrer untereinander und an der Pflege von Gebäuden und Grundstücken zeigen, ebenso daran, dass Menschen Christen werden und dass christliche Lehrer und Eltern für ihre Schule und für ihre Schüler beten.

Der inzwischen verstorbene Brian Hathaway aus Auckland in Neuseeland erzählte Marion und mir die Geschichte, wie er und seine Gemeinde, die *Te Atatu Gospel Chapel*, das Reich Gottes entdeckten. Diese Geschichte wird auch in seinem Buch *Beyond Renewal, the Kingdom of God* beschrieben. Nach einer aufwühlenden Suche erlebte seine Gemeinde eine charismatische Erneuerung durch den Heiligen Geist. Über einige Jahre hinweg freuten sie sich am Wirken des Geistes und an Wachstum. Dann blieben sie auf einer gewissen Stufe stehen. Die Leiter fragten den Herrn nach den Gründen dafür und entdeckten eine neue Vision und Theologie des Reiches Gottes und begannen entsprechend zu lehren. Nach etwa sechs Monaten wandten sich zwei Gemeindeglieder, die an der Highschool des Ortes unterrichteten, an die Gemeindeleiter. Sie sagten, dass sie ihren Lehrerberuf schon immer als eine Berufung von Gott verstanden hatten, dass sie aber bis vor Kurzem damit allein für sich hatten zurechtkommen müssen. Es hatte nicht in den Rahmen der Gemeindeaktivitäten gepasst.

Jetzt hörten sie etwas Neues. Jetzt wurde ein Rahmen für das Reich Gottes gesteckt, der umfassender war und der auch für ihre Berufung Raum machte. So wollten sie mit der Gemeindeleitung ausarbeiten, wie sie ihrer Berufung mit Unterstützung der Gemeinde am besten nachkommen konnten. Das Ergebnis war u. a., dass sie von ihrem Engagement in der Gemeinde, vom Hauskreis und anderen Veranstaltungen, freigestellt wurden. Sie durften sich ganz und gar ihrer Berufung widmen. Für die Lehrer und ihre Familien wurde eine Unterstützerzelle gebildet. Diese kam einmal wöchentlich zusammen zum Gebet für die Schule (dienstbezogener Teil), aber auch für Seelsorge und umfassende Unterstützung der Zellmitglieder untereinander (gemeinschaftsbezogener, „pastoraler" Teil).

Ferner nahmen sich die beiden Lehrer einen weiteren Abend Zeit, um gründlich über alles nachzudenken und zu besprechen, was sie in der Pädagogikausbildung gelernt hatten und als Lehrer anwendeten. Zwei weitere christliche Lehrer der Schule, die zu anderen Gemeinden gehörten, schlossen sich ihnen an, und später noch zwei andere, die keine Christen waren. Sie alle wollten neu über ihren Beruf nachdenken und einander bei der Anwendung im Alltag helfen. Die Nichtgläubigen akzeptierten die Tatsache, dass man sich hier an biblischen Werten ausrichtete und miteinander betete. Das war nicht ihr Ding, aber sie waren gewissenhafte Lehrer, denen auch an einer unterstützenden Gruppe gelegen war, in der sie berufliche Anliegen durchsprechen konnten.

So waren sie jetzt eine Gruppe, die daran arbeitete, in ihrem Berufsfeld Verbesserungen zu erzielen. Und sie hatten eine Dienstgruppe, die ihnen und ihren Familien dabei den Rücken stärkte. Sie gingen ihr Berufsleben neu an und beteten auch für ihre Schule. Welche langfristigen Veränderungen das in der Schule bewirkte, ist mir nicht bekannt, außer dass die nichtchristlichen Lehrer in der Gruppe irgendwann zu Jesus kamen.

Ich kenne einen christlichen Lehrer in Baden-Württemberg, der lange für Veränderung in seiner Schule betete. Ein Jahr lang traf er sich freitagmorgens um sechs Uhr mit einem Kollegen zum Gebet, bevor sie in den

Unterricht gingen. Nachdem sich einige Jahre später die Schwierigkeiten der Schule endlich gelöst hatten, lud er die erfahreneren Kollegen zum Grillen in seinen Garten ein. Er berichtete ihnen von den Entwicklungen und ermutigte sie zur Zusammenarbeit, um jungen Lehrern zu helfen und in der Schule wieder eine positive Einstellung zu fördern. Als Lehrer ist er dadurch zu Segen und Autorität gekommen und er liebt seinen Beruf. Im Unterricht begegnet er seinen Schülern ganzheitlich, vermittelt neben dem Stoff auf ganz natürliche Weise gute Werte und fördert damit die Lebenstüchtigkeit seiner Schüler. Obwohl im Schulgesetz verankert, wurde solches erzieherisches Wirken viele Jahre vernachlässigt – mit den bekannten Folgen. Eltern und Schulleitung sind daher dankbar für diese Pädagogik, weil sie die positiven Auswirkungen an den Jugendlichen sehen. Und die Schüler gehen gerne in einen Unterricht, der von Wertschätzung, Liebe und Wahrhaftigkeit geprägt ist.

Mittlerweile entwickeln sich in Deutschland Lehrernetzwerke. Regelmäßig treffen sich Lehrer zur gegenseitigen Ermutigung und Unterstützung, um für ihre Schule zu beten und sich gemeinsam für positive Veränderungen einzusetzen.

Es ist relativ einfach, in der Stadt von Schule zu Schule zu gehen, um zu messen, wie weit das Reich Gottes dort gediehen ist. Der eigentliche Indikator ist der, ob es an der Schule eine Dienstgruppe gibt. Dasselbe trifft auf Kindergärten, Berufsschulen und Universitäten zu.

Regierung
Stadt- und Kreisräte werden im Rahmen der Kommunalwahlen durch die Wahlberechtigten bestimmt und sind somit legitimiert, Entscheidungen im Sinne der Bürgerschaft zu treffen. Auf den ersten Blick sind also zunächst die Amts- und Mandatsträger in der Pflicht, Verantwortung zu übernehmen. Doch jeder Wahlberechtigte wirkt durch seine Stimme an der Zusammensetzung der lokalen Parlamente mit.

Nicht jeder Christ ist automatisch ein guter Volksvertreter und Lokalpolitiker. Es braucht Identität und Integrität, ein Verständnis für regionale Zusammenhänge und die Bereitschaft, sich mit fremden Anliegen auseinanderzusetzen. Ein lokales Parlament trägt Verantwortung für die örtlichen Finanzen oder wichtige Infrastrukturprojekte (wie zum Beispiel die ausreichende Anzahl an medizinischen Versorgungseinrichtungen). Es wäre also fatal zu glauben, dass ein guter Christ per Definition auch ein guter Stadt- oder Kreisrat ist. Die Aufgabe muss ihm Freude machen und die Anforderungen sollten für ihn Ansporn und nicht Last sein.

Welche Auswirkung wird es auf die Lokalparlamente haben, wenn das Reich Gottes in der Stadt oder in der Region zunehmend präsenter wird? Zu Beginn wird man vermutlich erst einmal nicht viel bemerken. Es braucht etliche Menschen, die Jesus im Herzen haben und ihm in allen Bereichen ihres Lebens Raum geben – dann wird sich das nach und nach auswirken: entweder dadurch, dass solche Kandidaten in die Parlamente gewählt werden, die am ehesten christliche Werte vertreten, oder sogar dadurch, dass sich einige selbst zur Wahl stellen und im besten Fall ein Mandat erringen.

Ein Freund von uns hatte sich jahrelang sehr in der Entwicklung seiner freikirchlichen Gemeinde engagiert und führte gleichzeitig ein erfolgreiches Unternehmen. Parallel dazu war er jahrelang im Stadtrat aktiv und Mitglied einer politischen Partei. Während eines Sommerurlaubs sprach der Herr zu unserem Freund und gab ihm den Eindruck, er solle sich noch mehr in der Gemeinde oder in der Politik engagieren. Er setzte sich zum Ziel, bis zum kommenden Jahreswechsel eine Entscheidung zu treffen. Kurz vor Jahresende verstarb überraschend ein Parteikollege, der Mitglied des Kreistags gewesen war. Da unser Freund bei den letzten Kommunalwahlen den Einzug in den Kreistag nur knapp verpasst hatte, war er jetzt der erste Nachrücker auf diese Position. Parallel dazu stand die Frage im Raum, ob er sich halbtags in die Gemeindeleitung einbringen, also die Hälfte seiner Arbeitszeit in die Gemeinde investieren würde. Da er bereits im Vorfeld Gottes Reden vernommen hatte, fühlte er sich bestätigt, das Mandat im Kreistag anzunehmen.

Im Kreistag begegnete er fähigen Menschen, die ihr Bestes taten, damit die Region sich positiv entwickelte, oft angesichts großer Schwierigkeiten und auch inhaltlicher Differenzen. Soweit er das einschätzen konnte, waren allerdings damals wenig aktive Christen Teil des Kreisparlaments. Etwas ernüchtert stellte er sich die Frage, warum sich so wenige Christen in diesem gesellschaftlichen Bereich engagierten. Er dachte zurück an die Zeiten, in denen er als Jugendmitarbeiter mit dafür verantwortlich gewesen war, die Themen Evangelisation, Mission und Gemeinde zum absoluten Schwerpunkt zu machen. 25 Jahre später war die Frucht dieser einseitigen Botschaft deutlich erkennbar.

Heute schlägt sein Herz dafür, die nächste Generation für alle Gesellschaftsbereiche, einschließlich der Politik zu begeistern. Dabei geht es nicht darum, Gemeinde und Mission gegen das Engagement in der Gesellschaft auszuspielen, sondern eine weite Sicht für die Breite des Reiches Gottes zu entwickeln. Seine Frau und er engagieren sich u. a. in nationalen Netzwerken, um Christen in der Regierung zu dienen, sie im Gebet zu unterstützen und auch als Gegenüber zur Verfügung zu stehen, um soziale und politische Themen im kleinen Kreis zu reflektieren. Gerade die Menschen, die in öffentlichen Ämtern und Mandaten im Rampenlicht stehen, brauchen für sich selbst, ihre Ehepartner und ihre Familien einen geschützten Ort der pastoralen Hilfe, der Lehre und des prophetischen Inputs oder auch einfach nur der Freundschaft. Sie brauchen Freunde und auch Fürbitter, die an ihrer Seite stehen und Konflikte im Gebet begleiten.

Indikatoren für das Wachstum des Reiches Gottes auf kommunaler Ebene sind die Werte und Standards, nach denen Entscheidungen getroffen werden, die vorherrschende Atmosphäre und die Anwesenheit von Nachfolgern Jesu in den lokalen politischen Parteien und Parlamenten. Natürlich umfasst die Regierung auf Lokal- oder Kreisebene weit mehr als die Mandatsträger und Beamten. Hier sprechen wir auch von den klassischen Ressorts wie Polizei, Justiz, Bauwesen, Bildung und Erziehung, Finanzen, Tourismus, die Medienlandschaft, aber auch von der Land- und Forstwirtschaft. In allen Bereichen braucht es unser Engagement und das Herz, für Veränderungen im Sinne des Gottesreichs einzustehen.

Sonderprojekte

Es gibt einige Gruppierungen, in denen sich von Natur aus eher keine christlichen Dienstgruppen etablieren würden. Dabei denke ich besonders an bestimmte ethnische Gruppen in unseren deutschen Städten z. B. an Türken, Kurden und Chinesen. In den Schulen, Arbeitsstätten, Sportvereinen und Dönerbuden entstehen allenfalls einige wenige Kontakte mit diesen Menschen, aber im Allgemeinen handelt es sich eher um Subkulturen mit wenig Außenkontakten.

Wenn sich das ändern soll, dann müssen die Christen die Initiative ergreifen. Einzelne werden eine Berufung des Geistes in ihrem Herzen empfangen müssen, viel für diese Ethnien zu beten und zu ihnen zu gehen. Sie werden einen Großteil ihrer Freizeit dafür einsetzen müssen, Freundschaften zu entwickeln, Besuche zu machen und die neuen Bekannten zu sich nach Hause einzuladen. Geistliche Leiter sollen hier mithelfen, indem sie eine Dienstgruppe um die dazu Berufenen aufbauen, sie zu dieser Aufgabe aussenden und ihnen mit viel persönlicher Anteilnahme und Begleitung den Rücken stärken.

Wahrscheinlich müssen die Leiter diesen ganzen Prozess anstoßen, indem sie die Aufmerksamkeit auf diese vernachlässigten Volksgruppen in unserer Mitte lenken und Menschen aufrufen, zu beten und zu gehen.

Dasselbe gilt auch für gesellschaftliche Szenen, mit denen im Alltag keine Berührungspunkte vorhanden sind: Obdachlose, Alkoholiker, Drogenabhängige, bestimmte Jugendszenen, Straßenkinder. Glücklicherweise gibt es in evangelikalen und pfingstlichen Gemeinschaften eine gute Tradition der Fürsorge für diese Gruppen.

Ich hoffe, diese wenigen Beispiele haben klarer gemacht, was es bedeuten kann, in allen Teilen der Stadt Dienstgruppen zu haben. Wir können danach Ausschau halten, dafür arbeiten und beten, dass wir sie überall entstehen sehen. Überall, das heißt in allen strategischen Bereichen: Familie, Erziehung, Kunst, Unterhaltung, Sport, Medien, Wirtschaft, Wissenschaft, Technologie, Verwaltung und Regierung. Es heißt auch in jedem Wohnviertel, in jeder ethnischen Gruppe und in jeder speziellen Szene in der Gesellschaft.

Das Wachstum des Reiches Gottes lässt sich weitgehend an der Anzahl und Effektivität der Dienstgruppen in der Stadt messen.

5. Leitung im Leib Christi
a. Eine allgemeine Leitung

Wer nimmt die Stadt in den Blick und kümmert sich darum, wie es dem Reich Gottes geht? Wer ist befähigt, die vielen Aufgaben zu tun, um dieses Reich in aller Breite und Tiefe zu fördern und dieses alles mit wachem Auge zu steuern? Wer hat die Kapazität, das Herz und den Willen dafür und wer ist von Gott dazu beauftragt? – Es ist eine Aufgabe für Leiter mit einer breiteren Begabung und Fähigkeit, die zudem lange genug in der Schule Gottes gewesen sind, um aus einem dienenden und liebenden Herzen heraus zu handeln.

Alle Leiter von Ortsgemeinden können ihr Gemeindeleben an der hier dargelegten Richtung orientieren und ihr folgen: Sie können ihre Gemeindemitglieder so anleiten, dass ihre Familien geheilt werden, sie in ihre Berufung finden und für die Mitarbeit in einer Dienstgruppe in ihrem Bereich der Stadt aufgestellt werden. Dies ist möglich, wenn die Leiter von der Reich-Gottes-Vision fasziniert sind.

Ich hoffe sehr, dass Gemeindeleiter in diese Richtung gehen. Viele haben über Jahre treu gearbeitet und sich Schritt für Schritt vom Heiligen Geist leiten lassen. Die Entdeckung des Gottesreichs ist meiner Meinung nach einer der nächsten Schritte. Ich hoffe, all diese treuen Leiter in Gemeinden, Orden und Missionswerken können sich darauf einlassen. Wir brauchen es, denn viele der menschlichen Ressourcen des Reiches Gottes finden sich in den Kirchen, Gemeinden und Organisationen und müssen gegebenenfalls an die Position geführt werden, wo sie für das Reich Gottes in der Stadt stehen sollen.

Wenn Gemeindeleiter diese Richtung einschlagen, werden sie ganz von selbst den Blick für ihr Stadtviertel und die ganze Stadt bekommen. Der Rest ist dann eine Frage ihrer Begabungen und Fähigkeiten. Jene mit breiterer Leitungsbegabung sind in der Lage, die gesamte Stadt zu überblicken. Das tun sie gerne, es erweckt in ihnen Begeisterung und vermittelt Visionen. Wozu auch immer sie begabt und berufen sind, Leute mit dieser Kapazität nehmen ihren Platz unter denen ein, die stadtweit Leitungsfunktionen ausüben. Andere Gemeindeleiter werden merken, dass sie entsprechend ihren Begabungen in anderen Bereichen tätig werden sollen. Jeder muss seine Identität und Berufung annehmen und mit Freude und Vision an seiner Stelle arbeiten. Alles ist ein Beitrag zum Reich Gottes.

In den meisten Konfessionen gibt es Führungspositionen mit regionaler Reichweite – Bischof, Superintendent, Dekan, Hauptpastor oder Vorstand. Im Idealfall sehen diese es als ihre Aufgabe, die ganze Stadt in den Blick zu nehmen und die ganzheitliche Entwicklung des Reiches Gottes zu fördern. Wenn sie so denken und dafür vom Heiligen Geist begabt sind, können diese Leiter ihre Autorität und die Ressourcen ihrer Denomination einsetzen, um das Reich Gottes zu fördern. Dem stehen solche Leiter gegenüber, die ihre Institution und ihre Programme nur in natürlichen Kategorien sehen. Sind diese aber bereit, sich eine andere Vision und ein anderes Verständnis anzueignen und sich, wo nötig, demütig für Erneuerung durch den Heiligen Geist zu öffnen, kann eine ganz neue Entwicklung einsetzen, da sie dann *„zuerst nach dem Reich Gottes trachten"*.

Auch entsprechend begabte Christen aus nicht-kirchlichen Berufssparten werden geistliche Leitungsaufgaben in der Stadt übernehmen. Dabei handelt es sich um Menschen, die bereits mit Gott leben, ihn kennen und dadurch Vollmacht und Weisheit gewonnen haben. Dass sie von Gott zu einer Führungsrolle auf Stadtebene berufen und befähigt sind, zeigt sich in der Praxis. Aufgrund ihres Charakters und ihrer Vollmacht werden andere Christen sie als Leiter erkennen.

Ob formell oder informell, Männer und Frauen werden in die Stellung kommen, in der sie der Stadt die benötigte geistliche Leitung zukommen lassen können. Es wird sich letztlich anhand ihrer Gaben, ihres Charakters, ihrer Erfahrung und geistlichen Autorität entscheiden. Manche sind Apostel, manche Propheten, manche allgemein Leiter. Diese Begabungen sind für die Aufgabe unerlässlich und nach meiner Meinung eine Grundlage dafür. Andere sind ferner als Hirten, Lehrer, Evangelisten begabt oder besitzen die Weisheit und Eigenschaften von Ältesten. Eine derartige Leitungsgruppe wird sich vermutlich aus „Laien" und solchen, die kirchliche Ämter innehaben, zusammensetzen. Hier können sich Charisma und Amt begegnen und vereinen.

Man wird sich gegenseitig anerkennen und im Dienst und Gebet zusammenarbeiten, ganz so, wie es sich ergibt. Möglicherweise entwickeln sich Freundschaften und bei Bedarf gegenseitige Beratung. So werden sie durch die gemeinsame geistliche Leitungstätigkeit zueinander hingezogen und die Gruppe wird sich organisch und beziehungsmäßig durch ihren gemeinsamen Dienst finden.

b. Leiter-Foren – für Leiter von strategischen Bereichen, Projektgruppen, ethnischen Gruppen, Stadtteilen

Neben einer allgemeinen apostolischen Leitung werden unter den Dienstgruppen in sämtlichen Sektoren der Stadt Leiter hervortreten. In der Praxis werden sie sich als solche erweisen, erstens, weil sie in ihrem Wirken mit Gott Durchbrüche erlangen, und auch, weil sie gerne andere inspirieren und fördern. Andere Menschen aus ihrer Sparte werden ihre Hilfe in Anspruch nehmen und sich an ihnen orientieren.

So treten unter den Netzwerken in strategischen Bereichen, Projektgruppen, ethnischen Gruppen und Stadtteilen Leiter hervor. Sie finden ihre Berufung und ihre Freude daran, ihre spezifischen Gebiete für das Wirken Gottes zu öffnen. In einer breiteren allgemeinen Leitung für die Stadt oder die Region würden sie sich nicht wohlfühlen, sie wollen die Freiheit, sich auf ihr Gebiet zu fokussieren. In ihrem Bereich werden sie Menschen und Dienstgruppen fördern und vernetzen.

Die weitere apostolische Leitung hat die Aufgabe, solche Gebietsleiter zu fördern und auch anzuleiten. Solche Gebietsleiter sollten persönlich begleitet und in Abständen zu Austausch, gegenseitiger Hilfe und Koordinierung und Abstimmung mit den anderen zusammengebracht werden: Es werden Foren ins Leben gerufen, in denen diese Leiter zusammenfinden. Solche Foren stellen die gemeinsame große Vision für die Stadt oder die Region wieder in die Mitte; sie bieten ferner Raum für Hilfe, Inputs, Lehre, Gebet, Prophetie und gemeinsame Planung.

Wenn jeder sich entsprechend seiner Stellung einbringt und dabei die Hilfe und Anleitung anderer gern empfängt, kann ein hilfreiches Zusammenarbeiten und eine innere Wahrnehmung der Zugehörigkeit untereinander entstehen. Es braucht Definition, Struktur und Zuordnung im Leib Christi. Wenn dieses von Herzen umgesetzt werden und jeder sich als Helfer und Diener sieht, kann das Volk Gottes in der Stadt oder Region nicht nur die

Werke Gottes tun, sondern, weit wichtiger, die Gegenwart des Heiligen Geistes in den Treffen erleben. Dies ist das höchste Gut. Es hängt weitgehend von unserer Herzenshaltung ab. Möge dies das Kennzeichen sein von dem, was kommen wird in unseren Städten, Regionen und, ja, in unseren Nationen.

Resümee

Mithilfe dieser fünf Kategorien – Strukturen des Leibes Christi, Einzelne, gesunde Familien/offene Häuser, Dienstgruppen und geistliche Leiterschaft für Stadt oder Region – lässt sich messen, wie sich das Reich Gottes auf eine Stadt oder eine Gegend auswirkt. Natürlich ist dies nur ein einfacher Beginn und es gibt auch andere Indikatoren. Aber ich lade jeden Christen ein, einmal durch seine eigene Stadt zu laufen und den Fortschritt des Reiches Gottes in ihr zu bewerten. Es könnte der Anfang einer Sensibilisierung, einer Vision und der Übernahme von Verantwortung sein.

Auf dem Weg zu einer Vision für die Nation

Genau wie eine Stadt und eine Region können wir auch **eine ganze Nation** unter den vier genannten Kriterien aufschlüsseln: nach soziologischen Gesichtspunkten, geografischen, ethnischen oder unter Berücksichtigung spezieller gesellschaftlicher Gruppierungen. Damit erhalten wir eine Basis, auf der sich ein Bild für das Reich Gottes für die ganze Nation entfaltet.

Wie lässt sich der Fortschritt des Reiches Gottes auf nationaler Ebene messen? Ich schlage ein ähnliches Beurteilungsraster vor wie auf der Stadt-Ebene: Gibt es Einzelne, die von Gott berufen sind, auf nationaler Ebene zu leiten oder Einfluss zu nehmen? Gibt es in jeder der Domänen und strategischen Gesellschaftsbereiche nationale Netzwerke von Christen? Natürlich verbinden nationale Netzwerke auch die in Stadt und Region und geben ihnen eine gewisse Richtung. Sie sind berufen, zu aufkommenden aktuellen Fragen auf Landesebene in ihrem Bereich Untersuchungen anzustellen und sich dazu zu äußern. Dazu gehört Interaktion mit Fuhrungspersönlichkeiten der Politik und Medien. Auch strategische Aktionen werden sie anleiten müssen, um den Einfluss von Christen auf nationales Denken und Entscheiden zum Tragen zu bringen.

Wir Christen bilden eine der größten Gruppen innerhalb der Nation. Durch unseren Alltag und unsere Fürbitte nehmen wir allgemein Einfluss auf das Leben unserer politischen Gemeinden und des ganzen Landes. Wir sind allerdings nicht gewohnt, strategisch für unser Land zu beten, ihm zu dienen und in Medien und Politik Einfluss zu nehmen. Dies liegt daran, dass wir uns aus diesen Feldern bewusst zurückgezogen haben. Inzwischen gewinnen wir das mit der Fürbitte für die Nation zurück, und andere Bereiche können folgen.

Zum Glück gibt es in den historischen Kirchen Erfahrung mit politischer Einflussnahme, da sie sich nicht aus der Gesellschaft zurückgezogen haben. Sie haben die nötige Erfahrung und die Strukturen, um sich bei Themen von nationaler Tragweite einzubringen, und verfügen üblicherweise über Pressesprecher. Wer in diese Bereiche gehen will, kann sich zunächst in vorhandene Strukturen eingliedern – man muss ja das Rad nicht immer neu erfinden. Mit zunehmender Erfahrung hat man dann die Möglichkeit, eigene neue Initiativen zu entwickeln.

Ein klassisches Beispiel aus der Geschichte ist der Erfolg von **William Wilberforce** und der Clapham-Sekte. (Der Begriff „Sekte" hatte damals eine andere Bedeutung als heute, nämlich schlicht „Gruppe".) Als Parlamentsmitglied propagierte Wilberforce im Jahr 1787 die Abschaffung des internationalen Sklavenhandels von Großbritannien aus. Seinerzeit wurden Sklaven aus Westafrika von britischen Gesellschaften in die USA verschifft. Zwanzig Jahre lang arbeitete er für dieses Ziel. Um ihn sammelten sich fähige Mitstreiter aus allen Hintergründen und es formierte sich ein Team. Systematisch untersuchten sie die Fakten über den Sklavenhandel und stellten sie auf alle mögliche Weise im ganzen Land der Öffentlichkeit vor. Sie entwickelten das erste nationale strategische Netzwerk auf allen Gesellschaftsebenen, um dieses eine Ziel zu verfolgen. Nach und nach wandelte sich die Meinung der Öffentlichkeit, des Adels und des Parlaments, und am 25. März 1807 wurde die Entscheidung zur Abschaffung „des Handels" von einer riesigen Mehrheit getragen. Dasselbe Team arbeitete weiter und bewirkte Reformen in der Sittengesetzgebung, dem Strafvollzug und der Industrie. Auf seinem Sterbebett hörte Wilberforce im Juli 1833 die Nachricht, dass die Sklaverei im ganzen britischen Empire abgeschafft werden sollte!

Wilberforce und seine Gefolgschaft hatten indirekt durch die Erweckung und apostolische Bewegung von John und Charles Wesley und George Whitefield zu einer persönlichen Bekehrung zu Jesus als Herrn gefunden. Es war diese fundamentale Veränderung im geistlichen Unterbau der Nation, hauptsächlich unter den armen und einfachen Leuten, die die Grundlage für diesen Wandel gelegt hatte. Doch die Reform der Gesetze und der Institutionen kam nicht automatisch zustande. Sie musste von der nächsten Generation als ein Ruf Gottes angenommen und erarbeitet werden. Kurz nach seiner Bekehrung und zu einer Zeit, in der er lernte, Gott täglich in

Gebet und Bibelmeditation zu suchen, schrieb Wilberforce diese sehr bekannten Worte in sein Tagebuch: „Der allmächtige Gott hat mir zwei große Ziele gegeben: die Zerschlagung des Sklavenhandels und die Besserung der Sitten (öffentliche Moral)." Diese Ziele verfolgten Wilberforce und seine Freunde und sie inspirierten viele andere, es ihm gleichzutun.[1]

Das Studium der Erweckung unter Wesley und der apostolischen Bewegung im 18. Jahrhundert in Großbritannien und der daraus folgenden Reformen im 19. Jahrhundert bietet übrigens eine wunderbare Fallstudie darüber, wie das Reich Gottes in einer Nation wachsen kann. Es beginnt mit Gebet, Evangelisierung, apostolischer Ausrichtung auf das Reich Gottes und breitet sich von dort immer weiter aus, in alle möglichen Neuerungen und Sozialreformen hinein. Genau dies war die erklärte Vision von Wesley. Wenn man zusätzlich den methodistischen Einfluss auf die USA und den Südpazifik im 19. Jahrhundert bedenkt, ergibt sich auch international das Bild einer starken Dynamik.

Daraus folgt: Wir haben dafür zu sorgen, dass in allen Gesellschaftsbereichen Dienstgruppen für Evangelisation, Gebet, Heilung und Reform entstehen. Jedes Netzwerk solcher Dienstgruppen muss stark in der Fürbitte für seinen Bereich sein. Gemeinsam bilden sie das Rückgrat einer Fürbitte, die die Nation abdeckt.

Die Leiter der Netzwerke werden sich mit apostolischen und prophetischen Leitern zusammenschließen, ebenso mit Fürbittespezialisten. **Es gibt viele Christen, die Gott dienen und nicht einfach zusehen wollen, wie unsere westliche Gesellschaft die letzten Reste christlicher Werte abschafft. Sie wollen sich der Herausforderung stellen und diesen Prozess umkehren. Aber sie brauchen die richtige Anleitung, eine Vision, wie vorgegangen werden kann, und eine Leitung, die den Weg bereitet. Möge Gott in diesen Bereichen die richtigen Frauen und Männer zur Leitung berufen.**

Geografische Gebiete

Hier geht es darum, Region für Region die ganze Nation in den Blick zu nehmen, um den Entwicklungsstand des Reiches Gottes in der jeweiligen Gegend oder Stadt zu identifizieren. Die geistliche Leitung einer Nation wird von Allround-Führungskräften mit weitem Betätigungsfeld ausgeübt werden, die die gottgegebene Fähigkeit besitzen, auf eine ganze Nation zu schauen und sich ihrer anzunehmen. Sie halten Ausschau nach apostolischen Leitern, die auf die Region oder Stadt bezogen wirken und in ihrem jeweiligen Rahmen die Entwicklung des Reiches Gottes betreiben. Diesen Führungspersönlichkeiten auf Regions- und Stadt-Ebene lassen sie Unterstützung und Anleitung zukommen. Es ist ihnen auch ein Anliegen, Netzwerkleiter in verschiedenen Gesellschaftsbereichen zusammenzuführen.

Wie alle nationalen Leiter brauchen auch solche Allround-Führungskräfte die Inspiration des Geistes Gottes, damit sie verstehen, wozu Gott die Nation berufen hat und was er mit ihr beabsichtigt. Sie werden mit Propheten und Aposteln gemeinsam vorgehen müssen, um zu beten und eine Vision zu gewinnen und die nächsten Schritte vorzubereiten. Sie brauchen ihre eigene Unterstützergruppe, vor der sie sich zu verantworten haben, zudem Gebetspartner und Freundschaft unter ihresgleichen.

Viele werden zu einer staatsmännischen Art von christlicher Leitung und zu Sprechern an die Nation berufen sein. Sie werden sich unter Führungspersönlichkeiten in Medien, Kultur und Politik bewegen können und auch mit internationalen Leitern Verbindung aufnehmen.

Ethnische Gruppen

Leiter über einen geografisch definierten Bereich haben die Aufgabe, alle ethnischen Gruppen in ihrer Stadt oder Region zu identifizieren, die nicht vom Evangelium erreicht sind. Sie müssen Initiativen inspirieren, sodass Christen mit der Liebe Jesu zu diesen Gruppen gehen und ihnen seine Herrschaft nahebringen. Unter einigen ethnischen Gruppen gibt es eine starke gläubige Population, die anderen viel zu geben haben. Deren Leiter sollen zur Zusammenarbeit in Stadt und Region eingeladen und ausdrücklich in die Freundschaft und Partnerschaft mit anderen Leitern hineingezogen werden. Dasselbe gilt auf nationaler Ebene. Wenn sich die Leiter der dominierenden Kultur nicht zu denen der fremden ausstrecken, dann werden diese ihre eigenen Parallelsysteme aufbauen. Das machen sie sowieso schon, um ihre eigenen kulturellen Bedürfnisse zu erfüllen. Doch sie müssen in die gemeinsame Verantwortlichkeit des ganzen Leibes Christi für die gesamte Nation einbezogen werden.

Anmerkungen

1 Eine gute Quelle für mehr Informationen zu Wilberforce: Garth Lean, *Brave Men Choose*, London: Blandford Press 1961.

17

Das Reich Gottes und die Gemeinde

Das Ziel ist ein multikulturelles Netzwerk der Gemeinschaft des Volkes Gottes in der gesamten Stadt oder Region. Es ist Aufgabe der Leiter, der Vision des Reiches Gottes zu folgen, und die unterstützenden Systeme so anzupassen, dass sie der Vision dienlich sind.

Im letzten Kapitel entstand ein Bild dessen, wie das Reich Gottes eine Stadt bzw. eine Region beeinflussen kann. Das Ergebnis ist in erster Linie eine wachsende Anzahl von Jüngern Jesu, die in Dienstgruppen überall verteilt leben und dienen. Diese bilden die Basis für eine vernetzte Gemeinschaft in der ganzen Stadt, die sich gegenseitig hilft, ihre Berufung zu leben. Das ist die Gemeinschaft der Reich-Gottes-Bürger, die Gemeinde in der Stadt bzw. Region.

In seinem Buch *The Community of the King*[1] betrachtet Howard Snyder die Kirche im Licht des Reiches Gottes. Er beginnt mit Gottes Masterplan, basierend auf Epheser 1,10, um dann ein Bild des Gottesreichs zu entfalten. Dieses Buch, das 1977 herausgebracht wurde, war mir in jungen Jahren eine große Hilfe bei meiner Beschäftigung mit diesem Thema. Snyder definiert „Kirche" als die *Gemeinschaft des Gottesvolkes* unter drei Aspekten:

1. „zu Gott gehören", d. h., es betrifft die, die unter Jesus als dem Herrn leben,
2. die Definition für ein Kollektiv: ein „Volk",
3. die Umsetzung hier und jetzt als eine „Gemeinschaft".

1974 sprach Prof. Peter Beyerhaus auf dem Lausanner Weltkongress zu diesem Thema und definierte „Kirche" als *„die messianische Gemeinde des Reiches Gottes"*. In dieser Zusammenhang vermittelt das Wort *messianisch* Folgendes: Die Gemeinde ist in sich, ansatzweise, eine Verkörperung dieses Reiches. Sie ist gesandt, um das Reich in diese Welt zu bringen, und sie weist auf eine noch ausstehende größere und umfassendere Entwicklung des Reiches hin.[2]

Ich definiere Kirche als *„die Gemeinschaft der Bürger des Reiches Gottes"* oder *„die Gemeinschaft der Nachfolger des Königs"*.

Es ist interessant und wichtig, wie ich meine, dass beide Theologen „Kirche" auf der Basis des Reiches Gottes definieren. Das Reich Gottes ist das große Thema, die Kirche nur ein Aspekt davon, wie es die Lehre über Domänen deutlich macht – ein zentraler, grundlegender Aspekt, aber eben nur Teil von etwas Größerem. Das ist wichtig, denn **wenn wir versuchen, uns durch „die Kirche" oder „die Gemeinde" zu definieren, bleiben wir zu klein und begrenzt. Wir sollten eine klare Vision des Reiches Gottes haben, für dieses Reich arbeiten, darin unsere Identität finden und es als Teil der lokalen Gemeinschaft der Bürger dieses Reiches ausleben.**

Im letzten Kapitel ging es um Leben und Dienen in vielen Bereichen der Stadt, und wir sahen einige der Eigenschaften von Gemeinde in dieser Hinsicht an. Jetzt wollen wir einen Blick auf einige Aspekte und Funktionsweisen der inneren Abläufe in der Gemeinde werfen.

Leitung

Wir sprachen über eine geistliche Leitung für eine Stadt, die sich, formell oder informell, aus geeigneten Personen zusammensetzt. Ausschlaggebend ist deren Charakter und wie Gott sie begabt und bevollmächtigt. Das hat Vorrang vor jeglicher organisatorischen Position. Einige haben vielleicht ein kirchliches Amt inne, andere nicht. Sie arbeiten beziehungs- und aufgabenorientiert.

In dieser stadtweiten bzw. regionalen Leitergruppe werden einige Gemeindepastoren bzw. Pfarrer sein. Es ist zu wünschen, dass sie ihre Sicht vom Reich Gottes zum zentralen Thema in ihren eigenen Gemeinden machen. So könnten diese Gemeinden zu Zentren für die Entwicklung des Reiches Gottes in der Stadt werden. Diese Pastoren und die anderen Leiter helfen auch anderen Ortsgemeinden, die den gleichen Weg einschlagen wollen. Das führt dazu, dass Gemeinden, die dafür offen sind, einen Zufluss von Gaben und Diensten empfangen, sich gegenseitig helfen und sich miteinander vernetzen können.

Dies ist ein richtiger Ausgangspunkt, aber das Wachstum des Reiches Gottes wird sich nicht auf die existierenden Gemeinden beschränken: Die Dienstgruppen, die in strategischen Bereichen (Wirtschaft, Erziehung, Kunst usw.) und Wohngebieten entstehen, werden Mitarbeiter aus verschiedenen Gemeinden anziehen und vorhandene Grenzen zwischen ihnen lockern. An unerwarteten Stellen kann auch spontan aufbrechendes geistliches Leben mit neuen Personen und Initiativen entstehen.

Einige apostolische Leiter werden neue Gemeinden gründen, die von Anfang an Netzwerke mit einer Reich-Gottes-Ausrichtung sind. Ich glaube, dass dies die Richtung für die Zukunft ist. Diese Gemeinden werden anders aussehen, als wir es gewohnt sind. Ihre Mitglieder leben und dienen in Dienstgruppen, sind im Grunde um diese herum strukturiert und im Alltag ihrer Stadt verankert.

Diese Netzwerke werden aber alle Eigenschaften haben, die eine Gemeinde ausmachen, u. a. eine gottgegebene Bevollmächtigung und Beauftragung zu dem gesamten Reich Gottes-Mandat auf der Gruppe. Davon und dafür leben, dafür arbeiten sie. Ferner gehört dazu, dass sie die geistliche Verantwortung übernehmen und sich für die Stadt einsetzen, zusammen mit anderen Gruppen und Gemeinden. Auch geben sie einander und den Neubekehrten ein geistliches Zuhause samt seelsorgerlicher Betreuung.

Apostel, Propheten und Leitungsteams

Welche Art von Leitung wird die Entwicklung des Reiches Gottes in der Stadt oder in der Region am ehesten fördern? Diese Leitung wird sowohl in den und durch die Gemeinden arbeiten als auch neue Initiativen in möglichst allen Bereichen der Stadt fördern.

Zunächst sind es Führungspersönlichkeiten, die für den Reich-Gottes-Auftrag berufen, begabt, ausgebildet und bevollmächtigt sind. Dabei müssen die grundlegenden Begabungen von Aposteln und Propheten ins Spiel kommen, wie es der Aussage des Apostels Paulus im Epheserbrief entspricht: *„Als Gemeinde Jesu Christi steht ihr auf dem Fundament der Apostel und Propheten. Doch der Stein, der dieses Gebäude trägt und zusammenhält, ist Jesus Christus selbst"* (Epheser 2,20; Hfa).

Hier spricht Paulus zunächst einmal in historischen Kategorien. In der Ära der ersten Apostel und kurz danach wurden die Fundamente für die Kirche gelegt. Diese Grundsteine waren Menschen und nicht Institutionen. Ausgewählte Christen wurden berufen und bevollmächtigt, Apostel und

Propheten zu sein. In Epheser 3,5 schreibt Paulus, dass der Heilige Geist damals seinen heiligen Aposteln und Propheten die prägende und grundlegende Offenbarung für die Kirche gab.

In Epheser 4,11 fährt er dann mit der bekannten Auflistung der Dienstgaben fort, die die Gemeinde prägen: Apostel, Propheten, Evangelisten, Hirten, Lehrer. Er beschreibt damit eine notwendige Dynamik für das Gemeindeleben und die Gemeindearbeit für alle Generationen, nicht nur in der damaligen jungen Kirche. Diese Dienste müssen vorhanden sein, ineinandergreifen und zusammen funktionieren. Epheser 2,20 kann deshalb so verstanden werden, dass die Kombination der beiden Ämter – Apostel und Propheten – für die Gründung einer Gemeinde genau richtig ist. Das muss bedeuten, dass Apostel und Propheten gemeinsam ein Fundament legen können, das breit genug ist für den Reich-Gottes-Auftrag und auf dem die örtliche Gemeinde zukünftig in dieser Dimension leben und arbeiten kann.

Das Gründungsteam kann selbstverständlich aus mehr als diesen zwei Gabenträgern bestehen. Doch Apostel und Propheten müssen die Richtung vorgeben. Im Lauf der Zeit wird sich eine weiter gefächerte Teamleitung entwickeln, die sich im Wesentlichen aus Aposteln, Propheten, Leitern und Ältesten zusammensetzen sollte. Bei den hier genannten „Leitern" handelt es sich um Menschen, die auf breiter Ebene für Führungsaufgaben begabt sind, aber ohne die apostolische Dimension. Sie können visionär sein, gut kommunizieren, inspirieren und/oder organisieren. Wenn sie sich durch ihren Charakter und ihre geistliche Autorität dafür eignen, ein solches Leitungsteam zu ergänzen, werden sie Dinge vorantreiben und qualifiziert beim Aufbau helfen.

Älteste sind nicht so sehr aufgrund einer bestimmten Begabung qualifiziert, sondern eher aufgrund ihres Charakters, ihrer Weisheit und Lebenserfahrung. Sie sollen bei den Menschen außerhalb der Gemeinde einen guten Ruf haben und ihren eigenen Familien gut vorstehen, gastfreundlich sein und lehren können. Dies sind die wesentlichen Merkmale von Vaterschaft. Sie sollen die Gemeinde mit Weisheit, Stabilität und Umsicht leiten und für Beständigkeit sorgen. Das Konzil in Jerusalem (Apostelgeschichte 15) war eine Versammlung der Apostel und Ältesten. Gewisse Leitungsfähigkeiten werden die Ältesten haben müssen, aber für Vision, die nötige Vorwärtsdynamik, Evangelisation, strategische Entwicklung und Seelsorge sind hauptsächlich Apostel, Propheten, Evangelisten, Pastoren und Lehrer gemeinsam zuständig.

Es ist von zentraler Bedeutung, dass auch die anderen Gabenträger aus Epheser 4,11 – **Evangelisten, Pastoren und Lehrer** – bei der Entwicklung der Gemeinde und in ihrem Wirken in die Stadt oder die Region hinein aktiv und prägend sind. Dafür müssen die so begabten Menschen aber nicht unbedingt alle zum Hauptleitungsteam gehören; das sollte nur der Fall sein, wenn sie sich für eine breit angelegte Leitungsaufgabe eignen. Manche hochbegabten Christen sind in einer übergeordneten Leitung nicht am richtigen Platz; in solch einer Position würden sie verrückt werden – und die anderen verrückt machen! Sie müssen davon befreit und so eingesetzt werden, dass sie ihre Begabungen optimal einbringen, dann werden sie auf die Entwicklung der Gemeinde großen Einfluss haben. Wo jeder dieser Menschen am besten hinpasst, ist von Fall zu Fall zu entscheiden.

In den meisten Fällen wird eine Leitungsgruppe ihren Leiter im Sinne eines *Primus inter Pares*, eines „Ersten unter Gleichen", haben. Dieser wird sicherstellen, dass die richtigen Themen behandelt und Beziehungen im Team gepflegt werden, damit sich eine gabenorientierte Zusammenarbeit entwickelt. Im Normalfall sollte das jemand mit apostolischen Fähigkeiten machen.

Diese Prinzipien für Apostel, Propheten und Leitungsteams können auf allen Ebenen und in allen Zusammenhängen gelten, von der Ortsgemeinde bis zur Reich-Gottes-Netzwerk-Gemeinde und dem Verbund der Gemeinde im weiteren Sinn in ihren vielen Formen, dem Leib Christi, überall in der Stadt oder Region.

Rechenschaft ist wichtig, besonders für Leiter, die häufig im Licht der Öffentlichkeit stehen und großen Einfluss ausüben. Zuerst verantwortet sich der Leiter gegenüber dem Leitungsteam. Dies setzt einen Geist der Brüderlichkeit voraus, in dem alle voreinander offen sind und sich niemand hinter seinen geistgegebenen Gaben versteckt.

Dem „Absturz" einer geistlichen Führungspersönlichkeit geht wohl in den meisten Fällen ein Verlust von Beziehungen zu Freunden und anderen, die ihm ein Gegenüber sein könnten, voraus. Dazu kommt häufig noch eine unkritische Bewunderung und Verehrung seitens mancher Christen. Das ist mitunter eine Schwäche bei freikirchlichen Pionieren und besonders bei Christen mit einem Dienst im Licht der Öffentlichkeit. Lässt sich ein Leiter auf ein Leben ein, in dem er sich in den klassischen Bereichen der Versuchung – Geld, Sex und Macht – nicht verantworten muss, ist sein Fallen fast vorprogrammiert.

Wir alle brauchen Menschen, die über unsere Seele wachen, wie Hebräer 13,17 es ausdrückt, die unseren subtilen Stolz, unsere ganz eigenen Versuchungen und unseren blinden Fleck im Auge behalten. (*„Blinder Fleck? – Seh ich nicht!"*)

Auch als Gruppe brauchen wir Hilfe. Jede Gruppe entwickelt ihre eigene innere Dynamik. Bestimmte Leute gewinnen an Einfluss, wodurch sich eine subtile, ungeplante Hierarchie entwickeln kann. Deshalb muss sich die Gruppe vor anerkannten Außenstehenden verantworten, denen alle Mitglieder Vertrauen und Respekt entgegenbringen. Solche objektiven Begleiter sollten von Zeit zu Zeit vorbeischauen, um zu prüfen und zu beraten. Sie stehen auch als neutrale „Beschwerdestelle" für die zur Verfügung, die mit der Leitung nicht einverstanden sind. Es ist wichtig, dass Gemeindeglieder diese objektive, respektierte Hilfe außerhalb der Führungsgruppe anrufen können. Wenn die Gemeinde zu einer Denomination oder einem Gemeindebund gehört, dann ist diese Möglichkeit üblicherweise vorhanden.

Mit Billy Graham und seiner Organisation haben wir ein gutes Beispiel, wie man in diesen Dingen auf Gottes Weise lebt. Schon in frühen Jahren legten sie fest, wie sie es mit ihren Finanzen und Beziehungen innerhalb des Teams wie auch nach außen halten wollten. Mit beispielhafter Demut und Integrität stehen sie im öffentlichen Leben, und das seit sechzig Jahren. Wir können dankbar sein für ihr Vorbild und ihr Zeugnis.

Die Aufgabe der Zentralleitung: umfassend und vielfältig

Ein Leitungsteam hat die Aufgabe, die gesamte Entwicklung zu überblicken und zu fördern. Es setzt sich aus Menschen zusammen, die gerne das große Bild malen, gerne die Vision artikulieren, eine ganze Bandbreite von Aufgaben abdecken und alles zusammenhalten.

Sie sorgen für einen weiten Rahmen, der den verschiedenen Gaben, Berufungen und Dienstformen Raum und Gelegenheit verschafft, sich zu bilden und zu entwickeln. Sie stoßen neue Aktivitäten für Pioniere an, setzen die „Radikalen" zur Arbeit an neuen Visionen frei und schätzen und respektieren die unspektakuläre, in die Tiefe gehende Seelsorge, die jeden Dienst zu begleiten hat. Für die anstehenden Aufgaben müssen sie Management und Struktur bereitstellen, die Verwalter anleiten und auf die Kommunikation der verschiedenen Zweige innerhalb der Gemeinschaft achten. Sie haben zudem die Aufsicht über die Finanzen.

Wichtig ist auch, dass das Leitungsteam Verbindungen zu Leitern aus dem ganzen Leib Christi aufbaut, auch aus anderen Städten und Ländern. Wenn die Gemeinde in der Stadt wächst, können die Leiter in eine Partnerschaft mit anderen Gruppen investieren und mit ihnen zusammen neue Projekte im Ausland aufbauen. Dabei kann es sich um alles Mögliche handeln, von apostolischer Pionierarbeit in unerreichten Gegenden bis hin zur

Hilfestellung beim Wandel von Großstädten. Je größer und breiter sich so etwas entwickelt, desto abenteuerlicher und schwieriger dürfte es werden.

Eine Schlüsselstellung nimmt die zeitliche Investition der Mitglieder der Leitungsgruppen in den *priesterlichen Dienst* ein, d. h., dass sie anbeten, beten, fasten, auf Gott warten, ausführlich und zielgerichtet für bestimmte Themen und Menschen beten. Dies ist ein zentraler Wert in der Apostelgeschichte und den apostolischen Briefen.

Eine Gemeinde wird dann viel beten, wenn ihre Leiter viel beten, das lässt sich schon bei Jesus und seinen Jüngern beobachten. Wenn die Leiter andererseits wenig beten, wird ihre Gemeinde dies ebenfalls übernehmen. Es ist aber entscheidend, dass jede Dienstgruppe und jeder Gläubige die Anbetung Gottes wie auch die Fürbitte für sein Umfeld lernt. Daraus erwächst die Kraft, die Offenbarung von Jesus voranzubringen.

Leiter haben die Aufgabe, in Bezug auf Evangelisation und Bekenntnis vor Nichtgläubigen Initiative zu ergreifen. Sie lehren Gläubige und fördern sie in ihrem gemeinschaftlichen Leben, bilden Nachwuchsleiter aus und helfen ihnen, ihre Welt zu gewinnen. Sie streben die Platzierung junger Leiter in bestimmten Wohnvierteln und sozialen und ethnischen Szenen an und versuchen, die Gläubigen in den ethnischen Gruppen der Stadt miteinander in Verbindung zu bringen. **Das Ziel ist ein multikulturelles Netzwerk der Gemeinschaft des Volkes Gottes in der gesamten Stadt.**

Eine Schlüsselstellung für diese sehr breit gefächerte Aufgabe nimmt ein gutes Team ein, in dem sich die Begabungen der Mitglieder ergänzen. Ebenso wichtig ist die Strategie der Ausbildung guter Leiter auf nächsthöherer Ebene, denen dann Verantwortung übertragen wird. Auch diese werden Führung und Anleitung brauchen. Da es sich bei der Vision um ein Netzwerk handelt, gilt es die Hierarchie flach und alles so dezentral wie möglich zu halten. Im Zweifelsfall wird man sich eher für *zu viel* Freisetzung neuer Leitung und für zu viel Vertrauen entscheiden müssen als für *zu wenig*!

Geistliche Väter und Mütter

Es gibt eine weitere Gruppe, die eine Ressource darstellt, von der das Leitungsteam profitieren wird: geistliche Väter und Mütter, wie sie in 1. Johannes 2,12–14 beschrieben werden. Dabei handelt es sich um reife Männer und Frauen, begabt mit Weisheit, Autorität und Lebenserfahrung. Sie mögen nicht unbedingt als Älteste eingesetzt sein und tragen nicht so viel direkte Verantwortung, aber an ihrem Platz können sie nachfolgenden Generationen in ihrem Umfeld Stabilität, Schutz und Orientierung geben.

Ihre Weisheit und Stärke befähigt sie, jüngere Leute beratend zu begleiten, oft „am Küchentisch", und ihnen praktische Leitung zukommen zu lassen. Sie vermitteln eine gewisse geistliche Sicherheit und sind einfach rundum ein großer Segen für viele.

Solche Frauen und Männer verstehen es auch, gemeinsam vor Gott in einer priesterlichen Gebetsfunktion für ihre Umgebung einzustehen. Sie können im Gebet neue Initiativen „zur Geburt bringen" und ihre eigenen Dienstgruppen dementsprechend aufbauen. Auch Ältere sollen mit dem Mut von Pionieren neue Initiativen starten. Ihre Generation verkörpert ein wunderbares Potenzial für Aktion und Unterstützung nicht nur vor Ort, sondern auch in internationalen Projekten und Netzwerken. Der Leib Christi braucht dringend solche Frauen und Männer!

Dienstgruppen innerhalb der Gemeinde

Bisher haben wir die **Dienstgruppen** in Gesellschaftsbereichen und Wohnvierteln angesehen, in Subkulturen und in ethnischen Gruppen. Auch für internationale Missionspartnerschaften werden sich Dienstgruppen entwickeln.

Ein Großteil der Gemeindemitglieder wird in einer Dienstgruppe involviert sein.

Die Aufgabe der Dienstgruppe lautet:

a) Sie übermitteln ihrem Teil der Stadt Jesus und sein Reich,
b) sie geben einander Freundschaft, praktische Lebenshilfe und Seelsorge und
c) sie bringen neue Leiter aus ihrer Mitte hervor.

Bei ausreichender Größe (Dienstgruppen gibt es in jeder Form und Größe) ist es gut möglich, dass eine Dienstgruppe in sich so viele verschiedene, sich ergänzende Gaben hat, dass sie den Umfang dieser Aufgabe abdecken kann. Wenn nicht, dann ist mehr Zuwendung und Rückenstärkung von Seelsorgern, Evangelisten und Helfern aus anderen Bereichen nötig. Tatsächlich brauchen alle Gruppen ab und zu einen Besuch und gelegentlich Hilfe. Zu Organisations- und Schulungszwecken werden die Dienstgruppenleiter zusammengeholt. Es werden also immer mehr Menschen benötigt, die unterstützen und leiten.

Diese Unterstützung und Leitung leisten solche Christen, die in erster Linie dazu berufen sind, in den inneren Aufbau der christlichen Gemeinschaft zu investieren. Durch ihre Lebenssphäre, ihren Arbeitsplatz und ihr

Wohnumfeld sind sie weiterhin in der allgemeinen Gesellschaft engagiert, gehören aber jetzt zu einer Dienstgruppe, die sich auf den inneren Aufbau der Gemeinde konzentriert.

Der innere Gemeindebau erfordert vieles: Apostel, Propheten, Evangelisten, Pastoren (Hirten), Lehrer, Älteste, Leiter auf den verschiedensten Gebieten, u. a. Unternehmer, Verwalter, Buchhalter, Techniker, Anbeter, Fürbitter, Gastgeber, Kinder- und Jugendmitarbeiter und Handwerker. Genau wie andere werden auch viele dieser Christen eine Dienstgruppe brauchen, um ihre Berufung zu leben.

Solche innerhalb der christlichen Gemeinschaft tätigen Dienstgruppen haben grundsätzlich dieselbe Aufgabenstellung, wie sie oben für die Gruppen beschrieben wurde, deren Dienst nach außen, in die Gesellschaftsbereiche gerichtet ist, nämlich: ihren Dienst auszuführen, sich gegenseitig in praktischen Lebensfragen zu unterstützen und die nötige Seelsorge zu geben sowie die Weiterentwicklung der Leiter zu fördern, die in ihrer Mitte heranwachsen.

Wie diese internen Dienste organisiert und koordiniert werden, entscheidet die Leitung zusammen mit den Beteiligten.

Ich möchte nun auf einige Aspekte aufmerksam machen, die mir für die inneren Abläufe in der Gemeinde besonders wichtig erscheinen.

Dienstgruppen für Heilung

Manche haben wunderbare Gaben und die nötige Geduld von Gott erhalten, um tiefgehende Seelsorge auszuüben. Wegen der Zerbrochenheit der heutigen Welt bringen viele Neubekehrte große Nöte und Defizite mit. Viele kommen aus kaputten Familien und brauchen Heilung und Wiederherstellung ihrer Identität und ihrer familiären Beziehungen. Manche Probleme können sehr tief reichen, z. B. bei Vernachlässigung, sexuellem Missbrauch, gebrochener sexueller Identität, okkulten Verstrickungen. Sie müssen von seelsorgerlich talentierten Menschen angeleitet werden, die für diese spezielle Arbeit begabt und ausgebildet sind.

Diese Seelsorger brauchen den nötigen Freiraum, um auf ihre eigene Weise vorzugehen. Wahrscheinlich möchten sie mit Einrichtungen zusammenarbeiten, die sich auf Beratung und Therapie spezialisieren. Auch viele Nichtgläubige werden kommen und Hilfe suchen. Die Gruppenleiter können ihre Mitarbeiter so ausbilden, dass sie an Kompetenz mit ihnen gleichziehen, z. B., indem sie sie zu entsprechenden Fortbildungskursen schicken.

Dienstgruppen für Ausbildung – die Lebensschule

Es werden gute Leiter gebraucht, unter ihnen geistliche Väter und Mütter, um Neubekehrte und jüngere Christen durch die verschiedenen Stufen zu begleiten. Dann können sie ihre Vergangenheit aufarbeiten, eine neue Lebensgrundlage aufbauen und in die Berufung, die Gott für sie hat, hineinwachsen. In Kapitel 12 finden sich die Schritte für diesen Prozess.

Haben die Mitglieder in einer Schulungsgruppe die Basics hinter sich gebracht und fangen sie an, ihr Umfeld zu segnen und zu beeinflussen, dann wird die Gruppe auch ihren eigenen Dienst an der sie umgebenden Gesellschaft entwickeln. Dieser Bereich ist die Summe aller Lebenssphären ihrer Mitglieder, das heißt, ihrer Familien, Arbeitsstellen, Freundeskreise und ihres Wohnumfeldes. **Die Dienstgruppe hat die unmittelbare Aufgabe, jedem Teilnehmer zu helfen, dass er seinen Teil der Welt geistlich gewinnt.**

Dies ist ideal, denn es fordert jeden heraus, schult ihn und hilft ihm direkt dort, wo er im Alltag steht.

Diese Ausbildungsdienstgruppen sind von zentraler Bedeutung im Leben der Gemeinde! Hier werden die Gläubigen zum Leben und Dienen angeleitet. Die Leiter solcher Gruppen haben also eine wichtige Aufgabe. Sie brauchen eine gute Begleitung durch die Gemeindeleitung und immer wieder auch Fortbildung.

Neubekehrte

Wo und wie kommen Neubekehrte in die christliche Gemeinschaft und finden ihren Platz? Wenn sie durch eine Dienstgruppe aus ihrem Gesellschaftsbereich zu Jesus geführt wurden, werden sie vermutlich in dieser bleiben wollen. Wie soll aber dann eine neue Lebensgrundlage gelegt werden? Wie sollen sie die Grundaussagen der Bibel lernen? – Einige Teilnehmer der Dienstgruppe kümmern sich entweder selber darum oder sorgen für Hilfe. Für diese Aufgabe können Menschen mit Hirten-Begabung zur Gruppe kommen und sich den Neubekehrten widmen. Wenn das nicht praktikabel ist oder wenn es viele andere Neubekehrte mit demselben Bedürfnis gibt, dann könnte man parallel Kurse und Gruppen zu ihrer Hilfe einrichten. Brauchen sie tiefere Heilung, müssen sie herausgenommen werden und sich einer Gruppe mit diesem Schwerpunkt anschließen.

Multiplikation von Leitern

Es muss eine Grundstrategie und ein Kernbestreben von Gemeindeleitern sein, überall Männer und Frauen zu fördern, die neue Dienste in der Stadt oder innerhalb der Gemeinde initiieren. Diese zukünftigen Leiter sind zunächst Mitarbeiter in irgendeiner Dienstgruppe. Ihre praktische „Ausbildung" geschieht hauptsächlich durch ihre derzeitigen Dienstgruppenleiter.

Wenn die innere Einstellung beider Seiten (der Dienstgruppen und der zukünftigen Leiter) stimmt, kann dies ein Gewinn für beide Seiten sein.

Die Ausbildungsphase bietet angehenden Leitern Gelegenheit, Respekt und Wertschätzung gegenüber den Menschen zu lernen, unter denen sie arbeiten. Ferner üben sie sich darin, Teil eines Teams zu sein und den Leiter zu unterstützen, auch wenn sie selber bessere Ideen haben. (Natürlich sollten sie ihre Vorstellungen an passender Stelle einbringen.)

Wenn sich herausstellt, dass es jemandem schwerfällt, in diesem Rahmen Autorität anzuerkennen, oder dass er sich in einer Führungsrolle stolz oder dominant zeigt, dann sind solche wesentlichen Charakterschwächen direkt anzugehen. Geschieht das nicht schon in dieser Phase und wird der Betreffende in Führungspositionen eingesetzt in der Hoffnung, derartige Unzulänglichkeiten ließen sich später noch ausmerzen, dann ist dafür im Normalfall ein hoher Preis zu zahlen.

Wenn aber der Leitungskandidat seine Lektionen in diesem Stadium lernt und ein starker Unterstützer und Teamspieler wird, kann er unter Anleitung weiter wachsen und in seine eigene Berufung hineinfinden. Seine Gaben und die Bereiche, in denen der Heilige Geist seine Arbeit segnet, weisen darauf hin, in welchem Gebiet er eine eigene Initiative anpeilen sollte. Dann kann man ihm helfen, seinen eigenen Dienstbereich und seine eigene Gruppe zu starten.

Es ist von wesentlicher Bedeutung, dass die Gemeindeleitung ihre Dienstleiter darin schult, auf diese Weise Führungsnachwuchs aufzubauen. Natürlich werden die Gemeindeleiter selber aktiv an der beratenden Begleitung und Schulung dieser Kandidaten beteiligt sein. So können sie gleichzeitig Leiter und Leiter von Leitern aufbauen. Das ist eine großartige Grundlage für zukünftiges Wachstum durch Multiplikation.

Dienstgruppenleiter haben eine große Aufgabe, besonders, wenn sie gleichzeitig in Beruf und Familie Verantwortung tragen. Aber oft gilt: Je größer die Verantwortung, desto mehr wachsen Leiter und Mitarbeiter über sich hinaus. Ich kenne viele Christen, bei denen es so ist. Sie sind meine Helden. Manchmal sage ich ihnen das, aber sie denken nicht, dass sie irgendetwas Besonderes tun. In gewisser Hinsicht haben sie ja auch recht – **sie leben einfach in der Größe und Wirksamkeit, für die Gott sie geschaffen hat!**

Große Treffen

Die Gläubigen sind verankert in ihren Dienstgruppen. Dort wissen sie, was sie tun sollen, und sie tun es auch. Dort haben sie Freunde und die Begleitung durch die Gruppe, die ihrerseits von den Leitern mit größerer Verantwortung unterstützt wird. Als Ausgleich für diesen „Alltag" brauchen alle die großen, übergreifenden Gemeinschaftstreffen.

Hier lösen sie sich von der unmittelbaren Aufgabe und auch aus der natürlichen Enge ihrer Beziehungen und ihres Horizonts. Sie können es genießen, in die Menge einzutauchen, zu feiern und das größere Bild zu sehen. Es gibt ihrer eigenen Gruppe wieder den richtigen Stellenwert, ermutigt durch die Berichte vom Ergehen anderer und macht auch einfach Spaß. Das große Treffen ist ein Ort der Anbetung zusammen mit der gesamten Gemeinschaft, ein Ort der gemeinsamen Gotteserfahrung.

Inhalte

Nach meinem Verständnis ist der zentrale, vornehmste Dienst für unseren Gott **Dank, Lob und Anbetung der Gemeinde und des Einzelnen.** Das ist das Herz unserer Liebesbeziehung mit ihm und der Kern unserer Berufung zu *„Königen und Priestern".*

So schnell bitten wir für Dinge und gehen zu Aktionen über. Wenn wir die Möglichkeit haben, dem Herrn unsere Liebe zu schenken, alle gemeinsam, und für ihn da zu sein und nicht nur für uns, sollten wir das sehr schätzen. Es gibt eine Art von Anbetung, die nur die große Versammlung unserem Gott bringen kann.

Aus dieser gemeinsamen Erfahrung der Gegenwart Gottes kann anderes entstehen: Zunächst dienen wir weiter direkt in der Ausrichtung auf Gott, mit Gebet und Fürbitte.

Dann können wir übergehen zu Lehre/Predigt, Prophetie, Gebet füreinander. **Hier gibt es Gelegenheit, die gemeinsame Vision zu fördern und den großen Zusammenhang vor Augen zu führen – die Stadt, die Nation und die ganze Welt betreffend.** Auf allen Ebenen sollte die „Kirche" – die Ortsgemeinde, die Reich-Gottes-Netzwerk-Gemeinde, das stadtweite Netzwerk des Leibes Christi – zu internationaler Vision und Investition geführt werden: **global denken und lokal leben.**

Ferner bieten die großen Treffen Zeit für **Kommunikation, Information** und für soziale Interaktion.

All dies in einem einzigen Termin unterzubringen, ist unmöglich. Diese Elemente müssen über aufeinanderfolgende Treffen verteilt werden. Wie oft sollten diese stattfinden? – Das hängt davon ab, wie Gemeindeleben und Dienst im Alltag funktionieren und welche Bedürfnisse die Christen verspüren. Es hängt auch von Verständnis und Vision der Leiter ab, ferner von der Größe der Gemeinde oder Gruppe. Als grobe Regel schlage ich alle zwei oder vier Wochen vor, nicht jeden Sonntag.

Paradigmenwechsel

Solche Zusammenkünfte dauern zwischen zwei und vier Stunden, wenn man auch Gelegenheit für soziale Interaktion, z. B. mit Kaffee oder einem leichten Essen einplant. Das sprengt den Rahmen eines normalen Sonntagsgottesdienstes.

Spätestens jetzt wird erkennbar, dass eine Netzwerkgemeinde mit einer Reich-Gottes-Orientierung ein anderes Modell von Gemeinde ist. Ihr Selbstverständnis, ihr Berufungsverständnis und die Grundstruktur der Dienstgruppen stellen ein anderes System dar als das, was wir seit hundertfünfzig Jahren kennen. Jetzt kommt eine andere Ausrichtung für die zentralen Versammlungen dazu.

In diesem Zusammenhang mache ich auch den Vorschlag – und es ist nur ein Vorschlag! –, dass man pro Monat zwei unterschiedliche zentrale Versammlungen veranstaltet: die erste als klassische Feier („Celebration"), familienfreundlich, mit Anbetung, Lehre, Prophetie und Gebet füreinander. Dazu gehören auch ermutigende Berichte, Bestätigung der Vision und des großen Bildes, Zeit für Austausch und Interaktion miteinander. Diese Zusammenkunft kann an einem Sonntagmorgen stattfinden oder auch zu einem besser geeigneten Zeitpunkt.

Die zweite Veranstaltung kann eine Gebetsnacht sein, z. B. von Freitagabend bis Samstag früh. Die Idee habe ich von einer afrikanischen Gemeinde in Deutschland aufgegriffen. Bei diesem Treffen geht es um Anbetung, Vision für die Stadt, die eigene und andere Nationen, um damit einhergehende Fürbitte und geistlichen Kampf. Die Nacht kann von Pausen durchsetzt sein. Es gibt eine geistliche Kraft, die sich nur entfalten kann, wenn sich die ganze Gemeinde versammelt. Auf diese Weise hat man dafür gut Zeit.

Wir Europäer sind an so etwas nicht gewöhnt, aber ich finde, wir sollten lernen – wir haben meiner Meinung nach viel zu lernen, nicht zuletzt von Afrikanern. Wenn wir ernstlich für eine geistliche Wende in unserem Land eintreten, wird es nötig sein, unsere bisherigen Gepflogenheiten in Frage zu stellen und uns leiten zu lassen von denen, die uns, was Gebet und geistliche Kraft angeht, voraus sind.

Ist eine ganze Nacht zu viel auf einmal, dann kann man z. B. erst einmal bis Mitternacht beten.

Flexibel bleiben

Die **Dienstgruppe** und das **zentrale Gemeinschaftstreffen** sind die zwei Punkte, an denen alles andere hängt. Wenn das Netzwerk wächst und sich ausbreitet, wird es, koordiniert geplant, neben den zentralen wahrscheinlich auch örtlich gebundene Zusammenkünfte geben. Natürlich gehören auch Schulung für Leiter und zusätzliche Organisationstreffen dazu.

Die Leiter müssen flexibel bleiben. Bedürfnisse und Zeiten verändern sich und diese unterstützenden Systeme in der christlichen Gemeinschaft sind entsprechend anzupassen. Wenn die Gemeinde wächst, müssen die Systeme überarbeitet werden. **Es ist Aufgabe der Leiter, der Vision des Reiches Gottes in der Stadt zu folgen und die unterstützenden Systeme anzupassen, damit sie der Vision dienlich sind. Die Leiter müssen über den Systemen stehen und über sie bestimmen – sonst bestimmen diese über sie!**

Christen sind nicht dazu da, immer mehr Gemeindeveranstaltungen zu besuchen! Sie sollen Gottes Werke tun, indem sie sein Reich in der Stadt fördern. Brauchen sie zusätzliche Hilfe oder Inspiration, können sie sich darum bemühen und sie in Anspruch nehmen. Wahrscheinlich werden sie ein- oder zweimal wöchentlich mit ihrer Dienstgruppe zusammenkommen, um an deren Aufgabe zu arbeiten. Ein- bis zweimal im Monat haben sie das Gemeinschaftstreffen.

Wir werden unseren Leuten eventuell helfen müssen, ihre Zeit gemäß den Werten des Reiches Gottes einzuteilen, das heißt, Raum zu schaffen für die Abende und Wochenenden, die sie für Familie, Freunde und Kollegen brauchen – und auch für ein wenig Sabbatruhe und Raum für sich selbst!

Anmerkungen

1 Howard Snyder, *Die Gemeinschaft des Gottesvolkes. Reich Gottes und Gemeinde Jesu*, Witten und Hurlach: Bundes-Verlag in Verbindung mit Jugend mit einer Mission 1979.

2 Peter Beyerhaus (Hrsg.), *Alle Welt soll sein Wort hören*. Band 1, Lausanner Kongress für Weltevangelisation. Stuttgart: Hänssler 1975.

18

Gemeinde am Scheideweg: ein aktuelles Thema

Eine Generation großartiger Christen ist dabei,
Neues für Gott zu wirken. Wenn die Parameter ihres
Denkens nicht nur „Gemeinde" bleiben, sondern sie
„Reich Gottes" denken, lautet ihr Ziel:
„Ich möchte diese Stadt verändern!"

Ein Rückblick auf unsere jüngeren Entwicklungen

Bei unseren Überlegungen zum Thema Evangelisation in den späten Sechziger- und in den Siebzigerjahren stellten wir die Frage: „Wann kann eine Stadt als mit dem Evangelium erreicht gelten? Nach einer Billy-Graham-Großveranstaltung oder wenn nach einem solchen Event auch noch jeder Haushalt besucht wurde?" Auf dem Lausanner Kongress für Weltevangelisation 1974 wurden neue Begriffe vermittelt: *Jüngerschaft* und *ganzheitliches Leben* und auch *Volksgruppen*. Irgendwann in den Siebzigern postulierte man eine Verbindung zwischen Evangelisation und Gemeindegründung: „Eine Stadt könnte als erreicht gelten, wenn es eine bekennende Gemeinde auf je zehntausend Einwohner gibt. Damit ist das Evangelium beständig dort präsent, wo die Leute leben, nicht nur während eines vorübergehenden Einsatzes. Wenn die Gemeinde systematisch vorgeht, kann sie für diese Zehntausend beten, sich nach und nach ihrer annehmen und ihnen das Evangelium bringen."

Dieses Denken führte dazu, dass in vielen Ländern die Strategie des systematischen, flächendeckenden, evangelistischen Gemeindebaus *(Saturation Church Planting)* Schule machte. Dies war eine gute Entwicklung hin zu verantwortlichem, zielgerichtetem Evangelisieren. In manchen Ländern war es sehr erfolgreich, und das verdientermaßen.

Von diesem Verständnis herkommend, kristallisierte sich in den späten Siebzigern und den Achtzigern ein Schwerpunkt auf strategischem Gemeindewachstum (freikirchlich) heraus. Viele Seminare wurden abgehalten, Bücher herausgebracht und Netzwerke aufgebaut, um diese Vision zu stützen und umzusetzen. Mit der Zeit stieß das an Grenzen und es wurde offensichtlich, dass es ganz so einfach nicht funktioniert: Es geht ja um Menschen, die sich nicht in Schubladen stecken lassen und die eben nicht immer prinzipientreu leben. Deshalb befasste sich diese Bewegung später mehr mit Beziehungsthemen und geistlichem Leben und legte mehr Wert auf organisches Gemeindewachstum als auf systematisch geplantes.

Parallel hierzu gewann in den Siebzigern und Achtzigern die charismatische Bewegung immer stärkeren Einfluss auf die meisten kirchlichen Denominationen. In den historischen Kirchen war es die Vision einer vom Heiligen Geist gewirkten spirituellen Erneuerung der Ortsgemeinde mit dem Ziel, die Gesellschaft zu beeinflussen. Den Freikirchen ging es um Erneuerung mit dem Ziel Gemeindewachstum, Evangelisation und Multiplikation. Es gab gute Fortschritte im Bereich der inneren Erneuerung im Heiligen Geist: Menschen erlebten Gott auf tiefe Weise – oft nach Jahren eines „rechtgläubigen", aber unfruchtbaren geistlichen Lebens. Themen wie die Taufe im Heiligen Geist, Gaben des Heiligen Geistes, Anbetung, beziehungsorientiertes Leben, Jüngerschaft, Familie, innere Heilung, Fürbitte, geistlicher Kampf, Evangelisation durch die Gaben des Geistes, Weltmission und Prophetie wurden aktuell.

In Deutschland markierte das Jahr 1988 die Entstehung einer Welle neuer freikirchlicher Gemeinden. Viele Christen, die jahrelang auf eine geistliche Erneuerung ihrer Ortsgemeinde hingearbeitet und gewartet hatten, gaben auf und gründeten eine neue, charismatische, „freie" Gemeinde. Sie schlossen sich häufig keiner bestimmten Denomination an, sie wollten einfach nur Gemeinde sein, um mit ihrer Vision voranzukommen. Diese Vision war üblicherweise angelegt auf ein Wachstum durch geistliches Leben, durch Evangelisation und Jüngerschaft und die Multiplikation dieser Art von Gemeinden. Einige von ihnen wuchsen gut heran und wurden in ihrer Stadt zu einem Vorbild und zur Inspiration. Andere Gemeinden aus bestehenden Denominationen brachen in eine ähnliche Dimension durch. Auch Lebensgemeinschaftsmodelle entstanden, unter Katholiken wie unter Protestanten.

Einige Jahre später zeigten sich in manchen neuen charismatischen Gemeinden Beziehungsschwierigkeiten. Man stellte fest, dass es leichter war, eine Gemeinde zu gründen, als sie durch die verschiedenen Wachstumsphasen hindurchzuführen. In den Leitungskreisen gab es Spaltungen, als junge Leiter heranwuchsen und weder sie noch die Leiter der Gründungsphase wussten, wie sie mit den Spannungen und den damit verbundenen Prozessen umgehen sollten. Häufig war nie eine andere Vision formuliert worden als „Erweckung", und das blieb oft nur ein zwar verheißungsvolles, aber vages Wort. Wichtige Themenbereiche des Lebens wurden häufig nicht angegangen und die Gemeinden waren in die Falle getappt, eine eigene Welt mit vielen internen Programmen und Veranstaltungen aufzubauen.

In den letzten Jahren sind in der nächsten Generation Bewegungen und Strömungen entstanden, die sich auf die Grundprinzipien von „Gemeinde" zurückbesinnen. Sie machen wieder eine ganzheitliche, auf ihre Stadt und Region bezogene Mission zum Schwerpunkt. Sie suchen auch nach Gestaltungsmöglichkeiten authentischer Beziehungen unter Christen im Kontext ihres alltäglichen Lebens mit all seinen Facetten. Es gibt eine Reaktion gegen Programme, hierarchische Leitungsstrukturen und ein Gemeindeleben als einer eigenen Welt. Hier bemüht man sich um flächendeckende, beziehungsbasierte Netzwerkstrukturen und Relevanz für die eigene Generation.

Die Christen, die diese Wege des Suchens und Entwickelns gingen und gehen – von flächendeckendem Gemeindebau und Evangelisation über charismatische Gemeinden und Gemeinschaften bis hin zu neuen Formen von Gemeinde – kommen aus allen möglichen Hintergründen. Auf jedem dieser Wege wird in jeder Phase eine inhaltliche Aufeinanderfolge wiederentdeckt und darin lässt sich leicht die Führung des Heiligen Geistes erkennen. Es scheint mir allerdings so zu sein, dass die Zeit uns eingeholt hat. Sehr viele dieser Gemeinden, bis auf die ganz kürzlich begonnenen Experimente, sind jetzt in ihrer Entwicklung zu einem gewissen Stillstand gekommen und suchen den weiteren Weg. Für manche bedeutet das eine Krise. Ich denke, wir stehen an einer Wegkreuzung. Ich glaube sogar, dass Gott selber uns an diesen Punkt geführt hat!

An der Wegkreuzung

Viele ernst meinende Christen wollen Jesus weiterhin folgen, sind aber nicht länger bereit, in zwei Parallelwelten zu leben – Gemeinde und Alltag. Dafür fehlt ihnen die Energie und sie stoßen sich immer wieder an der Enge solcher Gemeinden, die für die Bandbreite des Lebens wenig oder nicht ausreichende Orientierung bieten.

Und so setzte vor ein paar Jahren ein Exodus aus diesen Gemeinden ein, vor allem in der westlichen Welt. Die, die gehen, sehen keine Alternative, deshalb ruhen sie sich oft eine Weile aus und treffen sich dann vielleicht einfach mit ein paar christlichen Freunden zu Hause. Natürlich verlassen manche ihre Gemeinde aufgrund von Verletzungen oder sogar aus Rebellion, insgesamt aber handelt es sich um ernst zu nehmende Gründe, die verstanden werden sollten. Es geht hier wahrscheinlich auch um Enttäuschung – Menschen haben über viele Jahre hinweg in unterschiedlichen Phasen des Gemeindelebens Pionierarbeit geleistet und ihre Hoffnungen haben sich nicht erfüllt.

Ein Freund erläuterte mir neulich, dass einer der Gründe für diese Veränderung gesellschaftlicher Natur ist. Wir stecken nicht einfach nur in einem Generationswechsel, sondern in einem fundamentalen gesellschaftlichen Wandel: nämlich vom Industrie- zum Informationszeitalter. Wenn es sich hierbei wirklich um nichts Geringeres handelt als um einen Zeitenwandel, dann werden die Veränderungen tiefgreifend sein. Vielleicht ist das der Fall – und hat uns jetzt erreicht.

Ein Merkmal für den Unterschied ist, dass sich das Industriezeitalter um Produktionsstätten herum konzentrierte, während die Informationsgesellschaft Netzwerkcharakter hat.

Die Produktionsstätten im Industriezeitalter bestimmten die Zusammensetzung der Gesellschaft, Leben und Denken war von der Gruppe geprägt, von Identifikation, Verbindlichkeit und Leistungsorientiertheit. Die Menschen gestalteten ihr gesellschaftliches Leben insgesamt nach dieser Mentalität, oft formell in Vereinen oder informell in stabilen Freundeskreisen. In diesem Kontext entstanden die evangelikalen Kirchen. Die Gläubigen schlossen sich der Gemeinde oder der Gemeinschaft an und normalerweise konnte man sich auf ihre Verbindlichkeit gegenüber Treffen und Programmen verlassen.

In der Informationsgesellschaft hingegen kommuniziert der Einzelne auf Entfernung mit anderen Individuen; die Menschen haben weltweit Zugang zu Informationen und bewegen sich in interaktiv angelegten Foren, die sie besuchen und auch wieder verlassen. Echte Freundschaften sind wichtig und in Basis-Lebensbereichen zu finden, auch mit der Möglichkeit der Zugehörigkeit zu breit angelegten Kontaktnetzwerken. Es ist oft schwierig, angesichts der vielfältigen Optionen, herkömmliche bindende Verpflichtungen einzugehen. Wie sich angesichts dessen das Familienleben entwickeln wird, bleibt eine offene Frage.

Wenn diese Beobachtungen in etwa zutreffen, dann ist das ein wesentlicher Grund dafür, dass sich die jüngere Generation in der traditionellen Freikirche oder evangelikal orientierten Kirchengemeinde, die auf dem älteren Gesellschaftsmodell fußt, nicht zu Hause fühlt. Es erklärt jedoch nicht so gut, warum auch Erfahrene, die Angehörigen der älteren Generation, in bedenklicher Zahl die Gemeinden verlassen.

Meiner Meinung nach liegt es hauptsächlich am Weltbild und der Theologie unserer evangelikalen Tradition und der daraus resultierenden Praxis. Wir funktionieren immer noch gemäß Vorgaben des späten 19. Jahrhunderts mit ihrer Engführung: Die Gemeinde definiert sich nur über die Ämter des Evangelisten, Pastors und Lehrers und ist deshalb unfähig, ganzheitlich zu denken.

Haben Christen dieses Verständnis erst einmal übernommen, stecken sie in einem geschlossenen System fest. Ironischerweise werden sie das gar nicht merken! Es ist egal, wie sehr sie ihre Gemeinde in einfache Elemente einteilen, um authentisches Leben und Beziehungen zu ermöglichen: Sie haben ein genetisches Verständnis mit auf den Weg bekommen, aufgrund dessen sie das Leben unausweichlich in „säkular" und „geistlich" aufteilen und ihre Gemeinde sich zu einem Parallelsystem zum alltäglichen Leben entwickelt. Sie bauen an dem, was ich die *„Privaterlösungsgemeinde"* nenne.

Eine Standard-Charakterisierung dieser Mentalität in unserer Zeit ist die Definition des visionären Ziels *„Ich möchte eine Gemeinde gründen"*. Nach meiner Erfahrung ist dies die in den meisten Zweigen der evangelikalen Kirchen übliche Vision. Diese Formulierung macht deutlich, welches Denken, welche Theologie zugrunde liegt, welche Vorstellung vorherrscht: die „Privaterlösungsgemeinde". Eine Generation großartiger, junger Christen ist dabei, Neues für Gott zu wirken. Sehr oft träumen sie von einer ganz anderen Art Gemeinde. Aber die Parameter ihres Denkens bleiben „Gemeinde". Wenn sie „Reich Gottes" denken würden, lautete die Definition ihres Ziels: *„Ich möchte diese Stadt verändern!"*

Viele wirken pragmatisch an einer Richtungsänderung. Sie ermutigen ihre Leute, sich mehr in die Gesellschaft einzubringen, und das ist gut. Viele greifen den Begriff „Transformation" auf, was in meinen Augen wunderbar ist. Daraus entwickelt sich mit der Zeit ein ganzheitliches Dienen und ich stehe voll dahinter. Bis jetzt ist ein Gutteil dieses Suchens nicht von Theologie und Vision bestimmt, sondern schlicht pragmatisch durch den Wunsch, eine Gemeinde mit Bezug zur Gegenwart zu bauen. Dennoch bleibt die Privaterlösungsgemeinde Motivation und Paradigma. Hinter einem gesellschaftlichen Engagement steckt oft dasselbe Ziel wie ehedem: Es dient ausschließlich evangelistischen Absichten. Das heißt, das zugrunde liegende Denken scheint sich nicht verändert zu haben. Aber die Richtung der Suche ist gut: Möge der Heilige Geist sie weiter leiten!

Viele Pastoren, Leiter und Gemeindeglieder bleiben und dienen treu weiter. Ich höre oft, dass sie ein „Ausbremsen" bemerken und spüren, dass sich vieles ändern wird. Manche sprechen von einer fundamentalen Krise. Sie sorgen sich wegen der Zahl von Austritten, wollen selber aber dem treu bleiben, was Gott bisher gegeben hat, und ihm vertrauen, dass er sie in allem durch alle Veränderungen hindurch leiten wird. Ich rate zu dieser Haltung und würde hoffentlich selber diesen Kurs einschlagen, wenn ich Pastor wäre. Gott wird diese Pastoren segnen, da bin ich sicher. Allerdings ermutige ich sie, nicht an alten und besonders nicht an falschen Elementen ihrer Theologie und Lebenspraxis festzuhalten, die Gott wohl verändern wird. Wir alle müssen belehrbar sein, wenn Gott uns in das führt, was für jeden von uns neu ist.

Meiner Meinung nach ist ein wesentlicher Aspekt des Wandels theologischer Natur. Er wird nur durch den Heiligen Geist erfolgen. Viele Leiter werden ans Ende ihrer eigenen Möglichkeiten kommen müssen, bevor sie die schwierigen Fragen stellen. Bis dahin wird sich der Exodus vermutlich fortsetzen.

Wahrscheinlich werden aber viele neue, apostolische, Reich-Gottes-basierte Gemeindeformen entstehen, eine ganz neue Generation christlicher Gemeinschaften. Ich hoffe es – etwas Fundamentales wird sich verändern. Es muss sein! Eine solche Entwicklung werde ich ausdrücklich fördern.

Im späteren 19. Jahrhundert drängten die Mächte der intellektuellen Aufklärung und sozialen Moderne die evangelikale Bewegung an den Rand der Gesellschaft. Seitdem denken und leben wir evangelikale Christen vielfach aus der Defensive heraus. Wir praktizieren „Erlösungs-Gemeinde". In dieser Zeit sahen wir die westliche Welt sich mehr und mehr von ihrer christlichen Basis entfernen. Das setzte sich ständig fort, in einem Gesellschaftsbereich nach dem anderen. Heute bezeichnet man unsere Gesellschaft als „nachchristlich".

Manche prophezeien, der nächste Schritt werde womöglich in Richtung Heidentum gehen. Dieser anti-christlich angelegte Prozess wird nicht von allein aufhören. Er muss konfrontiert, überwunden und umgekehrt werden!

Der Weg nach vorn oder: Wohin jetzt?

Wer kann behaupten, die Antwort auf diese Frage zu haben? Dieses Thema ist facettenreich und größer als wir alle. Wir werden gemeinsam in Demut weitergehen und das, was wir entdecken, einander mitteilen müssen. Das betrifft sowohl Erfolg als auch Versagen.

Aber wir können dem Heiligen Geist in Glauben und Hoffnung folgen! Er hat uns an diesen Punkt geführt. Das ist kein Zufall. Er wird uns in die nächste Ära bringen, die er für uns vorgesehen hat.

Wir können erwarten, dass uns auf dem Weg Offenbarung zuteil wird, besonders durch Propheten und weise Männer und Frauen. Apostel werden immer mehr erkennen, was das in der praktischen Umsetzung bedeuten könnte.

Nach meinem Verständnis ist dies derzeit hauptsächlich für die westliche Welt ein Scheideweg. Obwohl wir anderen Völkern diese Privaterlösungs-Botschaft übermittelt haben, erfreuen sich viele von ihnen momentan eines so großen Erfolgs bei Evangelisierung und Gemeindewachstum, dass sie zu einigen Aspekten des Lebens und einer breiter gefassten Verantwortung für die Welt wenige Fragen stellen. Später werden diese Themen sicherlich auch sie einholen. Wenn wir diese Prozesse jetzt gut mit Gott durchleben, können wir ihnen dann vielleicht auch eine große Hilfe sein. **Aber im Moment brauchen wir selbst viel Hilfe – auch von den jüngeren Gemeinden in diesen anderen Nationen, z. B. aus Lateinamerika, Indien, Afrika oder China, besonders in den Bereichen, in denen sie derzeit stark sind, wozu Fasten und Beten und das Wirken in der Kraft des Heiligen Geistes gehören.**

Ich glaube, dass die Theologie und Vision über das Reich Gottes ein wichtiger Beitrag zu unserer Suche nach dem Weiterkommen ist.

Mit den folgenden Gedanken, Richtlinien und Aufforderungen wende ich mich deshalb nun hauptsächlich – aber nicht nur – an Gemeindeleiter.

Vision

Versuchen Sie, in der Stadt Ihre Gemeinde zu bauen oder *das Reich Gottes*? Was wollen Sie? Dies ist die erste Frage, die wir uns stellen müssen. Es geht nicht nur um Vision, sondern auch um Identität.

Identität

Sind Sie ein angestellter Pastor oder auch Mitglied der Gemeindeleitung, werden Sie überprüfen müssen, wie sehr Sie den Erfolg Ihrer Gemeinde mit Ihrer persönlichen Identität verknüpfen. Inwiefern sind Sie für Ihre persönliche innere Sicherheit und Bestätigung fälschlicherweise von der Gemeinde und ihrem System abhängig?

Diese Themen werden nämlich dann aktuell, wenn Sie anfangen, die Gemeinde in eine Reich-Gottes-Richtung zu leiten. Dies wird tiefgehende Veränderungen mit entsprechenden Reaktionen von manchen und Schwierigkeiten verursachen, die Sie nur durchstehen können, wenn Sie innerlich in Gott verwurzelt und von falschen menschlichen Stützen frei sind.

Ist Ihre Identität gesund in Gott verankert, werden Sie die Gemeinde durch alle stürmischen Umbrüche freimütig hindurchleiten und sie lieben, ohne von ihr abhängig zu sein. Sie werden auch innerlich frei sein, sich von ganzem Herzen auf eine großartige Vision vom Reich Gottes einzulassen und ihr nachzugehen, wenn Sie kaum Sicherheiten haben und in ausschließlicher Abhängigkeit von Gott immer wieder Neuland betreten, ohne zu wissen, wie die nächsten Etappen zu erreichen sind.

Gehören Sie nicht zur Gemeindeleitung, beten Sie für sie, damit sie eine Vision für das Reich Gottes in der Stadt bekommen. Nehmen Sie Ihren Platz in Ihrer Gemeinde ein und helfen Sie mit. Beten Sie für Ihre Stadt und engagieren Sie sich in den Bereichen ihres Lebens, die Sie auf dem Herzen haben.

Schauen, beten, die eigene Vision definieren

Beten Sie viel für Ihre Stadt und holen Sie ein paar Freunde dazu: Gehen Sie durch die Straßen der Stadt, bzw., wenn sie zu groß ist, durch Ihren Stadtteil. Gucken Sie sich die Häuser an, die vielen, vielen Wohnblocks, die Schulen, Firmen und Fabriken, die Geschäfte und Büros, die Treffpunkte, die Ghettos. Das ist Ihr Feld. Beten Sie in jeder Straße das Vaterunser. Gott will in all dem, was Sie sehen, herrschen und es alles erneuern. Bald werden Sie sich überwältigt fühlen; wir haben nicht die Kapazität zu sehen, wie das geschehen könnte. Es ist zu groß für uns, aber Gott wird uns Schritt für Schritt hineinnehmen.

Definieren Sie Ihre Vision anhand der verschiedenen Stadtviertel, ethnischen Gruppen und strategischen Bereiche Ihrer Stadt. War es Ihnen bislang wichtig, Ihre Gemeinde von 200 auf 400 Mitglieder anwachsen zu sehen, dann führen Sie sich vor Augen, dass das der falsche Ansatz ist! Definieren Sie Ihre Vision anhand Ihrer Stadt, anhand der Zahl der christlichen Familien in jeder Straße, anhand des Lebens, das in den Schulen, in den Firmen und unter Ausländern etc. herrscht – und nicht anhand Ihrer Gemeinde!

Predigen und lehren Sie Ihre Sicht und Ihr Ziel. **Bringen Sie Ihren Zuhörern die Stadt als das Feld nahe, in das sie berufen und für das sie verantwortlich sind.** Sprechen Sie kraftvoll, oft und prophetisch, um Ihre Leute zu inspirieren und zu instruieren, die Vision zu erkennen und sie gezielt aufzugreifen.

Partner

Halten Sie Ausschau nach Partnern in Ihren Lebensbereichen und in Ihrer Stadt. Das sind Leute, die eine ähnliche Last haben wie Sie. Fangen Sie an, sich mit ihnen auszutauschen und gemeinsam für die Stadt zu beten. Werden Sie konkret und bringen Sie spezifische Probleme vor den Herrn. Wenn Sie in der Gemeindeleitung sind, suchen Sie nach anderen geistlichen Leitern, denen Ihre Stadt auch am Herzen liegt. Werden Sie ihr Partner. Bitten Sie sie um Hilfe und Rat. Entwickeln Sie gemeinsam Vision und Pläne für die Stadt. Investieren Sie einen Teil der Zeit und Energie, die Sie sonst für Programme Ihrer Gemeinde brauchten, in Gebet und die Netzwerk-Verbindung mit diesen anderen Leitern. Suchen Sie das Reich Gottes in der Stadt und ordnen Sie Ihre Prioritäten entsprechend.

Beginnen Sie mit Ihren starken Gemeindegliedern

Gehören Sie zur Gemeindeleitung, suchen Sie sich drei reife und vertrauenswürdige Glieder Ihrer Gemeinde. Helfen Sie ihnen, ihre Berufung zu finden. Stellen Sie sie von anderen Verantwortlichkeiten im Rahmen der Gemeinde frei und helfen Sie ihnen, ihre eigene Dienstgruppe zusammenzustellen, sodass sie die Arbeit tun, die Gott ihnen aufträgt. Führen Sie ein Leitungs- und Managementsystem ein, um ihnen Hilfe und Supervision zukommen zu lassen.

Wählen Sie die nächsten drei Mitglieder und machen Sie dasselbe noch einmal. Auf die Weise haben Sie als Gemeinde Ihre ersten sechs Dienstgruppen. Manche arbeiten direkt an Brennpunkten und in bestimmten Gebieten Ihrer Stadt, andere leisten innerhalb der Gemeinde Aufbauarbeit. Das ist der Beginn der Antwort auf Ihre Gebete, dass die Stadt erreicht werden möge.

Führen Sie das mit weiteren drei Personen fort und dann mit den nächsten dreien, immer weiter, bis alle Gemeindeglieder, die möchten, in der richtigen Art von Dienstgruppe sind, wo sie Gottes Werke tun. Behandeln Sie die, die das nicht wollen, mit Liebe und Respekt, setzen Sie sich aber nicht unter Druck in der Meinung, für ihre Zufriedenheit zuständig zu sein.

Verändern Sie Ihre Strukturen und Programme so, dass sie Ihrer Vision dienlich sind

Sobald Gemeindeglieder ihrer Berufung nachgehen und andere in ihre Dienstgruppen hineinziehen, entsteht für so manches Gemeindeprogramm ein Defizit an guten Mitarbeitern. Sind diese Programme vom Heiligen Geist, wird sich auch jemand finden, der sich berufen fühlt sie durchzuführen. Setzen Sie Veranstaltungen ab, für die sich offensichtlich kein Leiter findet. Beschwert sich jemand, bieten Sie ihm an, die Aufgabe zu übernehmen.

Wenn Sie diese Richtung einschlagen, werden Sie in verschiedenen Teilen der Stadt und in unterschiedlichen strategisch angesiedelten Gesellschaftsbereichen Dienstgruppen entstehen sehen. Bauen Sie eine Verbindung mit anderen Gemeindeleitern auf, in deren Gemeinden sich auf dieselbe Weise Gruppen entwickeln. Diese können zusammenarbeiten. Man wird bestimmte Projekte gemeinsam durchführen und langsam wird das Zusammenwirken des Volkes Gottes in der Stadt sichtbar werden. Ihre Gemeinde wird dazugehören und sollte sich am Geben und Nehmen in der Partnerschaft mit anderen Gemeinden freuen.

Entscheiden Sie, wozu der Sonntagsgottesdienst dient

Wenn die Entwicklung Ihrer Gemeinde in Richtung Dienstgruppen- und Großtreffen geht, wird der traditionelle Sonntagsgottesdienst beidem nicht gerecht werden. Sie könnten das große Treffen, das dann länger dauert als bisher, ein- oder zweimal im Monat auf den Sonntag legen und die anderen Sonntage frei lassen. Ich habe ja bereits vorgeschlagen, an einem Sonntag im Monat ein großes Treffen zu halten und ein zweites in Form einer Gebetsnacht.

Dadurch bleiben Sonntage frei. Das ist ein wertvolles Geschenk. Vermitteln Sie Ihren Leuten ein Verständnis der Sabbatruhe, nicht als das alttestamentliche Gesetz, sondern einfach als Leben nach der göttlichen Schöpfungsordnung. Die Gläubigen könnten ihre Sonntage nutzen, um diese Ruhe zu entdecken und Gott auf ihre eigene Weise anzubeten.

Darüber hinaus könnten Sie einigen Dienstgruppen Gelegenheit bieten, diese freien Sonntage z. B. für evangelistische Gottesdienste für Suchende zu nutzen. So kann ein weiterer missionarischer Dienst der Gemeinde entwickelt werden. Die Verantwortung dafür sollten Sie der tragenden Dienstgruppe überlassen und sich selber nicht einbringen.

Sobald Sie den Sonntagsgottesdienst verändern, werden Sie allerdings eine massive Reaktion erleben und Sie werden merken, in welch einem straffen System Sie sich bewegt haben! Wir alle sind so sehr an unsere gemeindlichen Abläufe gewöhnt – und am Sonntagsgottesdienst darf üblicherweise nicht gerüttelt werden! Das liegt daran, dass wir unser Leben eher an der Gemeinde orientieren als am „Reich Gottes in der Stadt oder Region".

Zahlen sind gut!

Richten wir uns zunehmend auf das Reich Gottes in der Stadt aus, werden die Evangelisten in ihren Dienstteams freigesetzt. Darüber hinaus braucht jede andere Gruppe der Gemeinde ihren Input, damit Evangelisation für alle ein Herzensanliegen wird. Wenn alle Christen unter ihren alltäglichen Kontakten evangelisieren, können eine Menge Leute berührt werden und sich Jesus zuwenden. Um dieses Ziel zu erreichen, müssen wir mehr und mehr „Alphakurse" und ähnliche evangelistische Kontaktgruppen anbieten.

Auf dieser Basis aufbauend kann die Gesamtgemeinschaft große evangelistische Treffen auf die Beine stellen und die Evangelisten zum Zug kommen lassen, sodass sich Menschen bekehren und geheilt werden. Die Neubekehrten können in die für sie passenden Kleingruppen gehen und wachsen. Die Gemeinde sollte stetig größer werden.

Wenn wir uns von einer verengten Sicht des Gemeindewachstums lösen und das Reich Gottes suchen, dann sind wir frei, Reich-Gottes- und Gemeindewachstum auf einer anderen Ebene zu sehen und darüber begeistert zu sein. Und dann können wir auch zählen. Reich-Gottes-Zahlen sind gut!

Neue Formen von Gemeinde

Apostel einer neuen Generation werden Kirche in neuen Formen bauen, die sich von Anfang an an diesem Netzwerk der Reich-Gottes-Gemeinschaft ausrichten. Diese neuen Gemeinden werden größere Bewegungsfreiheit haben und schnell und gut vorankommen können. Es ist mein Gebet, dass diese Apostel voller Kraft eine wunderbare, weitreichende Bewegung des Gottesreichs freisetzen, die den geistlichen Zustand Deutschlands und Europas wendet. Eine Veränderung dieser Größenordnung werden sie wohl nicht allein auslösen können, deshalb bete ich auch, dass sie von Anfang an in einer Haltung der Demut vorgehen. Wenn sie und ihre Gemeinden in ihre ersten Wachstumskrisen und Konflikte geraten, werden sie die Weisheit und Hilfe der älteren Christen brauchen.

In dieser nächsten Ära werden möglicherweise die historischen Kirchen einen wichtigen Platz einnehmen. Bei ihnen gibt es eine Breite in der Gotteserkenntnis und Sicht vom Leben sowie eine geschichtliche Tiefe und sie besetzen traditionell einen Platz in unserer Gesellschaft. Ihre Liturgien bieten inhaltliche Konstanz und Stabilität und ihre Strukturen Beständigkeit. Das kann einer breiten Bevölkerung Halt und Schutz bieten, deren Welt und deren Werte einem rapiden Wandel unterworfen sind. Möge es immer mehr dazu kommen, dass der Heilige Geist in diesen Kirchen wirkt und sie auf der Basis einer Reich-Gottes-Vision dienen!

Die Gemeinden müssen einander helfen, diesen Wandel zu vollziehen. Sie sollten auch nach Ratgebern und Mentoren Ausschau halten, die sie in dieser Zeit helfend anleiten.

Eine öffentliche Botschaft

Das Evangelium vom Reich Gottes wirkt sich so aus, dass wir uns allen Themen des Lebens stellen, privat und öffentlich. Das wird christliche Denker, Reformer und Sprecher in die öffentliche Debatte über aktuelle gesellschaftliche Themen einführen. Wir werden uns vorbereiten und die nötige Sachkompetenz entwickeln müssen. Es wird zu offenen Kontroversen und Konfrontationen über entscheidende Themen kommen. Unsere Lebensweise wird sich mehr ändern, als uns lieb ist!

Geistliche Disziplin

Beteiligen wir uns stärker an der öffentlichen Debatte und predigen Jesus als Herrn und Erlöser, werden wir in vielen Fällen mehr Glauben, Liebe und Macht Gottes in unserem Leben brauchen. Die Liebe Gottes muss uns motivieren und sein Wunderwirken unsere Botschaft und Arbeit bestätigen. Wir werden bei dem, was wir tun, in neue Dimensionen von geistlicher Disziplin vordringen müssen. Wir werden die Gemeinschaft von Freunden brauchen, die mit derselben Motivation, Vision und Berufung leben.

19

Das übernatürliche Reich Gottes

Die Christen vor Ort können ihrer Umgebung die Antworten, die Kraft, die Weisheit und die Liebe Gottes überbringen. Das ist das Reich Gottes, das jeden Tag natürlich und übernatürlich ins Alltagsleben hineinwirkt.

Die Einführung in seine messianische Berufung erhielt Jesus mit seiner Taufe. Gleichzeitig wurde er mit dem Heiligen Geist erfüllt und dann in die Wüste geführt, wo er vierzig Tage lang fastete und eine Konfrontation mit dem Teufel durchzustehen hatte. Der erste Schritt bei der Einführung des Reiches Gottes auf der Erde war ein Kampf im geistlichen Raum, in welchem Jesus Sieger blieb. Dieses Reich ist im Himmel gegründet und wirkt von dort her. Nachdem er den ersten Kampf mit dem Fürsten dieser Welt gewonnen hatte, wurde Jesus unter den Menschen aktiv. Von da an handelte er mit Macht und Autorität.

Nichts schaffe er aus sich selbst heraus, erklärte er. Er könne nur die Werke Gottes tun, indem er dem folgte, was der Vater tat, und das sagte, was der Vater ihm zu sagen gab. So brachte Jesus zum Ausdruck, dass er *im Geist wandelte* oder *lebte*, um es mit den später von Paulus verwendeten Begriffen zu sagen. Jesus nahm jede Gelegenheit wahr, in ausgedehnten Gebetszeiten mit dem Vater allein zu sein. Wir müssen bedenken, dass er *als Mensch* keinen Vorteil gegenüber uns heute hatte. Dieselben Ressourcen, mit denen er damals lebte, sind heute unsere Ressourcen.

Dem könnten wir die Aussage entgegenhalten, wir seien Sünder, er aber nicht: Das stimmt zwar, ist aber nicht die ganze Wahrheit. Unsere Schuld aus den Tagen unseres Ungehorsams ist gesühnt. Sollten wir jetzt in unserem Alltag sündigen, können wir es bekennen, uns davon abwenden, Vergebung erfahren und immer wieder neu wiederhergestellt werden. Durch sein Blut ist das möglich. Jesus selbst sitzt jetzt zur Rechten des Vaters, um für uns einzutreten. Sünde sollte die Ausnahme sein und Gott hat Verständnis und Gnade für die, die ihm ehrlichen Herzens nachfolgen. Für den Fall, dass wir sündigen, ist damit eine Wiederherstellung möglich.

Allerdings sind wir dazu berufen, unsere Sünde, die Welt und den Teufel zu überwinden. Wir sind in eine neue Beziehung zu Gott eingesetzt worden und damit autorisiert, seine Macht auszuüben. Jesus erwartet von uns, dass wir stark werden, unsere sündigen Gewohnheiten überwinden und in Reinheit des Herzens leben. Wir dürfen mit Gott innig verbunden sein und im Glauben die Werke tun, die er für uns vorgesehen hat. Darüber lehrte Jesus ausführlich und darin ist er uns Vorbild. Jesus hat Gewaltiges verheißen: Wenn wir glauben, können wir die Werke tun, die er getan hat, und noch größere. Wenn wir irgendetwas in seinem Namen und in Einheit erbitten, wird der Vater unsere Bitten erhören.

Wie können wir in diesen Reichtum hineinwachsen? Der Anfang ist gemacht. Wie aber können wir zu Heilung, Wundern und Macht in der Größenordnung durchbrechen, die in der Frühkirche normal waren?

Helfen wird uns ein Blick darauf, wie Jesus seine Jünger auf diesem Gebiet ausgebildet hat. Zum Zeitpunkt ihrer Berufung wussten sie über diese Dimension weniger als Sie und ich heute. Dreieinhalb Jahre später sehen wir in der frühen Kirche in Jerusalem, dass sie die Gemeinde leiteten und dass durch sie viele Zeichen und Wunder geschahen. Im gesamten Buch der Apostelgeschichte hielten sie diesen Standard und leiteten die nächsten Generationen in derselben Praxis an. Wie waren sie dorthin gekommen?

Die Ausbildung der Apostel in Heilung, Befreiung, Wundern

Jesus begann, indem er seine Jünger in die Nachfolge rief. Die erste Phase war simpel: Sie sollten einfach mit ihm zusammen sein. Sie aßen mit ihm, gingen mit ihm und nahmen an seinem Leben teil. Sie beobachteten und hörten zu, wie er lehrte, heilte und von Dämonen befreite, und halfen ein wenig mit. Wenn sie unter sich waren, stellten sie ihm viele Fragen über seine Lehre.

Unsere Verantwortung: zu glauben!

Eines, was wir festhalten sollten, ist, dass Jesus dem Glauben der Menschen, denen er mit Heilung, Befreiung und Wundern diente, große Bedeutung beimaß. Deshalb lehrte er viel über das Vaterherz Gottes und betonte die Nähe Gottes und seines Reichs. Er ist uns ganz nah, nicht nur hoch oben im Himmel, und es ist leicht, sich nach ihm auszustrecken, mit ihm in Kontakt zu treten, ihn anzurufen. Und genau das ist sein Wunsch. **In fast allen Fällen waren es der Glaube und die Offenheit von Menschen, die eine Reaktion und eine Machtwirkung Jesu hervorriefen:** Die vier Männer, die ihren gelähmten Freund durch das Dach an der Stelle hinabließen, wo Jesus war, die Frau, die vom Blutfluss geheilt wurde, als sie Jesu Gewand im Glauben anfasste, die kanaanäische Frau, die nicht aufgab, Jesus um die Heilung ihrer besessenen Tochter zu bitten, der blinde Bartimäus in Jericho, der römische Hauptmann, der Jesus bat, seinen Diener zu heilen – sie alle wurden für ihren Glauben gelobt und empfingen ihrem Glauben entsprechend.

Als der verzweifelte Vater des anfallskranken Jungen zu Jesus schrie: *„Doch wenn du kannst, hilf uns; hab Mitleid mit uns!"*, gab Jesus zurück: *„Wenn du kannst? Alles kann, wer glaubt"* (Markus 9,22–23). Die Verzweiflung des Vaters ist völlig verständlich, aber Jesus hatte nicht vor, auf sein mitleidheischendes Flehen einzugehen. **Er rief den Vater in seine Verantwortung: zu glauben!** So gut er konnte, stellte sich der Vater dieser Aufforderung und Jesus handelte.

Um etwas von Gott zu empfangen, ist Glauben nötig. Warum? Ich wüsste nicht, wo in der Bibel erklärt wird, warum Glauben so wichtig und grundlegend ist. Aber *dass* es so ist, lesen wir überall. *„Ohne Glauben aber ist es unmöglich, Gott zu gefallen, denn wer zu Gott kommen will, muss glauben, dass er ist und dass er denen, die ihn suchen, ihren Lohn geben wird"* (Hebräer 11,6).

Wenn wir darüber nachdenken, ist es allerdings nicht schwer, gute Gründe dafür zu sehen. Glaube ist bezichungsorientiert. Ich demütige mich zu bitten, Abhängigkeit zum Ausdruck zu bringen und dann auf die Güte und Verlässlichkeit meines Gegenübers zu vertrauen. Das trifft für zwischenmenschliche Beziehungen ebenso zu wie für die Beziehung zu Gott. Dies ist die Grundlage für dauerhafte Partnerschaft und Freundschaft.

Autorität und Vollmacht

Dann kamen die Jünger in eine nächste Phase. Wir lesen in parallelen Berichten in Matthäus 10, Markus 6 und Lukas 9 diese Handlungsfolge:

Er rief seine zwölf Jünger zu sich – es würde etwas passieren. Er gab ihnen Macht, unreine Geister auszutreiben und alle Art von Krankheit zu heilen.

Wie er diese Autorität auf sie übertrug, wird uns nicht gesagt. Aber in dem Moment, als es geschah, veränderte sich ihr Leben. Jetzt hatten sie die Vollmacht, hinzugehen und Menschen zu heilen. Und jetzt mussten sie auch mit dieser Verantwortung leben. Die Autorität dazu wurde ihnen übertragen. Das dauerte vielleicht zehn Minuten. Wachstum und Lernen in der täglichen Nachfolge ist aber auch von großer Bedeutung: Das hatte in den Monaten zuvor stattgefunden, so lange, bis Jesus sie für bereit hielt. Die Bevollmächtigung selbst aber geschah nicht stufenweise und nach und nach, sondern in einem einzigen Akt. Er gab ihnen etwas von seiner Vollmacht. Das führte sie unmittelbar in eine neue Seinsdimension.

Er sandte sie aus: *„Geht hin und verkündet: Das Himmelreich ist nahe. Heilt Kranke, macht Aussätzige rein, treibt Dämonen aus! Umsonst habt ihr empfangen, umsonst sollt ihr geben"* (Matthäus 10,8). Und so gingen sie hin und predigten und heilten überall, gerade so, wie sie es ihn hatten tun sehen.

In Lukas 10 lesen wir, dass er später siebzig Jünger in gleicher Weise aussandte. Wieder wurde ihnen die Vollmacht von Jesus übertragen. Es war die Autorität, mit der sie die grundlegende apostolische Aufgabe erfüllten, das Reich Gottes zu predigen, unreine Geister auszutreiben, jede Art von Krankheit zu heilen. So wuchs die Zahl der Nachfolger Jesu, die lernten, auf diese Weise zu handeln.

Jesus entzog den Jüngern diese Vollmacht nicht, als sie wieder zurückkehrten. Also lernten sie ab diesem Zeitpunkt auch, wie man mit dieser Autorität leben und sie anwenden sollte, nicht nur auf einem kurzen Missionseinsatz, sondern als Lebensweise. Jetzt assistierten sie nicht mehr nur Jesus, wenn er predigte, heilte, befreite, jetzt wurden sie darin selber aktiv und machten dabei ihre Erfahrungen.

Als Jesus mit Petrus, Jakobus und Johannes auf dem Berg der Verklärung war, versuchten die anderen im Tal, einen Dämon aus einem Jungen auszutreiben. Sie hatten keinen Erfolg, worauf Jesus enttäuscht und ärgerlich reagierte; er musste es selber tun. Auf ihre Frage, warum sie das nicht hatten schaffen können, nannte Jesus ihren Mangel an Glauben als Grund, und dass diese Art Dämon nur durch Beten und Fasten ausfahre. Es handelte sich also um eine Schulung unter realen Bedingungen.

Sie lernten auch Glauben und Wunderwirkungen. Petrus' Experiment mit dem Gehen auf dem Wasser hatte vermutlich bereits stattgefunden. Als

Jesus die Fünftausend speisen wollte, sagte er zu den Zwölfen: *„Gebt ihr ihnen zu essen!"* Sie begannen auszurechnen, was mit dem wenigen, das sie hatten, möglich war. Jesus prüfte sie, um deutlich zu machen, dass ihr Denken falsch war und dass sie lernen mussten, in einer anderen Dimension zu agieren. Am Anfang eines Wunders steht ein offenes Denken – auf Himmelsart denken, die ganze Realität und alle Möglichkeiten Gottes sehen! Das mussten sie lernen.

Als der Feigenbaum verdorrte, den Jesus verflucht hatte, reagierten sie überrascht. Er erklärte, hier käme das Gesetz des Glaubens zur Anwendung: *„Amen, das sage ich euch: Wenn ihr Glauben habt und nicht zweifelt, dann werdet ihr nicht nur das vollbringen, was ich mit dem Feigenbaum getan habe; selbst wenn ihr zu diesem Berg sagt: Heb dich empor und stürz dich ins Meer!, wird es geschehen. Und alles, was ihr im Gebet erbittet, werdet ihr erhalten, wenn ihr glaubt"* (Matthäus 21,21). Dieselben Aussagen werden in anderen Zusammenhängen wiederholt: Matthäus 17,20, Lukas 17,6. Es sind gewaltige Sätze. Sie sind als Bestätigung, als Ermutigung gedacht; Jesus will, dass wir so handeln. Er legt seinen Jüngern und uns das Prinzip des Glaubens und des Lebens vor.

Und hier sind wir mitten im Thema: Glauben und Wunder! Die Schule der Jünger ist also unsere Schule. Der Glaube, von dem hier die Rede ist, der nicht zweifelt, kann keine mentale oder spirituelle „Gymnastik" sein. Ich schätze, er muss in unserem Denken und unserem Geist heranwachsen, bis wir wissen, dass wir ihn haben. Wir wissen es, wenn er uns zur Verfügung steht. Mit dieser Überzeugung ist es verantwortlich und realistisch, zu gebieten, dass etwas geschehe.

Dann kam eine Verheißung von Vollmacht, die ganz wesentlich ihr zukünftiges Amt und ihre Berufung als Apostel betraf. Zuerst sprach Jesus Petrus an: *„Du bist Petrus und auf diesem Felsen werde ich meine Gemeinde bauen und des Hades Pforten werden sie nicht überwältigen. Ich werde dir die Schlüssel des Reiches der Himmel geben; und was immer du auf der Erde binden wirst, wird in den Himmeln gebunden sein, und was immer du auf der Erde lösen wirst, wird in den Himmeln gelöst sein"* (Matthäus 16,18–19; REÜ).

Schlüssel stehen für Macht und Zuständigkeit. Die Ältesten hatten die Schlüssel zu den Stadttoren. Auch in unserer Zeit gibt es eine Tradition, Bürgermeistern und Ehrenbürgern symbolische Stadtschlüssel zu überreichen. Im normalen Leben verfügen wir über die Schlüssel für unser Haus, Büro und Auto.

Das zeigt das Vertrauen, das Gott in Menschen zu investieren bereit ist, die ihr Herz nach ihm ausrichten. Schlüssel stehen für übertragene, delegierte Vollmacht – in diesem Fall von Jesus auf Petrus. Was immer Petrus auf Erden bestimmen sollte, würde dadurch im Himmel Gültigkeit haben, anerkannt und in Kraft gesetzt sein. Die Himmelsmächte würden Befehlen von der Erde gehorchen!

Matthäus 18,18 wiederholt diese Verheißung noch einmal. Diesmal wird sie den Jüngern als Gruppe zugesprochen – hier im Zusammenhang mit Gemeindezucht. Es geht aber um dieselbe generelle Vollmacht, die Petrus übertragen worden war.

Diese Vollmacht ist ein hohes Amt und eine hohe Ehre, sowohl für den einzelnen Menschen wie auch für eine Gruppe. Das sollte uns begeistern. Es bedeutet, dass Gott bereit ist, geeigneten Menschen großen Wert beizumessen und gegebenenfalls viel Vertrauen zu schenken. Überraschen sollte uns das allerdings nicht. So sieht Partnerschaft mit Gott aus – in diesem Fall angewendet auf Apostel. Ihre Schlüssel sind die des Reiches Gottes und sie werden die Kirche (Ekklesia) gründen und bauen. Es ist die These dieses Buchs und dieses Kapitels, dass Gott in gleicher Weise für jeden von uns Autorität bereithält – gemäß unserer Berufung.

Einheit, gepaart mit Glauben

Tatsächlich eröffnen diese Verse dann noch einen weiteren Aspekt des Gebets. *„Weiter sage ich euch: Alles, was zwei von euch auf Erden gemeinsam erbitten, werden sie von meinem himmlischen Vater erhalten. Denn wo zwei oder drei in meinem Namen versammelt sind, da bin ich mitten unter ihnen"* (Matthäus 18,20).

Auch diese Verheißung gilt über den Kreis der Gründungs-Apostel hinaus und wird als ein Prinzip für alle Gläubigen genannt. Es zeigt die Bereitschaft und den Wunsch des Vaters, auf uns einzugehen und für uns zu handeln! Diesmal liegt die Betonung nicht auf unserem *Glauben* als einer Grundlage für die Reaktion des Vaters, sondern auf unserem Eins-Sein in dem geäußerten Anliegen. Das griechische Wort lautet *symphoneo*. Von ihm leitet sich unser Wort „Symphonie" ab. Jesus spricht hier nicht von irgendeiner zufälligen, pragmatischen Übereinkunft, sondern von einem gemeinsamen Herzenswunsch. **So erweist sich Einheit, gepaart mit Glauben, als eine Herzenseinstellung, auf die Gott reagieren wird.**

Im Bericht des Apostels Johannes über Jesu Reden bei seinem letzten Abendmahl mit den Jüngern sehen wir all das oben Genannte zusammengefasst:

„Amen, amen, ich sage euch: Wer an mich glaubt, wird die Werke, die ich vollbringe, auch vollbringen und er wird noch größere vollbringen, denn ich gehe zum Vater" (Johannes 14,12).

Das zeigt, dass Jesus aus denselben Quellen lebte, die auch uns verfügbar sind, und dass wir tun können, was er tat. Dies ist eine prinzipielle Aussage: Wer an Jesus glaubt, wird solche Werke tun. Ja, wir können sie sogar übertreffen und noch größere Werke tun! Wieder sind uns diese Worte als Einladung und Ermutigung gegeben, dieser faszinierenden und erstaunlichen Möglichkeit nachzugehen.

Johannes lässt direkt diese Verheißung folgen: *„Alles, um was ihr in meinem Namen bittet, werde ich tun, damit der Vater im Sohn verherrlicht wird. Wenn ihr mich um etwas in meinem Namen bittet, werde ich es tun."*

Sie wird wenigstens viermal in diesem Kontext wiederholt: Johannes 15,7, 15,16, 16,23, 16,26.

Es geht hier nicht um etwas Technisches, um juristische Vertragstexte. Diese Verheißungen unterstreichen die Beziehung mit dem Vater, dem Sohn, dem Heiligen Geist und mit den anderen Jüngern. Aus der Nähe zu Gott und unseren Mitchristen heraus können wir für das glauben, was uns, gegründet auf diese Verheißungen, am Herzen liegt, und darum bitten und es wird geschehen. Es ist so eingerichtet, dass Gottes Wirken und Handeln leicht erlebbar und ein natürliches Ergebnis unserer Liebe, unseres Gehorsams und Glaubens sind. Hier gibt Johannes Einblick in das Herz Jesu, seine Werte und seinen Willen für die Jünger. Wenn sie dergestalt leben, dann ergibt es sich von selbst, dass ihnen die Werke des Himmels offenstehen.

Die wirklich gute Nachricht für uns ist, dass die Formulierung dieser Werte, Bedingungen und Verheißungen zeigt: Sie sind nicht nur dieser ersten Gruppe von Aposteln verfügbar, sondern allen, die an Jesus glauben und so leben. Dies ist unser Erbe.

Die Endphase der Apostelausbildung fand nach Jesu Auferstehung statt. Für uns ist an dieser Stelle ihre weitere Schulung in Bezug auf übernatürliches Wirken in Partnerschaft mit Gott relevant.

Bei einem der ersten Male, als Jesus seinen Jüngern nach seiner Auferstehung erschien, hauchte er sie an und sprach zu ihnen:

„Empfangt den Heiligen Geist. Wem ihr die Sünden vergebt, dem sind sie vergeben; wem ihr die Vergebung verweigert, dem ist sie verweigert" (Johannes 20,22).

Hier erhielten die Jünger ihre „erste Rate" des Empfangs des Heiligen Geistes, und hier gab ihnen Jesus die Vollmacht, auf Erden Sünden zu vergeben oder auch nicht zu vergeben. So wuchs das Maß ihrer Autorisierung.

Dann kam die letzte allgemeine Beauftragung, wie in Matthäus 28,18–20, Markus 16,15–18, Lukas 24,47 und Apostelgeschichte 1,8 berichtet. Im Matthäusevangelium steht es am ausführlichsten. Sie sollen hingehen und alle Völker zu Jüngern machen und sie lehren, alles zu befolgen, was Jesus ihnen beigebracht hatte. Dies ist die apostolische Aufgabe, sie fußt auf Jesu Aussage: *„ Mir ist alle Macht gegeben im Himmel und auf der Erde. "*

Was dreieinhalb Jahre zuvor in der Wüste als ein Kampf mit Satan begonnen hatte, war jetzt von Jesus zu Ende gebracht worden. Durch sein Opfer am Kreuz hatte er dem Satan seine legitimen Rechte entzogen. Mit seinem Hinabsteigen in Tod und Hölle und seiner Auferstehung hatte er die Schlüssel des Todes und der Hölle an sich genommen. Nun würde der Vater Jesus bald wieder zu seiner Rechten erheben und ihm alle Vollmacht übertragen, die exekutive Gewalt über das Universum. So war es ihm jetzt möglich, diese Autorität auf die Apostel für ihre Aufgabe und auf alle Generationen seiner Nachfolger zu übertragen.

In der Praxis

Als der Heilige Geist auf die Jünger gekommen war, fuhren sie fort zu tun, was ihre Aufgabe war. Wir lesen die bekannte Zusammenfassung des Lebens der ersten Gemeinde in Apostelgeschichte 2,42–47: *„Sie hielten an der Lehre der Apostel fest und an der Gemeinschaft, am Brechen des Brotes und an den Gebeten. Alle wurden von Furcht ergriffen; denn durch die Apostel geschahen viele Wunder und Zeichen. "*

Obwohl sie erst mit ihrer Aufgabe begonnen hatten, erleben wir die Apostel nun als fähige Leiter, wie sie lehrten, evangelisierten, Zeichen und Wunder wirkten. Erst durch die Geistestaufe war ihnen das möglich geworden, aber seitdem gehörte das Wirken von Zeichen und Wundern zu ihrem normalen Leben. Das änderte sich in der gesamten Apostelgeschichte nicht mehr. **Was sie nach und nach unter Jesus gelernt hatten, war jetzt also für sie das Übliche geworden – der biblische Standard.**

Selbst die spezifischen Autorisierungen für sie als Apostel – die Schlüssel des Himmelreichs, die Vollmacht, Sünden zu vergeben oder zu behalten – galten nicht nur jener Gründungsgeneration. Das Amt des Apostels und die anderen Dienstberufungen sind der Kirche auf Dauer gegeben, für alle Generationen.

Die nächste Generation

Es dauerte nicht lange, da trat die nächste Generation hervor und tat es den Aposteln nach. Stephanus zeigte sich in Jerusalem als ein junger Mann voller Gnade und Vollmacht. Er gewann seine öffentlichen Debatten durch Gottes Geist und Weisheit und wirkte Zeichen und Wunder. Woher hatte er das? Von den Aposteln. Täglich beobachtete er sie beim Predigen und Disputieren in der Öffentlichkeit. Er lernte nicht nur die Lehre der Apostel, sondern auch die Argumente der Gegner kennen und entwickelte seine eigene Position. Er sah, wie die Apostel miteinander umgingen und ihre Nachfolger mit Demut und Vollmacht anleiteten. So wuchs er in der Gnade, in diesem Fall in gewinnenden Umgangsformen und Sozialkompetenz. Und er beobachtete auch, wie die Apostel heilten und Wunder wirkten, und begann ihnen auch darin nachzufolgen. Die Apostel hatten dies ihrerseits so von Jesus gelernt.

Es ist alles normal und recht einfach. Das System funktioniert nach dem Prinzip: *Winner takes all*, der Gewinner kriegt alles. Wer solche Taten vollbringen kann, kann sie auch anderen beibringen. Auf die Weise potenziert sich die Zahl derer, die so zu leben verstehen. Philippus, der Evangelist, entstammte derselben Schule wie Stephanus. Als die Verfolgung in Jerusalem ausbrach, ging er nach Samaria, predigte das Reich Gottes und wirkte spektakuläre Heilungen, Wunder und Dämonenaustreibungen. Agabus, Barnabas, Paulus und Silas repräsentieren aufeinanderfolgende geistliche Generationen, die ganz natürlich dasselbe Erbe antraten.

Die Gemeinde: der Leib Christi

Die Gemeinde ist eine Gemeinschaft, die Himmel und Erde verbindet. Jeder, der dazugehört, muss zuerst vom Heiligen Geist, von oben geboren werden. So wird er ein Kind Gottes. Dann kann er mit Wasser und Heiligem Geist getauft werden. 1. Korinther 12,13 sagt, dass wir in dem einen Geist in den einen Leib getauft werden. Hier sehen wir Gottes Wirken: Jeden neuen Gläubigen fügt er in den Leib Christi ein. Die Kirche ist deshalb nicht nur eine Gemeinschaft mit einem gemeinsamen Glaubensbekenntnis und gleichen Moralvorstellungen. Sie ist nicht zunächst eine gesellschaftliche Institution, obwohl sie eine Organisationsform annehmen muss. Zunächst bildet sie eine Gemeinschaft, die sich aus solchen zusammensetzt, die von Gott geboren sind und dann durch den Heiligen Geist in diese Gemeinschaft eingegliedert wurden. Aus diesem Grund verwendet das Neue Testament bevorzugt den Begriff „*Leib Christi*" für die Kirche. Jesus ist das Haupt, er wohnt im Himmel. Wir auf der Erde, die vom Geist geboren wurden, sind jeder ein Glied dieses Leibes. Wir stehen alle mit dem Haupt in Verbindung und außerdem mit den anderen Gliedern des Leibes, je nach Beziehungen und Funktion.

Die Geistesgaben

In den bekannten Kapiteln über die Gaben des Geistes beschreibt Paulus, wie jedes Glied des Leibes für seinen Dienst vom Heiligen Geist mit übernatürlichen Begabungen und Fähigkeiten ausgerüstet wird. Es gibt natürliche Gaben, die wir alle haben. Gott möchte uns schulen, sie auf seine Weise zu nutzen. Aber die Geistesgaben sind nicht unsere natürlichen Fähigkeiten. Es sind die „Charismen", die uns gegeben sind, freigesetzt in uns durch den Geist. Die Geistesgaben, die Paulus in 1. Korinther 12 aufführt, sind eindeutig übernatürlich: Wort der Weisheit, Wort der Erkenntnis, Glauben, Heilung, Wunder, Prophetie, Geisterunterscheidung, Reden in Sprachen, Auslegung der Sprachen, die Gabe zu helfen, die Gabe zu leiten.

Kein Christ wird für alles begabt, aber jeder hat etwas. Nicht alle sind Heiler, nicht alle Wunderwirker usw. Aber alle diese Gaben gibt es, und wenn es an der Zeit ist für ein Wunder, dann müssen die mit der entsprechenden Begabung vortreten und handeln. Diese Unterschiede in den Begabungen sollen uns voneinander abhängig machen, sie erhöhen das Bewusstsein von Gemeinschaft. Was also im Leben Jesu begann und dann in das Leben der ersten Apostel „implantiert" wurde, ist jetzt den örtlichen Gemeinschaften der Bürger des Gottesreichs gegeben – jedem Mitglied einzeln und ihnen allen gemeinsam.

So hat die Gemeinde Zugang zu allen Ressourcen und Gaben des Himmels. Die Mitglieder sind ausgerüstet und gerufen, in allen Gebieten und Aspekten des Lebens zu leben und anderen zu dienen. Wo Menschen zerbrochen und kaputt sind, gibt es seelsorgerliche Hilfe für Heilung. Wo sie geplagt werden von Dämonen, können diese ausgetrieben werden. Wo Familien lernen müssen, mit Geld umzugehen, steht Unterstützung durch solche zur Verfügung, die die Gabe zu helfen und zu leiten haben; wenn Verantwortliche in Wirtschaft und Politik Ausrichtung für die Zukunft brauchen, gibt es Hilfe durch Propheten und Apostel. Die Kranken können geheilt werden.

In meiner Heimatstadt Auckland versuchte ein Arzt einmal einer Patientin zu helfen. Ihre Krankheit war psychosomatischer Natur, aber er kam der Sache nicht auf den Grund. Mit Einverständnis der Patientin zog der Mediziner einen „Spezialisten" hinzu. Dabei handelte es sich um einen Geschäftsmann, einen Freund von mir, der mir diese Geschichte erzählt hat. Er ist es gewohnt, auf den Geist zu hören und begabt, Prophetien für

Einzelne und Worte der Erkenntnis zu empfangen. Gleich nach dem Telefonanruf setzte er sich ins Auto und fuhr zur Arztpraxis. Während dieses kurzen Wegs gab ihm der Heilige Geist ein Wort der Erkenntnis und zeigte ihm damit die Ursache des Problems. Es hatte mit der Vergangenheit der Frau zu tun. Als er ihr davon erzählte, begann sie zu schreien, weil die ganze Verletzung der Vergangenheit an die Oberfläche drängte. Die beiden Christen führten sie zur Heilung ihrer Vergangenheit und in der Folge auch zu ihrer körperlichen Heilung. **Das ist Kirche, der Leib Christi, in Aktion mit den Gaben des Geistes und im Teamwork.**

Die gesamte Gemeinde ist eingebunden, ihren Teil der Stadt mit ihrer Fürbitte zu schützen und durch praktische Hilfe zu segnen. Alle sollen den Menschen in ihrer Umgebung von Jesus als dem Herrn erzählen. Wer dabei Hilfe braucht, kann die Evangelisten hinzurufen.

Die Christen vor Ort können ihrer Umgebung die Antworten, die Kraft, die Weisheit und die Liebe Gottes überbringen. Das ist das Reich Gottes, das jeden Tag natürlich und übernatürlich ins Alltagsleben hineinwirkt.

Und wir?

Wir müssen erkennen und unmissverständlich zugeben, dass die Bibel uns die Richtlinien für Normalität vorzugeben hat – unabhängig von unserem gegenwärtigen Erfahrungsstand. Wo wir unnormal, einseitig, unterentwickelt sind, müssen wir das anerkennen und um Hilfe bitten. Das Schlimmste, was wir tun können, ist, unseren Zustand zu rechtfertigen oder gar eine Theologie auszuarbeiten, mit der wir ihn verteidigen. Das zeugt von ungutem Stolz und hält uns mit Sicherheit in unserem armseligen Zustand gefangen.

Der biblische Standard sollte uns nicht unter Druck setzen, sondern uns ganz im Gegenteil herrliche Möglichkeiten des Lebens im Übernatürlichen eröffnen! Er vermittelt vor unseren Augen eine faszinierende Vision und Hoffnung. Jetzt sind wir in der Ausgangsposition von Epheser 2,1–10: Mit Christus Jesus zusammen ist uns eine Stellung in der Himmelswelt gegeben, erhoben über unsere Vergangenheit, unsere alten Sünden, die Handlungsweise der Welt und satanische Mächte. Dasselbe lesen wir in Kolosser 3 und in Galater 3 und 4.

Der Himmel und die Zukunft stehen uns offen. Selbst wenn wir viel Zeit verloren haben und in der Vergangenheit Versagen und Enttäuschung erlebten, hat das unsere Zukunft nicht zu bestimmen. Gottes Wort ist die Basis für unsere Hoffnung und unsere Erwartungen.

Wir können heute beginnen, da, wo wir sind.

Der erste Schritt ist zu glauben, dass dies wirklich *mir* gilt. Ich kann mir vornehmen zu suchen, bis ich entdecke, wie ich in die Praxis des Übernatürlichen hineinfinde. Damit begebe ich mich auf eine Reise.

Beten Sie mit mir: *„ Vater im Himmel, ich glaube, dass deine Verheißungen wahr sind und dass auch ich im Übernatürlichen leben kann. Bisher bin ich oft unsicher und ängstlich zurückgewichen. Ich dachte, dass es nur andere Menschen entdecken könnten, nicht ich. Bitte vergib mir dieses Zurückweichen und meinen Unglauben. Jetzt glaube ich, dass es auch mir gilt. Bitte nimm mich in deine Schule und führe mich in all diese Dinge, die du versprichst. Ich will es von ganzem Herzen. Ich weiß, dass du mich nun führen wirst, und zwar auf gute Weise. Danke, Herr. Amen. "*

Nächster Schritt: Suchen Sie einen Mentor. Dabei muss es sich weder um eine langfristige noch um eine sonderlich tiefe Verbindlichkeit handeln. In Gemeinde und Gesellschaft praktizieren wir Geben und Nehmen, je nach Vertrauen und Fähigkeiten. Entsprechend wenden wir uns auch an Ärzte, Werkstätten, Schulen. Sehen Sie sich in Ihrem Bereich des Leibes Christi um. Gibt es jemanden, dem Sie vertrauen, der Ihnen im Leben mit den Gaben des Heiligen Geistes und mit Wundern voraus ist? Gehen Sie zu ihm und bitten Sie ihn, Ihnen das beizubringen, was er hat. Finden Sie im Blick auf Ihren Lebensstil und Ihre Verpflichtungen eine Möglichkeit heraus, wie es sich umsetzen lässt. Und dann tun Sie es!

Die große Lektion im Blick auf die Jünger ist: Sie hatten einen Mentor. Dann gaben sie ihren Glauben und ihre Autorität und Praxis genauso an die nächste Generation weiter. Nicht Belehrung, sondern Beispiel inspiriert zu Glauben und Wunderwirken. Die Jünger hatten uns etwas voraus: Ihr Mentor war Jesus im Fleisch. **Wir jedoch genießen den Vorteil, dass wir Jesus im Geist haben und er in uns lebt!** Das galt für die Jünger zunächst einmal nicht. Wir wurden *„mitversetzt in die himmlischen Regionen mit Christus Jesus"* (Schlachter), auch das traf für sie damals nicht zu. So ganz schlecht sind wir also nicht dran! Wir können in unterschiedlichen Phasen unterschiedliche Leute um Hilfe bitten. Das Gelernte müssen wir immer anwenden, aber darauf werden unsere Mentoren schon achten.

Wenn es Sünde gibt, Unreinheit, Verluste in Ihrem Leben, dann treten Sie vor Gott, bekennen Sie es und arbeiten Sie daran. Vielleicht sollte Ihr Mentor Sie darin begleiten, Ihre Beichte hören und Ihnen helfen, mit der Lebensveränderung Ernst zu machen. Heiligkeit bedeutet, von Gott und der Möglichkeit, ihn zu kennen, fasziniert zu sein und sich ihm zu widmen.

Sie können einen Lebensstil entwickeln, mit dem Sie dem Herrn gefallen und Ihre Aktivitäten und Ihre Zeit auf seine Weise organisieren. Vermeiden Sie Gesetzlichkeit und üben Sie Liebe und Disziplin.

Der Mentor kann Ihnen helfen sicherzustellen, dass Sie mit dem Heiligen Geist erfüllt sind und anfangen, im Geist zu wandeln. Lassen Sie sich von ihm die Hände auflegen und ihn für Sie beten, dass Sie geistliche Gaben empfangen. Bitten Sie um alle Geistesgaben, die Sie nur bekommen können. Bitten Sie um das Reden in anderen Sprachen, weil dies die eine Gabe ist, die im Privaten zur eigenen geistlichen Auferbauung eingesetzt werden kann. Beten Sie jeden Tag viel auf diese Weise. Ich beobachte, dass Gott mir oft Gedanken zu Menschen oder Situationen eingibt, wenn ich in einer geistlichen Sprache für sie bete. Das kann der Auslöser für andere geistliche Gaben sein: Wort der Weisheit, Wort der Erkenntnis, Prophetie.

Manchmal verbindet der Heilige Geist meine Emotionen mit seinen, und ich verspüre etwas von seiner großen Liebe für Menschen, an die ich denke oder für die ich bete. Wenn dies geschieht, weiß ich, dass ich im Geist bin und diese Menschen im Gebet anrühre, und ich bin bereit, ihnen Gottes Worte zu sagen. Ich habe erlebt, dass Gott dadurch Menschen verändert hat.

Zeigen Sie Initiative in Bezug auf geistliche Gaben und den Wandel im Heiligen Geist. Wenn Sie mit jemandem sprechen oder auch nur neben ihm sitzen, bitten Sie den Heiligen Geist um irgendetwas, was Sie diesem Menschen geben können. Manchmal zeigt er etwas ganz Kleines oder die Anfänge eines Gedankens. Gehen Sie dem nach und beginnen Sie sich mit ihm in dieser Richtung zu unterhalten. Tun Sie das auf natürliche, entspannte Weise und sehen Sie zu, ob es von Gott ist – wenn ja, wird der andere reagieren! Wenn sich das entwickelt, wird Gott Ihnen oft deutlicher machen, was Sie ihrem Gesprächspartner sagen sollen und was nicht. Ich habe erlebt, wie Menschen auf die Weise angerührt und zu Jesus geführt wurden.

Ist jemand krank, gehen Sie hin und fragen Sie Gott, ob es die richtige Zeit und der richtige Ort ist, um für ihn zu beten. Bemühen Sie sich um Sensibilität und Weisheit und hören Sie auf die inneren Anregungen des Heiligen Geistes. Seien Sie aber dabei aktiv und nicht passiv. Halten Sie sich nicht zurück, weil Sie auf ein Zeichen vom Himmel warten – das wird wahrscheinlich nicht kommen. Wenn Sie auf die Person zugehen mit dem Wunsch, aktiv zu werden, und auf den Geist hören, haben Sie eine gute Chance, es richtig hinzubekommen. Normalerweise ist es richtig zu beten, und dann können Sie sehen, was Gott tun will.

Das bedeutet, im Heiligen Geist und in seinen Gaben zu leben. Wir müssen Initiative ergreifen, für andere aktiv sein und sehen, ob Gott irgendeine Tür öffnet. Bleiben Sie nicht passiv und sagen: „Herr, ich stehe zur Verfügung, falls du willst, dass ich etwas unternehme"! So wird normalerweise nichts passieren. Sagen Sie: „Herr, was willst du hier tun, wo fangen wir an?", und beginnen Sie dort, wo er es zeigt. Führen Sie es dann auch zu Ende.

Lernen Sie, allein vor Gott zu stehen, ihm Menschen zu bringen und für sie zu beten. Darüber sprachen wir bereits. Es wird einige Leute und einige Situationen geben, die Sie im Heiligen Geist und im Gebet begleiten und durchtragen müssen. Manchmal geht das über kurze Zeit und ist einfach, und manchmal ist es langwierig und schwierig. Dann und wann müssen Sie Fürbitte tun, um weiterkommen und konzentriert durchbrechen zu können. Mit Übung werden Sie ein Gefühl dafür entwickeln, wann eine Situation fast „durch" ist, fast im Geist geboren. Dann gehen Sie voll Glauben voran, und es wird Sie so dankbar machen zuzusehen, wie das Erbetene geschieht. So herrschen Sie vom Himmel her über Ihre Welt. Es bedeutet, Autorität in Gott zu gewinnen und durch den Geist über die natürliche Welt zu regieren. Es heißt lernen, übernatürlich zu sein.

Die Gruppe

In der Dienstgruppe besteht die Möglichkeit, viel Hilfe und Ermutigung zu empfangen. Die Mitglieder können einander regelmäßig dienen mit den Gaben des Geistes, mit Prophetie und prophetischem Beten, mit Heilung, Weisheit, praktischem Rat und Hilfe. Durch die gemeinsame Praxis können wir zusammen lernen von Gott zu hören und im Glauben zu wandeln. Wir können einander helfen, auf den Geist zu hören und während der Woche im Glauben zu leben, außerhalb unserer Zellgruppe, auf unserer Arbeitsstelle. Denn hier brauchen wir die Gaben des Geistes: Weisheit, Geisterunterscheidung, Wunder, Heilung. Wir können einander wöchentlich berichten, wie es uns geht, und die Dinge besprechen und einüben – ähnlich dem Training beim Sport. Gegenseitige Besuche in der Mittagspause wären eine Möglichkeit zu erleben, wie es auf unseren Arbeitsstellen wirklich zugeht.

Die Gruppe kann uns helfen, unsere Gebetsprojekte aufzunehmen. Sie kann sich zu bestimmten Treffen um uns sammeln und vielleicht eine halbe Stunde lang mit uns gemeinsam Fürbitte tun, gemeinsam mit uns im Gebet durchdringen und unsere Welt gewinnen. Vielleicht wird man bei besonderen Herausforderungen mit uns fasten und beten.

Unsere westliche Welt ist in Materialismus, Hedonismus und Rationalismus verstrickt, Haltungen, denen man am besten mit Fasten und Beten zu Leibe rückt. Dadurch opfern wir das unmittelbare materielle Wohlgefühl, um geistliche, ewige Ziele bei Einzelnen oder Gruppen zu erreichen. Mit solchen Maßnahmen handeln wir in einem Geist und nach einem Wertesystem, das dem unserer westlichen Welt entgegengesetzt ist. Darin besteht die Chance, diese Welt geistlich aufzubrechen. Beim Zweiten Lausanner Kongress zur Weltevangelisation in Manila 1989 hörte ich den bekannten Autor und Dozent Os Guiness zu diesem Thema.

Unser kultureller Hintergrund

Ich glaube, zurzeit bringt Gott seinen Nachfolgern weltweit diesen Aspekt des Lebens in seinem Reich bei. Generell finden wir Westler dies am schwierigsten. Christen aus Indien, Afrika, Südamerika, China etc. bewegen sich leichter und natürlicher in der geistlichen Welt. In Gebet, Glauben, Wundern sind sie gut. Sie haben in anderen Bereichen zu lernen, z. B. Haushalten, Verantwortung und Management. Aber was das Leben im Geist angeht, sind sie gut. Wir sollten sie um Hilfe bitten. Ich weiß von einer Stadt in Deutschland, wo viele Menschen aus vielen Hintergründen und Nationen zu einer schwarzafrikanischen Gemeinde gehen, um geheilt zu werden. Es ist bewundernswert, wie diese Afrikaner bis in die Nacht hinein beten und Gottes Wirken erleben.

Ein Grund für unsere Schwierigkeiten im traditionellen Protestantismus ist, dass wir eine jahrhundertelange Tradition der Predigt haben. Auch mit Beten auf die uns bekannte Weise, Seelsorge, Evangelisieren und Fürsorge für Arme und Bedürftige sind wir vertraut. Diese Dinge reproduzieren wir natürlich und durch unsere Ausbildungseinrichtungen. Außerhalb dieser Tradition stehen jedoch: Heilung, Zeichen und Wunder, Prophetie, gemeinschaftliches Leben, ganzheitlicher geistlicher Dienst, geistlicher Kampf. Und das ist seit Generationen so, weil wir diese Dinge nicht auf natürliche Weise hervorbringen und weitergeben können.

Zum Glück entstand die Pfingstbewegung und entdeckte diese übernatürlichen Bereiche neu. Die charismatische Bewegung hat dies verstärkt und in andere Denominationen eingeführt. Auch das Gemeinschaftsleben wurde von dieser Erneuerungsbewegung erschlossen. Ferner hat sie sich zu ganzheitlichem geistlichen Dienst, dem apostolischen und dem prophetischen Amt aufgemacht.

Während ich dies schreibe, sehen wir in der *Bethel Church* im nordkalifornischen Redding eine westliche pfingstliche Gruppe, die in diesem

Bereich einen Durchbruch erlebt hat. Diese Gemeinde scheint gesund zu sein, und sie hat es sich zum Ziel gesetzt, anderen beizubringen, was sie selbst lernt. Ihr Pastor Bill Johnson wurde zu einem bekannten Leiter und Lehrer in diesem Bereich. Seine Bücher sind theologisch gut fundiert. Sie haben das Reich Gottes zum zentralen Thema und enthalten jede Menge Beispiele aus dem Alltag der Gemeindeglieder. Die Gemeinde versucht, ihrer Stadt durch Heilung, Wunder und Gaben des Geistes zu dienen, nicht nur während der Gottesdienste, sondern besonders im Alltag. Alle Gemeindeglieder werden herausgefordert und gelehrt, dort natürlich-übernatürlich zu sein, wo sie leben, einkaufen, arbeiten.

In Deutschland hat es im Verlauf der Geschichte einige Zentren für Heilung und Befreiung gegeben (ein Beispiel ist der Pfarrer Johann Christoph Blumhardt in Möttlingen und später in Bad Boll). Diese Dienste traten in Zeiten örtlicher Erweckungen immer wieder auf. In unserer Generation gibt es Einzelne und Zentren, die den Boden dafür bearbeiten und Heilung wiederentdecken. Wir sollten sie unterstützen und von ihnen lernen. Sie sind unsere Pioniere. Hoffentlich werden wir alle lernen, was sie uns erschließen, und es im ganzen Land verbreiten.

Gott führt sein Volk auf der ganzen Welt wieder in unser normales, biblisches Erbe zurück. Dies ist eine große Ermutigung, es da wiederzuerlangen, wo wir jetzt hingestellt sind. Nicht nur Wunder sind übernatürlich; Weisheit, Ausharren, praktische Hilfe, die Hilfsgaben kommen ebenso vom Geist wie Heilen und Wunderwirken. Wir brauchen das alles. Suchen wir weiter, bis wir alles wieder zurückbekommen haben!

20

Das Reich Gottes und Evangelisation

Der Evangelist hat – wie jeder Christ – die Aufgabe, anderen Menschen zunächst den Weg zur Grenze des Reiches Gottes zu weisen. Wenn sie dort erst einmal angekommen und suchend sind, muss er mit dem Heiligen Geist zusammenarbeiten und ihnen helfen, in das Reich Gottes hineinzugelangen.

Die Grundidee

Evangelisieren heißt, Menschen zurück zu Gott und unter seine Herrschaft zu rufen – und sie darin dann auch praktisch anzuleiten.

Wir haben uns in diesem Buch schon mit dem Vaterherzen Gottes und seiner ganz persönlichen Liebe zu jedem Menschen befasst. Letztlich geht es immer um Menschen, die wieder zu ihm zurückkommen, ihn lieben und ihm gehorchen. Nur an ihn „glauben" und ihm zu seinen eigenen Bedingungen nachfolgen – das geht nicht. Man muss von ihm lernen, ihm gehorchen und sich auf seine Weise verhalten wollen. So sieht die Liebe zu Gott im Grunde aus.

Dies ist das Herz des Reiches Gottes: ein Vater, der jeden von uns individuell liebt. Es ist zunächst eine Familie. Wenn wir dahin zurückkehren, ihn im Alltag zu lieben, wird er uns wieder aufnehmen und neu mit uns anfangen.

Natürlich kümmert sich der Vater nicht nur um Individuen. Zur gleichen Zeit „führt er Regiment" über Gesellschaften und Nationen und die Welt. Wenn wir uns das größere Bild ansehen, reden wir vom Reich Gottes, d. h., von seiner königlichen Herrschaft über Einzelne, Familien, Völker, Gesellschaftsbereiche, die Erde, die Engel, die Himmel. Dies war die Botschaft Jesu und der Apostel: das Reich Gottes, und zwar in allen diesen Bereichen.

Im Zusammenhang mit Evangelisation sprechen wir hauptsächlich über das Reich Gottes und den Einzelnen. Manchmal geht es um Familien (Beispiel: der Gefängniswärter in Philippi), Gruppen (z. B. Kornelius und seine Freunde) und manchmal um Städte. Aber in den meisten Fällen bedeutet evangelisieren, Einzelne zu Gott zurückzurufen: Sie müssen sich Gottes Königsherrschaft über ihr Leben neu unterstellen.

Um zum Vater zurückzukehren, ist es noch nicht einmal nötig, vom Reich Gottes gehört zu haben. Jesu Gleichnis über den verlorenen Sohn und den Vater, der jeden Tag auf die Rückkehr seines Sohnes wartete, ist das Herzstück des Ganzen. Wer diese Geschichte und das Herz Gottes, welches sie illustriert, erst einmal verstanden hat, wer verstanden hat, dass er selber verantwortlich entscheiden muss, welche Richtung sein Lebensweg nimmt, der kann zum Vater zurückkehren.

Wie das vorliegende Buch aber zeigt, war Jesu Botschaft ebenso wie die der Apostel *das Reich Gottes*, und mit dieser Botschaft riefen sie alle auf, zum Vater zurückzukehren. **Das Reich Gottes ist ein viel weiteres Thema als nur Evangelisation, aber Evangelisation steht im Zentrum.** Sehen wir uns die Parameter und Prinzipien für Evangelisation an, die uns diese Botschaft gibt. Sehen wir uns auch an, wie Jesus und die Apostel auf der Basis dieser Botschaft evangelisierten, und welche Prinzipien diese umfasst.

Grundprinzipien des Reiches Gottes für Evangelisation

Es gibt eine Grenzlinie um das Reich Gottes herum, keine geografische, wie in einem politischen Reich, sondern eine Richtschnur der Menschenherzen. Menschen innerhalb dieser Grenze leben gemäß der Aussage: „Jesus ist Herr." Die Menschen auf der anderen Seite stehen außerhalb des Gottesreichs. Ihre Lebensaussage ist: „Ich bin Herr", oder: „Wir sind Herr", oder: „Irgendein anderer gesellschaftlicher oder geistlicher Leiter oder eine Ideologie oder geistliche Macht ist Herr."

Möchte jemand zu Gottes Reich finden, muss er sich auf den Weg zur Grenze hin aufmachen. Dort muss er dem „Gott" bzw. den Lebenszielen und Systemen, denen er bis dahin gedient hat, widersagen und sich von diesen und dem entsprechenden bislang praktizierten Lebensstil abwenden.

Dann muss er sich Jesus als seinem König unterordnen und von Herzen bekennen: *„Jesus ist Herr."*

Daraufhin darf er zu Jesus rufen und ihn bitten, seine Vergangenheit zu vergeben und ihn in sein Reich aufzunehmen. Das Kreuz Jesu macht das möglich. Wir können aber nicht von allein in das Reich Gottes hineingehen. Wir können nur zum Grenzübergang kommen, um Gnade flehen und auf Gnade hoffen, dass Gott uns hört und sich über uns erbarmt. Wir müssen warten, bis er kommt und uns in sein Reich aufnimmt.

Genauso funktioniert die Einreise in ein anderes Königreich oder Land auf menschlicher Ebene: Ich beantrage ein Visum. Es gibt bestimmte Bedingungen zu erfüllen. Wenn ich nur als Tourist einreisen möchte, sind die Bedingungen unkompliziert und die mögliche Aufenthaltsdauer begrenzt. Möchte ich dort leben, gelten viel strengere Auflagen. Ich muss glaubhaft machen, dass ich verantwortlich für mein eigenes Auskommen sorgen kann und dass ich den Gesetzen des Landes Folge leisten werde. Will ich die Privilegien jener Gesellschaft in Anspruch nehmen, muss ich zeigen, dass ich bereit bin, die entsprechende Verantwortung zu tragen.

Als ich zum Beispiel an die deutsche Grenze kam und einreisen wollte, waren die Behörden gegenüber ihrem Land und ihrer Regierung verantwortlich, mich zu überprüfen. Ich hatte keinen Anspruch auf eine Aufenthaltsgenehmigung – für diese Entscheidung waren sie zuständig. Ich konnte nur den Antrag stellen, ihre Bedingungen erfüllen und hoffen, dass man mich aufnehmen würde.

So ist es auch mit Gottes Reich. Der König hat zu bestimmen. Ich kann nur die Bedingungen erfüllen: mich von meinem eigenen „Reich" abwenden, Gott die Autorität über mein Leben übergeben, bereit sein, anderen Menschen zu vergeben. Dann „stelle ich den Antrag" … indem ich zu ihm rufe, er möge mir gnädig sein, meine Vergangenheit vergeben, mich in sein Reich aufnehmen und mich zu seinem Kind machen. Dies kann ich in dem sicheren Wissen tun, dass Gott jeden Menschen liebt und uns alle gleich behandelt: Ich sehe auf das Kreuz und weiß, dass Jesus für alle gestorben ist, auch für mich!

Wenn der Heilige Geist sieht, dass jemand es ehrlich meint, kommt er zu ihm und nimmt ihn auf. Er vergibt ihm, schenkt ihm neues Leben und versetzt ihn in Gottes Reich. Das ist eine liebevolle „Umarmung" des dreieinigen Gottes und ein neuer Anfang unter ihm. Er erneuert uns geistlich und wir werden „von Neuem geboren" (Johannes 3,3–8). Er versichert uns, dass wir jetzt Kinder Gottes sind. Wir wissen es und fangen an, auf seine Weise zu leben. Paulus fasst in Kolosser 1,13 zusammen: *„Er hat uns der Macht der Finsternis entrissen und aufgenommen in das Reich seines geliebten Sohnes."*

Diese Erfahrung kann abrupt oder aber auch allmählich geschehen. Das hängt von der Person und ihrem Hintergrund ebenso ab wie vom Willen des Heiligen Geistes. Menschen mit einem eher kirchlich-liturgischen Hintergrund, denen nie gesagt wurde, dass sie klären müssten, wer letztlich ihr Leben bestimmt, die aber Gott schon immer geliebt haben, merken oft, dass der Heilige Geist ihnen schon seit Langem seine Annahme und Begleitung bestätigt. Sie können keinen Zeitpunkt der Veränderung oder Bekehrung nennen. Dasselbe ist auch bei Christen möglich, die in einer evangelikalen Tradition aufwuchsen. Es hängt alles von der Herzenseinstellung ab. Was der Heilige Geist sucht, ist ein Herz, das Jesus wirklich liebt und ihm nachfolgt und gehorcht. Wir kommen auf ganz unterschiedlichen Wegen dahin.

Der Evangelist hat – wie jeder Christ – die Aufgabe, anderen Menschen zunächst den Weg zur Grenze des Reiches Gottes zu weisen. Wenn sie dort erst einmal angekommen und suchend sind, muss er mit dem Heiligen Geist zusammenarbeiten und ihnen helfen, in das Reich Gottes hineinzugelangen.

Es ist natürlich sehr wichtig, dass sich ein Evangelist gut auf diese Vorgänge und das sensible Zusammenarbeiten mit dem Heiligen Geist versteht. Sehen wir uns an, wie Jesus auf Einzelne einging, damit wir besser verstehen, wie sich das umsetzen lässt.

Wie Jesus mit Einzelnen sprach

Nikodemus: Johannes 3

Johannes beschreibt Nikodemus als Pharisäer und als einen führenden Mann unter den Juden. Wie wir wissen, waren die Pharisäer die Priester, die unter Herodes und den Römern auch die zivile politische Macht in der jüdischen Gemeinde hatten. Sie lehrten das Gesetz Moses und leiteten die Menschen an, es zu halten. Allerdings standen sie immer in Gefahr, das Gesetz zwar dem Buchstaben nach zu halten, dabei aber das Eigentliche zu verpassen. Das wurde z. B. deutlich, als Jesus wiederholt am Sabbat heilte. Wir sahen schon, wie sie ihr Volk kontrollierten und dominierten, wie ihre Opposition zu Jesus eskalierte, bis sie beschlossen, ihn auszuschalten, und wie sie sich später den Aposteln in Jerusalem entgegenstellten und die Gemeinde verfolgten.

Die Begegnung zwischen Jesus und Nikodemus scheint früher stattgefunden zu haben, als Nikodemus noch nicht unter Druck stand. Er kommt in der Nacht, weshalb vermutet wird, dass er nicht mit Jesus zusammen gesehen werden wollte. Er eröffnet das Gespräch, und das ist sein erster Schritt auf dem Weg zu der inneren Überzeugung: Jesus muss von Gott gekommen sein, die Wunder bestätigen es. Das ist ein Fortschritt. Im Umgang mit Pharisäern sagt Jesus später oft: *„Wenn ihr nicht meinen Worten glaubt, dann glaubt wenigstens wegen der Zeichen, die ich tue …"* Diesen ersten Schritt hat Nikodemus getan.

Jesus ergreift die Initiative und spricht von der Wiedergeburt im Geist, von oben. Er spricht über den Wind, der weht, wo er will. Man sieht, was der Wind bewirkt, kann ihn aber nicht fassen. So ist es mit denen, die vom Geist geboren sind. Nikodemus versteht das überhaupt nicht. Wir sehen ihn damit ringen. Jesus erklärt es ihm nicht, sondern rügt ihn sogar ein wenig wegen seiner Unwissenheit. Außerdem spricht er über das künftige Opfer des Menschensohns und sagt, er sei gekommen, um zu polarisieren, zu scheiden zwischen denen, die die Finsternis lieben, und denen, die das Licht lieben.

Und das war's. Damit endete das Gespräch. Was ging hier vor? Ich denke, Jesus begegnete Nikodemus da, wo er war, und führte ihn dann zum nächsten Schritt auf seinem Weg zu einer Begegnung mit Gott. Er sprengte Nikodemus' gesetzliches Schubladendenken und eröffnete ihm eine andere Dimension, mit der er noch nichts anfangen konnte. Er schickte ihn auf den Weg, damit er weitersuche.

Noch zweimal lesen wir von Nikodemus. In Johannes 7 appelliert er an die anderen Pharisäer, in ihrer Auseinandersetzung mit Jesus fair zu sein. Daraufhin fahren sie ihn schroff an. Nach Jesu Tod entschied er sich schließlich für Jesus, befreite sich von dem Druck durch seinesgleichen und war einer der beiden Männer, die sich des Leichnams annahmen. Ein bisschen spät! Aber zu seinem Glück blieb Jesus nicht im Tod, und so bekam er noch eine Chance. Diese kurzen Episoden zeigen Nikodemus in einer schwierigen Situation und auf der Suche. Um zu Gott durchzudringen, musste er sich von seinen Kollegen und der ganzen Szene, der er angehörte, emanzipieren.

Keiner von uns sucht Gott unvoreingenommen und voraussetzungslos. Wir müssen uns von den Einschüchterungen und Ängsten lösen, die uns unsere Welt auferlegt, und uns gegen unseren eigenen Stolz und unsere Sünden entscheiden. Vielleicht gibt es Enttäuschungen und Beziehungswirren zu überwinden und bestimmte Themen intellektuell durchzuarbeiten. Deshalb brauchen manche Leute eine ziemlich lange Zeit für ihren Weg zu Gott. Ich spreche über Menschen, die – gemäß dem oben erläuterten Verständnis vom Reich Gottes – auf der Suche nach ihrem Weg zur Grenze des Gottesreichs sind. Wenn sie an diese Grenze gekommen sind, dann ist der nächste Schritt für sie die Bekehrung, ihre Hingabe an Jesus und das Flehen um seine Vergebung und Annahme. An dem Punkt geschieht ihre geistliche Geburt.

Aber viele sind dort noch gar nicht angekommen. Sie tasten sich erst noch dahin vor. Es ist wichtig zu erkennen, wo sich ein Suchender gerade befindet. Der Heilige Geist wird uns dabei helfen. Wir sollen der Person an der Stelle ihrer Suche, an der sie ist, zum nächsten Schritt helfen und die weitere Leitung dann dem Geist überlassen. Doch dazu müssen wir die richtige Einstellung und Denkweise haben: Erst dann bringen wir die Menschen dazu, ihr Leben Jesus zu geben, wenn sie dazu bereit sind und den Preis dafür zahlen wollen. Befinden sie sich noch auf dem Weg, ist es nicht richtig, sie so zu behandeln, als ob sie schon an diesem Grenzpunkt wären. Damit würden wir dem Heiligen Geist vorgreifen. Ich habe ein solches Vorgehen schon oft erlebt und auch selber so gehandelt. Es führt zu einer Totgeburt.

Jesus also rüttelte Nikodemus auf und ließ ihn gehen. Nikodemus brauchte ein paar Jahre, um sich durch die Auseinandersetzungen durchzuarbeiten, seine Schlüsse zu ziehen und persönlich zu Jesus zu kommen. Aber er schaffte es.

Der Schriftgelehrte: Markus 12,28–34

Das ist keine sehr bekannte Jesusbegegnung, für uns aber ein hilfreiches Beispiel. Ein Schriftgelehrter, ein Gesetzeslehrer, hört zu, wie Jesus mit den Sadduzäern debattiert. Der Schriftgelehrte ist beeindruckt und fragt Jesus nach dem größten Gebot. Anscheinend ist das keine Fangfrage und kein Diskussionsauftakt, sondern eine ehrliche Frage von einem ehrlich Suchenden. Jesus nimmt den Mann ernst, behandelt die Frage entsprechend und zitiert das erste und das zweite Gebot.

Der Mann antwortet mit dem wunderbaren Satz: *„Sehr gut, Meister! Ganz richtig hast du gesagt: ... [Gott] mit ganzem Herzen, ganzem Verstand und ganzer Kraft zu lieben und den Nächsten zu lieben wie sich selbst, ist weit mehr als alle Brandopfer und anderen Opfer."* Das ist eine wichtige Erkenntnis für einen Gesetzeslehrer. Als Jesus sieht, dass der Schriftgelehrte verständig antwortet, sagt er zu ihm: *„Du bist nicht fern vom Reich Gottes."*

Mit einem kurzen Satz ergreift Jesus Autorität und hilft dem Schriftgelehrten weiter; er sagt quasi: Du bist auf einem guten Weg, hast das Ziel aber noch nicht erreicht, suche weiter! Damit ermutigt und ermahnt er ihn gleichermaßen.

Offensichtlich ist dieser Schriftgelehrte auf dem Weg zum Reich Gottes schon weiter, als Nikodemus bei seiner nächtlichen Begegnung mit Jesus war. Jesus bestätigt ihm, er sei nicht fern, und impliziert damit, dass er weiter suchen solle. Mehr sagt er nicht, und zu dem Zeitpunkt ist es genug.

Die Frau am Brunnen: Johannes 4

Diese Geschichte ist wesentlich bekannter. Jesus durchbricht kulturelle Grenzen und beginnt ein Gespräch mit der samaritischen Frau. Er spricht über lebendiges Wasser und sie erweist sich als jemand, der Gott ehrlich sucht. Wahrscheinlich hat Jesus das durch den Heiligen Geist von Anfang an verspürt und aus diesem Grund die Begegnung initiiert.

Nachdem sie um dieses lebendige Wasser gebeten hat, wird Jesus persönlich. Bis zu diesem Punkt hat sich das Gespräch um Gotteserkenntnis gedreht. Jetzt spricht Jesus sie seelsorgerlich und evangelistisch an und führt sie zu einer moralischen, einer Herzensentscheidung für Gott. Deshalb fordert er sie auf, ihren Ehemann zu holen.

Sie antwortet, sie habe keinen, was zu dem Zeitpunkt genau genommen ja auch richtig ist. Jetzt könnte sie allerdings nervös werden, denn ihr Gegenüber nähert sich einem Bereich, den sie recht eigenwillig handhabt! Und es kommt noch ärger, richtig peinlich! Durch prophetische Einsicht oder ein Wort der Erkenntnis sagt ihr Jesus ihre Vergangenheit und ihre Gegenwart: *„Fünf Männer hast du gehabt und der, den du jetzt hast, ist nicht dein Mann."*

Warum wandte sich Jesus gerade jetzt, gerade bei dieser Frau diesem Thema zu? Das haben wir schon in Kapitel 7 betrachtet, wo es um Umkehr geht: Weil es sich hier um das Zentrum ihres Lebens handelte. Wollte sie sich Gott hingeben, musste sie dieses Thema angehen, sich dem stellen und Gott darin gehorchen. Gott wusste: Wenn sie ihm diesen Bereich unterstellte, dann unterstellte sie ihm alles. Das ist Umkehr, Kapitulation: Am zentralen und lebensbestimmenden Thema wird sie konkret. Im Fall dieser Frau handelte es sich dabei um Männer.

Jesus ging also direkt darauf zu. So muss man mit jemandem umgehen, der an der Grenze des Reiches Gottes steht, am Punkt seiner geistlichen Geburt. Das ist etwas anderes als in den anderen beiden Beispielen, wo Jesus jemandem auf dem Weg seiner Suche weitergeholfen hat. Diese Frau stand schon am Grenzübergang. **Das ist der Punkt, an dem man die Menschen packen, sie mit dem zentralen Thema ihres Lebens konfrontieren und darin Umkehr und Übergabe verlangen**

muss. Dann werden sie hier entweder kapitulieren und um Gnade und Annahme zu Gott flehen oder weiter ihren eigenen Weg gehen und das Reich Gottes verpassen.

Die Frau am Brunnen scheint richtig reagiert zu haben.

Dieses Beispiel zeigt auch, wie wichtig die Gaben des Heiligen Geistes sind. Ohne die prophetische Erkenntnis hätte sich dieses zentrale Thema nicht so eindeutig festmachen lassen.

Der reiche Mann: Markus 10,17–27

Anhand dieses Beispiels habe ich aufgezeigt, was Umkehr ist und wie oberflächlich wir heutzutage normalerweise Menschen an die Bekehrung heranführen. In unseren Gemeinden und Evangelisationsgruppen wäre dieser Mann fast ausnahmslos zu einem Übergabegebet angeleitet worden. Wir hätten ihn in unsere Gemeinde aufgenommen und ihn geschult, ein guter Christ zu werden. Gemessen an unseren Standards wäre er völlig in Ordnung gewesen, weil ihn der Wunsch motivierte, Gott zu erkennen und ihm aufrichtig zu folgen. Er war kein Heuchler. Er demütigte sich öffentlich, als er vor Jesus niederkniete und ihn vor allen Leuten fragte, was er tun müsse, um ewiges Leben zu erhalten. Jesus sah ihn an und liebte ihn. Wir hätten ihm also versichert, er sei errettet, auch ohne Anzeichen der ersten Liebe oder dem Feuer des Heiligen Geistes in seinem Leben. Er wäre unter unser System gekommen, aber nicht ins Reich Gottes.

Sehen wir noch einmal kurz an, wie Jesus mit ihm sprach. Zuerst fragt er den Mann nach den Geboten. Dies ist ein guter Ausgangspunkt. Jesus führt viele der Gebote auf, aber nicht das erste, das über die Liebe zu Gott. Der junge Mann antwortet ernsthaft. Als guter Jude hat er die Gebote immer gehalten. Aber er weiß, dass etwas fehlt: das Leben Gottes. Um das genau bittet er.

Vielleicht will Jesus auch allgemein diesen Menschen verstehen, während er auf den Heiligen Geist hört und darauf wartet, dass er ihm offenbare, wo der Mann gerade steht und was sein zentrales Thema ist. Vielleicht auch nicht, vielleicht kennt er den Schlüssel zu seinem Leben schon vom ersten Moment an.

Und nun sieht Jesus ihn an. Er liebt ihn, berührt ihn im Innersten und spricht das entscheidende Wort: *„Eines fehlt dir noch: Geh, verkaufe, was du hast, gib das Geld den Armen, und du wirst einen bleibenden Schatz im Himmel haben; dann komm und folge mir nach!"* Er sagt das offenbar mitfühlend. Es ist ein hartes Wort, wird aber nicht barsch gesprochen. Es muss so hart sein. In einer solchen Situation geht es um Leben und Tod, und das ist nicht die Zeit für eine andere Reaktion aus Mitleid.

Der Schlüssel zum Leben dieses Mannes waren seine Besitztümer. Dies ist der einzige mir bekannte Fall, wo Jesus jemandem sagte, er solle seinen ganzen Besitz zu Geld machen. Aber hier musste es sein. Sein Besitz war es, worauf dieser Mann baute. Das war das Autoritätszentrum seines Lebens. Er konnte vor Jesus nicht kapitulieren, wenn er in diesem Punkt nicht kapitulierte. Jesus ging also direkt darauf zu, genau wie er es mit der Frau am Jakobsbrunnen getan hatte. Das ist Seelsorge zur Errettung, zur Bekehrung.

Dahinter erkennen wir auch einen gewissen Geschäftssinn. Der junge Mann soll Schätze im Himmel sammeln, indem er jetzt seinen Besitz den Armen gibt. Er soll von kurz- auf langfristige Investitionen wechseln. Jesus bietet ihm auch einen Platz unter seinen Nachfolgern an, was er niemals leichtfertig tut. Damit ermöglicht er ihm einen neuen Lebensrahmen, denn es würden ihm ja weder Haus noch Beschäftigung bleiben. Er würde eine neue himmlische Berufung bekommen.

Wie wir wissen, ringt der Mann damit. Er kämpft um sein Leben – und verliert! Er wendet sich ab. *„Wie schwer ist es für Menschen, die viel besitzen, in das Reich Gottes zu kommen!"*, kommentiert Jesus. Das zeigt, dass wir bereit sein müssen, alle Reichen so zu beraten, wenn ihr Leben um ihre Besitztümer kreist!

Diese beiden letzten Beispiele verdeutlichen, wie wir bestimmte Menschen ansprechen müssen, die an der Grenze des Reiches Gottes stehen und hineinwollen. **Wir müssen den Finger auf das zentrale, bestimmende Thema ihres Lebens legen und darauf bestehen, dass sie dieses an Jesus abgeben. So lange sie das nicht tun, sind sie nicht qualifiziert für das Reich Gottes.**

Zachäus: Lukas 19,1–10

Zachäus war der oberste Zolleintreiber und sehr reich. Wir kennen die Geschichte, wie er in Jericho auf einen Baum klettert, um Jesus zu sehen, der vorbeikommen soll. Jesus bleibt unter seinem Baum stehen, sieht zu ihm hoch, nennt ihn vor allen Leuten beim Namen und lädt sich ein, an jenem Tag in Zachäus' Haus zu Gast zu sein. Das ist für Zachäus eine große Ehre. Die Leute murren: *„Er ist bei einem Sünder eingekehrt."* Jesus weiß sehr wohl, zu wem er gehen will. Genau aus dem Grund erwählt er ihn in dieser Weise, vor aller Augen und Ohren.

Zachäus öffnet sich wie eine Blume. Er verpflichtet sich, die Hälfte seines Reichtums den Armen zu geben und jede ungerechte Einnahme vierfach zurückzuerstatten. Jesus freut sich, weil an diesem Tag seinem Hause Heil widerfahren ist.

Es scheint keine Konfrontation über Zachäus' Reichtum gegeben zu haben wie im Beispiel von dem reichen jungen Mann. So, wie Lukas diese Geschichte erzählt, wirkt es, als wolle Zachäus seine Geldangelegenheiten freiwillig und aus eigenem Antrieb klären. Was war hier geschehen?

Der Schlüssel liegt darin, wie Jesus stehen geblieben ist, ihn beim Namen genannt und ihn vor allen anderen geehrt hat, indem er sich bei ihm einlud. Dies berührte Zachäus ganz tief im Herzen. Ich nehme an, dass das zentrale Thema seines Lebens, der Schlüssel zur Herrschaft über Zachäus' Leben, nicht sein Reichtum und seine Besitztümer waren, sondern vielmehr eine große Not: Ablehnung, Isolation.

Die Zöllner arbeiteten für die Römer und sie nahmen üblicherweise mehr ein, als ihnen zustand. Von der übrigen Bevölkerung wurden sie verachtet. Das erkennt man auch daran, wie die Menge sich empörte, als Jesus bei Zachäus einkehrte. Vielleicht wurde dieser Beruf generell eher von Leuten ergriffen, die bereits innerlich unter Ablehnung litten. Wer Zöllner wurde, setzte sich jedenfalls der Ablehnung der Menschen aus. Was auch immer in Zachäus' Fall zuerst vorgelegen haben mag und worunter er auch immer im Speziellen litt, ich denke, Jesus begegnete dieser Not in aller Öffentlichkeit und erreichte Zachäus damit. Das ist etwas Kostbares. Das Geld war ein zweitrangiges Problem, das sich von selbst erledigte.

Wenn Menschen von Not oder Verletzung bewegt werden, müssen wir das erkennen und ihnen an dieser Stelle dienen. Wir sollen sie zum Vater führen, damit sie seine Liebe und Heilung und Wiederherstellung empfangen. Ihre Not ist das Zentrum ihres Lebens und indem sie diese vor Gott öffnen, überantworten sie sich ihm normalerweise von selbst. Dabei werden sie vermutlich auch über bestimmte Dinge Buße tun müssen, z. B. Selbstmitleid, mangelnde Vergebungsbereitschaft, Verbitterung, Hass, aber es reicht, diese Themen so anzugehen, wie sie hochkommen. Solchen Leuten gegenüber wäre es falsch und sogar verletzend, allzu heftig Umkehr und Buße zu fordern, wie es in den beiden oben genannten Beispielen nötig war. Das ist richtig für starke Leute, die aus ihrer Stärke heraus leben. Jemand, der von Verletzung oder Not motiviert ist, handelt nicht aus Stärke heraus. Wir müssen den Unterschied erkennen.

Der Schächer am Kreuz: Lukas 23,38–43

Einer der beiden Verbrecher, die mit Jesus gekreuzigt werden, spottet gemeinsam mit der Menge. Welch eine negative, armselige Weise, seine letzten Sterbestunden zu verbringen! Er schließt sich der herrschenden, dämonisch inspirierten Atmosphäre an und stimmt in den Chor derjenigen ein, die Jesus beschimpfen. Auf der anderen Seite unternimmt der andere Verbrecher mit drei kurzen Sätzen eine wunderbare Pilgerreise, die ihn geradewegs in das Reich Gottes führt!

Zuerst tadelt er seinen Leidensgenossen für sein Verhalten. Er distanziert sich von dem herrschenden geistlichen Trend. Dann fordert er ihn auf, Gott zu fürchten, und nimmt für sich diese Position ein, er akzeptiert Gott und sein Gericht.

Er übernimmt Verantwortung für sich selbst, seine Taten und für das, was ihm widerfährt: *„ Uns geschieht recht, wir erhalten den Lohn für unsere Taten; dieser aber hat nichts Unrechtes getan. "*

Dann wendet er sich Jesus zu mit der erstaunlichen Bitte: *„Jesus, denk an mich, wenn du in dein Reich kommst. "* Nun, woher hat er diese Erkenntnis, dass Jesus in sein Reich kommen wird, dass es ein ewiges Reich ist und dass es etwas mit ihm zu tun haben wird? Er sieht die Tafel über Jesu Haupt: „Das ist der König der Juden." Man hat sie zum Spott angebracht, aber die Aussage ist richtig – und vielleicht offenbart sich ihm diese Wahrheit. Er hört all die Anschuldigungen und Vorwürfe, Jesus solle der Christus sein; vielleicht öffnet ihn das innerlich. Er ist ihm ganz nah in ihrem gemeinsamen Todeskampf und sieht, wie Jesus sich verhält. Sicherlich begreift er, dass Jesus unschuldig ist.

Wie auch immer es zustande kommt, diesem Mann wird offenbart, dass Jesus der Christus ist und dass er ein ewiges Reich bringen wird, obwohl er zunächst im Begriff ist zu sterben. Wie dieser Verbrecher zu der Erkenntnis gelangt, ist wirklich nicht wichtig zu wissen - sie kommt vom Heiligen Geist. Er kann diesen Mann erreichen, weil er sich demütigt, Gottes Gerechtigkeit anerkennt und seine eigene Schuld bekennt. Als der Heilige Geist diese Einstellung und die Verzweiflung des Mannes sieht, kommt er zu ihm und offenbart ihm Jesus, den Gesalbten, und das Reich Gottes. Und so kann der Schächer am Kreuz diesen erstaunlichen Satz sprechen und um Barmherzigkeit bitten. Er hat Hoffnung, denn er weiß, wer Jesus ist.

In diesem Moment ist er wohl der Einzige dort, außer Jesus, der so viel begriffen hat. Wahrscheinlich versteht noch nicht einmal Maria, Jesu Mutter, zu dem Zeitpunkt so viel. Die Jünger wissen zwar, wer Jesus ist, aber sie begreifen nicht, was bei seiner Kreuzigung geschieht. Als Jesus das Herz des Mannes und die Offenbarung, die ihm gegeben ist, erkennt, weiß er, dass dies vom Heiligen Geist gewirkt ist. Hier zeigt sich der klassische, vom Geist gegebene Errettungsglaube. Deshalb kann Jesus ihm diese wunderbaren Worte der Annahme sagen: *„Amen, ich sage dir: Heute noch wirst du mit mir im Paradies sein."*

Der Mann stirbt im Glauben und in dem Wissen, dass er in Gottes Reich aufgenommen ist. Welch ein Sterben! Welch eine wunderbare Erlösung in letzter Minute!

Es gibt andere persönliche Begegnungen, wo Jesus mit Einzelnen über ihren Wunsch nach einer Heilung oder einem Wunder spricht. Immer geht es dabei um Glauben. Die hier aufgeführten Beispiele handeln von Menschen, die zu einer Begegnung mit Gott geführt werden und die Einlass in das Reich Gottes suchen oder finden.

Was können wir aus diesen Beispielen lernen?

Die erste Lektion ist: Finden Sie bei jedem Einzelnen heraus, wo er in seiner Suche nach Gott steht. Ist er noch auf dem Weg zur Grenze des Reiches Gottes oder steht er bereits vor dem Grenzübergang und ist bereit, sich Jesus auszuliefern? Natürlich sind nicht alle Menschen überhaupt auf der Suche. Manche entfernen sich von Gott. Das herauszufinden müssen wir lernen. Jesus behandelte Pilatus und Herodes ganz unterschiedlich; ich glaube, weil der eine noch offen war und der andere nicht.

Ein Freund von uns hatte als Junge ein gestörtes Verhältnis zu seinem Vater. Er verließ sein Elternhaus und zog nach Westberlin, um nicht zur Bundeswehr eingezogen zu werden, und auch, weil sich hier die alternative Szene sammelte. Das war in den frühen Siebzigerjahren. Er bekam mit den linken Revolutionären zu tun, die damals das System gewaltsam stürzen wollten. Sie ließen ihn ihre Grundausbildung durchlaufen, was unter anderem den Bruch mit sämtlichen Kontakten und Beziehungen zu Leuten des „bürgerlichen Systems" forderte. So schrieb er einen Abschiedsbrief an seine Eltern und seine Familie und brach die Verbindung mit ihnen radikal ab.

Viele Monate später klingelte es eines Abends an seiner Tür. Er öffnete und sah zu seinem Erstaunen seinen Vater vor sich. Dieser war nach Westberlin herübergekommen und hatte sich zu unserem Freund hindurchgesucht. Das war ihm wahrscheinlich nicht allzu schwer gefallen – er war ein intelligenter, fähiger Mann, der nach dem Zweiten Weltkrieg Jahre in einem russischen

Kriegsgefangenenlager überlebt hatte. Er sagte: „Es geht nicht um mich. Ich bin wegen deiner Mutter gekommen. Dein Brief hat ihr das Herz gebrochen, sie wird damit nicht fertig. Mit ihrer Gesundheit geht es immer weiter bergab. Ich bitte dich um ihretwillen, melde dich bei ihr. Wir fürchten, dass sie sonst sterben wird." Damit machte er kehrt und ging wieder.

Nun stand unser Freund also vor einer Entscheidung. Er wählte den Kontakt zu seiner Mutter, wofür er die gewalttätige revolutionäre Szene verlassen musste. Im Rückblick sagt er, dass dieser Punkt die Umkehr in seinem Leben darstelle. An jenem Abend hatte sich ihm die Wahrheit an seiner Tür präsentiert! Sie hatte ihn konfrontiert, und glücklicherweise machte er die Kehrtwendung und gehorchte. In diese Richtung ging er dann weiter. Er war ein Wahrheitssucher geworden. Etwa zwei Jahre später wurde er zu Jesus geführt und später, durch Schwierigkeiten hindurch, zu einer Versöhnung mit seinem Vater. Und weiter und weiter …

Es gibt also Menschen, die auf der Suche sind, auf dem Weg hin zu Gott. Es gilt, sie zu erkennen und ihnen weiterzuhelfen. Für die aber, die sich von Gott entfernen, können wir nicht viel tun. Natürlich sind wir aufgefordert, sie zu lieben. Vielleicht sollten wir sie warnen, vielleicht über Gottes Gericht und unsere letztendliche Bestimmung sprechen. Vielleicht sollten wir nichts sagen. Es ist von der jeweiligen Person abhängig. Wir können beten, und möglicherweise legt Gott sie uns zur Fürbitte aufs Herz, sodass wir sie innerlich der Barmherzigkeit Gottes anbefehlen.

Suchende

So ist es unsere Aufgabe festzustellen, an welchem Punkt jemand in seiner Suche nach Jesus und dem Reich Gottes steht, und mit dem Heiligen Geist zusammenzuarbeiten, um ihm zum nächsten Schritt zu helfen.

Die wohl eindrücklichste Begebenheit, mit der ich illustrieren könnte, wie Suchenden zu helfen ist, begann eines späten Abends in den Neunzigerjahren auf einer kurzen Zugfahrt zwischen Zürich und Stuttgart. In meinem Abteil saß noch eine andere Person, eine junge Frau Mitte zwanzig. Es war spät, und wir beide dösten die halbe Fahrt vor uns hin. Später begannen wir uns zu unterhalten. Sie erzählte, sie sei Musikerin und fahre einmal die Woche zum Klavierunterricht nach Zürich. Als sie hörte, dass ich mit einer internationalen christlichen Bewegung arbeitete, erklärte sie, sie komme aus einem christlichen Hintergrund, habe sich aber davon gelöst und sei jetzt glücklich und erfolgreich in der New-Age-Bewegung. Voller Begeisterung und Überzeugung sprach sie von ihrem Guru.

Während ich ihr zuhörte, fragte ich den Heiligen Geist, was ich hier tun solle. Ganz sachte kamen mir folgende Gedanken in den Sinn: Diese junge Frau war Musikerin – ein empfindsamer Mensch; ich sollte ihr und ihren Worten viel Respekt entgegenbringen. Ich achtete sie also einfach als Persönlichkeit und ließ alles stehen, was sie so über das New Age erzählte. Dann lief der Zug in meinen Bahnhof ein, ich verabschiedete mich und stieg aus.

Sechs Monate später wartete ich mit meiner Frau Marion am Gepäckband des Stuttgarter Flughafens auf unsere Koffer. Als ich zufällig zur Seite sah, fiel mir diese junge Frau ins Auge, die direkt neben mir stand. Ich sprach sie an und stellte mich ihr noch einmal als der Mann aus dem Zug vor. Sie erinnerte sich. Ich machte sie mit meiner Frau bekannt, dann kam unser Gepäck, wir sagten Auf Wiedersehen und gingen.

Nach einem weiteren halben Jahr klingelte es an unserer Wohnungstür und ich machte auf. Da stand eben genau diese junge Frau! Sie hatte eine neue Frisur und ich erkannte sie zunächst gar nicht. Sie war wegen eines Seminars in unserer Stadt, stellte fest, dass es unser Wohnort sein müsste, und da sie meinen Namen nicht wusste, fragte sie sich durch, wo denn „die Neuseeländer" wohnten. Sie wollte mich finden und mir danken; ich hätte sie zu Jesus geführt!

Das hörte sich aufregend und sehr interessant an und ich bat sie herein. Sie erzählte uns ihre Geschichte. Im Zug hatte sie mir das Thema New Age um die Ohren geschlagen, um eine Reaktion zu provozieren. Sie erwartete, gewarnt zu werden. Aber stattdessen ging ich nicht mit Ratschlägen oder Warnungen auf sie los, sondern zeigte einfach nur Respekt – das hatte sie so zum ersten Mal von einem Christen erlebt! Von dem Zeitpunkt an begann ihr Herz weich zu werden. Ich dachte: „Danke, Heiliger Geist, ich habe dich richtig gehört." Dann waren wir uns am Flughafen begegnet. Drei Wochen danach wurde es geistlich wirklich gefährlich mit ihrem Guru, und um sie herum geriet alles aus den Fugen. Sie sah unsere zufällige Begegnung am Flughafen als ein Zeichen, dass sich Gott um sie kümmerte und sie nicht aus den Augen verloren hatte. Deshalb suchte sie nach Christen, die sie zu Jesus führen und sie von ihren Verstrickungen mit der New-Age-Bewegung befreien konnten. Sie war genügend vertraut mit der christlichen Szene, um die richtige Art Gemeinde zu finden. Und hier war sie nun!

Der Heilige Geist weiß, wie er einen Suchenden ins Reich Gottes führen will, und wenn wir weise sind, können wir mit ihm zusammenarbeiten.

Bei anderen Gelegenheiten fühlte ich mich von Gott geleitet, alle gesellschaftlichen Konventionen zu durchbrechen und mit Menschen über ihr

Verhältnis zu Gott und ihre ewige Seele zu sprechen. In den meisten Fällen erwies sich das als wirklich von Gott. Es ist immer abhängig von der Liebe zu dem Menschen und vom Hören auf den Heiligen Geist.

Wenn Menschen auf der Suche sind, wäre es oft leicht, sie in ein Sündenbekenntnis-Gebet zu leiten, damit sie ihr Leben Jesus geben. Doch das würde nicht funktionieren. Der Heilige Geist würde nicht mitziehen. Das weiß ich aus Erfahrung! Als junges Mädchen glaubte Marion an Gott. Sie versuchte ihm zu dienen. Sie machte alles, was in der Kirche als richtig galt. Mehrfach reagierte sie auf einen Aufruf des Predigers und ging vor und übergab ihr Leben Jesus. Aber nichts passierte. Erst ein paar Jahre später, als sie mit sich selbst am Ende war und Klartext redete mit Gott, kam er und begegnete ihr. Erst dann überschritt sie die Grenze in Gottes Reich hinein.

Ich bin bereit, einen Suchenden im Gebet anzuleiten, und das mache ich gerne. Es geht etwa so:

„Gott, ich glaube an dich und ich suche nach dir. Bitte führe mich an den Ort, wo ich dir begegnen und dich finden kann. Führe mich zu Jesus und deinem Reich. Ich bin noch nicht da, aber bitte gib mich nicht auf. Bitte, zeig mir, was du von mir willst …"

Menschen an der Grenze des Reiches Gottes

Vor vielen Jahren arbeiteten Marion und ich auf den YWAM-Hausbooten hinter dem Amsterdamer Bahnhof. Jeden Tag kam ein irisches Mädchen namens Aelish zu uns, um bei der Hausarbeit zu helfen und die Bibelstunde mitzuerleben. Wir sprachen viel mit ihr, und es war klar, dass sie ehrlich nach Gott suchte. Einige Wochen lang arbeitete sie sich durch mehrere Themen hindurch, und eines Abends war es Marion und mir klar, dass Aelish bereit war, zu Gott zu rufen. Wir spürten es beide durch den Heiligen Geist. Also erklärten wir ihr das Kreuz Christi und machten deutlich, dass es darum ging, dass sie sich und ihr Leben ihm übergeben und ihn bitten müsse, sie anzunehmen. Sie verstand. Wir schickten sie also in einen anderen Raum, damit sie Gott allein suchen konnte. Etwa eine Viertelstunde später kam sie wieder heraus. Wir fragten: „Nun?" Sie nickte nur still. Jesus war zu ihr gekommen und sie dient ihm seitdem.

Ein Paar, mit dem wir eng befreundet sind, hatte ein offenes Haus für Teenager. Ihre Küche war der Treffpunkt für eine Gruppe junger Leute. Die Frau merkte, dass Gott sie berief, mit ihm zusammenzuarbeiten, um einen geistlichen Durchbruch unter diesen ganz normalen Teenagern des Ortes zu erleben. Da das nicht leicht sein würde, fastete und betete sie jeden

Montag. Nach einer Weile begann sie einen Alphakurs, der später zu der Bekehrung von einer Person führte. Aber im Großen und Ganzen passierte nicht viel. Die Gruppe traf sich weiterhin jede Woche, noch lange nachdem der Alphakurs abgeschlossen war. Ein Jahr später führten sie noch einmal einen Kurs durch, der keinerlei geistliche Resultate zeigte. Am effektivsten war es immer, wenn die Frau mit Einzelnen oder der Gruppe in der Küche zusammen war.

Nach zweieinhalb Jahren wurde deutlich, dass eines der Mädchen, die aus einer ganz und gar nicht christlichen Familie kam, überführt, vom Heiligen Geist bewegt und bereit war, Jesus um Errettung anzurufen. So betete sie dort an dem Küchentisch, um ihr Leben Jesus zu geben. Da unsere Freundin aber kein Wirken des Heiligen Geistes spürte, fragte sie: „Was steht zwischen dir und Jesus?" Das Mädchen wusste sofort Bescheid: „Mein Freund." Unsere Freundin forderte sie auf: „Triff deine Wahl." Weinend rang das Mädchen mit dieser Entscheidung. Sie sagte sich von dem Freund los und rief zu Jesus, er möge ihr Gott sein und sie für sich nehmen. Sie wurde auf der Stelle wiedergeboren, dort am Küchentisch. Wir haben ihren Fortschritt einige Jahre lang verfolgt, und sie geht weiter mit Gott. Diese Bekehrung war ein Durchbruch für die Gruppe, und andere folgten. Heute ist unsere Freundin, eine Ehefrau und Mutter, eine geistliche Leiterin in ihrer Gegend und betreut viele Glaubensgrundkurse.

Sie hatte die Fähigkeit, mit dem Heiligen Geist zusammenzuarbeiten, um dieses Mädchen zur geistlichen Geburt und ins Reich Gottes hineinzuführen. Sie verstand, worum es ging. Deshalb war sie in der Lage, die richtige Frage zu stellen und auf der richtigen Reaktion zu beharren. Wenn jemand an der Grenze zum Reich Gottes steht, wenn der Heilige Geist ihn der Sünde überführt und Gott an ihm wirkt und ihn zur Geburt bringen möchte, dann ist die Zeit gekommen, die Herrschaftsfrage zu regeln. Oft wirft der Geist sie auf, manchmal müssen wir dem etwas nachhelfen. Die Frage kann wie oben formuliert werden: „Steht irgendetwas zwischen dir und Jesus?", oder: „Fürchtest du, Gott könnte dir etwas nehmen? Was ist das?" Oder: „Gibt es etwas, was du nicht aufgeben möchtest?"

Wenn eine konkrete Sache ins Bewusstsein kommt, offensichtlich und klar, und wenn sie dem Betreffenden wichtig ist, können Sie sicher sein, dass diese Klarheit vom Heiligen Geist bewirkt ist. Dann müssen Sie darauf bestehen, dass er sich entscheidet, diese Sache aufzugeben. Das muss sein, und zwar sofort. Der Suchprozess ist vorbei. Jetzt ist dieser Mensch an dem Punkt der geistlichen Geburt. Er muss seinem „Gott", der aktuellen Mitte seines Lebens, jetzt widersagen, nicht später. Genau so war es für den reichen jungen Mann. Wenn der Betreffende nicht bereit ist, dieser Lebensmitte zu widersagen, müssen Sie abbrechen und ihn ziehen lassen.

Für die, die sich Jesus ausliefern wollen, schlage ich folgende Grundelemente in einem Gebet um Errettung vor. Sie basieren auf all dem Gesagten und auf Römer 10,9–13.

„Gott, ich habe für mich selbst gelebt. Ich bin verschiedener Dinge schuldig geworden: (nennen). Aber am meisten bin ich der Eigensucht schuldig. Ich habe mich immer nur um mich gedreht.

Von all dem wende ich mich ab. Ich widersage dem, wofür ich gelebt habe (nennen). Ich widersage meiner unmoralischen und falschen Lebensführung und meinen Sünden.

Jesus, du bist Herr und Gott. Ich wende mich dir zu. Ich gebe mich dir, mich und mein Leben, meine Pläne, jeden Menschen in meinem Leben und alles, was ich habe. Ich will dir folgen und für dich leben.

Bitte vergib mir meine gesamte Vergangenheit, meinen ganzen Egoismus, alle meine Sünden. Jesus, du starbst am Kreuz, damit ich Vergebung haben kann.

Es gibt nichts, was ich tun kann, damit du mir vergibst. Du musst nicht zu mir kommen. Aber, Gott, wenn du zu mir kommst, dann bin ich dein. Hab Erbarmen mit mir ...

Bitte nimm mich in dein Reich, und ich will dir mein Leben lang folgen ... Sei mein Herr und mein Gott für alle Zeit."

Menschen an diesem Punkt sollen zu Gott rufen, bis sie wissen, dass er gekommen ist. *„Wer den Namen des Herrn anruft, wird errettet werden."*

Erste Schritte

Wenn sich jemand Jesus als Herrn überantwortet hat und deutlich wird, dass er ihm begegnet ist, dann können wir ihn in seinen ersten Schritten als Christ anleiten. Dazu gehört auch die Taufe gemäß seiner Gemeindetradition, wenn er eine Gemeinde hat. Dann muss er in die Erfüllung mit dem Heiligen Geist geführt werden und in das Beten und Handeln im Geist. Daraufhin kann er in eine Dienstgruppe gehen und in die Bibel und die grundlegenden Disziplinen eingeführt werden, wie sie in Kapitel 12 dargelegt sind.

Für manche, die sich an diesem Punkt, wo es um die Bekehrung geht, gegen Gott entscheiden, ist dies möglicherweise der Wendepunkt ihres

Lebens zum Schlechten. Es ist Sache des Heiligen Geistes zu entscheiden, wann er jemandem nachgeht und wann nicht. Ich versuche ein offenes Herz für alle Menschen zu behalten und zu hoffen und zu beten, dass Gott besonders gnädig ist und allen nachgeht, um ihnen noch eine Chance zu geben.

Für Prediger: Botschaft und Praxis

Manche meiner Freunde sind begabte und kraftvolle Evangelisten. Bei ihnen geschieht es ganz natürlich, dass sie die Herzen einer Menschenmenge gewinnen und Gottes Wort auf klare und lebendige Weise und unter der Salbung des Geistes verkünden. Sie verstehen auch das Wirken des Heiligen Geistes zur Heilung freizusetzen. In dieser Anwendung ihrer Gaben brauchen sie keine Tipps von mir; was sie tun, tun sie besser, als ich es je könnte.

Doch rufe ich Evangelisten – auf der Grundlage dessen, was ich in diesem Buch mitgeteilt habe – dazu auf, ihre Botschaft und manches an ihrer Praxis zu überdenken.

Die Botschaft

Ein guter Evangelist wird seine Zuhörer abholen, und zwar da, wo sie sind, und das kann überall sein. Wir sahen schon, wie Paulus Juden und Heiden an ganz unterschiedlichen Stellen abholte. Der Evangelist wird eine Verbindung zu den Zuhörern entwickeln und dann beginnen, sie Schritt für Schritt dahin zu führen, wo er sie haben will.

Die große Frage lautet nun: Wohin führen Sie sie? Glauben Sie der Botschaft des Reiches Gottes, dann werden Sie sie zu Jesus führen, dem Herrscher und Richter der Menschen, und erst danach, und unter dieser Bedingung, zu Jesus dem Erlöser.

Die Botschaft der Apostel haben wir analysiert. Sie predigten das Reich Gottes, also die Königsherrschaft Gottes. Sie predigten Jesus als zur Rechten Gottes erhöht, als Herrn und Richter und als Erlöser. Folglich thematisierten sie Jesu Auferstehung mehr als das Kreuz. **Erst wenn sie die Zuhörer überzeugt hatten, dass dieser Jesus Herrscher über alles und Richter der Menschheit und dass der Mensch ihm gegenüber verantwortlich ist, predigten sie das Kreuz, Umkehr und Vergebung durch sein Blut.**

Wir heute haben eine bestimmte Vorstellung davon, was das Kreuz bedeutet: die Versöhnung und die Erlösung durch Jesus. Wir haben gelernt, unsere Zuhörer zu Jesus, dem Erlöser, zu führen. Wenn ich Paulus richtig interpretiere, ist das allerdings nur die halbe Botschaft vom Kreuz, und zwar die zweite Hälfte.

In meiner früheren Analyse der paulinischen Botschaft sagte ich, dass der Skandal und die Torheit des Kreuzes für die Griechen, über die Paulus schreibt, in der Behauptung der Christen lag, jener Verlierer am römischen Kreuz sei der König Himmels und der Erde, der Sohn Gottes. Dieser Teil der Botschaft vom Kreuz befasst sich ausschließlich mit Autorität und Herrschaft, und auf diesen Anspruch reagierten die Griechen.

Für die Juden war es eine Zumutung, weil der ihnen verheißene Messias in Macht kommen sollte, um das Reich Gottes zu bringen. Sie suchten nach Zeichen dieser Macht. Ein Kreuzestod war ein Fluch Gottes, ganz das Gegenteil eines Zeichens von Macht.

Beide Reaktionen, die der Griechen ebenso wie die der Juden, waren Reaktionen auf den Anspruch in der Predigt des Paulus, dass Jesus Messias und Herr sei. Sie reagierten nicht auf eine Botschaft der Erlösung von Sünden, sondern auf einen Anspruch auf ein Königtum. Das heißt, in Paulus' Predigten über das Kreuz stand die Botschaft im Mittelpunkt, Jesus sei Herr und König.

Das Kreuz ist auch die Botschaft von meinem Tod.

2. Korinther 5,15: *„Er ist aber für alle gestorben, damit die Lebenden nicht mehr für sich leben, sondern für den, der für sie starb und auferweckt wurde."*

Galater 2,19: *„Ich bin mit Christus gekreuzigt worden ..."*

Wenn ich möchte, dass die Versöhnung durch das Kreuz für mich Gültigkeit bekommt, muss ich mein Leben aufgeben, um seines zu empfangen. Genau das ist die Botschaft vom Kreuz. Das bedeutet, mich Jesus als meinem Herrn zu geben.

Heute ist das für viele ungewohnt. „Das Kreuz predigen" verbinden wir in unserem Denken ausschließlich mit „Versöhnung predigen".

Natürlich kam Paulus dann auch zur Erlösung. Das ist der zweite Teil der Botschaft vom Kreuz – auf welch staunenswerte Weise dieser Herrscher eine Möglichkeit fand, gerecht zu bleiben und gleichzeitig dem umkehrwilligen Schuldigen zu vergeben. Nur das Opfer seines Sohnes machte das möglich. Die Predigt des Kreuzes war also die Botschaft, dass Jesus Herr und Erlöser ist.

Die Predigten, die die Apostelgeschichte überliefert, beginnend mit Petrus zu Pfingsten, handeln von Jesu Anspruch auf genau diese zwei Attribute: Herr und Erlöser.

Beide Ansprüche müssen im Leben unserer Zuhörer wirken. Nur gemeinsam haben sie Wirkungskraft. „Herr" ohne „Erlöser" ist stark und mächtig, aber ohne Demut und Gnade. „Erlöser" ohne „Herr" hat weder Macht noch Autorität, es ist eine billige Gnade.

Da uns unsere Tradition gelehrt hat, in erster Linie die Errettung zu bringen, müssen wir unsere Botschaft an diesem zentralen Punkt überdenken. Wenn nicht, werden wir weiterhin die verbilligte Privaterlösungs-Botschaft mit der entsprechenden Praxis oberflächlicher Seelsorge und ebensolcher Errettungsgebete predigen. Das muss sich ändern.

Wenn wir das Reich Gottes predigen, werden wir einen anderen, sicher viel höheren Standard aufrichten.

Deshalb bitte ich die Evangelisten, die Botschaft, wie sie sie gelernt haben, zu überprüfen. Gehen Sie zurück zu Jesus und den Aposteln. Bitte erforschen Sie die Schrift und suchen Sie, *„ob sich dies wirklich so verhält"*.

Die Praxis

Welchen Unterschied wird das in der Praxis machen? Wie wird sich eine inhaltliche Veränderung auf die Weise auswirken, wie wir Menschen zu Jesus rufen?

Ich schlage Folgendes vor:

Predigen Sie leidenschaftlich und kompromisslos und voller Liebe das Reich Gottes, die Herrschaft Jesu. Wirkt der Heilige Geist, und Ihre Zuhörer erkennen, dass sie im Unrecht sind und Gott im Recht, dass er sie dennoch liebt und zur Hingabe ruft – dann fragen Sie nach ihrem Lebensinhalt. Was ist ihnen am wichtigsten? Genau diesen Platz muss Gott einnehmen, wenn sie wollen, dass Jesus sie in sein Reich und in seine Familie aufnimmt. Predigen Sie dann die Erlösung durch Jesu Tod am Kreuz.

Wollen die Zuhörer Gott auf dieser Grundlage gehorchen, lassen Sie sie nach vorn kommen, vor dem Kreuz Jesu knien und zu ihm rufen, er möge ihnen vergeben und sie annehmen und ihr Erlöser und König sein.

Sie werden kommen und niederknien und alles vor Gott durchbeten. Man braucht ihnen nicht zu sagen, was sie beten sollen, sie zu beraten oder im Gebet anzuleiten. Sie werden alle gleichzeitig zu Gott rufen, er möge sie annehmen, und die Angelegenheiten in ihrem Leben klären.

Vor welchem Hintergrund mache ich diesen Vorschlag? Bei früheren Erweckungspredigern und Evangelisten ereigneten sich diese Abläufe regelmäßig. Sie predigten Jesus, den Herrn und Erlöser.

Ich selbst habe es ein paar Mal erlebt, dass ich unter eine evangelistische Salbung kam und das Reich Gottes in dieser Weise predigte, klar und stark und mit der Liebe Gottes. Als ich dann dazu aufrief, am Kreuz niederzuknien, kamen sie – es war herrlich, Gott wirken und Menschen in der Furcht Gottes und doch unter seiner Liebe darauf eingehen zu sehen. Sie riefen zu Gott wie eben beschrieben.

Ich wünsche mir, dass das überall in unserem Land geschieht. Wenn mehr von unseren begabten Evangelisten dies in ihre Praxis übernehmen würden, dann würden wir ein starkes Evangelium des Reiches Gottes sehen, wie es starke Ergebnisse hervorruft. Wir brauchen eine weitreichende, kraftvolle, geistliche Bewegung.

21

Erwartungen
für die Zukunft

„Dieses Evangelium vom Reich wird auf der ganzen Welt
verkündet werden, damit alle Völker es hören;
dann erst kommt das Ende."

Langfristige Zukunftshoffnung

Unsere langfristige Zukunftshoffnung wird in einigen prophetischen Büchern der Bibel beschrieben, vor allem in der Offenbarung. Am Ende dieses langen und geheimnisvollen Buches kommt alles auf wunderbare Weise zur Vollendung. Und so erfüllt sich Gottes ewiger Plan: Alles im Himmel und auf Erden wird unter Jesus als dem Haupt zusammengeführt.

Sowohl der Himmel und die Sterne als auch die Erde werden neu gemacht. Dies wird am Ende geschehen, nach der Auferweckung der Toten und dem Jüngsten Gericht.

Das Herz dieser Zukunft ist Gott selbst. Die Gerechten werden mit ihm leben, ihn kennen, ihn anbeten. Er wird unter ihnen sein und sie werden sein Angesicht sehen.

Dies ist das größte Vorrecht für die Menschen, es ist unser tiefster Herzenswunsch, weil wir genau dafür geschaffen wurden. Wir haben bereits angefangen, ihn zu erkennen und zu lieben, und so wird es weitergehen; in Ewigkeit werden wir die Erfüllung genießen, die die Nähe Gottes gibt.

Und die Gerechten werden zusammen mit ihm herrschen. Sie werden in dem neuen Himmel und auf der neuen Erde regieren. Das neue Jerusalem wird dargestellt, wie es aus dem Himmel von Gott herabkommt. Es ist die neue Stadt und die neue Gesellschaft, in der Gott und Mensch in Gerechtigkeit und Schönheit zusammenleben. Es gibt einen „Baum der Heilung der *Nationen*", das heißt, auch in der Zukunft wird es ethnische und gesellschaftliche Strukturen geben. Mit ihm zu regieren bedeutet: Die Gerechten werden in den neuen Welten Verantwortung tragen und Autorität haben. Dann wird sich fortsetzen, was mit der ursprünglichen Schöpfung schon begonnen hat und zu welchem Zweck wir in unserer Zeit erlöst und wiederhergestellt wurden. Nun allerdings wird es wahrhaft herrlich sein, heilig, ohne Sünde und Tod. Das Ganze wird sich in gewaltigen Dimensionen abspielen und ewig währen.

Diese Hoffnung ist jedem Menschen ins Herz geschrieben, denn dafür wurden wir geschaffen.

Mittelfristige Zukunftshoffnung

Unsere mittelfristige Zukunftshoffnung ist die Wiederkunft Jesu auf die Erde, mit großer Macht und Herrlichkeit in den Wolken. Diese Wiederkunft ist zentrale Zukunftslehre der Evangelien und der Briefe im Neuen Testament, der Höhepunkt des jetzigen Zeitalters, ein Zwischenschritt auf dem Weg zur Vollendung.

Im Buch der Offenbarung lesen wir von weiteren Phasen, z. B. dem Tausendjährigen Reich nach Jesu zweitem Kommen auf die Erde, vor dem „letzten Ende". Es findet sich auch ein Hinweis darauf, dass die verstorbenen Gerechten bei Jesu Wiederkunft auferweckt werden, die Ungerechten später beim Jüngsten Gericht.

Über das genaue Geschehen und den Ablauf dieser Phasen nach Jesu Wiederkunft bestehen unterschiedliche Meinungen. Soweit ich verstehe, wurde uns darüber nicht viel offenbart, vermutlich deshalb, weil das gar nicht nötig ist, da diese Ereignisse außerhalb unserer Zuständigkeit liegen. Offenbart ist uns das, was in unsere Verantwortung fällt: die auf dem Weg zum Ende dieser Zeit vor uns liegenden Entwicklungen.

In Matthäus 24 und 25, Markus 13 und Lukas 17 und 21 stellen die Jünger Jesus eine zweifache Frage: Wann würde der Tempel, der damals in Jerusalem stand, zerstört werden, und was wären die Zeichen für Jesu Kommen und das Ende der Welt?

Jesus umreißt einige Entwicklungen, die zum Höhepunkt des Zeitalters hin kommen werden.

Das letzte bestimmende Ereignis wird seine Wiederkunft sein:

Danach wird das Zeichen des Menschensohnes am Himmel erscheinen; dann werden alle Völker der Erde jammern und klagen und sie werden den Menschensohn mit großer Macht und Herrlichkeit auf den Wolken des Himmels kommen sehen. Er wird seine Engel unter lautem Posaunenschall aussenden und sie werden die von ihm Auserwählten aus allen vier Windrichtungen zusammenführen, von einem Ende des Himmels bis zum anderen (Matthäus 24,30).

Denn wie der Blitz von einem Ende des Himmels bis zum andern leuchtet, so wird der Menschensohn an seinem Tag erscheinen (Lukas 17,24).

Mit der Wiederkunft Jesu wird die Auferweckung von den Toten, das Gericht, die Trennung und die Einführung der nächsten Zeit des Reiches Gottes kommen. Das lehrten die Apostel in ihren Gemeinden.

Denn der Herr selbst wird vom Himmel herabkommen, wenn der Befehl ergeht, der Erzengel ruft und die Posaune Gottes erschallt. Zuerst werden die in Christus Verstorbenen auferstehen; dann werden wir, die Lebenden, die noch übrig sind, zugleich mit ihnen auf den Wolken in die Luft entrückt, dem Herrn entgegen. Dann werden wir immer beim Herrn sein (1. Thessalonicher 4,16–17).

1. Korinther 15 ist eine längere Abhandlung über die Auferstehung der Toten.

Denn wie in Adam alle sterben, so werden in Christus alle lebendig gemacht werden. Es gibt aber eine bestimmte Reihenfolge: Erster ist Christus; dann folgen, wenn Christus kommt, alle, die zu ihm gehören. Danach kommt das Ende ... (Verse 22–23).

Seht, ich enthülle euch ein Geheimnis: Wir werden nicht alle entschlafen, aber wir werden alle verwandelt werden – plötzlich, in einem Augenblick, beim letzten Posaunenschall. Die Posaune wird erschallen, die Toten werden zur Unvergänglichkeit auferweckt, wir aber werden verwandelt werden (Verse 51–52).

... euch aber, den Bedrängten, zusammen mit uns Ruhe zu schenken, wenn Jesus, der Herr, sich vom Himmel her offenbart mit seinen mächtigen Engeln in loderndem Feuer. Dann übt er Vergeltung an

denen, die Gott nicht kennen und dem Evangelium Jesu, unseres Herrn, nicht gehorchen. Fern vom Angesicht des Herrn und von seiner Macht und Herrlichkeit müssen sie sein, mit ewigem Verderben werden sie bestraft ... (2. Thessalonicher 1,7–9).

Es handelt sich hier also um einen zentralen Punkt im Bekenntnis praktisch aller Zweige der christlichen Kirche. Das bestätigen sämtliche christlichen Traditionen, alt oder jünger, und darüber sind sie sich alle einig.

Zeichen und Entwicklungen vor Jesu Wiederkunft

In den oben genannten Kapiteln der Evangelien nennt Jesus eine Reihe von Entwicklungen, die zum Ende der Zeit hin geschehen werden. Mehr und mehr werden Geburtswehen – Kriege, Erdbeben, Hungersnöte, Krankheiten – kommen. Diese sind aber nur Vorläufer. Dann wird der Konflikt zwischen dem Reich Gottes und den Mächten der Finsternis, zwischen den gerechten und den ungerechten Menschen eskalieren. Matthäus und Markus listen folgende Merkmale dieser Zuspitzung auf:

- In allen Völkern werden die Nachfolger Jesu immer mehr gehasst und verfolgt werden. Man wird sie vor die Regierenden führen, sodass sie vor ihnen Jesus bezeugen.
- Viele hassen und verraten sich gegenseitig.
- Zahlreiche falsche Propheten stehen auf und verführen viele. Die Missachtung von Gottes Gesetz nimmt überhand und bei vielen erkaltet die Liebe.
- Das Evangelium vom Reich wird auf der ganzen Welt verkündet, damit alle Völker es hören. Dann erst kommt das Ende.
- Der unheilvolle Gräuel, der durch den Propheten Daniel vorhergesagt ist, steht am heiligen Ort.
- Auf der ganzen Erde entsteht eine so große Drangsal und Verfolgung der gläubigen Christen, wie es seit Bestehen der Welt noch nie eine gegeben hat.
- Mancher falsche Messias und falsche Prophet tritt auf und wirkt große Zeichen und Wunder, um, wenn möglich, auch die Auserwählten irrezuführen.
- Sofort nach den Tagen der großen Drangsal verfinstert sich die Sonne und der Mond scheint nicht mehr; die Sterne werden vom Himmel fallen und die Kräfte des Himmels erschüttert werden.
- Danach wird das Zeichen des Menschensohnes am Himmel erscheinen.

In 2. Thessalonicher 2,3–12 greift Paulus einige dieser Schritte auf und beschreibt, was sich vor der Wiederkunft des Herrn zutragen wird: Zunächst gibt es einen Abfall von Gott, eine weit verbreitete Apostasie. Dann erscheint der Mensch der Gesetzlosigkeit, der Sohn des Verderbens. Hier beschreibt Paulus nicht nur die dann herrschenden Umstände, sondern eine Person. Diese erhebt sich so sehr über alles, was Gott oder Heiligtum heißt, dass sie sich sogar in den Tempel Gottes setzt und sich als Gott ausgibt. Sie kommt in der Kraft des Satans, tritt mit großer Macht auf und wirkt trügerische Zeichen und Wunder. Diese Person wird alle, die verloren gehen, betrügen und zur Ungerechtigkeit verführen; sie gehen verloren, weil sie sich der Liebe zur Wahrheit verschließen, durch die sie gerettet werden sollten.

Diese Entwicklung ist bis heute noch nicht eingetreten. Nach dem zweiten jüdischen Aufstand, um das Jahr 135 n. Chr., entweihten die Römer den Tempel mit voller Absicht. Immer wieder forderte der Kaiser des römischen Reiches göttliche Verehrung, ebenso wie im Verlauf der Jahrhunderte Herrscher in anderen Kulturen. Aber niemand hat je die Rolle des Schöpfergottes beansprucht, buchstäblich Gottes Platz, und diesen Anspruch durch Zeichen und Wunder unterstrichen, die er in der Kraft Satans wirkte. Dieser „Mensch der Gesetzlosigkeit" steht noch aus. Die Tatsache, dass er sich in den Tempel Gottes setzen wird, wo immer das ist, als jemand mit böser, übernatürlicher Macht, steht vielleicht mit dem „unheilvollen Gräuel am heiligen Ort" in Zusammenhang, über den Jesus sprach.

In den ersten beiden Johannesbriefen wird der Antichrist, der schon wirkt und der kommen wird, erwähnt, jedoch nicht näher beschrieben. Das Buch der Offenbarung spricht über den falschen Propheten, der mit böser, übernatürlicher Macht und Wundern für den Drachen spricht. Es ist gut möglich, dass es sich dabei um einen Menschen handelt und um dieselbe Person, von auch der Paulus schreibt.

Hier haben wir das Bild des geistlichen Konflikts, der auf die Spitze, zum Crescendo getrieben wird! Es wird die große, letzte Polarisierung zwischen dem aufkommenden Reich Gottes und der Finsternis sein. Sie wird sich stufenweise steigern. Die gesamte Menschheit ist darin eingebunden, im Tal der Entscheidung. Verfolgung führt zu der großen Drangsal, die schlimmer ist als unter den Nazis oder Stalin, unter Mao oder Pol Pot in Kambodscha. Mit einem messianischen Menschen des Bösen und entsprechenden Wundern erreicht die Verführung ihren Höhepunkt. Dieser Konflikt führt schließlich zur Erschütterung des physischen Universums. Sonne, Mond und Sterne werden sich verfinstern und vom Himmel fallen.

Das Reich Gottes wird überall verbreitet werden.

Jetzt frage ich: „Wer treibt diesen Konflikt an? Wer steckt hinter alldem?"
Die Schrift gibt darauf eine eindeutige Antwort, sie findet sich auch in den
oben angeführten Bibelabschnitten. **Gott treibt diese Entwicklung voran.**
Satans Möglichkeiten beschränken sich immer nur auf Reaktionen
mithilfe der ihm verfügbaren Menschen und Ressourcen.

Die oben aufgelisteten schlimmen Dinge – Gesetzlosigkeit, Verrat,
Verfolgung, übernatürliche falsche Propheten, der Mensch der Gesetzlosigkeit, die große Drangsal – sind Satans Werke. Sie zeigen mehr
und mehr unverhohlenes Übel in einem sich zuspitzenden geistlichen
Streit. **Der Konflikt nimmt zu, weil das Reich Gottes überall hin-**
kommt und wächst. Gott ist am Werk und der Teufel verliert die
Welt Stück für Stück. Er muss reagieren und mit allem, was er
hat, widerstehen, mit immer offensichtlicheren und verzweifelteren
Maßnahmen.

Gott möchte dieses Übel nicht und hat es so nicht geplant. Es liegt
aber in der Natur der Sache, weil wir die Freiheit der Entscheidung
haben. Wir lesen in obigem Abschnitt im Thessalonicherbrief (2. Thessalonicher 2,3–12), dass Gott auf unsere Entscheidungen eingeht. Paulus
schreibt, wie Gott reagiert, wenn Menschen sich weigern, die Wahrheit
zu lieben, die ihnen Heil bringen würde, und sich stattdessen am Bösen
erfreuen: Dann gibt er ihnen den Betrug, der ihnen lieber ist. Das heißt,
der Mensch ist nicht Opfer von Verführung oder geistlichen Kräften,
deren Schläue er nicht gewachsen wäre. Wir sind nicht schwach oder
hilflos. Wir tragen Verantwortung, selbst die Schwächsten unter uns, und
wir wählen unsere Zukunft.

Denen, die die Wahrheit lieben, wird Gott das Heil geben. Denen, die
Ungerechtigkeit lieben, sendet Gott eine Täuschung, sodass sie der Lüge
glauben. Beide ernten, was sie säen. **Gott will das Böse nicht, er hat es**
auch nicht als solches geplant. Er will, dass alle Menschen zur Buße
kommen und gerettet werden. Aber das Böse existiert, und so geht Gott
dagegen an, um seine zerstörerische Auswirkungen zu minimieren und
es dann so zu lenken, dass es seinen Absichten dient.

Wer sich Gottes Herrschaft in seinem Leben widersetzt, wird sich darin
wie selbstverständlich mit seinesgleichen zusammentun. Die aufrühreri-
schen Engel unter Satan führen diese kollektive Rebellion von Engeln und
Menschen an. Hier handelt es sich um das „Weltsystem". Dieses Muster
lag schon dem Turmbau zu Babel zugrunde und hat sich in der Geschichte
vielfach wiederholt. **Unter der Führung von bösen Mächten gibt es heute**
Kollektivsysteme, mit dem Glauben an unterschiedliche Ideologien,

die der Herrschaft Jesu widerstehen. Jesus ist dabei, sie zu überwinden, jedes zu seiner Zeit. Wenn wir auf die Endphase dieses Konfliktes zusteuern, werden sich alle Mächte des Bösen in ihrer höchstentwickelten Form mobilisieren.

So ist die Schlüsselaussage in der Liste der Entwicklungen, die Jesus anführt, folgende:

„Dieses Evangelium vom Reich wird auf der ganzen Welt verkündet werden, damit alle Völker es hören; dann erst kommt das Ende."

Das ist der entscheidende Faktor, der den Konflikt vorantreibt und letztlich eine Entscheidung erzwingen wird.

Gott wird sein Reich allen Völkern bringen.

Dann kommt das Ende: Gott ist mit seinen Absichten am Ziel.

Der Initiator für die Endzeitereignisse ist Gott, nicht der Teufel.

Wir haben uns ausführlich damit beschäftigt, was es bedeutet, dieses Evangelium des Reichs als ein Zeugnis unter allen Völkern zu predigen. Es ist mehr als ein Fernseh- oder Internet-Spot über das Evangelium, auch mehr als eine evangelistische Aktion oder eine Literaturkampagne. **Das Evangelium des Reiches muss allen Menschen verkündet werden, auf eine Weise, die es ihnen ermöglicht, sich für oder gegen Jesus zu entscheiden.** Normalerweise geschieht das durch apostolische Teams, mit Fürbitte, Proklamation, authentischem Leben, Heilung, Befreiung und Wundern. Wird dieses Evangelium abgelehnt, können die Apostel sich den Staub von den Füßen schütteln und weiterziehen. Wenn sich aber manche Menschen Jesus als dem König und Retter unterstellen, dann sollen die Apostel bleiben und die neuen Gläubigen in ihr göttliches Erbe und in die Werke einführen, mit denen diese das Reich Gottes unter ihren eigenen Leuten weiter fördern. So ist es möglich, dass sich viele Jesus zuwenden und ihre Gesellschaft zunehmend verändert und gesund wird.

Jesus sagte, dass diese Entwicklung zu allen Nationen und unter alle ethnischen Gruppen gelangen soll, um dort überall Evangelisation, Heilung und soziale Reformen so weit wie möglich voranzubringen.

Das ist der Sauerteig, der den Teig weltweit durchsäuert. Das ist das Reich, wie es sich ausbreitet. Wenn es in allen Nationen so weit fortgeschritten ist wie nur möglich und unter diesen alles erreicht hat, was zu erreichen ist, dann wird das Ende kommen.

Sehen wir die Nationen und Völker unserer jetzigen Welt an: Wie weit ist diese Entwicklung vorangeschritten? Die gute Nachricht lautet: Es gibt heute keine andere Organisation auf der Erde wie den Leib Christi. Er bildet ein weltweites Netzwerk, das in fast jeder Kultur und in vielen Bereichen der jeweiligen Gesellschaft existiert. Unter der Herrschaft Jesu, dem Haupt, ist der Leib Christi lebendig. Die Liebe zu seinem dreieinigen Gott eint ihn. Dieser Leib ist in der Lage, in fast allen Regionen der Welt zu dienen und Menschen und Ressourcen dafür zu mobilisieren.

Man kann sich mit Mangel und Versagen befassen, doch **zunächst müssen wir die wunderbaren Menschen sehen, die überall aus Liebe zu Jesus und zu den Menschen dienen. Überall gibt es christliche Helden. Wir müssen auch die bis jetzt schon entwickelten Stärken im weltweiten Leib Christi und das Potenzial zum Dienen erkennen.**

Ich verwende den Ausdruck „Leib Christi", um die Gemeinschaft der aus Gott Geborenen zu betonen. Die Wörter „Kirche" und „Gemeinde" stehen auch für all die Strukturen, für Gebäude, Geschichte und die Menschen dieses Systems. Wie wir wissen, ist nicht jeder in der Institution Kirche Glied am Leib Christi. Neben all dem Guten in der Kirche gibt es eine Menge totes Holz, negative Geschichte sowie interne Systeme, die tatsächlich gegen die Interessen Gottes und des Leibes Christi streiten. Sei es, wie es will, wir leben Kirche bzw. Gemeinde und identifizieren uns mit ihr. Das Netzwerk aus allen Gemeinden und allen christlichen Orden und Werken stellt das umfassendste globale Netzwerk auf Erden dar. Die Vereinten Nationen reichen längst nicht daran, ebenso wenig die internationalen Geschäftssysteme und die weltweiten geheimen Bruderschaften. Auch die meisten anderen Religionen können da lange nicht mithalten; sie bleiben eher auf die Kulturkreise beschränkt, in denen sie entstanden sind.

Wir haben uns angesehen, wie die Christenheit vorgehen kann, wenn sie sich auf das Reich Gottes ausrichtet. Je mehr sie das tut, desto mehr setzt es Ortsgemeinden frei, eine aktive Priesterschaft und Dienstgemeinschaft für ihre Stadt oder Region zu werden. Ortsgemeinden müssen national und international miteinander verbunden werden, um mit anderen zusammenzuarbeiten und Ressourcen zu teilen. Das steigert die Effektivität der Kirche als weltweiter Instanz.

Der Herr hat verkündet, er werde seine Gemeinde bauen. In diesem Zusammenhang spricht man passend vom Leib Christi. Gott wird zur Vollendung bringen, was er begonnen hat. Sein Volk, sein Leib, wird allen Völkern das Evangelium vom Reich Gottes übermitteln.

Wie lässt sich der Fortschritt des Gottesreichs in den Nationen messen? Letztlich vermag das nur der Heilige Geist. Aber wir können uns ein grobes Bild machen, indem wir das Strukturgitter für die Vision für eine Stadt zugrunde legen, siehe Kapitel 16. Es ist hier nicht unsere Aufgabe, eine tiefgründige Analyse zu erstellen. Dafür gibt es spezielle Einrichtungen. Wir können nur ein ganz oberflächliches Bild von einigen Entwicklungen in den Nationen skizzieren.

In manchen Ländern ist das Christentum stark und aktiv präsent: in Mittel- und Südamerika, den USA, Kanada, im Südpazifik und in anderen Ländern des britischen Commonwealth. Allerdings versteht man sich dort nicht besonders gut auf Reformen. Die historischen Kirchen Europas, Ost und West, haben viel Gutes in ihrer Tradition und unter ihnen finden sich viele Menschen, die Jesus lieben. Jedoch gibt es in den europäischen Nationen wenig geistliches Wachstum, trotz Erneuerungsbewegungen und einiger jüngerer Gemeinden. In Südkorea hat eine starke Entwicklung stattgefunden, zurzeit ist das in Indien und China der Fall. Im Afrika südlich der Sahara gab es starke evangelistische Bestrebungen, aber wenig Reformen. Zunehmend wirkt Gott in den arabischen Nationen, in Nordafrika und im Iran – mehrere schnell wachsende Bewegungen! Manche Nationen stellen sich als Gebiete dar, in denen das Reich Gottes kaum angefangen hat oder wenig entwickelt ist: Tibet, Bhutan, Saudi-Arabien, die Türkei, Afghanistan, Japan. Auch in diesen Ländern wirkt aber der Geist Gottes; ich weiß von Jüngern Jesu und Wundern dort. Aber gewiss muss noch sehr viel mehr geschehen!

Das Reich Gottes wächst fast überall heran, doch es hat noch einen langen Weg vor sich. **Zum Glück fand in den letzten 250 Jahren eine rasante Beschleunigung statt.** Und die Entwicklung potenziert sich. In den nächsten fünfzig Jahren können wir also mehr und Besseres erwarten. Es gibt immer noch große „-ismen" und Machtblöcke, u. a. den säkularen Humanismus im Westen, welche vom Reich Gottes durchdrungen und aufgebrochen werden müssen. Es bleibt also noch viel zu tun. Auch sind die meisten der negativen Zeichen, die Jesus aufführte, noch nicht in der beschriebenen Intensität eingetreten.

Die Wiederherstellung Israels

Ein Teil von Jesu Diskurs über das Ende des Zeitalters war seine Antwort auf die Frage seiner Jünger, wann der Tempel, der damals in Jerusalem stand, zerstört werden würde. In Lukas 21,20–24 lesen wir:

Wenn ihr aber seht, dass Jerusalem von einem Heer eingeschlossen wird, dann könnt ihr daran erkennen, dass die Stadt bald verwüstet wird. ... Mit scharfem Schwert wird man sie [die Bewohner von Jerusalem] erschlagen, als Gefangene wird man sie in alle Länder verschleppen und Jerusalem wird von den Heiden zertreten werden, bis die Zeiten der Heiden sich erfüllen.

Hier sagt Jesus das weltweite Exil der Juden voraus. Auch Jerusalem, ihre Stadt der Verheißung, der Sitz der Herrschaft Gottes unter den Nationen, werde unter die Herrschaft der Heiden kommen. Aber er nennt ein Limit: *bis die Zeiten der Heiden sich erfüllen.*

Paulus schreibt in Römer 11,25:

Verstockung liegt auf einem Teil Israels, bis die Heiden in voller Zahl das Heil erlangt haben; dann wird ganz Israel gerettet werden ...

Gott hat Pläne für die Errettung Israels, die Errettung der Juden. Sie sind zum Exil unter den Völkern verurteilt und sie leben in einer geistlichen Verstockung. Doch der Grund dafür ist ihr Ungehorsam gegenüber Gott; dies wird nur eine begrenzte Zeit lang so sein und zielt letztlich auf ihre Errettung ab. Wie Paulus im selben Abschnitt im Römerbrief weiter argumentiert: „*Sie sind von Gott geliebt, und das um der Väter willen. Denn unwiderruflich sind Gnade und Berufung, die Gott gewährt.*"

Die Väter sind die Patriarchen, Abraham, Isaak und Jakob. Mit Abraham machte Gott einen Bund mit dreifacher Verheißung: Das Land Kanaan würde seinen Nachkommen gegeben werden, er würde der Vater eines Volkes und der Vater von Völkern werden und alle Völker der Erde würden durch ihn gesegnet werden. Für diesen Bund gibt es weder Bedingungen noch ein Verfallsdatum. Gott steht immer noch in dieser Bundesverpflichtung gegenüber den Kindern Israel, den leiblichen Abkommen der Patriarchen.

Natürlich ist der mosaische Bund, der über vierhundert Jahre später zwischen Gott und den Kindern Israel geschlossen wurde, inzwischen hinfällig geworden. Jesus hat den neuen Bund eingesetzt, der allen Völkern, Juden und Nichtjuden, dieselbe Möglichkeit eröffnet, Kinder Gottes zu werden. Deswegen wird in der christlichen Tradition die Berufung der Juden häufig als aufgehoben angesehen. Wenn sie nur auf dem mosaischen Bund gegründet wäre, welcher tatsächlich als zeitlich begrenzt angelegt war, dann gehörte sie jetzt vielleicht der Vergangenheit an. Doch die Berufung der Juden hat eine ältere Grundlage und ist unwiderruflich.

Aber schon allein wegen des mosaischen Bundes verdienen die Juden einen Ehrenplatz unter den Nationen: **Sie gaben uns Mose, das Gesetz und die Propheten.** Sie gaben uns David, der die Verheißungen empfangen hatte, dass der Messias sein Nachkomme (Jesaja 9,5–6, Jeremia 23,5) und seine Stadt Sitz der zukünftigen Gottesherrschaft werden würde. Sie gaben uns **Jesus, unseren Gott und Erlöser, die heilige Familie, die ersten Apostel und Propheten der Gemeinde und die neutestamentlichen Schriften.** Von ihnen haben wir die mit Abstand beste Aufzeichnung der Menschheitsgeschichte, die ganz am Anfang einsetzt. Wir verdanken ihnen viel!

Es ist eine Tragödie der Geschichte, dass die meisten Nationen, in welche die Juden ins Exil geschickt wurden, diese nicht ehrten und schützten. Von der Kirche wurden sie vielfach des „Christusmords" beschuldigt und entsprechend behandelt. Wir müssen uns an diesem Punkt unserer historischen Schuld stellen und eine Aufarbeitung angehen. Mancherorts geschieht das, an anderer Stelle noch nicht.

Auf der Basis des ununterbrochenen Bundes Gottes mit Israel ist die jetzige Rückkehr in das ihnen von Gott zugesicherte Land von großer geistlicher Bedeutung. Jerusalem wird nicht mehr von den Heiden zertreten und beherrscht. Die Stadt untersteht beinahe vollständig der israelischen Regierung und wurde zur Hauptstadt ernannt. Es gibt alttestamentliche Prophetien, in denen es heißt, dass die Juden aus den entlegensten Nationen zurückgeführt werden (Jesaja 43,5–7, Jeremia 31,8). Dabei geht es um mehr als um die Rückkehr aus dem babylonischen Exil. **Gott setzt seine Absichten durch: Er führt dieses Zeitalter seinem Höhepunkt zu und stellt im Zuge dessen Israel schrittweise wieder her.**

Dazu gehört auch, dass die Offenheit für das Evangelium unter den Juden selbst stark zunimmt. Die weltweite messianische Bewegung unter Juden ist ein großer Schritt auf dem Weg zu einer kommenden umfassenden, nationalen Offenbarung von Jesus, ihrem Messias. Dies wird geschehen, nachdem sich „die Heiden in voller Zahl", bekehrt haben werden, Römer 11,25, d. h., wenn die Entwicklung des Reiches Gottes unter den Völkern der Welt ihren Höhepunkt gefunden hat. Das wiederum wird Hand in Hand gehen damit, dass sich „die Zeiten der Heiden(herrschaft)" über Jerusalem ihrem Ende zuneigen.

Heute besteht der Leib Christi in Israel aus Menschen vielerlei Nationalitäten. Das Beziehungsnetzwerk zwischen ihnen und der übrigen internationalen christlichen Gemeinschaft wird stärker. Israel erfährt auch große Unterstützung aus dem weltweiten Leib Christi. Dies ist kein Blankoscheck für Zustimmung zu allem, was die politischen Führer in Israel tun mögen. Sie haben verantwortlich zu handeln wie alle Politiker. Auch soll, entsprechend den gerechten Vorgaben Gottes, eine politische Lösung für alle Völker erarbeitet werden. Aber Christen müssen hinter Israel stehen in seinem Anspruch auf das Land und in seinem andauernden Kampf.

Es gibt einige noch nicht erfüllte, spektakuläre alttestamentliche Prophetien, die auf diese Phase der Geschichte Israels zuzutreffen scheinen, z. B. Hesekiel 38–39 und Sacharja 12–14. Letztere wirkt wie eine Aufeinanderfolge von Ereignissen bis hin zu dem Punkt, wo die ganze Nation Israel eine Offenbarung von Jesus, dem Messias, bekommt. Im Verlauf der Entwicklungen wird Gott Jerusalem zum Stein des Anstoßes machen, zunächst unter den Nachbarländern, dann unter allen Nationen. Wahrscheinlich erleben wir gerade die Anfänge dessen. Am Ende werden sich die Nationen sammeln, um Jerusalem zu belagern. Sie werden in die Stadt eindringen und sie einnehmen. Dann wird Gott kommen und gegen diese Nationen kämpfen, und dies wird in die Wiederkunft Jesu auf dem Ölberg münden.

Die Entwicklung des Gottesreichs unter den Völkern der ganzen Erde ebenso wie die Wiederherstellung der Nation Israel sind wesentliche Bestandteile ein und desselben Bildes. Beide zusammen zeigen den Fortschritt des Reiches Gottes. Wir können in allen diesen Bereichen Fortschritte beobachten und systematisch auf ihre Vollendung hinarbeiten.

Gott hat Absichten für alle Nationen, nicht nur für Israel, und er wirkt auch an deren Umsetzung (Beispiel: Jesaja 19,18–25). Die Nation Israel aber ist ein Volk unter einem besonderen Bund und einer besonderen Berufung. Ihr Schicksal wird immer heißer angefochten werden als das jedes anderen Volkes.

Erfolg, Polarisation, Gerichte

Ich habe mich auf grundlegende biblische Prophetie beschränkt und dieses Kapitel hauptsächlich auf den Befund der Evangelien und der neutestamentlichen Briefe aufgebaut. Hier lesen wir im Grunde, was wir wissen müssen. Auf dieser Basis habe ich mein Verständnis unserer biblischen Hoffnung für das Kommende gegründet und entsprechend formuliert.

Ich glaube, dass das Reich Gottes an jeden Ort gebracht und die Liebe und Herrschaft Jesu, des Königs und Erlösers, verbreitet werden wird. Wir werden viele Berichte darüber hören, wie Jesus Menschen auf ungewöhnlichste Weise und in großer Kraft begegnet. Das Volk Gottes nimmt seine Verantwortung wahr, und entsprechend gibt es Bewegungen für Gebet, Fürbitte und geistlichen Kampf. Reform, Evangelisation, Heilung kommen überall hin. Das Reich Gottes wird sich in allen Nationen ausweiten.

Dabei bleibt es nicht. Das Volk Gottes, die Braut Christi, reift auch heran zu einer Schönheit und einer Weisheit, die ihres Hauptes Jesus würdig ist. Natürlich sehen wir die Braut Christi in ihrer Vollendung erst bei der Auferstehung und dem Zusammenkommen der Heiligen aller Generationen. Das wird ein herrliches Fest werden!

Während sich dieses Reich überall verbreitet und wächst, erleben wir mehr und mehr Opposition und Polarisation, und zwar in Familien, Dörfern und Städten, Gesellschaftsbereichen, Nationen, in internationalen Beziehungen. Die Nachfolger Jesu leiden immer mehr Verfolgung, bis es zu der letzten, der großen Drangsal kommt, einer Verfolgung von weltumspannendem Ausmaß.

In der Offenbarung lesen wir, dass Gott in den letzten Phasen eine Serie massiven Gerichts über die Menschheit bringen will. Zu diesem Gericht gehört dann Zerstörung und Verwüstung in der Natur, in den Flüssen und Ozeanen, Hungersnöte, Kriege, Plagen, während deren auch Sonne und Mond verlöschen und die Sterne vom Himmel fallen werden. Dieses Gericht hat das Ziel, die Menschheit zur Buße zu bewegen. Manche werden sich bekehren, viele nicht.

Offenbarung 13 scheint anzudeuten, dass der Widerstand des Teufels in weltweiter politischer Kontrolle gipfeln wird. Ohne das Zeichen des Tieres wird man nicht kaufen oder verkaufen können. Das ergibt Sinn, denn die Kontrolle über Politik und Wirtschaft ist zwingende Voraussetzung für eine derartige weltweite Drangsal.

Unsere Haltung

Welche Haltung sollen wir in den zunehmenden Konflikten einnehmen? Worauf richten wir unseren Blick: auf Gottes Vorangehen oder auf die Reaktion des Teufels? Worauf sehen Sie bislang?

Vielen wurde beigebracht, nach dem Antichrist Ausschau zu halten, dem Zeichen des Tieres, dem Teufel. Sie achten auf die schlechten Nachrichten, weil sie gelernt haben, nur negative Zeichen zu deuten. Manche sind wirklich überzeugt, Satan wäre der Drahtzieher in der Endzeit. Das ist Unglaube und eine äußerst defensive und negative Haltung.

Jesus sagte: „Wenn (all) das beginnt, dann richtet euch auf, und erhebt eure Häupter; denn eure Erlösung ist nahe" (Lukas 21,28).

Wir sollen unser Haupt erheben, stark sein und die Augen aufmachen! Wir sollen positiv und visionär sein, uns über das Wachstum freuen, das

Gott auch mitten in immer schlimmer werdenden Konflikten und Leiden schenken wird. Wir, seine Gemeinde, werden die große Drangsal erleben und wir müssen uns darauf vorbereiten. Aber gerade in dieser unserer schwersten Zeit werden wir den Missionsbefehl Jesu vollenden: die Menschen in allen Völkern und Nationen zu Jüngern zu machen. Dies ist eine herausfordernde Vision und ein großartiges Privileg.

Wir sollen auf sein Kommen hinwirken – bis er kommt!

In 2. Petrus 3,12 werden wir ermahnt, *„den Tag Gottes zu erwarten und seine Ankunft zu beschleunigen"*. Entsprechender Fortschritt könnte also die Wiederkunft des Herrn zu einem früheren Zeitpunkt ermöglichen. Das legt nahe, dass diese von der Erfüllung der Bedingungen abhängt, dynamisch ist, nicht statisch. Folglich lässt sich die Wiederkunft des Herrn durch Versagen auch nach hinten verschieben und verzögern. Lassen Sie uns für eine Beschleunigung positiv denken und handeln.

Dank sei Gott, dass sich sein Reich – und die Kirche Jesu Christi in allen ihren Formen – jetzt, in unserer Zeit, überall verbreitet!

Dieses Evangelium vom Reich Gottes wird allen Völkern verkündet werden.

Dann wird Jesus, unser König, in Herrlichkeit kommen, mit seinen Heiligen und Engeln, dieses Zeitalter des Reiches Gottes zu seinem Höhepunkt führen und das nächste einführen.

Das ist unsere Hoffnung und unser Erbe.

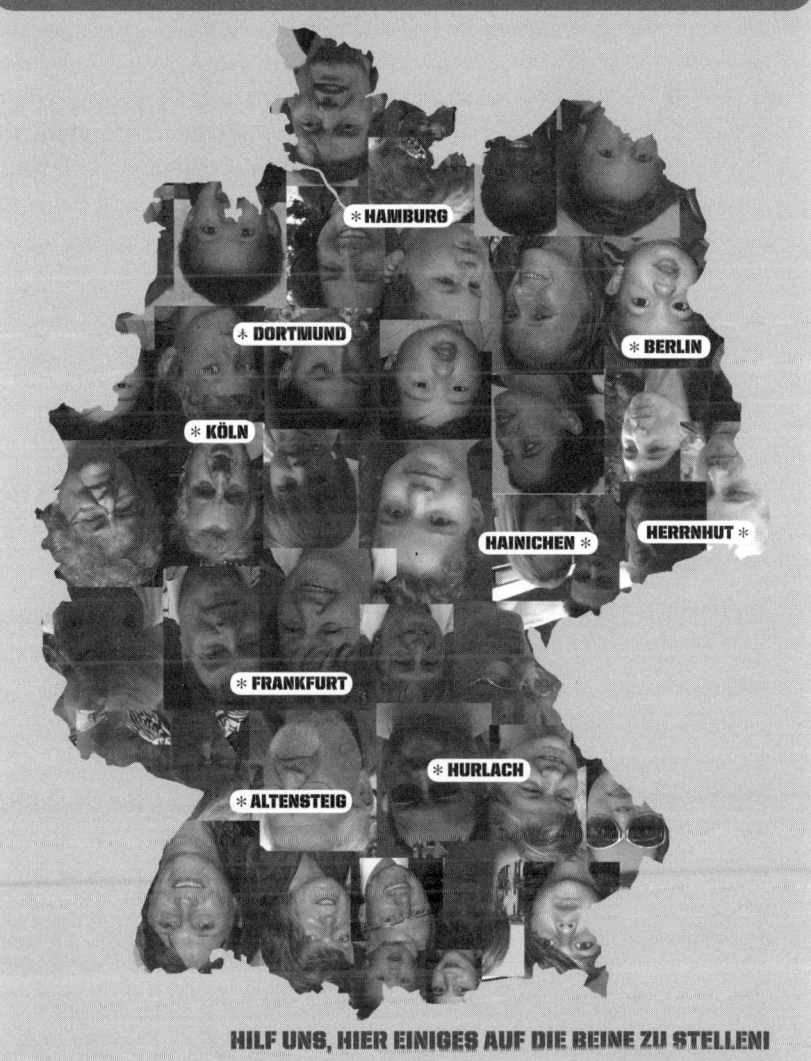

Keith Warrington
Das Reich Gottes